土地资源管理专业规划教材

土地信息系统理论与实践

岳文泽　熊昌盛　编著

科学出版社
北　京

内 容 简 介

本书将土地信息系统视为一门基于地理信息系统相关基础理论，但又紧扣我国土地管理现实业务需求的学科，并将全书分为理论篇与实践篇两部分，主要介绍了土地信息系统的基础理论知识及实操案例。其中，理论篇系统地讲解了土地信息数据获取与存储、数据库管理、数据编辑与分析、系统应用及标准化建设，并从大数据视角对土地信息系统的发展进行了展望；实践篇则针对具体业务需求，重点对常用空间数据格式转换、拓扑规则的建立与处理、土地适宜性评价、耕地质量评价、城镇土地定级评估、土地利用总体规划数据库建设、综合制图与表达及城市用地扩张模拟等八个方面案例进行了详细介绍。

本书适合高等院校土地资源管理、地理信息系统等专业的本科生及硕士研究生阅读。

图书在版编目（CIP）数据

土地信息系统理论与实践/岳文泽，熊昌盛编著. —北京：科学出版社，2019.9

土地资源管理专业规划教材

ISBN 978-7-03-062209-9

Ⅰ. ①地… Ⅱ. ①岳… ②熊… Ⅲ. ①土地管理–管理信息系统–高等学校–教材 Ⅳ. ①F301.2

中国版本图书馆 CIP 数据核字（2019）第 187590 号

责任编辑：文 杨 郑欣虹/责任校对：何艳萍

责任印制：张 伟/封面设计：迷底书装

科学出版社 出版

北京东黄城根北街 16 号

邮政编码：100717

http://www.sciencep.com

北京中石油彩色印刷有限责任公司 印刷

科学出版社发行 各地新华书店经销

*

2019 年 9 月第 一 版 开本：787×1092 1/16

2021 年 2 月第三次印刷 印张：18 3/4

字数：480 000

定价：59.00 元

（如有印装质量问题，我社负责调换）

前　　言

土地是人类生存与发展最基本、最重要和最不可替代的宝贵资源，合理利用土地资源对实现人类社会的可持续发展至关重要。在我国全面建成小康社会、新型城镇化建设、“一带一路”倡议及生态文明建设等一系列重大战略中，土地都是最为核心的要素，其科学利用与管理早已上升至国家基本政策层面，是造福子孙后代，实现永续发展的长远大计。纵观世界各国土地管理经验及我国长期实践，以信息技术为抓手，加快土地资源利用与保护的信息化建设，带动管理的科学化与服务的社会化，进而推动土地管理方式的根本性转变，已成为提升我国土地管理水平、促进土地资源管理更好地服务于国家社会经济发展的重要举措。

事实上，土地是自然资源与资产在多方位、多层次、多时段上的综合体，具有位置固定性、面积有限性、空间异质性、利用永续性等基本特征。其中，无论是立足于自然资源的内涵，还是基于一种资产的内涵，土地对区位或空间特性均表现出高度的依赖性和敏感性，这也是早期农业区位论、工业区位论和中心地理论得以诞生的客观现实基础，并进一步引申出了城市经济学及土地经济学等相关学科。上述理论与学科的产生充分说明了基于“位置”的空间信息对土地利用与管理的重要性。正是为了处理大量土地调查获得的具有空间属性的数据，辅助土地利用规划，加拿大政府于 1963 年开始组织实施、建立了被认为是国际上最早的、较为完善的、被广泛使用的地理信息系统，也称为加拿大地理信息系统（Canada geographic information system，CGIS）。由此开始了全球地理信息系统及其与遥感（remote sensing, RS）、全球导航卫星系统（global navigation satellite system，GNSS）合称为 3S 快速发展的阶段。经过几十年的发展，3S 的基础理论发展、软件平台开发、应用、产业化和人才培养等都取得了重要进展，其中土地信息的分析和管理一直占据着重要地位，并由土地科学与空间信息科学及 3S 技术结合衍生出新的领域：土地信息系统（land information system，LIS）。

20 世纪 90 年代以来，我国有关土地信息系统的著作，特别是教材（包括实验教材）已有十几种，各大高校土地资源管理专业的学生基本都开始使用“土地信息系统”的专门教材，而不再是地理信息系统的教材，对学科发展和教材建设而言取得了一定的成绩。但是，对土地信息系统的定位，特别是与地理信息系统之间关系的界定，仍然不清晰或者存在争议，认为 LIS 是 GIS 的一个分支，甚至认为 LIS 就是 GIS 的观点颇具代表性。在这一点上，编者也认同在基础理论和基本技术方法上，LIS 并没有超越 GIS，但是作为 GIS 的一个重要应用领域，LIS 仍然具有自身的特色，尤其是在中国，土地管理的信息化建设不仅涉及城市，还包括广大农村地区，且涉及中央、地方经济社会发展的众多土地管理业务，如土地利用总体规划、耕地与基本农田保护及土地整治等。因此，LIS 的准确定位应当是基于 GIS 的基础性理论，但又要紧扣我国土地管理的现实业务需求。因此，从理论与实践相结合的角度，LIS 要服务于我国土地管理信息化建设的总体要求。对教材而言，其面对的对象主要是土地资源管理专业的本科生或研究生，培养他们熟练掌握并运用 LIS 解决我国当前土地管理实践中的现实问题的能力，是评判教材适用性的重要参考，也能为我国土地信息化管理实践输送大量应用型人才，是推动我国土地利用与管理信息化的重要途径。以此反观，若 LIS 未能紧密结合我国土地管理实践所具有的鲜明特色，显然就失去了其存在的必要性，因此，对当前 GIS 理论中与我国土地管理相对并非十分紧密的内容，如 3S 集成、网络分析和软件工程等，可适当调整主次关系。

基于上述判断，本书的主要目标是，培养学生利用 LIS 解决当前我国土地管理实践中主要业务的能力。因此，在结构上把本书分为理论篇和实践篇两个部分。在理论篇中，主要是借鉴现有的几部土地信息系统相关教材及部分地理信息系统教材，进行了综合与归纳。重点参考了刘家彬、张金亭和胡石元编著的《土地信息系统理论与方法》，刘耀林主编的《土地信息系统》，杨永崇和郭岚主编的《实用土地信息系统》，郑新奇、韩荣青和刘金花编著的《土地管理地理信息系统》及马才学主编的《土地信息系统》、曲卫东和韩琼编著的《土地信息系统》等。此外还有很多学科内相关的著作没有一一列出，在此对其表示诚挚的谢意。本书的第二部分为实践篇，主要是编者在平时课堂教学中积累的一些实践案例，均与当前我国土地管理的现实问题及管理需求密切相关，是立足于基础理论的具体操作实践，在提升学生理论认知的过程中，有助于提高其应对和解决土地管理问题的实操能力，这也是本书相对于前人经典著作的最大特色，暂且视其为本书的主要贡献。书中第十一章案例的素材主要由黄敬峰教授项目组提供，研究生刘学、陈阳、裘双双、王昆及倪超然等也参与了基础理论梳理与案例整理工作，在此表示感谢。

本书的整体框架及撰写思路由岳文泽和熊昌盛共同确定，其中，理论篇具体编写分工如下：第一、第二、第五章由裘双双和岳文泽协作完成；第三、第六章由陈阳和刘学协作完成；第四章由刘学和倪超然协作完成；第七章由陈阳主笔；第八章由岳文泽主笔，理论篇校稿由岳文泽与王昆配合完成。实践篇的具体编写分工如下：第九章由岳文泽主笔；第十章由刘学主笔；第十一章由裘双双主笔；第十二、第十三、第十四、第十五章由熊昌盛主笔；第十六章由熊昌盛、高佳斌和岳文泽主笔；实践篇校稿由岳文泽、熊昌盛和倪超然共同完成。最终本书由岳文泽与熊昌盛统稿。

本书仅是服务于日常教学的初步尝试，编者也深知土地信息系统涉及面广，并且还处于不断发展之中，加之编者水平有限，因此书中不足之处在所难免。故而恳请各位师长和同行朋友不吝指正，携手推动土地资源管理专业土地信息系统教学沿着我国土地管理事务的总体方向向前发展。

岳文泽　熊昌盛

2018 年 10 月于浙江大学

目　录

实践篇

理论篇

第一章 绪　论

第一节　土地信息系统基本概念

一、土地与土地资源

土地是人类赖以生存和发展的物质基础。随着科学技术的进步、生产力的发展及人类利用和控制土地能力的增强，人类对土地的认识也不断扩充和深化，但土地目前仍无明确统一的概念。不同学者根据不同的研究目的和角度，对土地有不同的定义。

从经济学角度看，土地是一种特殊的商品，是人类经济活动的组成部分，它不仅具有一般商品所具有的使用价值和交换价值，可进入商品流通，而且具有非劳动产品和劳动产品的两重性，其价格不是价值的货币表现，而是资本化的地租。从生态学角度看，土地是一个由气候、地貌、岩石、土壤、植被、水文及人类活动等要素组成的生态系统。从法学角度看，土地是经济关系和社会关系的综合体，包括土地占有、使用、收益和处分等经济关系，也包括在土地调查、开发、利用、整治及保护等活动中发生的各种社会关系。从地学角度看，20世纪60年代以来，多数地学研究者认为土地是一个自然综合体。1976年联合国粮食及农业组织（Food and Agriculture Organization，FAO）在《土地评价纲要》（*A Framework for Land Evaluation*）中指出："土地是地球表面的区域，其特性包括该区域垂直以上和以下的生物圈中所有比较稳定或周期循环的要素，如大气、土壤、下伏地质、动植物群以及过去和现在人类活动的结果，这些要素对人类现在和将来的土地利用具有明显影响。"综上所述，土地的概念一般可表述为：土地具有一定的空间位置，是地球表面一定区域内由气候、地貌、土壤、水文、岩石和生物等自然地理要素相互作用、相互制约形成的自然历史综合体，也是在人类过去和现在活动作用下的自然经济社会综合体。

土地是重要的自然资源，但土地和土地资源是两个不同的概念。土地资源是指在当前和可预见将来的技术经济条件下，可为人类所利用并能产生经济效益的土地，是人类生存最基本的生产资料和最重要的劳动对象。土地资源以人类的需求为指向，是经过土地评价而主观认定的具有经济效用的土地，是通过投入能够产生价值的土地，也是土地成为资产的基础。因此，土地和土地资源是整体和部分的关系，土地的范畴比土地资源的范畴更广。此外，土地资源还具有一定的时空性，是一个发展的概念，即在不同地区和不同历史时期的技术经济条件下，所包含的内容可能不一致。近年来，随着世界人口的快速增长和经济的快速发展，土地资源的合理和可持续利用已经成为世人普遍关注的重要问题之一。

二、土 地 信 息

（一）信息

信息是一个抽象的概念，从不同的角度出发，对信息就有不同的理解。在经济学家看来，信息是与物质、能量相并列的客观世界的三大要素之一，是为管理和决策提供依据的有效数据。在新闻界，信息是对事物运动状态的陈述，是物与物、物与人、人与人之间的特征传输。哲学家认为信息是事物本质、特征及运动规律的反映，人们通过事物发出的信息来认识和区别事物。信息论的创始人之一香农从通信系统理论的角度把信息定义为用来减少随机不确定性的事物，信息能够消除信息源的不确定性。目前还很难对信息做出全面且具有普遍性的定义。本书认为，信息是指对客观事实用文字、数字、符号、语言、图像等介质来表示事件、事物、现象等的内容、数量或特征，从而向人们（或系统）提供关于现实世界新的事实和知识，作为生产、建设、经营、管理、分析和决策的依据。

（二）土地信息

土地信息是空间信息的重要组成部分，也是其他空间信息的基础，它是指表征土地系统各要素的数量、质量、分布特征、相互联系和变化规律的数字、文字、图形和图像等的总称。土地信息用不同形式的载体或媒介定性、定量、定位、定时、可视化地全面表征土地实体的特征和变化状态，它是对表达土地特征与现象之间关系的土地数据的解释。土地信息不仅包括土地及其附着物的空间属性、自然属性、经济属性、权能属性及这些属性之间相互关系的信息，还包括以土地利用为主线的人-地关系信息及以上信息发展变化后形成的时态信息。

土地信息的特征是从土地本身的各种属性（土地的位置、数量、质量、利用和权属等及其相互关系）、土地利用过程中人地之间的关系及人类对土地信息的应用（传播、变更等）等多个方面表现出来的性质和特点，主要包括以下几方面。

（1）时空动态性。土地信息都与一定的空间位置相关，且在区域上表现出分布式的特点，其更高的空间定位精度是土地信息与一般地理信息的区别所在。土地信息的时序特征十分明显，会随着时间的变化产生周期性或波动性变化，存在时效性。因此，一方面要求土地信息的获取要及时，并定期更新，另一方面要从其变化的过程中研究其变化规律，从而做出科学的评估与预测，为科学决策提供依据。

（2）数据海量性。土地信息既包含空间信息又包含属性信息和时态信息，数据量极大。属性信息在空间上表现出庞杂集中的特征，在一个很小的土地单元上（如一宗地）通常负载着大量的属性信息。随着全球对地观测技术的不断发展，人们每天都可以获得成千上万条的关于地球资源、环境特征的数据与信息。

（3）载体多样性。可以用文字、数字、地图和影像等形式描述土地信息，用纸、磁盘、光盘等物理介质作为土地信息的载体，并以某种方式存储起来，在适当条件下同载体一起传输或传播。

（4）相关性。在人类活动的干扰下，一块具有使用价值的土地会与其周围的土地发生联系；在交通和通信十分发达的信息社会，即使是两块不相邻的土地也可能存在着某种联系。土地信息的相关性特征主要是指一块土地的属性及其与其他土地属性之间的相互联系，相互联系的紧密程度就是相关性的大小。相关性的根本原因存在于人类活动的内部及一切社会活动和经济活动之中。土地信息相关程度的大小受经济和社会发展水平、人口密集程度等因素的制约。

为了便于管理和应用海量、庞杂、凌乱的土地信息，土地信息管理客观上要求对土地信息进行分类；同时，信息的分类也有助于深化对土地信息的认识。土地信息分类的原则包括科学性、系统性、稳定性、完整性、可扩展性、易用性、灵活性、不受比例尺限制、与有关国家规范和标准协调一致、考虑数据来源等。对信息进行分类的方法一般有两种，即线分类法（层级分类法）和面分类法。这两种方法体现在土地信息的分类中，则分别表现为分类与分级方法和成因分类法。此外，土地信息也常以现实世界的空间分布特点为主要指标进行分类，如行政区划和邮政编码。按照不同的分类依据，可将土地信息分为多种类型，如表 1.1 所示。

表 1.1 土地信息分类表

分类依据	土地信息的类型
土地信息的内容	（1）土地本身的信息（包括位置、大小、形状等土地空间定位信息，陆地、水域、岩石等土地质量信息，植被、地形、土壤等自然资源信息，阳光、温度、降水等生存环境信息）
	（2）土地关系信息（包括社会经济信息和社会法律信息）
土地管理的内容	（1）地籍管理信息（主要包括土地调查、土地分等定级与估价、土地登记、土地统计、地籍档案管理等业务中形成的图形、图像、数字、文字和声音等信息）
	（2）土地权属管理信息（主要包括土地产权制度的系列动态文档、土地所有权与使用权的确权、城镇国有土地使用权的流转、农用地权属流转、土地征收、土地权属调整等信息）
	（3）土地利用管理信息（主要包括农用地的利用和保护、建设用地管理、未利用地的开发利用、土地用途管制、土地利用总体规划、土地利用的监督与调控等信息）
	（4）土地市场管理信息（主要包括土地市场交易管理制度文档、土地市场供需信息、土地市场交易情况等信息）
	（5）土地管理的政策法规与技术规范类信息（包括土地管理的各项法律、法规、规章、政策、技术标准、规程、规范和办法）
信息获取的途径	（1）野外实地测量信息（包括传统的大地测量方法及全站仪、电子测距仪等测量方法直接测量空间对象，获取具体、准确的定位信息资料）
	（2）摄影测量与遥感信息（摄影测量已普遍用于通用地图的制作，为土地利用现状调查等提供基础图件；对于大范围的资源、环境调查来说，遥感往往是主要的信息来源）
	（3）现场专题考察与调查信息（包括房地产权状况、土地产权界址、土地利用状况等地籍信息及城镇土地闲置情况等专题调查信息）
	（4）调查与统计信息（用地管理业务中大量的社会调查与统计资料）
	（5）已有信息（土地管理在未进入数字化、信息化之前已形成的大量数据、图件、文字等资料）
信息系统的开发应用	（1）基础地理信息（包括空间参考坐标系、地形地貌、水系、植被和线状道路等基础信息）
	（2）专题图形信息（在建立土地信息系统时涉及的有关土地方面的信息图层，如建筑平面图、土地利用总体规划及其专项规划图层、行政区划图层等）
	（3）土地基础属性信息（反映特定地块最基本属性的信息，如土地权利和限制、土地价值和税收、房屋和建筑物等）
	（4）土地相关属性信息（与土地相关的其他属性信息，包括人口和人口普查数据、行政管理、古迹、土壤、植被、水文、工业与就业、给排水等）

（三）土地信息单元

土地信息单元是研究土地信息的起点，它是指土地信息的最小载体，是信息管理的基本空间单元。所有关于土地的描述实质上是对土地信息单元的描述。现行的土地信息单元包括以下几种。

（1）地籍单元。目前，对地籍单元的确定仍然存在着一定的争议。原国土资源部颁发的《地籍调查规程》（TD/T 1001—2012）中明确规定：地籍调查的单元是宗地。宗地是指被权属界线所封闭的独立权属地段，是地籍调查的基本单位。而原国家测绘局颁布的《地籍测绘规范附说明》（CH 5002—1994）中则规定：地籍调查的单元是地块。地块是指地球表面上连续区域的一个有统一权属和土地利用类型的最小土地单元。但无论用什么术语，可以明确的是，地籍单元是地籍信息的最小载体，也是地籍管理工作的最小单位。

（2）土地质量调查单元。土地质量是对土地自然属性和社会经济属性的综合鉴定。土地质量性状信息不可能也没必要具体到宗地或地块，因此土地质量调查单元一般是街道、乡镇、村或大的地块。

（3）土地质量评价单元。我国开展的土地质量评价工作集中体现在土地定级与基准地价评估上。在《城镇土地分等定级规程》（GB/T 18507—2014）和《城镇土地估价规程》（GB/T 18508—2014）中规定，土地评价单元是网格、均值地域或宗地等。这个地块的质量相对均一，表现为被自然地物（如河流、高地等）隔开、开发利用程度差异不明显的一个区域。

（4）土地利用现状调查单元。图斑是土地利用现状调查的基本单元，它是指处在同一图幅、同一末级控制区内、属同种所有制性质的和同一土地利用类型的、有相对稳定的实物界线的地块的图上表示。

（5）土地利用总体规划单元。土地利用总体规划以土地统计数据为指标依据，以土地利用现状图为规划底图，采用指标控制和用地分区相结合的方法进行总体布局和安排。其单元是土地利用区，即规划控制的、以某种特定土地用途为主的用地区域。土地利用总体规划的实施和落实最终要转化到图斑或地块上。

（6）用地管理单元。建设用地项目审批管理常常以画“红线”的方式进行，一个项目对应一个“红线”。因此，“红线”也是土地信息单元的一种形态，并且一般最终转化为宗地。

土地信息单元多层次、多元化的特点不利于信息的统一管理。为规范土地信息单元并使其满足实际工作需要，建议采用一定的原则对土地信息单元进行划分：各种土地工作的土地单元应尽可能统一；允许土地单元有层次、有重叠，但应避免交叉（即保证上一层次划分的界线肯定是下一层次划分的部分界线）。

三、土地信息系统

系统是由相互依存、相互作用的若干组成部分构成，并具有特定功能的有机整体，这些组成部分既彼此相关，又相对独立。系统具有整体性、关联性、功能性和环境适应性等基本特性。信息系统是指能对数据和信息进行采集、管理、分析和表达，并能回答用户一系列问题的系统，由硬件、软件、数据和用户这四大要素组成，智能化的信息系统还包括知识。根据信息系统所执行的任务，可将其分为事务处理系统（transaction process system，TPS）、管理信息系统（management information system，MIS）、决策支持系统（decision support system，DSS）、人工智能和专家系统（expert system，ES）。

土地信息系统（LIS）是一种空间信息系统，其含义还处于发展之中。1981 年在瑞士蒙特勒（Montreux）召开的国际测量师联合会（International Federation of Surveyors，FIG）第三次会议对土地信息系统作了如下定义：“土地信息系统是辅助法律、行政和经济决策的工具，也能辅助规划和开发。该系统既包含某一特定地区的土地相关信息数据库，也包含用于收集、更新、处理和发布数据的技术和方法。土地信息系统的基础是统一的空间坐标系，用以建立系统内数据与其他土地相关数据的联系。”结合各家观点，本书认为土地信息系统是以土地空间数据库为基础，在计算机硬件的支持下，对土地相关数据进行采集、管理、查询、分析、模拟和显示，并采用空间模型分析方法，适时提供多种空间和动态的土地信息，服务于决策的计算机技术系统。它以土地资源和资产管理为工作对象，是集土地管理业务、计算机技术、地理信息系统、数据库管理系统、遥感、网络等技术于一体的技术含量高、投资力度大的系统工程，是土地管理信息化的核心内容。

土地信息系统对空间定位的精度要求更高，保证了土地信息的权威性，能满足土地信息微观管理的要求。土地信息变更的频繁程度、复杂程度和土地管理对土地信息变更的要求决定了土地信息系统更为显著的时态性特征。此外，在土地信息系统中，空间信息和属性信息同等重要，有时属性信息甚至处于主体地位，一般用户似乎会更关心土地的属性信息。而土地科学家则利用土地信息系统，提取土地系统各个不同侧面、不同层次的空间和时间特征，模拟自然过程的演变或思维过程的结果，获得土地预测或实验的结果，选择优化方案，最终用于管理与决策。

按照不同的分类依据，可以将土地信息系统分为多种类型，如表 1.2 所示。

表 1.2　土地信息系统分类表

分类依据	土地信息系统的类型
应用领域	土地资源信息系统、土地管理信息系统、土地评价信息系统、房地产交易信息系统、土地利用与规划信息系统、森林资源信息系统、土壤资源信息系统
管理的地域范围	国家级土地信息系统、省（自治区、直辖市）级土地信息系统、地（市）级土地信息系统、县（市）级土地信息系统
设计目的	基础土地信息系统、应用土地信息系统

LIS 与 MIS 及 GIS 均存在密切的联系。

首先，MIS 是信息系统中的一个主要领域，是按照系统思想建立起来的以计算机为工具，为管理决策服务的信息系统，它的特点是系统自动模拟管理工作对象的工作流程，在每一个环节将有关的法律、法规制度贯彻其中，支持协助管理工作人员完成信息数据存储、检索、统计、评估、判定及决策等工作。LIS 是一个比较专业的管理信息系统，强调从土地管理工作的实际需要出发，按照工作的实际流程、专业技术的规程和规范及土地管理要求的各种数据、图件、表册与文档的格式标准，提供对应的功能模块。两者的主要区别在于：LIS 对图形数据库和属性数据库进行共同管理、分析和应用，其软硬件设备更复杂、系统功能更强大、对用户界面的要求更高；而 MIS 则只有属性数据库的管理，即使存储了图形，也是以文件形式管理，不能分解、查询图形要素，且没有拓扑关系。

其次，GIS 是用于获取、存储、查询、分析和显示地理空间数据的技术系统。LIS 和 GIS 的联系在于：两者都属于空间信息系统，都是给用户提供一个空间的数据框架，以空间数据的采集、输入、管理、分析、显示和模拟为操作手段，将地域的各种属性数据（包括自然属性和社会经济属性数据）置于这一框架中，对空间数据、属性数据和时间数据进行有机结合并加以管理；大多数 LIS 都是在 GIS 平台上开发的应用系统。两者的区别在于：GIS 的应用范围更大，应用部门更多，具有通用性，而 LIS 的应用部门则以与土地相关的部门为主，具有鲜明的行业特点；GIS 以基础信息为主，多采用小比例尺，而 LIS 以行业应用为主，多采用大比例尺；GIS 提供更为全面的计算机空间分析功能，特别是在自然地理信息数据的分析处理上，而 LIS 中的空间分析功能仅是 GIS 中的一小部分，但其关于土地相关属性数据与时间数据的处理和分析功能则更丰富和完备。

从学科上讲，土地信息系统是传统学科（土地科学、地图学和测量学等）与现代科学技术（计算机科学与技术、遥感等）相结合的产物，是一门处理土地数据管理、土地信息分析及其应用的现代化综合性交叉学科。首先，土地科学是土地信息系统的基础，是其基础理论的依托。其次，土地信息系统的空间信息和某些技术方法都来源于测绘领域，因此它又是测绘科学的一部分。再次，土地信息系统是信息系统，计算机科学为它的实现提供了技术手段与方法，数据库技术保障了土地空间数据库的建立，计算机图形学提供了图形处理、显示的软硬件及技术方法，人工智能提供了土地信息处理的智能化技术与方法，网络技术则为土地信息的远程查询和传播提供了支持。最后，土地信息系统还与管理科学、信息科学、城市科学、环境科学等有着千丝万缕的联系，如图 1.1 所示。

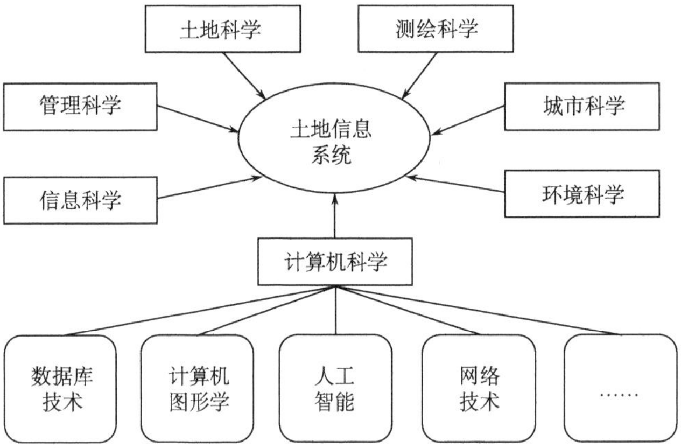

图 1.1　土地信息系统与相关学科的关系

第二节　土地信息系统基本构成

一个完整的土地信息系统主要由五部分构成，即计算机硬件与网络系统、计算机软件与应用系统、数据、应用模型与方法、应用人员和组织机构。计算机硬件与网络系统是土地信息系统的支持；计算机软件与应用系统是土地信息系统的功能驱动；上述两者是土地信息系统的核心部分；数据是土地信息系统的重要内容，是系统操作的对象（具体将在第二章中详细介绍）；应用模型与方法为实际问题提供解决方案，是土地信息系统的重要功能；应用人员和组织机构是土地信息系统中的关键和能动性因素，直接影响和协调其他几个组成部分，决定系统的工作方式和土地信息的表示方式。土地信息系统的基本构成如图 1.2 所示。

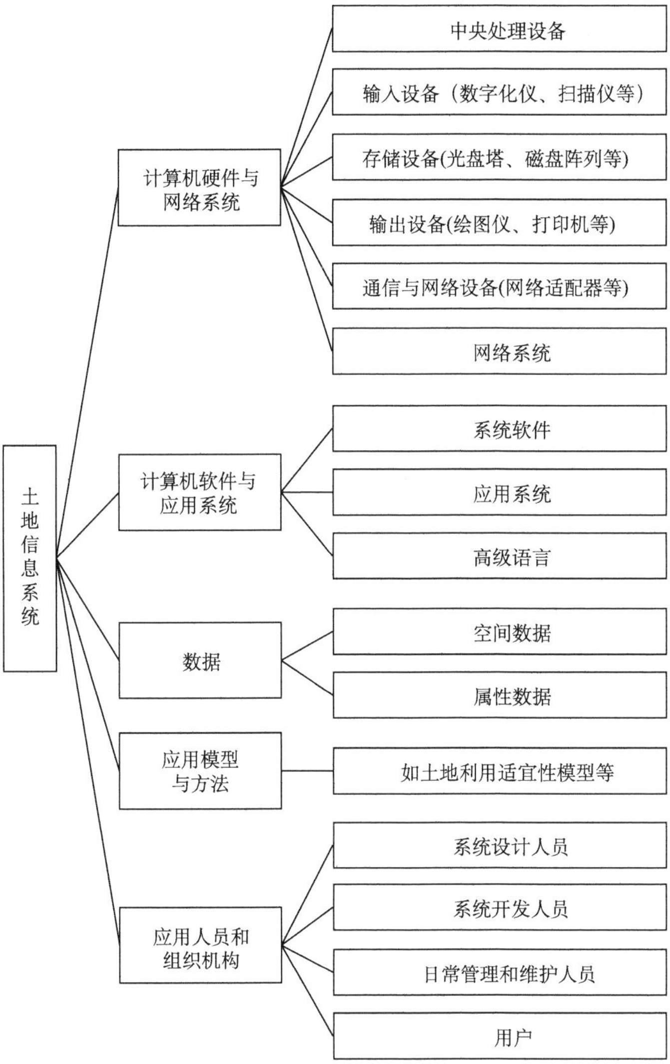

图 1.2 土地信息系统的基本构成

一、计算机硬件与网络系统

（一）硬件系统

计算机硬件系统是计算机系统中实际物理装置的总称，可以是电的、磁的、机械的、光的元件或装置，是 LIS 的物理外壳。系统的规模、精度、速度、功能、形式、使用方法甚至软件都与硬件有极大的关系，受硬件指标的支持或制约。LIS 由于其任务的复杂性和特殊性，必须由计算机设备支持。构成计算机硬件系统的基本组件包括以下几种。

（1）中央处理设备：主要是中央处理器（central processing unit，CPU）与主存储器。

（2）输入设备：手写笔、光笔、键盘、通信端口、数字化仪、扫描仪、解析测图仪、遥感处理设备和全球定位系统（global positioning system，GPS）接收设备等。

（3）存储设备：光盘塔、磁盘阵列、硬盘与驱动设备、磁带及其驱动设备、光盘与刻录设备等。

（4）输出设备：矢量绘图仪、栅格输出设备、图形显示终端和文档打印机等。

（5）通信与网络设备：主机与外部设备、服务器、网络适配器、传输介质和调制解调器等。

这些硬件组件协同工作，向计算机系统提供必要的信息，使其完成任务，保存数据以备现在或将来的使用，并将处理得到的结果或信息提供给用户。

（二）网络系统

网络系统是LIS运行的基本环境，主要包括企业内部网系统结构模式和因特网系统结构模式。企业内部网系统结构模式通过局域网络，将存储系统、服务器系统、输入和输出设备及客户机终端进行网络互连，实现数据资源、软硬件设备资源和计算资源的共享。因特网系统结构模式是一种由企业内部网和外部网共同组成的客户机/服务器（client/server，C/S）和浏览器/服务器（browser/server，B/S）的混合模式。

国家级、省级和地级LIS一般采用C/S体系结构，即企业内部网系统结构模式，客户机可以是局域网（storage area network，SAN）上的工作站、微机或图形终端，用来运行提供用户接口和前端处理的应用程序，服务器可以是微机服务器、工作站服务器、小型机、中型机或大型机，用来提供客户机使用的各种资源和服务。

县级LIS一般采用局域网方式或Windows工作组方式。局域网可采用遵循传输控制协议/因特网互联协议（transmission control protocol/internet protocol，TCP/IP）、SNA（systems network architecture）协议的以太网结构；广域网以专线[数字数据网（digital data network，DDN）]、拨号[电话网、综合业务数字网（integrated services digital network，ISDN）]或无线（卫星、基站）进入国家公用数据网，遵循X.25的分组交换协议。

根据《全国国土资源信息网络系统建设规范》，国土资源信息网络主要由三部分组成：一是国土资源管理部门或其直属单位用于内部政务管理、国土资源调查评价及内部信息服务等的局域网（内网）；二是国土资源管理部门或其直属单位访问国际互联网及提供国土资源对外信息服务等的局域网（外网）；三是由各省、自治区、直辖市（包括计划单列市）及国务院各部委内部局域网通过专线互联形成的专用网络（专网）。

二、计算机软件与应用系统

计算机软件与应用系统是指必需的各种程序，通常包括系统软件、应用系统和高级语言。

（一）系统软件

系统软件是由计算机厂家提供的、为用户使用计算机提供方便的程序系统，包括操作系统、汇编程序、编译程序、诊断程序、库程序、各种维护使用手册和程序说明等，是LIS日常工作所必需的。操作系统必须考虑其开放性，即能否很方便地在其上挂接各种必须的应用软件。目前的主流操作系统有Windows和Unix，它们都是多用户、多任务的网络操作系统，都允许用户在平台上自主选择构建符合土地相关业务要求的应用系统。结合两者的特点，使用Windows和Unix混合平台是LIS的最佳选择。

（二）应用系统

应用系统包括通用的 LIS 软件包及应用程序，用于支持土地数据的输入、存储、处理、输出与用户接口。目前常见的 LIS 基本上是在一些 GIS 软件平台上，针对土地管理业务的具体要求进行二次开发的产品。采用较多的 GIS 平台软件包括 ArcGIS 和 MapInfo 等国外产品，还有 MapGIS 和超图等国内产品。按照应用系统的功能，可将 LIS 分为数据输入子系统、数据存储与管理子系统、数据分析与处理子系统、数据输出与表示子系统和用户接口子系统。

（1）数据输入子系统。该子系统将系统外部的原始数据（多种来源、多种形式的土地信息）传输给系统内部，并将格式转换为便于 LIS 处理的格式。数据输入的方式与使用的设备密切相关，主要包括三种形式：手扶跟踪数字化仪的矢量跟踪数字化、扫描数字化仪的光栅扫描数字化、键盘输入或文件读取方式，有关数据获取与输入的内容将在第二章中详细讲解。数据格式的转换一般由 LIS 软件提供的数据互操作工具或功能模块实现。

（2）数据存储与管理子系统。该子系统涉及地理要素（表示地表物体的点、线、面）的位置、空间关系及属性数据如何构造和组织等。它由数据库管理系统（database management system，DBMS）进行管理，由特定的数据模型或数据结构来描述构造和组织方式。在选取 DBMS 时应考虑如下问题：能否存取大量数据、能否在多种主机及操作系统上运行、能否支持多种网络协议、能否支持可变元二进制数据存取等。目前，Microsoft SQL Server、Oracle Spatial、Sybase、DB2 和 DM3 等都可以作为 LIS 的后台数据库。

（3）数据分析与处理子系统。该子系统可以对一幅或多幅图件及其属性数据进行分析运算和指标量测。在此操作中，输出图件和输入图件在空间定位上仍然一致，故称为空间函数转换。空间函数转换可以基于点或像元，如基于像元的算术运算、逻辑运算或聚类分析等；基于区域、图斑或图例单位，如叠加分类等；基于邻域，如像元连通性、扩散、最短路径搜索等。量测包括对面积、长度、体积、空间方位和空间变化等指标的计算。

（4）数据输出与表示子系统。该子系统将系统内的原始数据经过分析、转换和重新组织后以用户可以理解的某种方式提交给用户，如以地图、表格等形式表示在某种介质上，或采用 CRT（cathode ray tube）显示器、打印机、绘图仪等输出，也可以将结果记录于磁存储介质设备或通过通信线路传输到用户的其他计算机系统。

（5）用户接口子系统。该子系统用于接收用户的指令、程序或数据，是用户和系统交互的工具，主要包括用户界面、程序接口与数据接口。系统一般通过菜单方式或解释命令方式接收用户的输入。用户界面是 LIS 的重要组成部分，它通过菜单技术、用户询问语言的设置、人工智能的自然语言处理与图形界面等技术，提供多窗口和鼠标选择菜单等控制功能，为用户发出操作指令提供方便。除此之外，该子系统还随时向用户提供系统运行信息和系统操作帮助信息，使得 LIS 成为人机交互的开放式系统。

（三）高级语言

高级语言是系统及应用模型的开发工具。目前流行的开发语言有 C++、Power Builder、Visual Basic、Delphi、Java 和 Python。此外，现在的 GIS 软件都有自己的开发语言，如 ArcGIS 的 Avenue 语言、MapInfo 的 MapX 语言等。应根据情况选用其中的一种或多种作为开发语言。

三、数　　据

数据是 LIS 的操作对象，包括空间数据和属性数据两种类型，即与土地有关的各种形式的数据。空间数据如遥感航片、土地利用现状图等；属性数据如土地调查数据、土地利用变更数据、土壤普查资料、土地估价资料、农业区划资料等。

空间数据是 LIS 的图形数据，是其主要的操作对象。空间数据可分为几何数据和关系数据。几何数据描述地理实体本身的位置、形状、大小等度量信息，在 LIS 中以坐标形式（如经纬度、平面直角坐标、极坐标等）表示，且被抽象为点、线、面这三种类型的数据。关系数据是指描述空间数据之间的空间关系的数据，包括度量关系（如两个地物之间的距离远近）、延伸关系（或方位关系，定义了两个地物之间的方位）、拓扑关系（定义了地物之间的连通、邻接等关系，是 LIS 分析中最基本的关系）。在 LIS 中，空间数据以结构化的形式存储在计算机中，由计算机实体和数据库管理系统组成数据库。

属性数据是与土地实体相联系的变量，是说明空间数据的数据。它对地理实体的内容进行广泛、深刻的描述，是对空间数据的补充。属性数据可分为定性与定量两种数据类型，定性数据包括名称、类型、特性等，如行政区域名称、地类图斑的含义、土地利用类型等；定量数据包括数量、等级等，如人口数据、土地面积、降雨量、土壤有机质含量等。属性数据一般是经过抽象的概念，通过分类、命名、量算、统计得到。任何土地实体至少有一个属性，而 LIS 的分析、检索和表示主要是通过属性的操作运算实现的。因此，属性的分类系统、量算指标对系统的功能有较大的影响。

由于 LIS 数据库的数据是以空间数据和属性数据的形式来存储的，而且这两种数据的相互对应关系密切，所以空间型数据库包括三种数据组织形式：

（1）混合式。混合式数据库管理系统是利用两个子系统分别存储空间数据和属性数据，其中空间数据存储在线状或面状地物的弧段文件中，属性数据存储在关系数据库管理系统中，两个系统之间通过公共项（一般定义为地物标识码）连接。

（2）扩展式。扩展式数据库管理系统通过将地理结构语言（Geo SQL）转为标准的 SQL 语言查询，借助索引数据的辅助关系实施空间索引操作。

（3）开放式。开放式数据库管理系统是利用专门开发的 DBMS 管理空间数据和属性数据。

此外，按照实际应用的不同，还可将 LIS 中的数据分为基础地理数据、土地基础数据、管理数据以及辅助数据。基础地理数据是指进行全球变化等研究所必需的基础资料，如地形图、测绘控制点、行政界线、建筑物、交通系统、水系、公共事业网络、地貌、数值地形模型等。土地基础数据包括土地利用、土地利用规划、地籍、地价、农用土地分等定级、建设项目用地、土地开发整理和土地利用动态监测等 8 种类型。管理数据是由土地基础数据经过再分类和处理后得到的，可直接用于土地登记、建设用地审批和土地利用规划管理等土地管理业务。辅助数据包括影像数据、编码数据和其他相关数据（如元数据等）。

四、应用模型与方法

应用模型是系统开发人员或用户根据土地专题或区域分析模型编制的用于某种特定应

用任务的程序，是系统功能的扩充与延伸。应用模型作用于地理专题数据或区域数据，构成LIS的具体内容，这是用户最为关心的真正用于土地信息分析的部分，也是从空间数据中提取土地信息的关键。方法可分为基本方法和扩展方法，基本方法包括放大、缩小、查询、输入、编辑、投影、制图和拼接等基本操作，扩展方法包括拓扑、叠置、缓冲区、网络分析、数字高程模型（digital elevation model，DEM）分析、模糊逻辑、地图代数、数据整合、规则校验和模型连接等。

用户进行系统开发的大部分工作是在开发应用模型，而应用模型的水平在很大程度上决定系统的实用性、优劣和成败。在LIS工具的支持下，应用模型的开发应是透明和动态的，与系统的物理存储结构无关，而且随着系统应用水平的提高而不断优化和扩充。构建应用模型首先要根据研究的目的和对象，确定模型的类别、相关变量、参数和逻辑框架，然后确定模型的操作项目与空间分析方法，最后编写程序、调试、输出产品。针对不同的土地管理的目的，可以有针对性地开发出相应的应用模型，如土地利用适宜性模型、选址模型和水土流失模型等。

五、应用人员和组织机构

人是土地信息系统中重要的构成因素。土地信息系统从其设计、建立、运行到维护的整个生命周期，处处都离不开人的作用。仅有系统软硬件和数据还不能构成完整的土地信息系统，需要人进行系统组织、管理、维护、数据更新、系统扩充完善及应用程序开发等工作，并灵活采用土地信息分析应用模型提取各种信息，为研究和决策服务。土地信息系统的专业人员是土地信息系统应用的关键，而强有力的组织是系统运行的保障。

一个周密规划的土地信息系统项目应包括系统设计人员、系统开发人员、日常管理和维护人员及最终运行系统的用户。系统设计人员在对市场深入了解的基础上，完成可行性研究论证和立项工作，负责系统总体方案的设计。系统开发人员负责实现系统的设计方案，并进行调试。以上两类人员不仅要具备土地科学的相关知识，还要掌握并精通计算机、遥感、图形学、地图学和测绘学等应用学科知识。系统的日常管理与维护人员主要负责技术培训、软硬件设备与功能的维护和更新、数据更新与共享、文档管理等工作。土地信息系统的用户可以包括土地管理部门的工作人员及与土地问题相关的研究者等。

第三节 土地信息系统主要功能

LIS与MIS及GIS均存在密切联系，可以认为LIS是MIS和GIS两者结合并运用于土地及其相关行业的产物。因此，LIS不仅具有一般MIS和GIS的功能，还具有自己特有的功能。

一、管理信息系统功能

LIS中属性数据的种类繁多，包括产权登记、土地统计调查、土地定级与基准地价、土地利用规划与建设用地管理等信息。与一宗地（空间目标）相连的属性信息很多，且这些属性信息之间的关系十分复杂，无法用一张表进行管理。这就决定了LIS必须具备几乎和MIS

同样强大的属性数据管理和处理能力，包括输入、编辑、检索和统计、输出等功能，具体如下。

（1）输入：输入功能要求用户界面设计良好，有针对性（非通用性），符合用户输入习惯，系统对操作人员的输入有一定提示，具有数据有效性检查、简单预处理、记录定位、数据转换及多媒体资料输入等功能，既能以交互方式输入，又能以文件方式批量输入。

（2）编辑：对数据的输入有修改权限，可以对原有数据进行重做和撤销等处理，具有参照完整性自动更新其他信息或自动提示修改其他信息的功能。

（3）检索和统计：数据的检索就是数据的查询功能，检索和统计操作对用户透明，能实现对属性数据任意时间点、任意时间段、任意条件的检索和统计，常用的统计结果可直接作为结果输出。

（4）输出：各类报表的预览和打印功能，定制报表、多媒体产品的输出功能，文件转存功能等。

二、地理信息系统功能

LIS 需要处理大量的图形数据，因此它具备一般 GIS 的各项功能，包括空间数据的采集及预处理、图形编辑、图层与图幅管理、空间查询、空间分析、图形输出、空间数据和属性数据的连接等功能，具体如下。

（1）空间数据的采集及预处理：多种方式的图形数据采集功能，如扫描数字化等，半自动或全自动的矢量化、构建拓扑、数据校检功能，多种空间数据格式的转换功能等。

（2）图形编辑：多种形式的图形编辑功能，特别是图形的裁剪、分割、合并、添加、删除、重做和撤销，还包括拓扑关系的建立、图形整饰、投影变换及误差校正等。

（3）图层与图幅管理：LIS 中涉及的图形信息包括土地业务的各个方面，不同方面图形的来源及成图要求不同，同时，图形各层之间又相互关联，这就要求 LIS 有较强的图层管理功能，如图层的显示与否、显示的比例尺范围及图层是否可编辑或可选等。此外，土地信息常常涉及多幅地图的拼接，使得 LIS 必须具有图形分幅及图幅间无缝拼接的功能。

（4）空间查询：首先是纯空间查询功能，即点、线、面相互关系的查询，包括面-面查询、面-线查询、面-点查询、线-面查询、线-线查询、线-点查询、点-面查询和开窗查询；其次是地址匹配查询，即从街道的自然地址来查询事物的空间位置；最后是图文互访查询，包括按属性信息的要求来查询空间位置（或称“文查图”）、按空间位置来查询属性信息（或称“图查文”）。

（5）空间分析：目前常用的空间分析功能包括空间叠置分析、缓冲区分析、网络分析、DEM 分析、三维地形分析和小波分析。

（6）图形输出：能按照各种分幅要求和成图要求预览和输出图形。

（7）空间数据和属性数据的连接：目前大多数系统都是将二者分开存储，通过公共项（一般定义为地物标识码）来连接。

三、特有功能

依据LIS的特征和研究的基本任务，结合它已经具有的一般MIS和GIS的功能，总结以下几点为其特有的功能。

（1）历史查询与反演。LIS具有显著的时态性特征，这种时态性可以为日后的土地纠纷提供依据，因此是LIS必须解决的问题，而一般GIS并没有如此迫切。目前，国内外各类GIS在本质上仍属于非时态的GIS，这样的系统只适用于信息变化缓慢的对象，进行某一时刻的全局状态分析及宏观整体变化信息的提取。当应用到信息变化频繁、强调局部细节变化分析的场合时，则表现出不变数据重复存储、局部变化信息提取困难、信息实体时态特征表现不明显等缺陷。LIS要求系统能够查询到历史上任意时刻的土地信息状况，能反映一宗地的变化情况。这增加了LIS设计在数据存储、检索等方面的难度。目前，国内外专家和学者已在该方面取得了一定的进展，但远未达到既能充分反映土地信息时态特征，又方便实用的地步。

（2）任意大比例尺图件的自动生成和输出。宗地图、房屋分户图等是对应土地证、房产证的附图，它们既是日常必需的，又有较高的精度要求（具有法律效力）。例如，宗地图的比例尺会随着宗地面积的大小和所选纸张开本大小的不同而不同，这种变比例尺的处理虽然在屏幕显示时较好实现，但在打印输出时，由于土地符号等因素可能出现问题，因此需要过多的人工干预才能达到要求。这个问题从某种意义上讲是一个地图自动综合的问题。LIS要求系统具有能够自动地从相对小比例尺的地图（如地籍图）上裁剪出一块，生成符合较高要求的大比例尺地图（如宗地图）的功能，以用于宗地图和房屋分户图等的制作。

（3）多层次的图文互访查询。在LIS中，“图”（空间目标）和“文”经常是一对多的关系，即一个空间目标关联着多层次、多方面的属性信息。例如，与一宗地相连的属性表，仅在土地登记中，就有土地登记申请表、土地调查表、土地登记审批表、土地登记卡、土地归户卡、权属证明材料单和土地登记收件单等七种不同形式的属性表。这种查询的不唯一性也成了LIS查询功能的一个特点。

（4）宗地分割合并的图属同步变更。宗地的分割和合并在土地业务中时常发生。对于土地信息而言，一方面，这种变更既要求变更，又要求保存原来的空间实体（宗地）；另一方面，这种变更涉及对应属性数据的同步自动变更或提示用户进行属性变更。这仍然是LIS开发的一大难点。

第四节 土地信息系统目标与任务

一、土地信息系统的目标

根据我国土地管理的工作职责，土地信息系统的总目标为：开发土地信息资源，管理土地资产，支持土地管理的业务运行、专题管理和战略决策，支持国民经济调控和国家管理的有关决策。具体目标如下。

（1）存储现有的土地信息，同时为保持土地资料的现势性，适时更新数据、图件和文档等资料。

（2）查询检索，以掌握土地资源、资产状况，满足土地管理业务、社会公众和政府等各层次对土地信息的需求。

（3）数据处理，支持土地管理的业务自动化运行。

（4）信息支持，开展专题研究和综合分析研究，提供土地管理和土地可持续利用的辅助决策，以达到土地利用的社会、经济和生态效益的统一。

（5）科技信息，支持土地科研、技术试验和高新技术的引进。

（6）土地工程指标、方案的拟订和工程设计，支持土地开发、利用、保护与整治的论证和监测。

（7）汇集地价信息，分析市场动态，支持地产市场运作。

（8）数据联网，信息标准化，以实现土地信息的全国共享，最大限度提高土地信息的利用效益。

具体到某一地区的土地信息系统的目标，则需要结合当地实际情况（包括财力、土地信息状况、科技实力等）进行综合考虑，提出系统建设的近期目标和远期目标。

二、土地信息系统的基本任务

土地信息系统的基本任务有如下六个。

（1）土地管理业务分析。业务分析要求将现实中纷繁的土地管理相关业务进行归纳总结，并进一步规范化，按软件工程中的有关要求和标准，形成业务流图和数据流图。业务分析是系统设计必备的一步，也是良好系统的保证。

（2）土地信息分类的标准化与编码。土地信息的繁多及信息管理要求的多样化，决定了信息分类的标准化与编码是建立 LIS 的一个重要前提。例如，系统的多用途和业务化要求信息共享，而标准化是共享的前提。

（3）土地信息系统数据库设计。土地信息系统数据库是整个土地信息系统数据管理的核心，数据能否高效存取和多样检索查询都取决于数据库设计的好坏。数据模型和数据结构是数据库设计的重要问题。

（4）土地信息分析模型与方法的设计。土地数据只有通过一定的模型与方法的处理，才能成为对人们有用的信息。基本空间处理方法是土地信息处理和分析的基础，空间查询和空间分析是信息提取和应用的主要形式，而建立数学模型是土地信息处理的最常用的方法。

（5）土地信息系统工程建设。土地信息系统工程建设将对如何建立土地信息系统的问题进行研究。一个复杂的工程，即使理论成熟，在实际操作中仍会出现各种困难，这就决定了研究土地信息系统工程建设的重要性。

（6）土地信息系统中若干关键技术的实现。土地信息系统显著的时态性、高精度定位及复杂的属性处理等要求是系统的关键技术，且是其他信息系统无法相比的。不解决这些关键技术，从某种意义上讲，建成的系统就不是土地信息系统。

第五节　土地信息系统发展与趋势

近几十年来，随着城市的快速扩张，人们对资源枯竭和环境污染等问题的关注催生了对土地信息的巨大需求。计算机技术和空间技术（特别是遥感技术）的发展，使得人们获取、存储、处理、管理和分析空间数据的能力大大增强。20 世纪 70 年代以来，建立土地信息系统以满足社会对土地相关信息日益增长的需要成为一个热门课题。国外发达国家在土地信息系统的建设方面具有较长的历史，在土地管理服务方面也有比较成熟的经验；我国的起步较晚，但是发展很快，正在逐步缩小与发达国家之间的差距。

一、LIS 在国外的诞生与发展

世界上第一台计算机出现在 20 世纪 40 年代中期，当时就有人将房地产数据存入计算机中进行存储与计算，这就是地籍数据的雏形。第二次世界大战之后，西方国家开始了大规模的经济建设，土地测量和土地利用规划等成为各国政府部门、公交公司及房地产商竞相研究和发展的领域。

20 世纪五六十年代为开拓期。20 世纪 50 年代，数字化仪和绘图仪应运而生，这两种计算机外围设备极大地拓展了计算机在土地科学领域的应用。最早进行土地信息技术研究的国家是加拿大。1960 年，加拿大开始准备对全国农业土地利用与开发进行规划，收集比较全面的地图资料，对全国农业用地的投资开发效益进行评价。1962 年，加拿大政府的土地资源调查机构开始做地图数字化试验，在 1964 年利用当时最先进的计算机设备和软件开发了世界上第一个地理信息系统（CGIS），用于城市土地相关信息的管理。与此同时，美国的纽约州和明尼苏达州等地也开发了具有实用价值的土地资源信息管理系统。

20 世纪 70 年代为巩固发展期。此时，计算机技术已经发展到第三代，数据处理速度加快，内存容量增大。在硬件方面，计算机硬件价格下降，使得各种机构都能配置计算机系统，且各类输入设备齐全，特别是后期出现了数据的直接存储设备——硬盘，为计算机存储地理数据提供了方便；在软件方面，第一套利用关系数据库管理系统的软件包问世，70 年代后期，LIS 得到了很大的发展，一些应用软件频繁推出，约有 300 多个系统投入使用，其中较为完整的系统软件就有 80 多个；与此同时，陆地卫星及多光谱扫描仪（multi-spectral scanner，MSS）的商业化运用也为 LIS 的发展提供了重要的数据来源。此外，国际上开始组织关于空间信息科学的学术交流，推广空间信息系统及其相应领域科学的学术思想和实践；一些大学也开始培养有关的技术人才和专业人才；各国各地政府也自行开发了不少为自己服务的实用性空间信息系统。该时期 LIS 发展的总体特点是：技术发展没有新的突破，系统应用与技术开发多限于某几个机构，专家影响减弱，政府影响增强。

20 世纪 80 年代为快速发展期。此时，在硬件方面，大规模和超大规模的集成电路问世，远程传输通信设备与计算机网络的出现和建立，使空间信息传输的效率得到提高；在软件方面，数据库管理系统与操作系统得到完善，系统软件工程与应用软件得以研制，数据处理开始与数据的模拟和模型相结合。此外，专门研制商用信息系统的软件公司和为建立实用性信息系统提供技术支持的专业服务机构不断涌现，如 ArcInfo、Tigris、MGE、Sicad/Open、GenaMap、MapInfo 等。发达国家在空间信息系统方面的发展进步明显，如在德国、加拿大、澳大利亚和美国出现了一些商业土地信息系统，主要用于农田管理、作物播种规划和农场建设等，为 LIS 的推广开辟了新的道路。特别值得提及的是，德国于 1983 年将各州地籍登记的全部内容按统一格式输入了自动化地籍册数据库，使用者可随时以人机对话的形式对数据库进行检索、咨询等。该系统能迅速提供准确现实的地籍资料，直接服务于政府决策、私人土地交易、土地计划、规划建设和农业税收等国民经济各部门。该时期 LIS 发展最显著的特点是商业化实用系统进入市场。

20 世纪 90 年代为用户化时期。此时，计算机技术得到很大发展，Windows 操作系统的出现为用户操作与管理计算机提供了很大方便，推动了 LIS 的普及；计算机网络技术，特别是因特网技术的发展，使得在更大范围内共享土地信息成为可能和必然趋势；LIS 倾向于关系型数据库，在一定程度上实现了空间数据与属性数据的结合。LIS 进入个人用户时代，应用领域深化到政府管理部门与企事业单位。芬兰负责土地信息管理工作的国家土地测量署（National Land Survey, NLS）设计和开发了更为实用和高效的新系统（JAKO），借助该系统 NLS 每年可完成约 20 万个地块的测量和有关数据的更新、维护工作；荷兰的地籍署则充分利用先进的 GIS 和数据库技术，在国家地理信息基础设施建设的框架下，向公众提供在线土地信息服务。该时期 LIS 的主要研发方向趋向于土地信息分析的新模式与新方法，如土地信息应用模型、三维与四维数据结构模型、人工智能和专家系统的引入，网络土地信息系统，虚拟现实（virtual reality, VR）系统与 LIS 的结合等。随着“信息高速公路”“国家空间数据基础设施”“数字地球”等计划的提出，建设国家级乃至全球级的 LIS 已成为各国关注的问题。

目前，发达国家大多数都已完成了基于 GIS 和因特网技术的国家级 LIS 建设，在土地利用规划与地区经济发展方面发挥了重要的决策支持作用。鉴于发达国家建设 LIS 带来的巨大经济效益，许多发展中国家，如印度尼西亚和菲律宾等，也纷纷准备建立自己的 LIS。

二、国内土地信息系统的发展

我国对 LIS 的研究和建设在 20 世纪 70 年代才刚刚起步，但是发展很快，大致可分为三个时期。

（1）准备期。20 世纪 70 年代初，我国开始对计算机在测量、地理制图和遥感领域的应用进行初步研究，1972 年开始研制制图自动化系统；1974 年引进陆地卫星 MSS 图像并开始了卫星图像处理和分析工作；1977 年诞生了第一张由计算机输出的全要素地图，并研究利用统计数据的计算机处理技术，对数字地形图做基本数据特征参数提取试验、自然景观单元的划分与计算机分类方法的研究。

（2）试验期。20 世纪 80 年代，随着微机的问世与推广、软件技术的发展和我国对“信息革命”的热烈响应，对 LIS 的研究进入了全面试验阶段。一些高等院校和研究机构开始有计划有组织地开展研究，包括：①1981 年在四川攀枝花市二滩进行的遥感和 GIS 的典型试验，该次试验以遥感资料为基础，从植被覆盖和环境污染研究着手，试验多源数据的采集与空间配准方法，探索信息专题化和数字化的技术途径；②“七五”期间，中国科学院组织 13 个单位联合攻关，在消化吸收 ArcInfo 的基础上建立了黄土高原水土流失信息系统；③GIS 重要软件在“七五”“八五”期间被列为国家科技攻关项目及国家高科技“863”项目，各单位在微机开发的基础上，开始广泛研制微机 GIS 软件，并取得了一定进展，如北京大学的 PURSIS 系统、中国科学院的 MCGIS 系统及原国土资源部土地详查软件等。

（3）建设期。从 20 世纪 80 年代后期开始，我国就展开了如火如荼的 LIS 建设。1986 年底，原国家土地管理局正式成立后不久，便将 LIS 建设列为科技基础建设的重要内容。1989

年起，设有土地管理专业的高等学校开始相继开设 LIS 课程，中国农业大学率先编写了《土地信息系统》教材。90 年代以来，LIS 建设的发展势头非常迅猛，很多地市级、县市级土地管理部门纷纷与高等院校、科研部门、计算机公司等合作，研制、开发 LIS。1995 年 5 月，原国家土地管理局科技宣传司组织了全国土地信息系统成果演示会，有 40 项成果被展示亮相，且涌现出一批优秀的 LIS/GIS 软件，如北京大学的 CityStar、中国地质大学的 MapGIS 和武汉大学的 GeoStar 等。

从 20 世纪 90 年代后期开始，我国正式走上了国土资源信息化建设的道路。1998 年组建的国土资源部（现自然资源部）明确加大对国土资源信息化建设的投入力度；1999 年 5 月成立了国土资源信息化领导小组；2000 年 9 月国土资源部印发的《关于加强国土资源信息化建设的通知》（国土资发〔2000〕274 号）中明确提出在全国各地国土资源管理部门成立信息化领导小组、信息办和信息中心；2001 年，国土资源部在深圳召开了全国国土资源信息化工作会议，明确了国土资源调查评价、政务管理和信息服务这三个主流的信息化建设任务，全面启动国土资源信息化建设。

“数字国土”工程、“金土工程”及国土资源遥感监测“一张图”工程等重要工程的开展极大地推动了国土资源信息化建设。“数字国土”工程于 1999 年 10 月正式启动，于 2009 年底进入收工阶段，是国土资源信息化建设的骨干工程，它围绕国土资源大调查形成的数据成果，建立国土资源基础性、公益性和战略性数据库，形成对国土资源电子政务和信息社会化服务的强大数据支撑，也为国家开展“数字地球”信息网络建设提供大量基础信息。“金土工程”于 2004 年 1 月提出，是在国土资源电子政务建设的总体框架下，选择耕地保护、矿产资源管理和地质灾害防治等重要业务，形成边界清晰的政务信息系统，其总体目标是完成“三大系统”建设（即耕地保护国家监管、矿产资源国家安全保障和地质灾害预警、预报与应急指挥系统），建立覆盖国家、省、市、县级国土资源电子政务管理信息化系统。“金土工程”的建设分三期实施。第一期作为试点示范工程，于 2006 年启动，已于 2010 年 10 月通过竣工验收。国土资源遥感监测“一张图”工程是把土地利用现状、基本农田、遥感监测、基础地理及矿产资源等多源信息进行有机整合，与国土资源的计划、审批、供应、补充、开发、执法等行政监管系统逻辑叠加，实现资源开发利用“天上看、网上管、地上查”的动态监管目标。2008 年全国“一张图”本底工程数据库建设已经基本完成，绝大多数省份的遥感数据已经入库。2009 年，随着第二次全国土地调查底图生产工作渐入尾声，国土资源部探索应用高科技手段开展国土资源动态监管的“一张图”本底工程初现规模。2014 年，“全球地质一张图•中国”正式上线，首次面向全球提供中国主要陆域面积 1∶100 万地质图空间数据（英文版）的发布与网络服务，填补了“全球地质一张图”数据中国区域的空白。

2016 年 11 月 7 日起，《国土资源信息化“十三五”规划》正式施行，该规划的主要目标是：到 2020 年，全面建成以“国土资源云”（国土资源和不动产统一登记信息系统的简称）为核心的信息技术体系，基本建成基于大数据和“互联网+”的国土资源管理决策与服务体系、以现代对地观测与信息技术集成为支撑的全覆盖全天候的国土资源调查监测及监管体系；在确保国土资源网络和信息系统安全的前提下，全面实现国土资源监管、决策与服务的网络化和智能化应用，有效支撑“三深一土”（深地探测、深海探测、深空对地观测、土地科技创新）科技创新能力的提升，大幅提高国土资源治理能力现代化水平。

我国 LIS 的发展已由档案管理及日常办公导向发展为以办公-决策-服务为导向的综合、

多层次信息系统，根据 LIS 所涉及的管理业务范围，可将其大致划分为综合性 LIS 和专项业务应用系统。其中，专项业务应用系统又可细分为土地利用现状调查信息系统、农用地分等定级估价信息系统、城镇土地定级与基准地价评估系统、地籍管理信息系统、土地利用规划信息系统、土地登记系统及土地利用动态遥感检测系统等。关于这些专项业务应用系统本书将在第七章中详细介绍。

参考文献

傅学庆. 2003. B/S 结构土地信息系统研究. 河北师范大学硕士学位论文.
李建松，唐雪华. 2015. 地理信息系统原理. 武汉：武汉大学出版社.
刘富刚. 2011. 土地资源评价理论与实践. 北京：国防工业出版社.
刘家彬，张金亭，胡石元. 2002. 土地信息系统理论与方法. 北京：测绘出版社.
刘胜华，刘家彬. 2005. 土地管理概论. 武昌：武汉大学出版社.
刘卫东，彭俊. 2010. 土地资源学. 上海：复旦大学出版社.
刘耀林，何建华. 2007. 土地信息学. 北京：科学出版社.
卢新海，黄善林. 2014. 土地管理概论. 上海：复旦大学出版社.
陆红生. 2007. 土地管理学总论. 北京：中国农业出版社.
马才学. 2008. 土地信息系统. 北京：北京师范大学出版社.
蒙吉军. 2011. 土地评价与管理. 2 版. 北京：科学出版社.
曲卫东，韩琼. 2009. 土地信息系统. 北京：中国人民大学出版社.
汤国安，杨昕. 2012. ArcGIS 地理信息系统空间分析实验教程. 北京：科学出版社.
杨瑾. 2000. 土地信息系统及其设计. 西北大学硕士学位论文.
Kang-tsung Chang. 2009. 地理信息系统导论. 3 版. 陈建飞等 译. 北京：清华大学出版社.

第二章　土地信息数据获取与存储

第一节　数 据 结 构

一、数据与数据结构

（一）数据

数据是表示和记录信息的文字、图表、符号、图像及声音等的有效组合，它会随着载荷它的物理设备形式而改变。数据包括数值数据和非数值数据，它既是计算机处理的对象，又是计算机处理的结果。数据具有自然和社会两种属性。自然属性是指数据所具有的可感知、可存储、可加工、可传输、可再生和可压缩等特性；社会属性是指数据的商业性、资源性、公用性、隐秘性及各行各业对数据的依赖性等。

（二）土地数据

土地数据是指土地位置、数量、质量、权属和利用状态的符号化表示，是土地信息系统的血液，是系统运行的主体。土地数据具有多源性与多维性、动态性与海量性、层次性与关联性、空间拓扑特征与类型多样性等特征。按照其特征，土地数据可分为空间特征数据、属性特征数据和时间特征数据。

空间特征数据记录的是土地实体的位置、拓扑关系和几何特征。空间位置包括土地实体所在的以地理参考系定义的绝对位置（如基于地理经度和纬度表达的土地利用现状图）和以相邻地物间存在的空间关系来描述的相对位置（如相邻两块不同利用类型的土地）。

属性特征数据是属于特定土地单元（地块）特征描述的定性和定量指标，如土地质量等级、土壤质地、土地沙化程度、土壤侵蚀程度、土地所有权和使用权的性质、人口密度、交通流量及产业集聚程度等，通常用数字、文字、符号和图像等形式来表达，主要是表格、图形或图像。属性特征数据的范围随土地管理问题的不同而有所不同，随着信息管理面向更为广泛的用户并提供更为全面的服务，需要存储更大范围的属性特征数据。

时间特征数据是指土地实体或其表现的特征随时间变化而形成的数据，如地籍的时态特征、土地利用的变更与动态监测、预警与实时调控等。土地数据在某个时段内变化时，若能记录到数据采集、处理及利用行为发生的时间，空间特征数据就会具有时间特征，从而形成相应的时间特征数据。由于目前计算机软硬件的限制，现有的时间特征数据没有形成真正意义上的第 4 维的数据，所以也有人称现有的空间数据是假 4 维或 3.5 维空间数据。

（三）数据结构

计算机理论中的数据结构是指计算机存储和组织数据的方式，如数组（array）、堆栈（stack）、队列（queue）、链表（linked list）、树（tree）和图（graph）等。土地信息的数据结构是指土地数据记录的编码格式及数据间的关系的描述，包括空间数据结构和属性数据结构。空间数据结构是适合于计算机系统存储、管理和处理的地学图形的逻辑结构，是地理实体的空间排列方式和相互关系的抽象描述。属性数据结构相对简单，一般由关系表结构存储。

空间数据结构包括矢量数据结构、栅格数据结构、矢栅一体数据结构和三维数据结构等。空间数据编码是空间数据结构的实现，即将根据 LIS 的目的和任务所搜集的、经过审核的地形图、专题地图和遥感影像等资料，按特定的数据结构转换为适合于计算机存储和处理的数据的过程。

二、矢量数据结构

（一）定义

矢量数据结构是通过记录坐标的方式尽可能精确地表示点、线、多边形等地理实体，坐标空间设为连续，即空间中的每一位置都有唯一的坐标值，允许任意位置、长度和面积的精确定义。矢量数据结构对实体进行"位置明显、属性隐含"的描述。例如，一条线可能表达一条道路，一个多边形可能表达一块林地等。矢量数据结构的精度仅受数字化设备的精度和数值记录字长的限制，一般情况下，比栅格数据结构的精度要高得多。

任何的点、线和多边形实体都可以用直角坐标点（X，Y）来表示。点实体可以由一组坐标来表示：（X，Y）。线实体可以由多组坐标的组合来表示：（X_1，Y_1），（X_2，Y_2），…，（X_n，Y_n）；对于曲线而言，当它被分割成多而短的线段后，可以近似地将这些小线段看成直线段，记录这些小线段的端点坐标，曲线就可以被表示为一个坐标序列，在一定精度范围内，可以逼真地表示各种形状的线状地物。多边形是指一个任意形状、边界完全闭合的空间区域，区域的边界线同曲线一样，可以被看作是由一系列多而短的直线段组成，因此也可以由多组坐标的组合来表示，由于边界闭合，所以其起、止点的坐标相同：（X_1，Y_1），（X_2，Y_2），…，（X_n，Y_n），（X_1，Y_1）。

（二）特点

矢量数据结构的优点是：数据结构严密，冗余度和数据量小；空间关系描述全面，容易建立拓扑关系，有利于网络分析；空间位置精度高；能够高效和高精度地计算长度、面积、形状及进行图形编辑、几何变换等操作；面向对象目标，不仅能表达属性编码，而且能方便地记录每个目标的具体属性描述信息；空间和属性数据综合查询更新方便；能够方便实现图形数据的恢复、更新和综合；图形显示质量好；普通地图可直接数字化成矢量数据结构。

矢量数据结构的缺点是：数据结构处理算法复杂；处理位置关系费时；空间分析在技术上实现比较复杂，数学模拟较为困难，需要更复杂的软硬件条件；叠加运算和邻域搜索等操作比较困难，表达空间变化性能力差；难以描述边界复杂模糊的事物；无法直接处理数字图像信息和做增强处理；与数字地形模型（digital terrain model，DTM）和遥感数据结合困难；显示和绘图成本较高。

三、栅格数据结构

（一）定义

栅格数据结构是最简单、最直观的空间数据结构，又称网格结构（raster 或 grid）或像元（pixel）结构，是指将地球表面划分为大小均匀、紧密相邻的网格阵列，每个网格作为一个像元或像素，由行和列来确定它的位置，并包含一个代码，表示该像元的属性类型或量值，或仅仅包括指向其属性记录的指针。因此，栅格数据结构是以规则的阵列来表示空间地物或现象分布的数据组织，组织中的每个数据表示地物或现象的非几何属性特征。它的主要特征是属性明显、定位隐含，即数据直接记录属性的指针或本身，而其所在位置则根据行列号转换为相应的坐标给出。该数据结构常用于表示资源利用或地形等面状要素，如卫星遥感图像数据，其中每个像元的属性值表示图像的灰度等级。

栅格的大小代表了栅格数据的分辨率（精度），应根据应用系统的要求来确定。在一定条件下，单个栅格单元越小，每个栅格就可以代表更为精细的地面单元，更接近地面的真实形态，因此分辨率就越高。

栅格数据将连续空间离散化，栅格的形状通常有以下三种：正方形、三角形和六边形，见图 2.1。每种形状具有不同的几何特性：①方向性，正方形和六边形栅格数据中的所有栅格都具有相同的方向，而三角形栅格数据则没有；②可再分性，正方形和三角形栅格都可以进行相同形状的无限循环再分，而六边形栅格则不能；③对称性，每个六边形栅格的邻居与该六边形栅格等距，即该六边形栅格的中心点到其周围相邻栅格的中心点的距离都相等，而三角形和正方形栅格就不具备这一特性。正方形栅格最简单也最常用，不仅因为它具有上述的方向性和可再分性，还因为它与矩阵数据形式最接近，其坐标记录和计算最容易，因此大多数栅格地图和数字图像都采用这种形状。

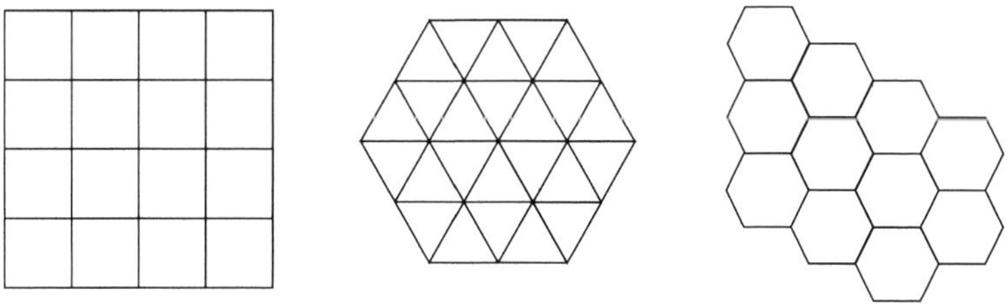

图 2.1　栅格的形状（马学才，2008）

当一个栅格单元包含不止一种属性时，决定栅格单元代码的方式一般有四种：①中心点法，即用处于栅格中心处的地物类型或现象特性决定代码，该方法常用于具有连续分布特性的地理要素，如降雨量分布和人口密度图等；②面积占优法，即以占栅格单元面积最大的地物类型或现象特性决定代码，该方法适用于分类较细和地物类别斑块较小的情况；③重要性法，即根据栅格内不同地物的重要性，选取最重要的地物类型作为代码，该方法常用于具有特殊意义而面积较小的地理要素，特别是点、线状地理要素，如城镇、交通枢纽、交通线和河流水系等；④百分比法，即根据栅格内各地理要素所占面积的百分比来确定代码，代码可以由各地理要素类型的组合表示。

如图 2.2 所示，在栅格数据结构中，点用一个栅格单元（像元）表示；线用一定方向上连接成串的相邻栅格单元表示，每个栅格单元最多只有两个相邻单元在线上；面或区域用记有区域属性的相邻栅格单元的集合表示，每个栅格单元可有多于两个的相邻单元同属一个区域。一般地图用点、线、面来表达空间事物，在栅格数字化地图中，点占一个像元，线是一系列连接成锯齿状的折线，面的边也是锯齿状的。虽然空间数据按像元存放，但必要时在逻辑上必须把线和面连成一个个整体。

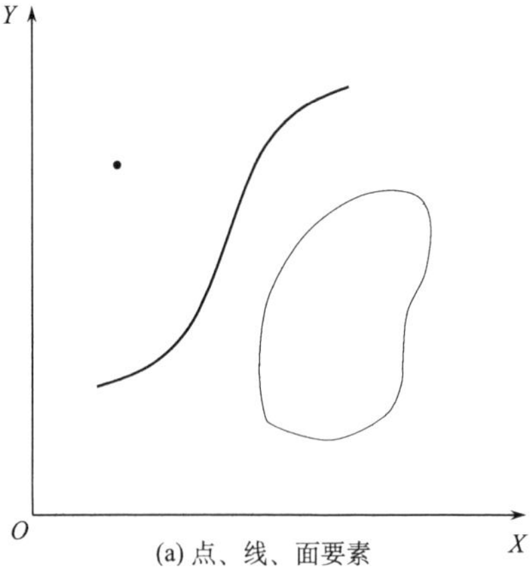

(a) 点、线、面要素

0	0	0	0	0	0	0	0
0	0	0	0	2	2	0	0
0	1	0	0	2	0	0	0
0	0	0	2	0	3	3	0
0	0	0	2	3	3	3	0
0	2	2	0	3	3	3	0
0	0	0	0	3	3	3	0
0	0	0	0	0	0	0	0

(b) 栅格数据结构表示

图 2.2　点、线、面的栅格数据结构表示（马学才，2008）

表示点、线、面的像元集合都在笛卡儿平面上描述，但每个平面中的像元只能具有一个属性值，若要表示多种属性或同一属性的不同特征，则需要多个平面，这些平面便称为层。层的概念是栅格数据存储和管理的基础，例如，将土地利用、土壤和地形图等栅格图层叠加来表示真实世界。

（二）特点

栅格数据结构的优点是：数据结构简单、直观，易于用算法实现、扩充和修改；空间分析和地理现象的模拟均比较容易，能有效地表达空间可变性；由于栅格位置是预先确定且相同的，不同图层的属性可以从逻辑或算法上相结合，因此空间数据的叠置和组合较为容易，有利于与遥感数据的匹配应用和分析；适合于用 FORTRAN、BASIC 等高级语言做文件或矩阵处理；容易描述边界复杂模糊的事物；能直接处理数字图像信息；能直接用栅格状设备输出图形，使图像的有效性增强；输出方法快速，成本比较低廉。

栅格数据结构的缺点是：数据结构不够严密；图形数据量大，用大像元减小数据量时，精度和信息量会受损；投影转换比较困难；现象识别的效果不佳；难以表达拓扑关系，难以建立空间网络连接关系；空间位置精度相对较低；图形数据质量低，图形输出不美观，有锯齿。

四、矢栅一体数据结构

矢量与栅格两种数据结构各有优缺点，研究矢量和栅格数据的混合存储和混合处理是空间信息系统发展的一个重要课题。Peuquet（1981）提出了矢栅一体化模型（vector and raster integrated data model），该模型的数据结构以条带作为基本逻辑单元，兼有矢量和栅格数据结构的特点。当数据按栅格方式组织时，每一条带在 Y 方向上具有固定的宽度，并对应着一组邻接的线划（以点、线、面形式或地图特定图形符号形式来表达地形要素的矢量数据），因此每个条带同时含有栅格成分和矢量成分，这两种成分用同样的栅格分辨率进行记录。它所使用的栅格编码方式包含了地图线划在同一个记录中的所有交点，这样便于在一个条带的栅格部分和矢量部分之间做有效连接。

另外一种矢栅一体数据结构是：假设在对一个线性目标数字化采样时，恰好在所经过的栅格内都获得了样点，那么这样的取样数据就具有了矢量和栅格的双重性质。一方面，它保留了矢量数据的全部特性，一个目标跟随了所有位置信息，并能建立拓扑关系；另一方面，它建立了路径栅格与地物的关系，即路程上的任意一点都与目标直接建立了联系。这样，就可以用填满线性目标路径和充满面状目标空间的表达方法作为矢栅一体数据结构的基础。每个点状或线状地物除记录原始取样点外，还包括所通过的栅格；每个面状地物除记录它的多边形边界以外，还包括中间的面栅格。

无论是何种矢栅一体数据结构，其基本特征都是：对点状、线状及面状地物均采用面向目标的描述方法，即直接跟随位置描述进行拓扑关系说明，因而可以完全保持矢量的特征，且建立位置与地物的联系，使之具有栅格的性质。

矢栅一体数据结构的作用包括：在信息表达方面，使用户对土地信息的了解不再受数据结构和数据组织形式的限制，从而对整个地区的土地信息产生整体的认识和了解；在检索分析方面，该数据结构能够使一些统计分析结果更为准确可信；在数据更新方面，由于栅格数据（特别是遥感数据）具有现势性强的特点，把它作为矢量数据更新的数据来源，可以大大缩短数据更新的周期。该数据结构可应用于资源清查、城乡规划、灾害监测、宏观决策和地籍管理等方面。近年来，计算机软硬件和计算机图形学的发展已使得 DEM 的实时三维显示、DEM 与矢量数据的三维叠加分析成为可能。

五、三维数据结构

三维数据结构同二维一样，也存在矢量、栅格和矢栅体三种数据形式。三维矢量数据结构是二维中点、线、面矢量数据结构在三维中的推广，它将三维空间中的实体抽象为点、线、面、体四种基本元素，然后以这四种基本几何元素的集合来构造更复杂的对象。通常，线以起点和终点来限定其边界，以一组型值点来限定其形状；面以一个外边界环和若干内边界环来限定其边界，以一组型值曲线来限定其形状；体以一组曲面来限定其边界和形状。三维矢量数据结构能精确表达三维的线状实体、面状实体和体状实体的不规则边界，数据存储格式紧凑，数据量小，并能直观地表达空间几何元素间的拓扑关系，该结构不仅空间查询、拓扑查询、邻接性分析及网络分析的能力较强，而且图形输出美观，容易实现几何变换等空间操作，但该结构的操作算法较为复杂，表达体内不均一性的能力较差，叠加分析较为困难，不便于空间索引。

三维栅格数据结构使用空间索引系统，将地理实体的三维空间分成细小的单元（也称为体元或体元素）。按面数分，可将体元分为四面体、六面体、棱柱体和多面体这四种类型；按规整性分，可将体元分为规则体元和非规则体元这两种类型。这种数据结构的优点是易于表达三维空间属性的非均衡变化，其缺点是所在的存储空间大，处理时间长。存储这种数据的最简单形式是三维游程编码，它是二维游程编码在三维空间的扩充，但这种编码方法可能需要大量的存储空间及更为复杂的技术，如八叉树编码，它是二维四叉树编码的延伸。

基于面模型的三维矢量数据结构侧重于三维空间实体的表面表示，如地形表面和地质层面等，通过表面表示形成三维目标的空间轮廓，其优点是便于显示和数据更新，缺点是难以进行空间分析；基于体模型的三维栅格数据结构侧重于三维空间实体的边界与内部的整体表示，如地层、矿体、水体和建筑物等，通过对体的描述实现三维目标的空间表示，其优点是易于进行空间操作和分析，缺点是存储空间大，计算速度慢。三维混合数据结构能综合以上两种数据结构的优点，取长补短，其表示方法包括 TIN-CSG 混合构模法、TIN-Octree 混合构模法（或 Hybrid 构模法）、Wire Frame-Block 混合构模法和 Octree-TEN 混合构模法等。

第二节　数据获取与输入

一、数据来源

由于土地信息数据具有不同的类型、格式、尺度、精度和空间维数，因此其来源是多样的，包括地图数据、实地测量数据、遥感和航空影像数据、调查统计数据、文档资料数据和多媒体数据等。

其中，地图数据是一种多尺度的图形数据，是重要的土地信息数据来源，如地形图、地籍图、土地详查图和土地利用规划图等。实地测量数据是指用传统的大地测量方法及徕卡数字摄影测量（Leica photogrammetry suite, LPS）及遥感处理软件系列、电子测距仪、全站仪、RTK-GPS 等一些测量方法直接测量空间对象而获取的具体、准确的定位信息资料，包括地籍控制测量数据、界址点测量数据和地图更新数据等。遥感和航空影像数据具有调查范围大、速度快、信息广等特点，为土地研究提供了大量数据。它可以是彩色影像，也可以是黑白灰度影像，能既直观又详细地记录地表的自然现象，人们使用它可以加工出各种土地信息。调查统计数据主要是通过调查和统计等方式获取的土地相关数据，有通过野外实地勘测或利用物理和化学方法分析测定获取的土地数据；有通过权属调查取得的数据，如房地产权状况和土地利用状况等；还有专题调查取得的数据，如城镇土地闲置情况的信息等。文档资料数据主要是指从各级政府部门或有关管理部门获取的社会经济资料、人口和基础设施资料、土地状况、有关专业统计资料（如气象、水文等统计资料）及与其有关的文字报告等。多媒体数据主要是指图片、视频和声音等数据，它们是建立媒体 LIS 的主要数据来源。

此外，随着土地数据处理手段的发展和数据交换技术的进步，土地信息数据的来源还可以分为原始采集数据、再生数据和交换数据这三种类型。原始采集数据即以上提到的各类数据。再生数据是指在对土地数据的加工处理和分析利用的过程中产生的中间成果数据，在某些方面具有原始数据或交换数据的特点，但又不能通过这两种方式获得，这类数据的比例较少。交换数据是指通过数据交换的方式获得的土地数据，目前，越来越多的土地数据已经成为公益性和商业性产品。

由于土地信息具有法律性的特征，LIS 对土地数据的精度要求相对较高，从而产生了一系列特殊要求：在获取途径上，多数土地数据（土地基本数据）应尽量采用实地测量和调查的途径获取，而遥感和图上判读的方法只能是辅助，或只能用于获取非土地基本数据；在输入方法上，地籍图层不能用数字化的方法进行，特别是权属界址点坐标，只能采用键盘录入或数字测量成果转入等方式。

二、空间数据采集

空间数据采集是指将地图数据、实地测量数据及遥感和航空影像数据等转成计算机可以识别处理的数字形式。根据数据来源的不同，空间数据采集可分为野外实地测量、摄影测量、遥感数据获取和图件数字化。

（一）野外实地测量

野外实地测量主要是利用各种测量仪器通过外业测量和内业数据处理，得到一系列测量数据成果，将某一地区的自然和经济状况描绘为专题图。它是土地信息采集最基本的、最直接的方法，具有施测目的明确和精度高等优点，特别适合于大比例尺测图。由于 LIS 所需的数据多为大比例尺数据，所以野外实地测量在 LIS 的数据获取中有着广泛的应用。野外实地测量包括传统测量、全野外数字测图和全球定位系统测图等。传统测量所借助的仪器主要是经纬仪，测量方法为小平板白纸测图和大平板白纸测图。随着测量技术的发展，传统测量已逐渐被淘汰，实际上野外实地测量以全野外数字测图和全球定位系统测图为主。

（二）摄影测量

摄影测量已普遍用于普通地图的制作。经过专门训练的操作员可以用一种称为立体解析测图仪的光学-电子仪器，直接在航空照片上读取坐标输入计算机中。如果读取工作不是专门为 LIS 数据库所需的，那么经过适当转换，就可变成 LIS 的数据，否则还要重新分类或添加内容。随着新的摄影测量技术的发展，立体解析测图仪已逐渐被取代。

（三）遥感数据获取

遥感是指在远距离、高空以至外层太空的平台上，利用可见光、红外、微波等探测仪器，通过摄影、扫描、信息感应、传输和处理，识别地物性质和运动状态的现代化技术手段。20 世纪 60 年代以来，遥感技术在航空摄影测量的基础上发展起来形成了一门综合性的空间信息科学。当代遥感技术的发展，表现出多传感器、高分辨率和多时相的特征，如高分辨率的 IKONOS 和 QuickBird 影像已经被用于提取地面细节特征（如公路、建筑物、林地、河岸地区及不透水地面等）。

遥感技术在土地数据获取中的应用包括以下几个方面：①应用于大范围的土地资源调查、土地权属调查和土地利用现状调查等；②应用于土地利用动态监测，主要监测各地区的土地利用结构和各利用类型的分布变化情况等，例如，将利用遥感图像获得的土地利用现状与原规划的用地布局进行比较，根据定性、定位、定量获得的用地变异要素，得到土地利用规划实施情况的科学分析；③应用于土地质量的监测与评价，主要监测土地的自然特性和社会经济特性；④应用于土地退化的监测，主要是对水土流失、土地沙漠化、土壤盐碱化进行动态监测；⑤应用于城市动态监测，包括城市地理背景分析、城市生态与防治研究、城市环境污染监测、城市体系及其历史变迁的遥感分析、城市综合调查与系列制图、测算城市形态（城市外围轮廓）及城市主要用地的扩展面积和速率等。

（四）图件数字化

数字化技术主要有手扶跟踪数字化、扫描数字化（包括栅格扫描数字化和矢量扫描数字化）两种，其中栅格扫描数字化是当前最常用的数字化方法。对于土地信息而言，数字化方法仅适用于土地基本地形底图等相关图层，对于地籍图则不适用。

三、属性数据输入

土地信息中的属性数据主要是从社会经济与管理的角度来描述相关土地单元的信息，主要包括以下三种数据：①描述地块实体的数量、质量、权属和利用状况的数据，即土地基本属性信息；②描述有关地块实体基本特征的数据，即土地相关属性信息，包括土地自然性状信息和土地社会经济信息；③描述地块实体与地理实体相互关系的数据。例如，在处理土地利用现状图时，不仅要将图形数字化，还要结合当地国民经济统计年鉴，将相关的重要信息编辑入库，如当地的人口和各产业产值等信息，另外，还要知道某些地区的权属信息，为处理飞地做准备。土地基本属性信息可以通过土地权属调查、土地利用现状调查、土地定级与基准地价评估和房产调查等获取；土地相关属性信息主要通过土地条件调查或从已有的资料获取。

属性数据输入就像是数字化一幅纸质地图，它的处理过程包括建立输入字段、选择输入方式和属性数据校核。属性数据输入的第一步是定义表格中的每一个字段，通常包括字段名称、宽度、类型和小数位数。

属性数据输入后，需要对其进行校核，校核内容包括：①保证属性数据与空间数据的正确关联，标识或要素 ID 码应该是唯一的，不含空值；②检查属性数据的准确性，其不准确可能归因于许多因素，如看错、数据过时和数据输入错误等。

四、数据获取的发展趋势

（一）增加数据采集的维度

土地信息变化的对象涉及土地空间位置和权属。土地权属变化是由产权变更和转移等情况引起的，这种变化涉及时间、空间和属性的变化。由于土地管理的信息数据大多数与时间有关，因此，未来的土地管理必须引入土地信息数据的时间属性和空间属性。人们常把具有这两种属性的数据称为四维数据。借助于先进的仪器和技术的有机融合，如 GPS、数字摄影测量系统（digital photogrammetry system，DPS）和 RS 等，从而实时提供更高精度的土地信息四维数据。除此之外，还可采用现代化的通信和微处理技术作为核心技术，运用功能强大、集成度高的超微型处理器和能与 GIS 联网协同工作的超小型定位仪器，极大地提高土地信息四维数据获取的效率和精度。这样更进一步加强了数据的质量，并能为数据的历史管理服务。

（二）实时数据获取与更新

土地利用的变化随着社会和经济的发展而日新月异，传统的土地资源管理手段已跟不上土地资源快速变更的要求，采用能够对变化进行动态监测和对有关资料信息进行及时更新的高新技术手段已势在必行。因此，土地管理信息化的过程需要充分考虑数据采集技术的重要作用，充分运用先进的遥感技术、全球定位技术，使 LIS 的数据来源多样化，及时准确地实现土地资源的动态管理。此外，在土地资源调查的工作中，还应结合计算机技术、数据库技术和 GIS 技术，以保证调查成果的质量，提高调查工作的效率，促进调查成果的应用。

（三）数据获取的保障体系建设

第一，加速国家基础地理信息系统网络的建设，并将该网络的建设纳入国家计划。这项计划包括：分级建立国家基础地理数据库，向“集成式”发展，避免不必要的基础地理数据重复采集；建立能满足不同用户需要的分层管理的框架数据；建立相应的栅格数据库和数据影像数据库，以满足众多专业部门的不同需求，在一定程度上增加数据获取的便捷性，降低数据获取的成本。

第二，逐步壮大现代化基础地理数据获取与更新的产业化队伍。目前，我国基础地理数据获取与更新的产业化队伍仍然不适应未来发展的需要，必须对其进行技术改造和产业结构调整，逐步形成与国家基础地理信息发展相适应的规模化的数据生产能力，同时建立必要的投资机制，支持国家基础地理信息的获取与更新，从数据获取的人才角度保证数据获取的质量和速度。

第三，大力开发基础地理数据采集实用化技术。例如，开发地图扫描数字化实用技术；记载 GPS 动态载波相位差分定位技术与全数字自动化空中三角测量技术的结合；GPS、RS、GIS 技术集成在基础地理数据采集中的应用等。

第四，建立数据更新的技术保障体系。在 GIS 基础数据获取与更新的产业部门建立国家级高分辨率固定的和滚动的卫星地面接收站，以形成数据更新的信息源。开发数据更新的新技术，缩短数据更新周期，包括用数字正射影像（digital orthophoto map，DOM）和经过几何纠正的卫星遥感数据与原有图形数据在屏幕上叠加显示，利用人机交互目视判读和自动识别技术对数据进行更新；用 GPS 实测数据进行更新；利用野外数字测图和数字摄影测量方法获取数据，直接对原有数据进行更新等。

第三节　地理空间数学基础

一、空间参照系

空间属性是土地信息的基本属性之一，土地信息输入时必须在统一的（或转换为统一的）空间参照系下才能保证用于描述同一目标的不同来源的土地信息相互正确对照。一个国家如果要统一描述每一地理实体的位置、形状和面积，就要建立一个统一的空间参照系。

为了实现在地理空间中存储和表达地理空间数据，就需要建立地理空间数据的空间参照系，用于描述其在绝对空间中的空间位置、形状和大小等几何属性，以及在相对空间中的方位关系与拓扑关系等空间关系。空间参照系主要指大地参考系，是指用数学方法来定义地理实体在通用坐标系中的绝对位置和大小，即用地理实体到原点或坐标轴的距离、与坐标轴或起始线的夹角在投影面上的大小来表示。大地参考系的基础是地球椭球，常用的大地参考系有地理坐标系、空间大地直角坐标系和平面直角坐标系等。

（一）地球椭球

地球自然表面是一个不规则的曲面，它无法用数学公式表达，因此不能作为测量和制图的基准面。虽然地球自然表面并不规则，但它是总体形状接近于椭球的大地体，被大地水准面（指与平均海水面吻合并向大陆、岛屿内延伸而形成的闭合曲面）所包围。由于地球内部物质分布不均匀和地面起伏不平，大地水准面仍十分复杂而无法用一种数学公式来表达。理论和实践证明，大地水准面与具有微小扁率的、以地球短轴为轴的旋转椭球面非常接近，可用它来代表地球形状，称为大地基准面，由其围成的大地体为参考椭球体，它可以用数学公式精确表示。将地球自然表面上的点归化到这个大地基准面上，就可以实现位置定位。利用不同的椭球体去逼近地球某一区域的表面，就会形成不同的大地基准面，每个国家或地区均有各自不同的基准面。地球自然表面、大地水准面与大地基准面的关系如图 2.3 所示。我国历史上的不同坐标系就是根据不同的参考椭球体和大地基准面定义的。

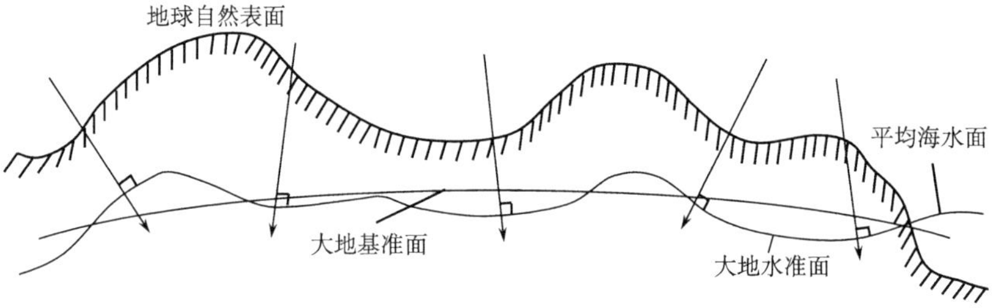

图 2.3　地球自然表面、大地水准面与大地基准面（合肥工业大学等，1995）

参考椭球体是建立土地信息空间参照系的基础，定义它需要一些参数，如长半轴（a）、短半轴（b）和扁率（α）等。扁率（α）表示椭球的扁平程度，其计算公式为：$\alpha=(a-b)/a$。由于推算这些参数的年代、方法及测定地区的不同，其结果并不一致，因此参考椭球体的参数值有很多种。

我国历史上曾使用多个椭球体定义地理坐标系和地图坐标系。我国在 1952 年以前采用海福特（Hayford）椭球体，在 1953～1980 年采用克拉索夫斯基椭球体定义北京 54 坐标系，在 1975 年采用国际大地测量学与地球物理学联合会（International Union of Geodesy and Geophysics，IUGG）推荐椭球定义西安 80 坐标系，还采用过 WGS-84 椭球及 CGCS2000 椭球。由于地球椭球长短半轴的差值很小，所以当制作小比例尺地图时，往往把它当作球体来看待，这个球体的半径为 6371km。

（二）地理坐标系

地理坐标系是指用经度和纬度表示地面点位的球面坐标系。经度和纬度是从地球中心对地球表面给定点量测得到的角度，经度是从本初子午线开始向东或向西量度角度，而纬度是从赤道平面向北或向南量度角度，经线从地球南北极穿过，而纬线是平行于赤道的环线，如图 2.4 所示。经纬网就是加在地球表面的地理坐标参照系格网。地理坐标，作为一种球面坐标，由于量测单位的不一致，相同的角度代表不同的距离，因此它不具有标准的长度度量标准。一个国家的地理坐标系，也称为大地坐标系，由参考椭球体和大地基准面所决定。在大地测量学中，对于地理坐标系中的经纬度有三种描述，分别是天文经纬度、大地经纬度和地心经纬度。

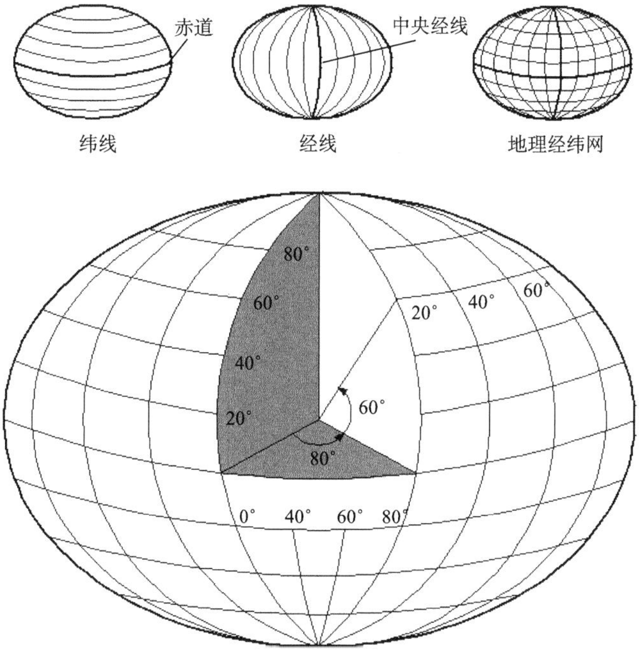

图 2.4　地理经纬度（李建松和唐雪华，2015）

（三）高程参考系统

表明地面点高程的方法有两种：一种是绝对高程，即地面点到大地水准面的高度；另一种是相对高程，即地面点到任意水准面的高度。绝对高程以大地水准面为基准建立，由于大地水准面的复杂性，各个国家或地区均选择一个平均海水面来代替它，以便建立本国或本地区的高程基准。因此，采用不同的平均海水面就产生不同的高程基准，也就产生不同的高程参考系统。

中华人民共和国成立以后，我国利用青岛验潮站 1950～1956 年的观测记录，确定黄海平均海水面为全国统一的高程基准面，并且在青岛观象山埋设了永久性的水准原点，原点高程值为 72.289m。以黄海平均海水面建立起来的高程控制系统，统称“1956 年黄海高程系”，它是中国第一个国家高程系统。统一高程基准面的确立，克服了之前我国高程基准面混乱及不同省区的地图在高程系统上普遍不能拼合的弊端。1952～1979 年的观测资料显示，黄海平均海水面发生了微小的变化。因此，1987 年我国决定启用新的高程基准面，即“1985 国家高程基准”。高程基准面的变化，标志着水准原点高程的变化，由原来的 72.289m 变为 72.260m。这种变化使高程控制点的高程也随之发生了微小的变化，但对已形成地图上的等高线高程的影响则可忽略不计。

二、地 图 投 影

由于地理坐标为球面坐标，直接利用其进行距离、面积和方向等参数运算是复杂的，也不能方便地将数据显示到平面上。所以，地理坐标还需要经过地图投影变换为投影坐标，投影坐标系是平面直角坐标系，也称为测量坐标系。这种在球面和平面之间建立点与点或线与线之间函数关系的数学方法，称为地图投影。地图投影的使用保证了空间信息在地域上的连续性和完整性。

（一）地图投影的原理

地图投影的思路是：由于地球椭球面是不可展开的曲面，因此首先用几何透视或数学分析的方法，将地球上的点、线和面状要素投影到可展开的曲面（平面、圆柱面、圆锥面）上，再将这些可展曲面展开为平面，建立该平面上与地球椭球面上点、线、面要素之间的对应关系。地理坐标系经投影后形成投影坐标系，其选择的中央经线和纬线形成了投影坐标系的 X 轴和 Y 轴，投影中心（中央经纬线的交点）为坐标原点。为了避免出现负的坐标值，地图用户可将坐标轴进行平移，以获取工作区内完全为正值的坐标值。平移还可减少坐标值的数位和提高数据的计算精度。

（二）地图投影的类型

将不可展的地球椭球面展开成平面，并且不能有断裂，那么图形必将在某些地方被拉伸或压缩，因此长度、面积和角度等的投影变形是不可避免的。由于投影使用的可展开曲面有平面、圆柱面、圆锥面，它们与椭球面套合的方式可以是正轴、横轴和斜轴，可以是相切或相割关系，为了保证投影的精度，存在多种投影方法（表 2.1），图 2.5 给出了几种地图投影类型的组合。在实际制图中选择地图投影类型时，应根据不同要求和各种投影的特点，考虑范围、形状、地理位置、用途和地图出版方式等因素，去选择合适的投影，以减小投影变形，最好使等变形线与制图区域的轮廓形状基本一致，其中范围、形状和地理位置等因素最重要。

地图投影有 200 多种，对于我国而言，1∶100 万地形图和大部分分省图、大多数同级比例尺地图采用兰勃特投影（Lambert projection）；其余基本比例尺地图（1∶50 万、1∶25 万、1∶10 万、1∶5 万、1∶2.5 万、1∶1 万、1∶5000）均采用高斯-克吕格投影（Gauss-Kruger projection）。

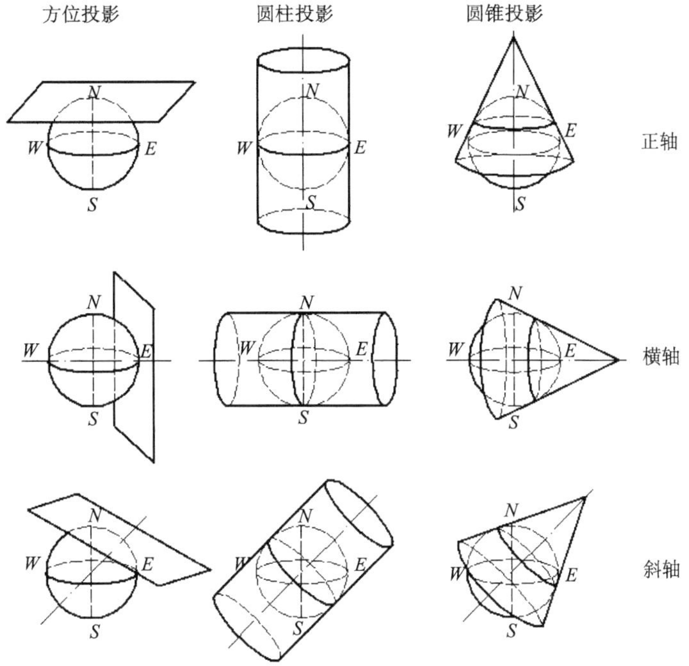

图 2.5　各种地图投影（汤国安等，2007）

表 2.1　地图投影的类型

分类依据	类型	定义
投影变形	等角投影	投影前后角度不变
	等积投影	投影前后面积不变
	任意投影	角度、面积和长度均变形，角度变形比等积投影小，面积变形比等角投影小
投影面	圆柱投影	投影面为圆柱，投影后将圆柱面展为平面
	圆锥投影	投影面为圆锥，投影后将圆锥面展为平面
	方位投影	投影面为平面
投影面位置	正轴投影	投影面中心轴与地轴相互重合
	斜轴投影	投影面中心轴与地轴斜向相交
	横轴投影	投影面中心轴与地轴相互垂直
投影面与椭球体的切割关系	相切投影	投影面与椭球体相切
	相割投影	投影面与椭球体相割

三、坐 标 转 换

坐标转换是指从一种坐标系统变换到另一种坐标系统的过程，包括地理坐标之间的转换、投影坐标之间的转换、地理坐标和投影坐标之间的转换及一些平面直角坐标之间的转换。地理坐标和投影坐标之间转换的一种方式是地图投影，它是从一种地理坐标转换到一种投影坐标的坐标转换过程。

地理坐标系因定义时所使用的椭球参数和大地基准面的不同，会存在原点和坐标方向的不同，因而在统一处理由不同地理坐标系定义的空间数据时需要进行地理坐标之间的转换，即对从一个地理坐标系转换到另一个地理坐标系的经纬度值进行再计算。商业 GIS 软件可提供几种转换方法，如三参量法、七参量法、莫洛金斯基（Molodensky）法和简化莫洛金斯基（abridged Molodensky）法。我国北京 54 坐标系和西安 80 坐标系的地球椭球参数、定位和定向都不同，这必然引起地形图的图廓线、公里线及地图内地形地物相关位置的改变。因此，在建立 LIS 时，若同时使用根据这两种坐标系测制的地形图，一定会涉及北京 54 坐标系向西安 80 坐标系转换的问题。两者之间互相转换的方法已经比较成熟，可参考网络资料。

选择投影和坐标系时，一般参照当地的实际情况或标准，但当获得的空间数据与选定的投影方式、坐标系不符，或者本地的数据库和邻近地区的数据库要交换数据或联系起来做大范围分析时，就需要将一种投影坐标转换成另一种投影坐标，即投影转换，它主要包括投影类型、投影参数或椭球体等的改变。投影转换的方法有如下三种。

（1）正解变换：建立一种投影和另一种投影的严密或近似的解析关系式，直接由一种投影坐标变换到另一种投影坐标。

（2）反解变换：由一种投影的坐标反解出地理坐标，然后将地理坐标代入另一种投影的坐标公式中，从而实现投影转换。

（3）数值变换：根据两种投影在变换区内的若干同名数字化点，采用插值法、有限差分法、最小二乘法、有限元法和待定系数法等，从而实现投影转换。

两个平面直角坐标系之间的转换是根据选定的位于两个坐标系中的一定数量的对应控制点，选定坐标转换的计算方法，解算坐标转换的计算参数，建立坐标系之间的转换的数学关系后，将一个坐标系中所有对象的几何坐标转换到另一个坐标系中的过程。

平面直角坐标之间转换的常用方法包括相似变换、仿射变换、多项式变换和透视变换等。当两个坐标系存在夹角，坐标原点需要平移，两坐标轴 X、Y 方向具有相同的比例缩放因子时，使用相似变换；当两个坐标系的原点不同，两坐标轴在 X、Y 方向的比例因子不一致，坐标系之间存在夹角、倾斜等仿射变形时，就需要采用仿射变换；若图形存在二次或高次的变形改正，同时需要进行坐标平移、比例缩放和旋转等，则需要采用二次或高次多项式进行转换；当图形存在透视变形时，就需要进行透视变换。

屏幕坐标、绘图仪坐标和自由坐标之间的转换常采用相似变换方法，影像的地理坐标参考化常采用仿射变换方法，存在高次变形的地图数据，如果需要与地图坐标数据进行配准、坐标转换，则采用多项式转换方法。

四、比　例　尺

比例尺是指图上距离与相应的实地距离的比值，是衡量地图与地面相比地理实体轮廓缩小倍数的尺度，其表达式为

$$\frac{d}{D}=\frac{1}{M} \tag{2-1}$$

式中：d 为地图上线段的长度；D 为实地相应线段的水平投影长度，在实际计算时，必须将它们化为同一长度单位；M 为实地距离对图上距离为 1 时的倍数。

比例尺是测制和使用地图必不可少的数学基础。在同一区域或同类的地图上，内容要素

表示的详略程度和图形符号的大小，主要取决于比例尺，比例尺越大，地图内容越详细，符号尺寸也可稍大些；反之，地图内容越简略，符号尺寸应相应减小。

比例尺还能反映地图的量测精度。比例尺越大，所表示地物和地貌的情况就越详细，误差越小，图上量测精度越高；反之，则所表示地面的情况越简略，误差越大，图上量测精度越低。但不应为了盲目追求地图精度而增大测图的比例尺，因为在同一测区，采用较大比例尺测图所需的工作量和投资，往往是采用较小比例尺测图的数倍，所以应从实际需要的精度出发，选择相应的比例尺。

（一）比例尺的分类

按地图投影有无变形进行分类，可将比例尺分为主比例尺和局部比例尺两种。

主比例尺是指在投影面上没有变形的点或线上的比例尺。在地图投影中，切点、切线和割线是没有任何变形的，这些地方的比例尺都是主比例尺。切线或割线的长度与球面上相应直线的投影长度的比值即为地面实际缩小的倍数。在各种地图上通常所标注的都是这种比例尺，因此又称为普通比例尺。主比例尺主要用于分析或确定地面实际缩小的程度。

局部比例尺是指在投影面上有变形处的比例尺。在地图投影中，除切点、切线和割线这些标准点或标准线外，其他地方均有不同程度的投影变形，这些有变形地方的某一线段长度与球面上相应直线的投影长度的比值不是该地面实际缩小的倍数，一般地图上都不标注此种比例尺，它会依投影变形的程度而发生变化。局部比例尺主要用于研究地图投影变形的大小、分布规律和投影性质。

按比例尺大小进行分类，可将比例尺分为大比例尺、中比例尺和小比例尺三种类型。比例尺的大小是以比例尺的比值来衡量的，它的大小与分母值成反比，即分母值大，则比值小，比例尺小，地面缩小倍率大，地图内容就简略；分母值小，则比值大，比例尺大，地面缩小倍率小，地图内容就详细，如 1∶10000 比例尺大于 1∶50000，1∶100000 比例尺小于 1∶50000。

（二）比例尺的形式

常见的比例尺有以卜儿种形式：①数字式，指用阿拉伯数字形式表示，一般是用分子为 1 的分数形式表示，如 1∶5000、1∶50000 等；②文字式，指用文字注释方式表示，如五万分之一、图上一厘米相当于实地五百米等；③图解式，用图形加注记的形式表示。

（三）比例尺的系列

各个国家的比例尺系统不尽相同，我国规定了八种国家基本地形图的比例尺（表 2.2）。此外，其他地图则没有固定的比例尺，而是根据地图的用途、制图区域的大小和形状、纸张和印刷机的规格等条件，设计地图的比例尺。但在长期的制图实践中逐渐形成了约定俗成的比例尺系列，如大比例尺地形图有 1∶500、1∶1000 和 1∶2000，小比例尺地图有 1∶1500000、1∶12000000、1∶3000000、1∶4000000、1∶5000000、1∶6000000、1∶75000000 和 1∶10000000 等。

表 2.2 我国国家基本地形图比例尺系列（马才学，2008）

数字比例尺	文字比例尺	图上 1cm 相当于实地的千米数	实地 1km 相当于图上的厘米数
1∶5000	五千分之一	0.05	20
1∶10000	一万分之一	0.10	10
1∶25000	二万五千分之一	0.25	4
1∶50000	五万分之一	0.50	2
1∶100000	十万分之一	1.00	1
1∶250000	二十五万分之一	2.50	0.4
1∶500000	五十万分之一	5.00	0.2
1∶1000000	百万分之一	10.00	0.1

五、分幅与编号

（一）地图分幅的方法

对于确定的制图区域来说，如果要求地图的内容比较概略，就可以采用较小的比例尺，因此有可能将全区绘于一张图纸上；但如果要求地图的内容表达详细，势必就要采用较大的比例尺，比例尺增大，那么地图幅面也会随之增大，这样就很难将全区在一张图纸上描绘出来，从而要将地图进行分幅描绘，以便于编图、印刷、保管和使用等。地图分幅的方法包括经纬线分幅（也称梯形分幅）和矩形分幅。

1. 经纬线分幅

经纬线分幅法的地图图廓由经纬线构成，它是当前世界各国地形图和大区域的小比例尺分幅地图所采用的主要分幅方法。经纬线分幅的主要优点是每个图幅都有明确的地理位置概念，因此适用于很大范围（全国、大洲、全世界）的地图分幅。它的缺点有如下三个：①经纬线被描绘为曲线时，图幅拼接不方便，例如，使用圆锥投影，按纬度分带投影时，同一条纬线在不同投影带中，其曲率不等，就不易拼接；②随着纬度的升高，相同经纬差所限定的面积不断缩小，因而图幅不断变小，不利于有效地利用纸张和印刷机的版面，为了克服这个缺点，在高纬度地区不得不采用合幅的方式，这样就干扰了分幅的系统性；③经纬线分幅还经常会破坏重要地物（如大城市）的完整性。

2. 矩形分幅

矩形分幅法的每幅地图图廓都是一个矩形，因此相邻的图幅是以直线划分的，矩形的大小一般根据纸张和印刷机的规格（全张、对开、四开、八开等）而定。矩形分幅又可分为拼接和不拼接两种：拼接使用的矩形分幅是指相邻的图幅有共同的图廓线，使用地图时可按其共用边拼接起来，墙上挂图和大于 1∶2000 的地形图等多用这种分幅形式；不拼接的矩形分幅是指图幅之间没有公用边，每个图幅有其相应的制图主区，地图集中的单幅图通常采用的是不拼接的矩形分幅，各分幅图之间常有一定的重叠，而且有时还可以根据主区的大小变更地图的比例尺。挂图、地图集和专题地图多用这种分幅形式。

矩形分幅的主要优点是：图幅之间结合紧密，便于拼接使用，各图幅的印刷面积可以相对平衡，有利于充分利用纸张和印刷机的版面；可以使分幅有意识地避开重要地物，以保持其图形在图面上的完整。其主要缺点是整个制图区域只能一次投影制成。

（二）我国基本比例尺地形图的分幅与编号

我国基本比例尺地形图采用经纬线分幅法，它们是以 1∶100 万地形图为基础，按规定的经差和纬差划分图幅，行列数和图幅数呈简单的倍数关系，其分幅与编号在 1991 年前后存在一定差异。

1. 1991 年前我国基本比例尺地形图的分幅与编号

（1）1∶100 万地形图的分幅与编号如下。

分幅：由经度 180°开始按经差 6°自西向东将全球分成 60 纵行，用 1、2、…、60 表示；由赤道开始，按纬差 4°将南北半球各分 22 横列，用字母 A、B、…、V 表示。

编号：每幅 1∶100 万地形图编号由列号和行号组成，以“列号-行号”的形式表示，列号前冠以 N 或 S，以区别北半球和南半球（我国地处北半球，图号前的 N 全部省略），如北京所在图幅编号为：J-50（北京 116°05′15″E，39°50′10″N），如图 2.6 所示。

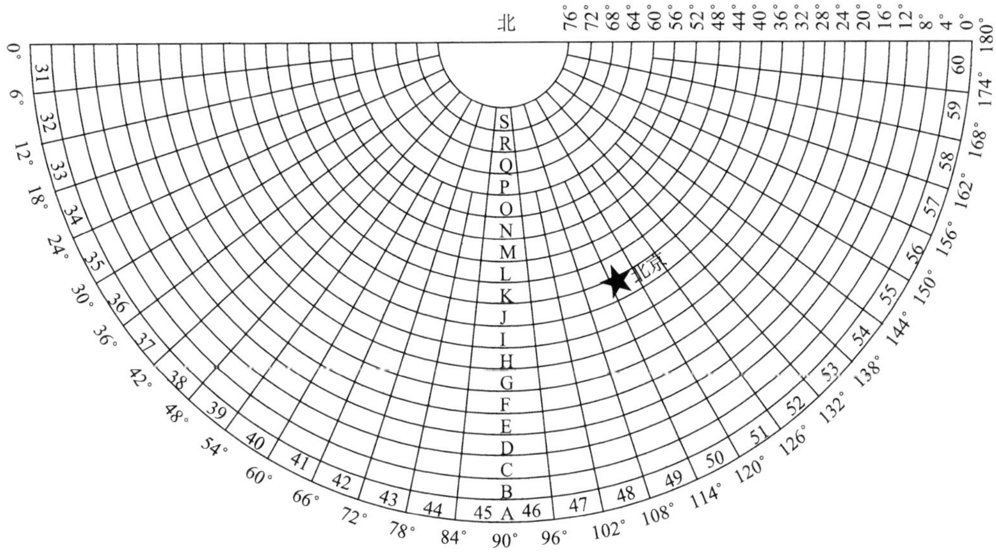

图 2.6　1∶100 万地形图的分幅与编号（合肥工业大学等，1995）

（2）1∶50 万、1∶25 万、1∶10 万地形图的分幅与编号如下。

1∶50 万地形图的分幅与编号：按经差 3°、纬差 2°分幅，每幅 1∶100 万地形图包含 4 幅 1∶50 万地形图；编号是在 1∶100 万地形图的图号后面分别加上 A、B、C、D，如 J-50-A。

1∶25 万地形图的分幅与编号：按经差 1°30′、纬差 2°分幅，每幅 1∶100 万地形图包含 16 幅 1∶25 万地形图；编号是在 1∶100 万地形图的图号后面分别加上[1]、[2]、…、[16]，如 J-50-[1]。

1∶10 万地形图的分幅与编号：按经差 30′、纬差 20′分幅，每幅 1∶100 万地形图包含 144

幅 1∶10 万地形图；编号是在 1∶100 万地形图的图号后面分别加上 1、2、…、144，如 J-50-5。

（3）1∶5 万、1∶2.5 万、1∶1 万地形图的分幅与编号如下。

1∶5 万地形图的分幅与编号：按经差 15′、纬差 10′分幅，每幅 1∶10 万地形图包含 4 幅 1∶5 万地形图；编号是在 1∶10 万地形图的图号后面分别加上 A、B、C、D，如 J-50-5-B。

1∶2.5 万地形图的分幅与编号：按经差 7′30″、纬差 5′分幅，每幅 1∶5 万地形图包含 4 幅 1∶2.5 万地形图；编号是在 1∶5 万地形图的图号后面分别加上 1、2、3、4，如 J-50-5-B-4。

1∶1 万地形图的分幅与编号：按经差 3′45″、纬差 2′30″分幅，每幅 1∶10 万地形图包含 64 幅 1∶1 万地形图；编号是在 1∶10 万地形图的图号后面分别加上（1）、（2）、（3）、…、（64），如 J-50-5-（15）。

1991 年前我国基本比例尺地形图的分幅与编号如表 2.3 所示。

表 2.3　1991 年前我国基本比例尺地形图的分幅与编号表（刘京会和赵淑芹，2010）

比例尺	图幅大小		分幅	编号	示例
	经差	纬差			
1∶100 万	6°	4°		列号：A，B，…，V；行号：1，2，…，60	J-50
1∶50 万	3°	2°	1 幅 1∶100 万地形图分成 4 幅	1∶100 万地形图编号后加 A，B，C，D	J-50-A
1∶25 万	1°30′	2°	1 幅 1∶100 万地形图分成 16 幅	1∶100 万地形图编号后加[1]，[2]，…，[16]	J-50-[1]
1∶10 万	30′	20′	1 幅 1∶100 万地形图分成 144 幅	1∶100 万地形图编号后加 1，2，…，144	J-50-5
1∶5 万	15′	10′	1 幅 1∶10 万地形图分成 4 幅	1∶10 万地形图编号后加 A，B，C，D	J-50-5-B
1∶2.5 万	7′30″	5′	1 幅 1∶5 万地形图分成 4 幅	1∶5 万地形图编号后加 1，2，3，4	J-50-5-B-4
1∶1 万	3′45″	2′30″	1 幅 1∶10 万地形图分成 64 幅	1∶10 万地形图编号后加（1），（2），…，（64）	J-50-5-（15）

2. 1991 年后我国基本比例尺地形图的分幅与编号

1992 年我国制定了《国家基本比例尺地形图分幅和编号》（GB/T 13989—1992）的国家标准，对照 1991 年前的分幅编号标准，这一标准做出了如下改变（表 2.4）。

第一，1∶5000 地形图被列入我国国家基本比例尺地形图系列。

第二，虽然分幅仍以 1∶100 万地形图为基础，经纬差也没有改变，但分幅方法却变为 7 个系列比例尺地形图均由 1∶100 万地形图划分而成，另外，过去的纵行、横列改成了横行、纵列。

第三，编号以 1∶100 万地形图的编号为基础，加上比例尺代码，续接各相应比例尺的行、列数字码，即 1∶50 万～1∶5000 地形图编号均由 5 个元素 10 位码构成：从左向右，第 1 元素 1 位码为 1∶100 万图幅行号字符码，第 2 元素 2 位码为 1∶100 万图幅列号数字码，第 3 元素 1 位码为编号地形图相应比例尺的字符代码，第 4 元素 3 位码为编号地形图图幅行号数字码，第 5 元素 3 位码为编号地形图图幅列号数字码，各元素均连写，编码长度相同，方便计算机处理。

现在最新的国家标准是 2012 年制定的《国家基本比例尺地形图分幅和编号》（GB/T 13989—2012）。

表 2.4　1991 年后我国基本比例尺地形图的分幅与编号表

比例尺	图幅大小		分幅	示例
	经差	纬差		
1∶100 万	6°	4°		J50
1∶50 万	3°	2°	1 幅 1∶100 万地形图分成 4 幅	J50B001002
1∶25 万	1°30′	1°	1 幅 1∶100 万地形图分成 16 幅	J50C003003
1∶10 万	30′	20′	1 幅 1∶100 万地形图分成 144 幅	J50D010010
1∶5 万	15′	10′	1 幅 1∶100 万地形图分成 576 幅	J50E017016
1∶2.5 万	7′30″	5′	1 幅 1∶100 万地形图分成 2304 幅	J50F042002
1∶1 万	3′45″	2′30″	1 幅 1∶100 万地形图分成 9216 幅	J50G093004
1∶5000	1′52.5″	1′15″	1 幅 1∶100 万地形图分成 36864 幅	J50H093004

注：本表根据《国家基本比例尺地形图分幅和编号》（GB/T 13989—1992）的内容整理而成

（三）大比例尺地形图的分幅与编号

这里的大比例尺地形图主要是指比例尺大于 1∶5000 的地形图，主要用于小范围内精确研究、评价地形，可供勘察、规划、设计和施工等工作使用。大比例尺地形图多采用矩形分幅，它以直角坐标线为内图廓线，图幅大小一般为 50cm×50cm 或 50cm×40cm，坐标值取整千米或 500m。大比例尺地形图的编号方法有多种，如图廓西南角的坐标法、流水编号法、行列编号法、以 1∶5000 为基础的编号法和以 1∶2000 为基础的编号法等。

例如，最常用的编号方法是图廓西南角的坐标法。该方法以图廓西南角坐标千米数为单位编号，*X* 坐标在前，*Y* 坐标在后，中间用短线连接，例如，某 1∶2000 地形图的西南角坐标为 *X*=83000m，*Y*=15000m，则其图号为 83-15；某 1∶1000 地形图的西南角坐标为 *X*=83500m，*Y*=15500m，则其图号为 83.5-15.5。

在大比例尺地形图的分幅编号问题上，要从实际出发，根据本单位的要求和意见，结合作业方便灵活地处理，以达到测图、用图和管图方便的目的。

第四节　土地信息数据质量

一、土地信息数据质量的概念

数据质量通常是指数据的可靠性和精度，其优劣直接影响系统功能的应用。与数据质量相关的几个概念如下。

第一，误差（error）。误差反映了数据与真实值或者大家公认的真实值之间的差异，它是一种常用的描述准确性的表达方式。LIS 中的误差是指 LIS 中数据表示的主体与其现实世界该主体本身的差别。数据误差包括几何误差、属性误差、时间误差和逻辑误差四大类。其中，属性误差和时间误差与普通信息系统中的误差概念一致；几何误差是 GIS 和 LIS 所特有的，包括点误差和线误差；几何误差、属性误差和时间误差都会造成逻辑误差。

第二，数据的准确度（accuracy）。数据的准确度是指结果、计算或估计值与真实值或者大家公认的真实值的接近程度。空间数据的准确度则根据所指的位置、拓扑关系或非空间数据进行描述。

第三，数据的精密度（precision）。数据的精密度是指数据的精密程度，数据表示的有效位数，它表现了测量值本身的离散程度。由于精密度的实质在于它对数据准确度的影响，同时在很多情况下，它可以通过准确度而得到体现，故常把二者结合在一起称为精确度，简称精度。

第四，不确定性（uncertainty）。数据的不确定性是关于空间过程和特征不能被准确确定的程度，是自然界各种现象自身固有的属性。在内容上，它是以真值为中心的一个范围，这个范围越大，数据的不确定性也就越大。土地信息的不确定性包括空间位置的不确定性、属性数据的不确定性、时域的不确定性和逻辑上的不确定性及不完整性。空间位置的不确定性是指 LIS 中某一被描述物体与其地面上真实物体位置上的差别；属性的不确定性是指某一物体在 LIS 中被描述的属性与其真实属性之间的差别；时域的不确定性是指在描述地理现象时，时间描述上的差错；逻辑上的不确定性是指数据结构内部的不一致性，尤其是指拓扑逻辑上的不一致性；数据的不完整性是指对于给定的目标，LIS 没有尽可能完全地表达该物体。

第五，空间分辨率（spatial resolution）。分辨率是空间目标或两个可测量数值之间最小的可辨识的差异，即空间分辨率就是记录变化的最小距离。

第六，比例尺（scale）精度。比例尺是指图上距离与相应的实地距离的比值，是衡量地图与地面相比地理实体轮廓缩小倍数的尺度。地图的比例尺将决定地图上一条线的宽度所表现的地面距离。例如，在一个 1∶10000 比例尺的地图上，一条 0.5mm 宽度的线对应着 5m 的地面距离，如果这是线的最小宽度，那么就不可能表示小于 5m 的现象。

土地数据是对现实世界中土地特征和过程的抽象表达，由于现实世界的复杂性和模糊性及人类认识和表达能力的局限性，这种抽象表达总是不可能完全达到真值的，而只能在一定程度上接近真值。因此，从这种意义上讲，数据质量发生问题是不可避免的；此外，对土地数据的处理也会导致一定的质量问题，例如，在某些应用中，用户可能根据需要对数据进行一定的删减或扩充，这对数据记录本身来说也是一种误差。

土地信息数据质量是土地数据在表达土地位置、专题特征及时间这三个基本要素时，所能达到的准确性、一致性、完整性，以及它们三者之间统一性的程度，是指土地数据适用于不同应用对象与目的的能力。土地信息数据质量的优劣是一个相对概念，并具有一定程度的针对性。随着土地数据资源的多元化发展，土地信息数据质量的内涵也需要进一步完善，例如，目前已将客户满意度的内涵纳入土地信息数据质量的含义之中，着重从用户评价或数据共享的角度来表述标准。因此，从这种意义上讲，土地信息数据质量也可以说是满足土地管理者的需要程度。此外，数据获取的便捷度、表达清晰度、易于表达性及动态性等也逐渐成为土地信息数据质量的重要组成部分。

二、土地信息数据质量的评价

土地信息数据质量标准是生产、使用和评价土地数据的依据，也是数据质量和数据整体性能的综合体现。目前，世界上已建立了一些数据质量标准，如美国 FG-DC 的质量标准等。数据质量标准可分为数据源质量标准、数据处理质量标准、数据应用质量标准和数据误差传播控制质量标准。土地信息数据质量标准的建立必须考虑对土地过程和现象的认知、表达、处理、再现等全过程。土地信息数据质量的评价就是利用土地信息数据质量标准对数据所描述的土地位置、专题和时间特征等内容进行评价。

对土地信息数据质量的评价主要侧重于两个方面：一是数据的可信度，这以在数据生产过程中形成的质量为本质特征；二是数据的可用度，它从用户或数据共享的角度出发来描述数据质量，将用户要求的满意度作为衡量数据质量的重要指标，此时的数据质量表现为满足使用要求的相对状态。土地信息数据质量的具体评价指标或标准要素见表 2.5。

表 2.5 土地信息数据质量的具体评价指标或标准要素表（马才学，2008）

指标	特性	内容概要	解释与说明
数据的可信度	精确性	位置的准确度	评价数据是否与其对应的客观实体的特征相一致
		时间属性与时间关系的准确度	
		定量属性的精度	
		定性属性的精度	
		各土地要素及其相互关系分类的准确度	
	完整性	土地要素、属性及相互关系的完整性	评价数据的特征信息是否完整
		数据是否存在缺失记录或缺失字段	
	一致性	土地数据与概念模式规则、数据库设计的符合程度	评价同一实体的同一属性的值在不同的系统或者数据集中是否一致，以及与数据结构、属性及关系的逻辑的一致程度
		土地数据存储格式与数据集物理结构的匹配	
		土地数据显示编码的拓扑特征的准确度	
		拓扑关系与属性的组合	
	有效性	土地数据是否具有实际利用价值	评价数据值对值域的符合情况，是否满足用户定义的条件或在一定的值域范围内
	唯一性	数据记录与特征信息是否存在一一对应的关系	评价数据是否存在冗余
数据的可用度	时间性	数据描述对象的时间尺度	评价土地数据描述的是当前数据还是历史数据
		数据稳定程度	评价土地数据能否持续对客体进行描述
	可得性	基础数据是否可靠	评价数据来源
		获得途径的合法性	评价数据版权的问题
	满意度	土地数据客户满意度	评价用户对数据情况是否满意
		土地数据质量满意度	评价数据表达方式的合理性
		土地数据质量生命力	评价数据是否有动态质量的扩充能力

三、土地数据误差来源

（一）土地数据误差来源分析

土地数据在获取、输入、存储、处理、输出和使用的过程中都可能产生误差，如表 2.6 所示。数据获取中的测量方法及量测精度的选择等受到人类自身的认识和表达的影响，因此生成的数据会出现误差；在数据处理的各个过程中，误差是累计和扩散的，前一过程的累计误差可能成为下一阶段误差的起源，从而导致误差的产生；在数据使用的过程中，如果缺少解释数据的相关文档（如缺少投影类型、数据定义等描述信息），不同用户可能对同一数据产生不同的理解，从而导致用户随意使用数据而使误差扩散。

表 2.6　土地数据误差来源汇总表（马才学，2008）

数据处理过程	误差来源
数据获取	（1）地图数据误差：原始数据误差，坐标转换、制图综合及印刷误差 （2）遥感数据误差：辐射和几何纠正误差、信息提取误差 （3）野外测量误差：仪器误差、记录误差
数据输入	（1）数字化误差：仪器误差、操作误差 （2）不同系统格式转换误差：栅格-矢量转换误差、三角网-等值线转换误差 （3）有些地理属性没有明显边界（如地类界）而引起的误差
数据存储	（1）数值精度不够 （2）空间精度不够：每个格网点太大、地图最小制图单元太大
数据处理	（1）分类间隔不合理 （2）多层数据叠加引起的误差传播：插值误差、多源数据综合分析误差 （3）边界误差 （4）多边形叠加所产生的裂缝 （5）比例尺太小引起的误差
数据输出	（1）输出设备不精确引起的误差 （2）输出的媒介不稳定造成的误差（如图纸的伸缩）
数据使用	（1）对数据所包含的信息的误解出现的误差 （2）对数据信息使用不当出现的误差

（二）常见土地数据源的误差分析

1. 地图数据的质量问题

地图数据是现有地图经过数字化或扫描处理后生成的数据。地图数据的质量问题包括地图固有误差、材料变形产生的误差和图形数字化误差。

（1）地图固有误差。地图固有误差指用于数字化的地图本身所带有的误差，包括控制点误差和投影误差等。由于这些误差间的关系很难确定，所以很难对其综合误差做出准确评价。如果假定综合误差与各类误差间存在线性关系，则可以用误差传播定律来计算综合误差。

（2）材料变形产生的误差。这类误差是图纸的大小受湿度和温度变化的影响而造成的。根据变形性质的不同，存在着线性变形和非线性变形两种变形类型。线性变形主要是指地图的缩放、旋转和位移；非线性变形主要是指地图的扭曲，包括局部变形或全部变形。

（3）图形数字化误差。数字化方式主要有跟踪数字化和扫描数字化两种。影响跟踪数字化数据质量的因素主要有：①数字化要素对象，地理要素图形本身的高度、密度和复杂程度对数字化结果的质量有着显著影响，如粗线比细线更易引起误差、复杂曲线比平直线更易引起误差及密集的要素比稀疏的要素更易引起误差等；②数字化操作人员，他们的技术和经验不同，所引入的数字化误差也会有较大的差异，主要表现在最佳采点点位的选择、十字丝与目标重叠程度的判断能力等方面，此外，数字化操作人员的疲劳程度和数字化的速度也会影响数字化的质量；③数字化仪，该仪器的分辨率和精度对数字化的质量有着决定性的影响，通常，由于数字化仪的实际分辨率和精度比标称的分辨率和精度都要低一些，因此在选择数字化仪时应考虑这一因素；④数字化操作，操作方式也会影响数字化数据的质量，如曲线采点方式（流方式或点方式）和采点密度等。

影响扫描数字化数据质量的因素包括原图质量（如清晰度）、扫描精度、扫描分辨率、配准精度和校正精度等。

2. 遥感数据的质量问题

遥感数据的质量问题，一部分来自遥感仪器的观测过程，另一部分来自遥感图像处理和解译过程。遥感观测过程本身存在着精确度和准确度的限制，这一过程产生的误差主要表现为空间分辨率、几何畸变和辐射误差，这些误差将影响遥感数据的位置和属性精度。遥感图像处理和解译过程主要产生空间位置和属性方面的误差，这是由图像处理中的影像或图像校正和匹配及遥感解译判读和分类引入的，其中包括混合像元的解译判读所带来的属性误差。如果一个环节中的质量问题没有完全得到解决，有可能积累下来造成新的误差。遥感影像从获得到最后的解译成果的各个方面都有可能产生误差。

3. 测量数据的质量问题

测量数据主要指使用大地测量、GPS、城市测量、摄影测量和其他一些测量方法直接量测所得到的测量对象的空间位置信息。这部分数据的质量问题主要是空间数据的位置误差。空间数据的位置通常以坐标表示，空间数据位置的坐标与其经纬度表示之间存在着某种确定的转换关系，在以参考椭球体代表地球真实表面时，已经引入了一定的误差因素，由于这种误差因素是无法排除的，因此一般不作为误差考虑。测量方面的误差通常考虑的是系统误差、操作误差和偶然误差。

系统误差的发生与一个确定的系统有关，它受环境因素（如温度、湿度和气压等）、仪器结构与性能及操作人员的技能等因素的综合影响。系统误差不能通过重复观测加以检查或消除，只能用数字模型模拟和估计。

操作误差是操作人员在使用设备、读数或记录观测值时，因粗心或操作不当而产生的。一般地，操作误差可通过简单的几何关系或代数检查来验证其一致性，或通过重复观测检查来消除。

偶然误差是一种随机性的误差，由一些不可预料和不可控制的因素引入。这种误差具有一定的特征，如正负误差出现的频率相同、大误差少、小误差多等。偶然误差可采用随机模型进行估计和处理。

四、土地信息数据质量的控制

土地信息数据质量问题直接影响着土地信息工程的数据质量问题，对土地信息数据质量的控制是 LIS 的核心，也是现代管理理念的核心。土地信息数据质量控制是一个复杂的过程，要控制数据质量，应从数据质量产生和扩散的所有过程和环节入手，分别用一定的方法减少误差，常见的方法如下。

第一，传统的手工方法。质量控制的人工方法主要是将数字化数据与数据源进行比较，图形部分的检查包括目视方法、绘制到透明图上与原图叠加比较等，属性部分的检查采用与原属性逐个对比或其他比较方法。

第二，元数据方法。数据集的元数据中包含了大量有关数据质量的信息，通过它可以检查数据质量，同时元数据也记录了数据处理过程中质量的变化，通过跟踪元数据可以了解数据质量的状况和变化。

第三，地理相关法。用空间数据的地理特征要素自身的相关性来分析数据质量。为此，可以建立一个有关地理特征要素相关关系的知识库，以备各空间数据层之间地理特征要素的相关分析之用。

目前，政府部门已制定法规加强对数据质量的管理，各个大学及研究部门也开展了对空间数据质量的研究，建立质量理论，开发相应的工具与方法，为数据质量的科学管理奠定了基础。很多单位也设置了正式的与数据质量有关的职务并规定了相应职能，主要包括数据质量的分析员、管理员等。为了交流数据质量控制研究进展，每年国际上都会召开一系列的重要信息/数据质量国际会议，例如，较为著名的由麻省理工学院（Massachusetts Institute of Technology，MIT）组织的国际信息质量会议、空间数据质量国际研讨会，由数据管理协会（Data Management Association, DMA）主办的国际会议，以及与 Metadata 欧洲会议合并召开的欧洲最权威的数据管理和信息质量会议。

第五节　新兴技术在土地信息数据获取中的应用

一、"3S"集成技术

3S 技术的有机结合构成了一个信息获取、信息处理和信息应用一体化的技术系统，是一个充分利用各自技术特点的空间技术应用体系，并逐步成为一个实践性和应用性较强的新学科，目前在土地资源管理领域发挥着重要作用。自 20 世纪 90 年代兴起以来，3S 技术一直是全球地学界的前沿热点研究领域之一。对于 3S 的理解需要建立在广义的基础上，包括 GNSS 在内的一切定位、测量手段和多平台、多波段、高分辨率的 RS 数据，通过含有专家系统的 GIS，实现空间数据的采集、编辑、管理、分析和制图，进而为一切与地理科学相关的行业服务，实现地学信息的实时、自动、数字和智能化的应用，为各行业的预测和决策服务。

3S 的集成方式能够在不同的技术水平下完成：最为简单快捷的方法是三种系统分开由用户综合使用；稍复杂一点的方法是三者有一个共用的界面，进而在表面上实现无缝集成，数据传输在内部以特征码的形式完成；最为合理且实用的方法是整体集成，使三者完全融合在一起，形成一个有机的整体，只有这样的集成才可以最大限度地发挥出 3S 技术的全部优势，应用效果更加明显。前两种集成方式并不是 3S 在真正意义上的集成，而是三者的简单组合；而第三种方式将三者紧密地、系统地集成起来，使其成为一个大系统。在实际应用中，较为常见的是 RS 与 GNSS、RS 与 GIS、GIS 与 GNSS 的两两集成，成功案例较多；但 RS、GNSS 和 GIS 三者同时集成和应用的实例则较少。

（一）RS 与 GIS 的集成应用

RS 影像作为空间数据的一种形式，为 GIS 提供数据源；GIS 作为分析和显示空间数据的系统及图像处理的工具，为 RS 提供空间数据管理和分析的技术手段。在软件执行层面，两者的集成可以有三种不同的层次（图 2.7）。第一层次是分离的数据库，通过数据转换、传输、配准实现集成；具体实施中有两种结构，一种是 GIS 作为 RS 的子系统，另一种是 RS 作为 GIS 的子系统，后者更容易实现；当前市场上的 GIS 软件产品一般都加入了 RS 数字图像处理功能。第二层次是 RS 与 GIS 具有一致的用户界面和同步显示。第三层次是整体集成，执行数据结构和物理结构一体化、提供影像处理功能的 GIS 软件，例如，美国航空航天局（National Aeronautics and Space Administration，NASA）国家空间实验室的地球资源实验室开发的 ELAS 系统，就是将数字图形数据、同步卫星影像和其他数据置于统一的数据库中，实现统一分析、处理和制图。

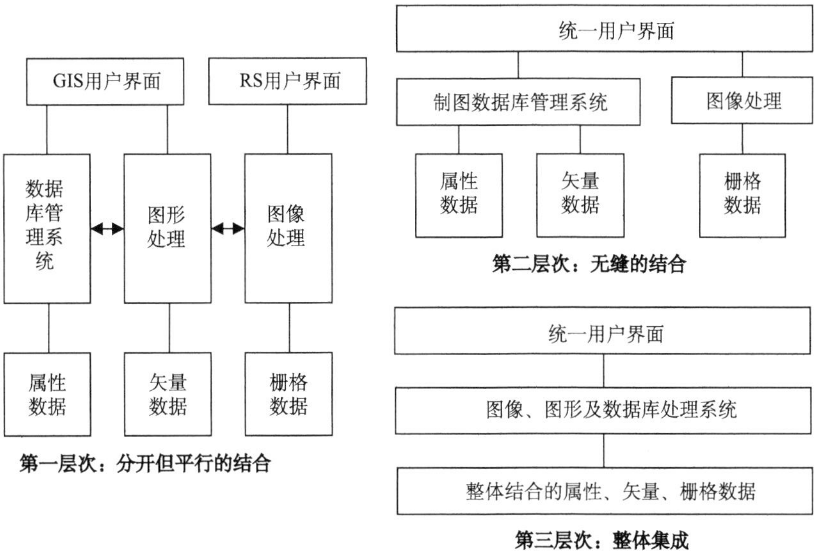

图 2.7 RS 与 GIS 集成的三种不同层次（李德仁，1997）

RS 与 GIS 集成后在土地信息数据获取中的具体应用如下：①在实践过程中，RS 影像处理在解决同物异谱和同谱异物的问题时难度较大，但是将 GIS 作为 RS 影像的处理工具时，这类问题就易于解决；②通常 RS 影像的几何纠正方法是采集地面控制点创建多项式适配公式，引入 GIS 后，这些公式可以从 GIS 的矢量数据库中提取出来，然后确定每个点在影像上所对应的坐标，并创建纠正公式，在纠正完成后，可以将矢量点叠加在影像上，用来判断纠正效果；③RS 影像在分类处理的过程中，与 GIS 集成最明显的好处是训练区的选择，通过矢量数据和栅格数据的综合查询，可以计算多边形区域的影像统计特征，评判分类效果，改善分类方法；④将 GIS 矢量数据栅格化，作为遥感影像，可以提高分类精度。

目前，较典型的 RS 与 GIS 集成的软件包括由美国陆军建筑工程研究实验室等单位研制的地理资源分析支持系统（geographical resoursesanalysis support system，GRASS）、中国科学院遥感与数字地球研究所研制的地学和遥感应用管理系统（geoscience and remote sensing application management system，GRSAMS）及美国 Intergraph 公司研制的 MGE 系统等。这些软件集地理信息系统与遥感图像处理等技术为一体，共同完成对包括遥感影像在内的地学空间信息的采集、存储、管理、查询、分析和多种方式输出的任务，并且具有多种数据结构并存、功能齐全、使用方便和可移植性强等特点。

（二）GNSS 与 GIS 的集成应用

GNSS 作为实时提供空间定位数据的技术，可以与 GIS 进行集成，这是最常见也是最容易实现的集成。实现的基本思路是：将 GNSS 数据通过接口通信，发送到 GIS 中。例如，将 GNSS 数据通过 RS-232 接口设置的通信参数实时发送到 GIS 中，然后进行数据处理，如图 2.8 所示。

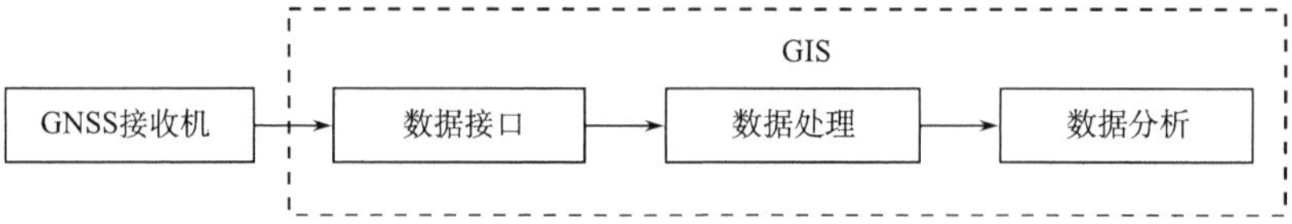

图 2.8　GNSS 与 GIS 集成

GNSS 与 GIS 集成后在土地信息数据获取中的具体应用如下：第一，把 GNSS 接收机连接在安装有 GIS 软件和该地区空间数据的便携数字终端上，可以方便地显示 GNSS 接收机所在的位置并实时显示其运动轨迹，进而可以利用 GIS 提供的空间检索功能，得到定位点周围的信息；第二，应用于测量区域的面积或路径长度，这一过程类似于利用数字化仪器进行数据输入，需要跟踪多边形边界或路径，采集抽样后的顶点坐标，并将坐标数据通过 GIS 记录，然后计算相关面积或长度，在测量的过程中，一方面要考虑 GNSS 定位的精度，另一方面针对不规则区域或路径，采样原则的不同会直接影响最后的测量结果；第三，应用于监控导航，主要在车辆和船舶动态监控等领域中使用，在接收到车辆、船舶等发回的位置数据后，利用 GIS 空间分析工具，判断其运行是否正常，如是否偏离预定路线、速度是否异常（静止）等，若出现异常，监控中心可以提出相应的处理措施。

（三）3S 的集成应用

3S 的集成应用是一个自然的发展趋势，三者之间互动发展（图 2.9）。对集成技术而言，重要的是在 GIS 应用中综合使用 RS 及 GNSS，利用其实时、准确获取数据的能力，降低应用成本或者执行一些新的应用。3S 的集成包括以 GIS 为中心和以 GNSS/RS 为中心的两种集成方式。前者的目的主要是非同步数据处理，利用 GIS 作为集成系统的中心平台，对包括 RS 和 GNSS 在内的多种来源的空间数据进行综合处理、动态存储和集成管理，存在着数据、平台（数据处理平台）和功能三个集成层次，可以认为是 RS 与 GIS 集成的一种扩充；后者以同步数据处理为目的，将 RS 和 GNSS 提供的实时动态空间信息与 GIS 的数据库和分析功能相结合，为动态管理、实时决策提供在线空间信息支持服务。

3S 集成除了能提高空间数据获取和处理的精度、速度和效率外，还在动态性、灵活度和自动化等方面体现出独有的优势。动态性是指数据源与现实世界的同步性、不同数据源之间的同步性及数据获取与数据处理的同步性。灵活度是指用户可以根据不同的应用目的来决定相应的数据采集和数据处理，建立两者之间的联系及反馈机制，从而以最恰当的方式完成指定任务。自动化是指集成系统能够自动完成从数据采集到数据处理的各个环节，不需要人工干预。

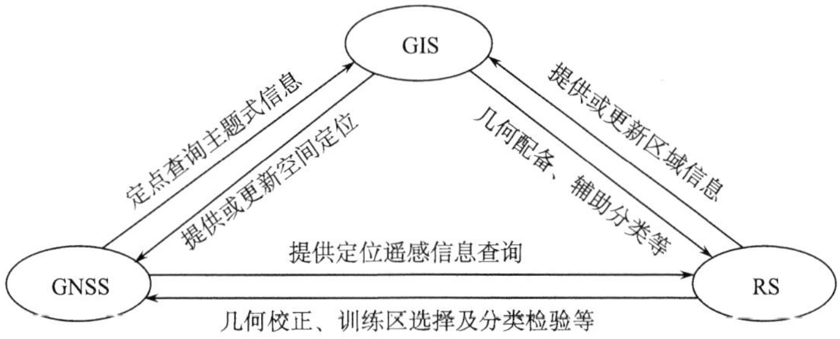

图 2.9　3S 集成示意图（王召海和吴泉源，2000）

3S 集成技术可以应用于土地变更调查信息采集。通过对比基年和现年的 RS 遥感图，发现变化的图斑，将遥感图、土地利用现状图或基年土地利用现状图（GIS 生成的矢量地图）作为调查地图调入掌上电脑（personal digital assistant，PDA）中，进行野外调查；将 GNSS 接收机与 PDA 连接，利用 GNSS 的定位功能，采集变化地块的几何数据，同时记录变化地块的属性；最后将采集回来的变化地块信息导入 GIS 系统中，生成新的土地利用现状图。

3S 集成技术还可以应用于土地利用规划。通过 GNSS 和 RS 技术直接获取土地信息，得到理想数据，将数据录入 GIS 系统，建立土地利用空间信息系统，为土地利用规划提供系统的数据源参考。同时，利用 GIS 强大的分析和处理功能，对土地利用现状进行分析评价和土地利用远景规划；利用 GIS 的可视化功能，对规划设计的结果进行模拟显示和分析，为进一步完善和优化规划设计提供信息。

二、无人机技术

无人机（unmanned aerial vehicle，UAV）是一种无人驾驶的航空器，具有动力装置和导航模块，在一定范围内靠无线电遥控设备或计算机预编程序自主控制飞行。无人机系统（unmanned aerial system，UAS）是一套综合的技术支撑系统，是对无人机概念的扩展，由机体、机上载荷和地面设备等组成，实现其飞行、操控、数据处理和信息传导等功能，如图 2.10 所示。

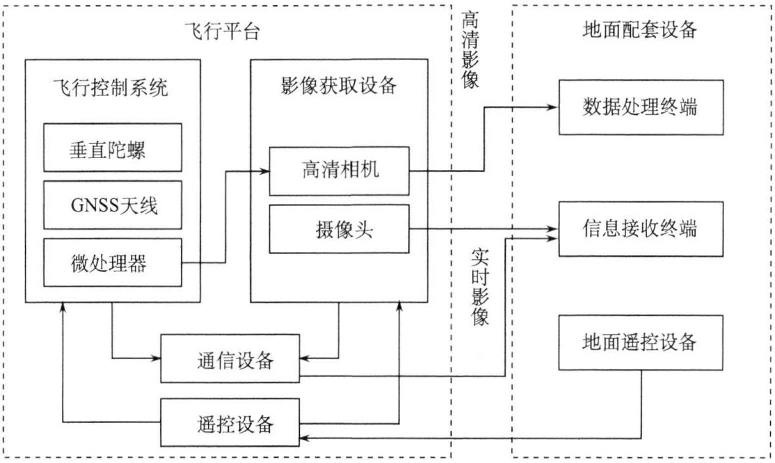

图 2.10　无人机系统的组成（鲁恒，2012）

早期的无人机主要运用于军事领域中。1917 年，英国人研制成功了世界上第一架无人机，用于对敌方目标的侦察。20 世纪 80 年代，随着计算机技术和通信技术的迅速发展，无人机的性能得到了很大的提高。90 年代，随着 3S 技术的发展，无人机技术进入繁荣时期，应用领域和范围不断拓展。我国对于无人机的研究开始于 50 年代后期，通过在高校中设立无人机科研机构，对无人机进行自主设计和生产研发。1969 年，为了更好地开展军事侦察、地质勘探、大气采样及高空航摄等科学研究，国家开始研制高空无人照相侦察机。

无人机技术常与摄影测量、遥感等技术相结合，发展为无人机信息获取技术，特别是无人机遥感系统（UAV remote sensing system，UAVRSS）。无人机遥感（UAV remote sensing，UAVRS）是利用先进的无人驾驶飞行器技术、遥感传感器技术、遥测遥控技术、通信技术、定位定姿系统（position and orientation system，POS）技术、GNSS 差分定位技术和遥感应用技术，能够自动化、智能化、专业化地快速获取国土、资源、环境及事件等空间遥感信息，并进行实时处理、建模和分析的先进新兴航空遥感技术解决方案。无人机遥感系统是一种以无人机为平台，以各种成像与非成像传感器为主要载荷，飞行高度一般在几千米以内（军用可达 10km 之上），能够获取遥感影像、视频等数据的无人航空遥感与摄影测量系统，其组成如图 2.11 所示。

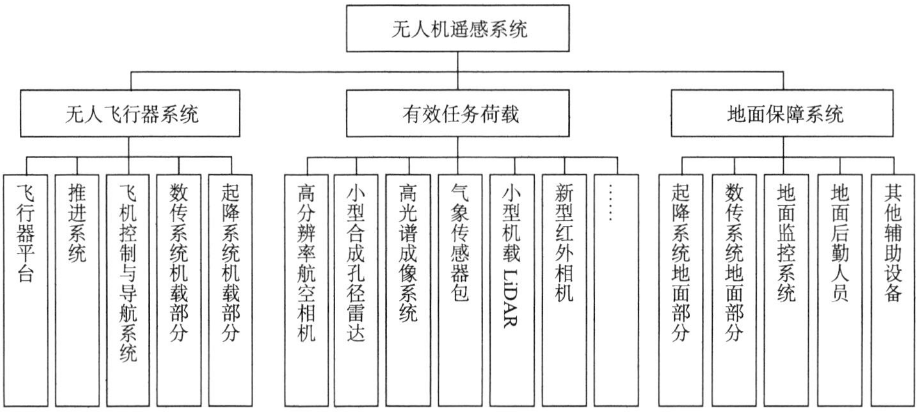

图 2.11　无人机遥感系统的组成（李德仁和李明，2014）

近年来，各种体积小、质量轻、精度高的遥感传感器设备发展迅速，推动了无人机遥感系统的发展。我国无人机航空遥感技术发展迅猛，已成功研制了无人飞行器、适用于航空遥感的飞行控制系统和通信系统，并实现了轻小型传感器及其数据处理系统的集成。无人机遥感系统具有平台构建容易、运行和维护成本低、体积小、质量轻、操作简单、灵活性高、作业周期短、能够获得高分辨率遥感影像及受天气和环境的影响小等特点，可弥补现有航天、航空遥感和地面遥感系统的不足，已逐渐从军事应用领域扩展到商、民用市场，广泛应用于农业监测、牧场管理、森林防火、海事监管、气象观测、国土资源调查、灾害监测和应急灾害救援等领域。目前，美国正在进行“全球鹰”和“捕食者”等军用无人机民用化改造和政策制定，欧洲正拟定实施无人机海事监视规划，中国则已将“天翼”军用无人机应用到生态环境部卫星环境应用中心“节能减排与生态保护环境遥感技术支撑能力建设”等重大民生项目中。

无人机遥感系统在土地信息数据获取中的具体应用如下：①利用无人机装载小型高分辨率数码相机或遥感设备开展土地资源调查、土地利用快速详查、土地利用动态监测，制作区域土地利用类型遥感图，实时更新土地利用数据库，提供农村集体土地所有权、承包经营权确权测量依据，大大改善了传统外业测量人为因素大、效率低、大范围工作成本高及工作时间长等弊端；②利用该系统拍摄低空大比例尺图像和实时画面，通过地物分类进行异常提取，解译出违法乱建、废弃物乱堆乱放、道路拥堵和规划执行现状等信息，用于城市执法调查、处理与效果评估；③通过搭载各种光电、红外传感器，利用无人机机动灵活、多任务作业等优势完善现有监管体系，与已有海事海-空监测系统组合，形成全方位、全天候的海-空-天立体监测，实现海事监管水域的多维可视化；④应用于灾害预报、监测与评估，例如，在2008年汶川地震的抗震救灾中，各团队利用无人机对灾区进行航拍，通过对大量现势遥感影像的快速处理与对比分析，短时间内获得灾区灾情的初步评价结果，为减灾救灾科学决策与指导提供了更加客观、及时、全面和具体的灾情信息；而在2013年雅安地震应急救援中，无人机遥感技术的优势更是发挥得淋漓尽致；⑤无人机技术还能完善地面作物监测体系，特别是能在中小尺度的农业遥感应用中发挥巨大的作用，获取更精确的农情信息，如作物生长状况和作物种类识别等，对作物信息监测技术的发展和应用具有重大意义。

无人机技术虽然已有了长足发展，取得了众多技术成果和实践经验，但随着不断提高的产品要求和市场需求，仍然存在许多值得改进和研究的地方，如飞行平台、飞行控制与导航系统、数据传输存储技术、遥感数据处理、遥感传感器技术等。其中，遥感数据处理对于土地信息数据的获取而言至关重要。当前的无人机遥感系统多使用小型成像与非成像传感器作为机载遥感设备，与传统的航天和航空影像相比，存在采样周期短、分辨率高、像幅小、影像数量多、倾角过大和倾斜方向不规律等问题。此外，传统无人机遥感数据的处理以地面处理为主，而随着GNSS、惯性导航技术及高重复频率激光测距技术等的应用，机上实时处理被提出。这种处理方式能完全摆脱地面的控制，节省大量人力、物力，大大提高遥感作业效率，已成为国内外遥感界的研究热点和发展目标之一。未来，随着无人机飞行速度、遥感图像的分辨率、数据采样频率和通信频带宽度的不断提高，海量遥感图像数据自动、高速、高质量的实时处理将成为无人机遥感应用的新瓶颈。

三、数据挖掘技术

数据挖掘（data mining）是采用数学、统计、人工智能和神经网络等领域的科学方法，如记忆推理、聚类分析、关联分析、决策树、神经网络和基因算法等技术，从大量数据中挖掘出隐含的、先前未知的、对决策有潜在价值的关系、模式和趋势，并用这些知识和规则建立用于决策支持的模型，提供预测性决策支持的方法、工具和过程。数据挖掘的灵魂是深层次的数据分析方法，数据分析是科学研究的基础，许多科学研究都是建立在数据收集和分析的基础之上的。数据挖掘技术已在商业、保险、金融、银行和电信等领域发挥了积极作用。

土地数据特有的性质给土地数据库的知识发现提出了挑战和机遇。土地数据库的知识发现或土地数据挖掘，可以定义为从土地数据库中提取隐含的知识和没有直接存储的土地相关关系、土地模式的过程。土地数据挖掘技术，特别是土地数据理解、土地和非土地数据关系发现、土地知识库构造、土地数据库的查询优化和数据组织，在GIS、RS、影像数据库、机器人运动等涉及土地数据的应用系统中很有前景。空间数据作为土地数据中极为重要的一类数据，其中也隐含着许多重要的信息和规律。随着人们对空间数据的需求水平越来越高，数据表层的查询检索已无法满足其需求，他们更希望进行深入的数据挖掘。因此，在此背景下，空间数据挖掘技术（spatial data mining，SDM）应运而生。

空间数据挖掘技术是在空间数据库的基础上，综合利用神经网络技术、模式识别技术、统计学方法、模糊数学、人工智能方法、机器学习、专家系统和相关信息及技术等，从大量的空间生产数据、管理数据或遥感数据中发现各种未知的空间规律、空间关系和事物发展趋势的过程，有助于人们更好地理解空间数据、构建知识库，从而为科学决策提供依据。空间数据挖掘是数据挖掘的分支，但空间数据挖掘不同于普通的数据挖掘。其对象是空间数据库或空间数据仓库，与普通数据挖掘精度不同，且增加了尺度。空间数据库的语义信息比一般关系数据库系统和事务数据库系统要更加丰富和复杂，隐藏着丰富的知识，也存在着众多的冗余数据。第四章还将详细讲述有关空间数据挖掘技术的方法与内容，在这里仅作简单介绍。

参考文献

陈桂芬. 2009. 面向精准农业的空间数据挖掘技术研究与应用. 吉林大学博士学位论文.
陈锦文. 2009. 基于数据挖掘的房地产消费预测研究. 华南理工大学硕士学位论文.
董金玮. 2007. 基于智能计算的土地利用空间聚类方法与应用研究. 山东师范大学硕士学位论文.
樊敏. 2009. 基于群体智能优化算法的土地评价分类规则挖掘研究. 武汉大学博士学位论文.
付萧, 鲁恒, 朱庆. 2016. 利用无人机影像进行山区土地利用信息动态监测. 山地学报, (01): 121-126.
顾洁. 2016. 无人机航摄在农村土地承包经营权确权登记颁证中的应用——以凤阳县为例. 测绘通报, (02): 94-96, 99.
郭志明. 2009. 基于数据挖掘的土地评估系统的设计与实现. 天津大学硕士学位论文.
合肥工业大学, 重庆建筑大学, 天津大学, 哈尔滨建筑大学. 1995. 测量学. 4 版. 北京: 中国建筑工业出版社.
何林艳. 2012. 土地资源数据库的空间数据挖掘研究. 南京大学硕士学位论文.
何少林. 2013. 基于无人机遥感影像的土地信息提取及专题图制作研究. 西南交通大学硕士学位论文.
贾泽露, 刘耀林, 张彤. 2005. 空间数据挖掘技术在土地定级估价中应用. 地球科学与环境学报, (03): 72-77.
姜小三. 2014. 地理信息系统实验. 北京: 国防工业出版社.
李德仁. 1997. 论 RS, GPS 与 GIS 集成的定义、理论与关键技术. 遥感学报, (01): 64-68.
李德仁, 李明. 2014. 无人机遥感系统的研究进展与应用前景. 武汉大学学报(信息科学版), (05): 505-513, 540.
李建松, 唐雪华. 2015. 地理信息系统原理. 武汉: 武汉大学出版社.
李迁. 2013. 低空无人机遥感在矿山监测中的应用研究. 中国地质大学(北京)硕士学位论文.
刘家彬, 张金亭, 胡石元. 2002. 土地信息系统理论与方法. 北京: 测绘出版社.
刘京会, 赵淑芹. 2010. 土地信息系统实验教程. 北京: 中国经济出版社.
刘潭仁. 2004. 基于粗糙集和遗传算法的空间数据挖掘技术研究. 重庆大学硕士学位论文.
刘耀林, 何建华. 2007. 土地信息学. 北京: 科学出版社.
鲁恒. 2012. 利用无人机影像进行土地利用快速巡查的几个关键问题研究. 西南交通大学硕士学位论文.
陆红生. 2007. 土地管理学总论. 北京: 中国农业出版社.
马才学. 2008. 土地信息系统. 北京: 北京师范大学出版社.
牛继强. 2010. 面向土地用途分区的空间数据挖掘. 武汉大学博士学位论文.
曲卫东, 韩琼. 2009. 土地信息系统. 北京: 中国人民大学出版社.
任志明. 2011. 无人机航测技术在成都平原信息快速获取中的应用研究. 西南交通大学硕士学位论文.
汤国安, 刘学军, 闾国年, 等. 2007. 地理信息系统教程. 北京: 高等教育出版社.

汤国安, 杨昕. 2012. ArcGIS 地理信息系统空间分析实验教程. 北京: 科学出版社.
汤景棉. 2005. 3S 集成技术在土地变更调查信息采集中的应用研究. 东南大学硕士学位论文.
唐理兵. 2005. 面向空间数据库的空间数据挖掘应用研究. 安徽大学硕士学位论文.
唐晏. 2014. 基于无人机采集图像的植被识别方法研究. 成都理工大学博士学位论文.
童文俊. 2008. 空间数据挖掘技术及在城镇土地定级中的应用. 首都师范大学硕士学位论文.
汪沛, 罗锡文, 周志艳, 等. 2014. 基于微小型无人机的遥感信息获取关键技术综述. 农业工程学报, (18): 1-12.
王利民, 刘佳, 杨玲波, 等. 2013. 基于无人机影像的农情遥感监测应用. 农业工程学报, (18): 136-145.
王召海, 吴泉源. 2000. 论 RS、GIS、GPS 集成与区域可持续发展. 中国人口·资源与环境, (S1):90-91.
王振中. 2005. 3S 技术集成及其在土地管理中的应用. 测绘科学, (04): 62-64.
魏子寅. 2013. 基于无人机正射影像进行土地利用/土地覆盖分析. 内蒙古师范大学硕士学位论文.
文斌, 张文广, 张学峰, 等. 2008. 国土资源数据分析及其整合与集成. 国土资源信息化, (5): 3-6.
吴琰. 2010. 房地产信息系统中的数据挖掘技术. 市场周刊(理论研究), (07): 113-114, 108.
吴宇哲, 等. 2013. 土地评价与规划实验. 杭州: 浙江人民出版社.
许辉熙, 敬小东. 2013. 基于无人机遥感和 GIS 技术的土地利用快速详查方法研究. 测绘与空间地理信息, (09): 11-14.
杨刚. 2014. 基于数据挖掘的房地产价格分析预测研究. 南昌大学硕士学位论文.
杨苏宁. 2010. 空间数据挖掘在城市地理信息系统中的应用. 江苏科技大学硕士学位论文.
杨献. 2016. 无人机技术在农村土地承包经营权确权登记颁证工作中的应用. 内蒙古科技与经济, (04): 95-96.
于文萍. 2013. 探讨“3S”技术集成及其在土地管理中的应用. 黑龙江科技信息, (06): 106-110.
张钦钦. 2013. 土地信息整合与空间数据挖掘研究. 山东师范大学硕士学位论文.
张文博. 2013. 无人机航测技术在土地综合整治中的应用研究. 长沙理工大学硕士学位论文.
朱炎, 滕龙妹, 徐财江, 等. 2006. 土地动态利用时空数据挖掘的方法及其实现. 经济地理, (S1): 124-127.
Kang-tsung Chang. 2009. 地理信息系统导论. 3 版. 陈建飞等 译. 北京: 清华大学出版社.
Peuquet D. 1981. An examination of techniques for reformatting digital cartographic data, part Ⅰ: the raster-to-vector process. Cartographic, 18: 34-48.

第三章　土地信息数据库管理

第一节　数据库基本概念

一、数　据　库

数据库（database）是为一定目的服务，通过某种特定的结构组织相关联数据的集合，是数据管理的高级阶段。伴随着计算机技术的发展，数据库经历了人工管理阶段、文件管理阶段和数据库管理阶段（图 3.1）。数据库管理不再仅仅是存储和管理数据，而发展成为了用户所需要的各种数据管理的方式。数据库有很多种类型，从最简单的存储各种数据的表格到能够进行海量数据存储的大型数据库系统都在各个方面得到了广泛的应用。

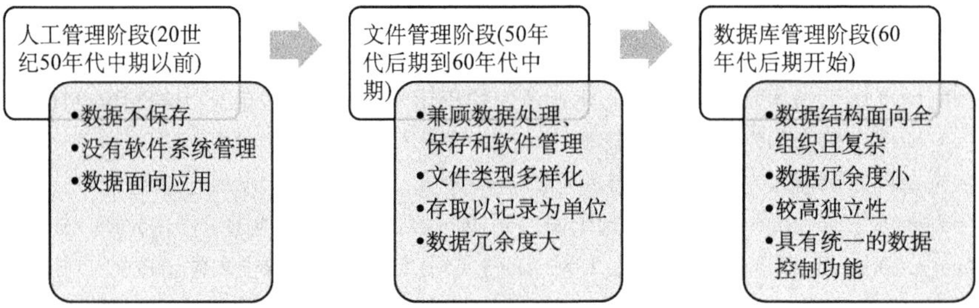

图 3.1　数据库发展阶段与特点

与传统的文件管理方法比较，数据库具有更强的数据管理能力，且具有以下特征。

（1）数据集中控制。数据库克服了文件分散且没有联系、不能统一控制和维护的弊端，能够集中控制和管理数据，保证不同用户和应用可以共享数据。

（2）数据冗余度小。识别冗余数据并确定是否能够消除是数据库设计的主要任务之一，但数据库也不能完全消除冗余数据。在数据库中应该控制数据冗余度，在有冗余的情况下，需要保证数据更新、修改时数据库内容的一致性。

（3）数据独立性特征。数据独立指数据库中数据与应用程序的相互独立，数据性质不因应用程序变化而改变，应用程序也不会因数据性质的改变而变化。

（4）复杂的数据模型。数据模型是实现数据集中控制、减少数据冗余的前提，采用层次模型、网络模型、关系模型等能够有效地表示现实世界的数据组织和数据联系，是数据库与文件管理方式的一个本质区别。

（5）数据保护特征。数据库的保护是维护数据库持续使用的重要措施，主要包括安全保护、完整性约束、并发控制和恢复。

数据库系统结构分为概念模式、外模式和内模式三个层次，分别定义了数据库概念级、用户级和物理级三个抽象级。概念模式是数据库的引导框架，主要描述数据库中关于数据存储的特征、逻辑构架、操作，以及目标与相关操作的互动联系，也包括对数据安全、完整性等内涵的定义。外模式是提供用户使用的数据视图，描述用户所需数据的类型、级别和数量等。内模式是在物理存储设备中数据库具体实现的信息描述，组织数据在物理存储介质中的存储方式、定义物理存储块大小及溢出处理方法等。

某一个主题信息的数据库所服务的范围往往很广泛，例如，某地区的土地数据库可服务于土地利用规划、城市规划、环境保护和公共设施管理等管理部门。每个部门对于同一个土地数据库的要求也各不相同，均有管理的侧重点需求，如城市规划关注城市范围内宗地的使用类型，侧重于判断是商业服务用地、居民用地，还是公共服务用地；交通管理部门关注土地交通可达性和交通规划；环境保护部门则需要根据土地数据库的数据来判断地块是否属于污染区域。

数据库的设计有多方面的内容需要考虑，特别是土地信息数据库。土地利用数据格式包含栅格和矢量等格式，各种类型的数据兼具时间和空间的特征，各种特征需要不同的数据结构来表达。这样一来，一个数据库就要求容纳各式各样的数据类型和格式。因此，如何有机地将这些因素集成，是数据库设计的重点和难点。

同时，数据库的设计也需要兼顾使用目的。数据库设计是一项复杂的工程，制定数据库的使用目的是建立数据库分析和评价各种方案的前提。在开发数据库时，首先需要结合管理部门的发展方向和数据库的使用目的，了解数据库所存在的问题和制约因素。根据用户的使用目的来对数据库进行设计，加强对数据特征因素的考虑，既可发挥数据库的技术优势，又可以兼顾用户的使用目的。

二、空间数据库

空间数据库是以描述空间位置和点、线、面、体特征的拓扑结构的位置数据及描述这些特征的性能的属性数据为对象的数据库。空间数据库主要由空间数据和非空间数据组成。空间数据主要是指表示空间实体位置、大小和分布特征等信息的数据，描述关于区域二维、三维和多维分布的信息。它不仅具有表示物体本身的空间位置及状态信息，还有局域表达物体的空间关系的信息。非空间数据是指表示质量描述和专题属性的数据，用于表示物体的特征。

空间数据库的目的是利用数据技术实现空间数据的有效存储、管理和检索，为各种空间数据库用户所使用。空间数据的研究内容主要包括：空间关系与数据结构的形式化定义、空间数据查询语言、空间数据的表示与组织等内容。

空间数据库建立的首要步骤是建立空间数据库结构。通过利用数据管理系统的数据描述语言来描述逻辑设计和物理设计的结果，得到概念模式和外模式，进而编写功能软件，建立实际空间数据结构。随后，对数据进行整理、分类、编码及格式转换等准备工作，由编写的数据装入程序或数据库管理系统的应用程序实现数据的装入。最后，调试运行空间数据库系统的应用程序，对各个功能模块和性能进行全面测试。

三、土地信息数据库

土地信息数据库是基于计算机物理存储介质上存放以土地信息为主体的空间数据的集

合，是一种典型的空间数据库。随着土地信息管理和需求，空间数据库所需表达的空间对象日益复杂，数据库和用户功能日益集成化，土地信息数据库技术迅速发展。土地信息数据库沿袭空间数据库的基本构架，包含土地空间数据库和土地属性数据库。

（一）土地空间数据库

土地空间数据主要包括空间几何数据和关系数据。

空间几何数据主要以已知坐标系中的位置来表示，是关于单个或群体以空间位置为参照的数据，是人类经过观测所得到的和地球表面的某些地物景观的空间数据。空间属性数据有多种形态，如美国空间数据传输标准（spatial data transfer standard）对二维空间实体进行分类，主要分为 26 类，合并归纳后为：复杂地物、多边形、环、线、弧和点-结点六大类。

在土地信息数据库中，空间几何数据主要为点、线、面和体四类。点实体一般以坐标点（x，y）表示，主要用来描述分布点在二维或三维空间中的空间位置数据，典型的指代物如土地界址点、三角控制点等，它仅能确定有空间位置但没有大小的空间目标；线实体主要表示呈线状分布的实体的位置与形状的一串空间坐标，如地块边界、行政边界和基本农田中的线状地物等，由于线实体的宽度太小不能表示为多线性或是一条无宽度的假象线；面实体用范围轮廓线上首尾相接的抽样点坐标串来表示其空间范围与方位，如耕地、湖泊和建成区等；体则属于多维空间中的实体，是通过点、线、面组成的更为复杂的空间实体。

关系数据是关于实体间空间相关性的描述性数据，用来阐述点、线、面实体之间的空间关系。空间关系主要包括拓扑关系、方向关系和度量关系三种基本类型。

拓扑关系是满足拓扑几何学原理的各空间数据间的相互关系，即用结点、线、多边形和岛所表示对实体之间的邻接、关联和包含的关系。邻接关系包括点与点、线与线、面与面之间邻接的关系，例如，有共同界址边界的邻接宗地。关联关系是不同空间实体元素之间的拓扑关系，如宗地与宗地界址边的关联、宗地与界址点的关联等。包含关系表示的是同类空间实体却存在不同级别的关系，如宗地与宗地内部建筑的包含关系。

方向关系定义了空间实体之间方位与位置的相对关系。识别事物的方向关系一般采用最小外接矩形（minimum bounding rectangle，MBR）方法，仅用左上、右下角点两个点来表示。首先判断目标之间的 MBR 是否具有该关系，再利用点-点关系进一步判断来确定具体关系。

度量关系表征空间实体间的可测度关系，基本的空间对象度量关系主要包括点-点、点-线、点-面、线-线、线-面和面-面的距离，进一步也可构造出点群、线群、面群之间的度量关系。同时，在已知点、线、面度量关系的基础上可进一步构建最短路径、缓冲区分析、泰森多边形等复杂度量关系。

（二）土地属性数据库

土地属性数据是关于描述宗地实体数量、质量、权属和利用状况的数据，土地属性数据库则是负责存储与管理以上属性数据的载体。土地属性数据可以归纳为土地基本属性数据和土地相关属性数据。前者主要是以宗地为信息载体的关于土地及其附着物的权属、位置、数量和质量等地籍数据；后者则指的是土地自然和土地社会经济质量性状信息。

宗地实体是土地属性数据库管理的基本单元，土地信息中的属性数据主要是从自然和社会经济角度来描述宗地实体及相关特征的，包括：描述宗地实体的数量、质量和权属等数据；

描述地理实体的基本特征的数据；描述宗地与地理实体相互关系的数据。

整体而言，空间实体是与属性数据相关联的。在管理两者数据时，一般采用公共标识符方法来建立空间数据和属性数据的有效关联，进而统一地存储与管理这两大类型数据。

第二节　土地信息系统数据模型

数据模型（data model）是现实世界的模拟。在数据库中，数据模型用以抽象、表达和处理现实世界中产生的数据和信息，实现对现实世界的事物与联系的描述。一般而言，数据模型应满足以下三个条件：真实模拟现实世界；人们容易理解；便于计算机的实现。数据模型是土地数据库的核心与基础，这是由于土地数据库的多种功能是建立在多种数据模型的基础之上，其组成包括数据结构、数据操作和数据约束条件三部分内容。目前，数据库领域中常用的数据模型主要包括以下五种：层次模型、网络模型、关系模型、面向对象数据模型和时空数据模型。

一、层次模型

层次模型通过树状结构来表达实体及实体间的联系。它通过结点和连线的形式来构建数据库中记录类型的有向树。如图 3.2 所示，其中每个结点表示一个描述实体的记录类型，每个记录类型中包含若干字段，字段描述的即实体的属性。沟通结点之间的连线表示记录类型之间的关联。在层次模型结构中，这种关联仅仅只能是父子结点联系。

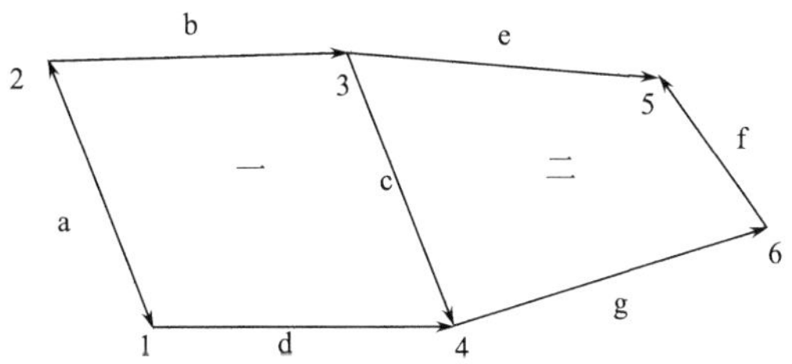

图 3.2　多边形实体层次结构（刘耀林和何建华，2007）

层次模型的典型模式如图 3.3 所示，层次模型表达的是记录类型之间一对多的联系。通过图示可以看出层次模型的基本结构，最上层为唯一的一个结点，称为根结点。一般而言，层次结构模型将表示一个实体置于上方，称为父结点；而将表示多个实体放于下方，称为子结点。由于表示的是一对多的关系，除根结点外，其他的结点都仅有一个父结点，而每个父结点可对应多个子结点，最下层的末端结点又称为根结点。

层次模型自根结点开始的某条路径提出询问，按照自左到右的顺序以检查路径的模式进行检索。图 3.3 是层次模型表示简单多边形地图的数据库结构，依据多边形、弧段和结点分为不同层次，如查询结点，则从根结点开始，可沿着多边形的路径搜索。从图示结构也可发现层次模型的两个限制条件：①有且只有一个结点无父结点，即根结点；②除了根结点外，所有结点有且只有一个父结点。

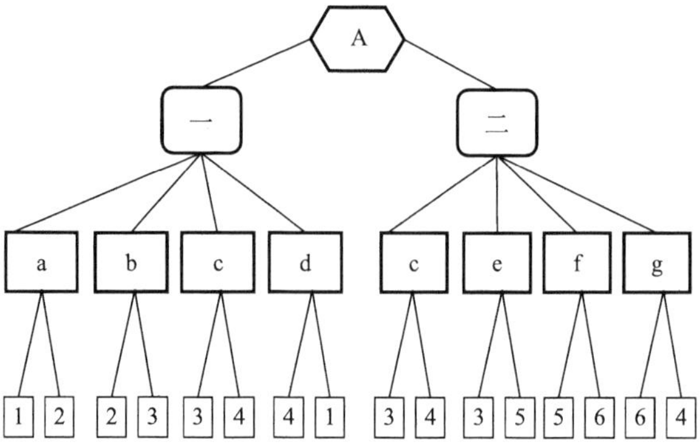

图 3.3　层次数据模型（刘耀林和何建华，2007）

限制条件的设定使层次模型不能直接表示实体之间多对多的联系。如果需要用层次模型来表征多对多的联系，则必须将多对多的联系分解为一对多的联系表示。在土地信息系统中，采用层次模型将难以估计公共点、线数据共享和实体元素间的拓扑关系，导致数据冗余。

层次模型结构是现实世界中众多对象自然的表达形式，易于用户的理解，单码查找速度快且便于更新和扩充。但其缺点也较为明显：①查询的处理效率较低，并难以进行反向查询，查询和删除操作比较复杂；②层次命令要求用户了解数据的物理结构，并在数据操作命令中显式地给出存储途径；③模拟多对多联系时易形成物理存储的冗余；④数据独立性较差；⑤不具备演绎功能和操作代数基础。

二、网 络 模 型

网络模型就是以网络结构来表示实体之间联系的模型。与层次模型相比，它们都是通过连线来表示实体之间的联系，以结点来表示实体集。网络模型是一种比层次模型更具普遍性的结构，它不存在层次模型中的两个限制条件，多个结点没有双亲结点，结点也存在多个双亲结点，允许了两个结点之间的多种联系，不仅仅局限为父子结点关系。理论上，由于网状模型没有层次模型的两点限制，可直接表示多对多的关系。但在已经实现的支持网状模型的数据管理系统中，对直接处理实体多对多的联系设定了限制。

网络模型将现实世界中的空间实体抽象为结点、链等要素，并关注其间连通的关系。网络模型应用的典型例子就是交通线路的研究，包括海陆线路，以及管道与隧道内水、汽油等物质流动。如图 3.4 所示，多个城市的交通联系中，城市之间的联系是双向的且是多对多的。

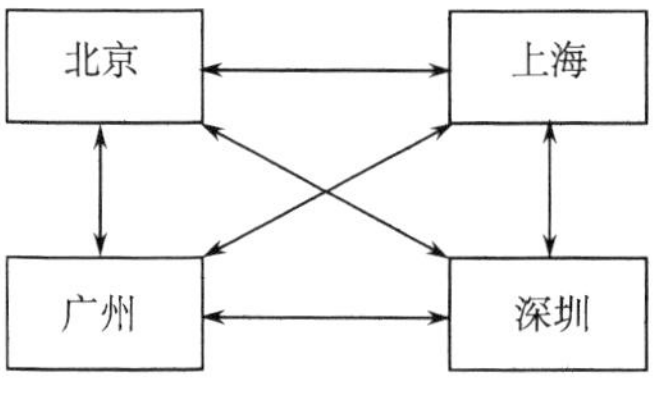

图 3.4　网络数据模型例子

网络模型的基本特征是：结点数据间没有明确的从属关系，一个结点可与其他多个结点建立联系。它可以表示多对多的关系，其储存效率高于层次模型，但其复杂的结构也限制了

它在数据库中的应用。在网络模型结构中，结点表征数据记录，连线代表不同结点之间的联系。有向图的形式化定义为

$$\text{digraph} = [\text{vertex}, (\text{relation})] \tag{3-1}$$

式中：vertex 为图中数据元素（顶点）的有限非空集合；relation 是两个顶点(vertex)之间关系的集合。

网络模型将数据组织成有向图结构，比树状结构具有更大的灵活性和更强的数据建模能力。网络模型的有向图与层次模型中的有向树相比，区别在于：可以有零个或多个结点无父结点；至少有一个结点有多于一个父结点的；允许两个结点之间有两种或多种联系。

网络模型反映了现实世界中多对多的联系，具有一定的数据独立性与共享性，运算效率较高，在一定程度上支持数据的重构。但也存在部分问题：①网络模型中的网络结构复杂、多样，增加了用户在查询和定位中的难度，这就需要用户清楚地理解数据的逻辑结构，理解网络模型中自身所在的位置定位；②网状数据操作命令具有过程式性质；③不直接支持对层次结构的表达；④基本不具备演绎功能，也不具备操作代数功能。

三、关 系 模 型

20 世纪 70 年代，埃德加·考特首次将关系模型引入数据库领域中。表格是人们所熟悉的表示方法，用表格数据表示实体之间联系的模型就是关系模型。在层次模型和网络模型中，文件存放的是数据，各文件之间的联系是通过指针来实现的。而在关系模型中，文件存放两类数据：一是实体本身的数据；二是实体间的联系。关系模型将用户对数据的视图与其最终的物理实现分割开来，从而使得关系模型比层次模型、网络模型更利于数据库设计。

关系模型是一种数学化的模型，它把数据的逻辑结构归为满足一定条件的二维表中的元素，表格即为关系。依据表格中的行列划分，表格中的一行表示一个记录或取样，每一列维护关系的一个属性集，列可以命名，称为属性名或数据类型。关系是记录行的集合，表格中的列数量为 n，则表示每个关系满足的是 n 元关系。

对于这种数字化的模型，每个关系须满足以下条件：①表中的每一列属性都是不能再分的基本字段；②各列指定一个不同的名字；③各行记录相异，不允许重复；④行列次序无关。

综合以上四点条件考虑，每个关系属于一个概念文件，文件中的每个记录都具有相同的个数和类型的字段，都有同样的固定长度和格式。通过关系数据模型来表示图 3.3 的多边形实体之间的联系，形成图 3.5 的关系模型示意图。

以连接字段来实现各实体之间的联系，表明关系模型具有对实体描述异质性的特点。利用数据本身通过公共值隐含地表达它们之间的关系，且可采用关系代数和关系来描述。依据关系之间的连接运算不仅可以建立新的关联，还可以实现关系数据库的查询和统计操作。总之，关系模型可以简单、灵活地表示各种实体及关系，数据操作是通过关系代数实现的，具有严格的数学基础和一定的演绎功能。它也支持数据的重构，其数据描述具有较强的一致性和独立性。关系模型是当前数据库中较常用的数据模型，在土地信息系统的属性数据中已得到广泛应用，部分系统中的空间数据也采用关系数据库管理系统来管理。

地图

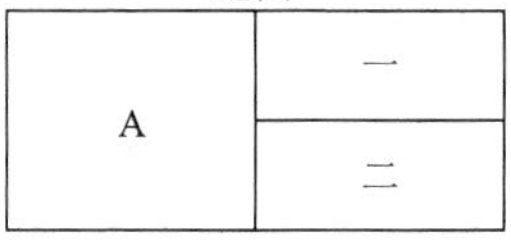

多边形

多边形编号	边界弧段			
一	a	b	c	d
二	c	e	f	g

线

多边形编号	边界弧段	结点	
一	a	1	2
一	b	2	3
一	c	3	4
一	d	4	1
二	e	3	5
二	f	5	6
二	g	6	4

图 3.5　关系模型示意图（马才学等，2008）

然而，关系模型的实现效率不高，按照给定的关系模式重构数据的操作耗时长，连接操作开销较大。同时，描述和操纵复杂对象的能力较弱，现实对象本身具有复杂的结构含义，为了用规范化的关系描述这些对象，形成因对对象不自然的分解而导致存储模式、查询途径及其操作等方面语义不合理的现象，同样也会造成模拟和操作的困难与复杂化。此外，关系模型不直接支持对于概括、分类和聚合的模拟，其模拟也并未借助已有模式支持系统的扩充，导致新关系模式的定义与原有的关系模式相互独立。

关系模型的操作均需满足关系的完整性约束条件，操作主要包括查询、插入、删除和更新数据等，关系数据库标准操作语言为结构化查询语言（structured query language, SQL）。

四、面向对象数据模型

（一）面向对象数据模型概述

面向对象数据模型是在层次模型、网络模型和关系模型等传统数据模型基础上发展起来的模型技术。它通过分类、概括、联合、聚集和数据抽象工具继承和传播等数据抽象技术，利用对象练习图来实现模型的描述，使客观实体由复杂变得清晰易懂。整体上，它综合了层次模型、网络模型、关系模型等传统数据模型与实体关系（entity-relationship，E-R）模型、语义模型等非传统数据模型的特点，所以既能表达几何数据，又能表达属性数据。面向对象数据模型能够有效地处理复杂目标、地物分类及信息继承等问题。整体而言，面向对象数据模型是一种集成图形、图像和属性数据的整体空间数据模型。面向对象数据模型的五个基本概念分别是：对象、类、继承性、属性和方法、封装和消息传递。

1. 对象

在面向对象数据库的设计中，客观世界中的实体被抽象成为对象。面向对象的方法中一个基本的信条是“任何东西都是对象”。对象可以定义为对一组信息及其操作的描述。对象之间的相互操作都得通过发送消息和执行消息完成，消息是对象之间的接口。严格地讲，在面向对象模型中，实体的任何属性都必须表示为相应对象中的一个变量和一对消息。变量用来保存属性值，一个消息用来读取属性值，另一个消息则用来更新这个值。

2. 类

数据库中通常有很多相似的对象。“相似”是指它们响应相同的消息，使用相同的方法，并有相同名称和类型。对每个这样的对象单独进行定义是很浪费时间的，因此将相似的对象分组形成了一个“类”。类是相似对象的集合。类中的每个对象也称为类的实例。一个类中的所有对象共享一个公共的定义，尽管它们对变量所赋予的值不同。面向对象数据模型中类的概念相当于 E-R 模型中实体集的概念。

3. 继承性

继承性允许不同类的对象共享它们公共部分的结构和特性。在面向对象系统中，一个类的上层有超类，下层有子类，形成了层次结构，继承性可以用超类和子类的层次联系实现。一个子类可以继承某一个超类的结构和特性，这称为“单继承性”；一个子类也可以继承多个超类的结构和特性，这称为“多继承性”。

4. 属性和方法

属性和方法是对象定义的组成部分，一般统称为对象的性质。一个对象包含一组描述对象状态、组成或特性的属性，属性值也是对象。整数、字符串等简单对象，因其值是状态的完全描述，故不再需要其他属性，因此这类对象被称为原子对象。而复杂的对象则包含若干属性，这些属性属于一种对象，同时，这些属性也可包含多个属性，这样就形成了对象的递归引用。同一个对象可以被多个对象引用，进而可以模拟对象间的复杂关系。

除一组属性之外，对象也包含一组描述对象行为特性的方法，它可对对象进行操作，实现对对象状态的改变。一组方法表达了对象的动态特性，这个对象的内部状态只由自身方法来操作。

5. 封装和信息传递

对象是封装的，对象内部对用户是隐蔽的，用户只能得到对象封装界面的信息，这是因为系统将属性值和方法封装在一个对象中，这种特性称为封闭性。封闭性的存在使用户只需用信息访问对象，而不必理解行为实现的细节，将对象的使用与实现有机地分割开来。

在面向对象系统中，对象是操作的基本单位，而消息传递是对象之间联系的唯一方式。某个对象在执行处理时，主要通过传递信息来请求其他对象完成相应操作。一个对象所能接受的消息与其所带的参数构成了对象的外部界面。一个对象可以同时向多个对象发出信息，也可直接接受多个对象发送的消息。一般消息中仅包含发送者的要求，如何处理则由接受者来决定。

（二）面向对象数据库系统

面向对象数据模型的典型应用是面向对象数据库系统，是面向对象技术与数据库技术结合的产物，它须满足两个条件：①支持面向对象数据模型的内核；②支持传统数据库的数据成分，为与面向对象数据模型内核的语义保持一致做出了适当扩充与修改。面向对象数据库系统的特征可归纳为以下几点。

（1）面向对象数据库系统的基本结构是对象。

（2）用户可在面向对象数据库系统中构建一个对象类来定义数据类型，而不是传统数据库系统中证书、实数和字符串等简单数据类型。

（3）面向对象数据库系统拥有更多语义，属性类、子类等概念可直接表达现实世界的对象与联系。

（4）面向对象数据库系统具备可扩充性，允许用户扩充数据类型。

五、时空数据模型

（一）时空数据模型研究概述

土地利用信息所描述的现实世界空间对象，是随着时间变化而发生变化与转换的，存在着时间维和空间维并行动态发展的过程。在土地信息的管理中，地籍变更、道路改线和环境变化等内容在实际管理时，都需要保存并有效地管理相关的历史变化数据，以重建历史发展、追踪变化轨迹及预测模拟未来。时空数据模型就是一种针对时空维度有效组织和管理数据的数据模型，其属性、空间和时间语义也更为完整。

时空数据模型的核心问题是研究如何有效地表达、记录和管理现实世界的实体及相互关系随着时间发生的变化。学者将这种时空变化归纳为以下三种形式：①属性变化，但空间坐标或方位不变；②空间坐标变化而属性不变。空间的坐标或方位变化可以是单一实体位置、方向的变化，或是多个实体彼此之间的关系发生的变化；③属性与空间坐标均发生变化。

在土地信息系统中，具有时间维度的数据主要有两类，分别是结构化数据和非结构化数据。结构化数据可以在数据表记录中增加一个时间戳来实现管理，而非结构化数据的描述是时态土地信息系统数据模型重点需要解决的问题。目前，时态土地信息系统研究的主要问题包括：时空数据组织与存取方法、时空数据库质量控制、时空变化的数据模型表达及时空数据的可视化问题等。

（二）时空数据模型设计的基本思路

土地是土地信息系统的工作对象，关于土地的数据都是动态的，集中表现在时间和土地的空间位置的动态变化。其中，时间是现实世界的第四维，具有运动的不可逆性，也包含着通用性、连续性和可测量性等三维空间特征。土地信息系统中的时间与空间是相互关联的，时间维度是不可缺少的一部分。

经过近 20 年的发展，相关学者构建了多元的时空数据模型，包括快照模型、基态修正模型、时空复合模型、时空立方体模型、基于时间的方法及时空对象模型等。其中，快照模型仅仅是一种概念上的模型，不具备实用的开发价值，而其他模型均具备自身的特点和适用范围。

一个合理的时空数据模型必须考虑节省存储空间、加快存储速度和表现时空语义等方面的因素。时空语义包括地理实体的空间结构、有效的时间结构、空间关系、时态关系、地理事件和时空关系。时空数据模型设计的基本指导思想由以下几方面组成。

（1）根据应用领域宏观变化观测、微观变化观测特点与同步变化、异步变化、频繁变化和缓慢变化等客观现实变化，来折中考虑时空数据模型的空间属性内聚性和时态内聚性的强度，选择时间标记对象。对于属性而言，有属性数据项时间标记、实体时间标记和数据库时间标记；对于空间而言，有坐标点时间标记、弧段时间标记、实体时间标记和数据库时间标记。

（2）同时提供静态数据建模手段。当前、历史等不同使用频率的数据分别组织存放，以便存取。历史数据一般存放在远程服务器或大容量光盘中，当前数据存放在本地磁盘中。

（3）数据结构里显式表达土地实体进化事件和土地实体存亡事件，土地事件以事件发生的相关源状态和终止状态来表达。构成土地实体存亡事件的源状态用参加事件的实体标识集合来表示。时间的本质为事件发生的序列，土地事件序列直接表明地理时间的语义。

（4）时空拓扑关系一般指土地实体拓扑关系的拓扑事件之间的时态关系，揭示土地实体在时间和空间上的相关性。为有效地表达时空拓扑关系，需要存储空间拓扑关系的时间序列。

第三节　土地信息数据库建模方法

土地信息数据管理模式主要为独立系统模式、附加系统模式、扩展系统模式和完整系统模式，如图 3.6 所示。

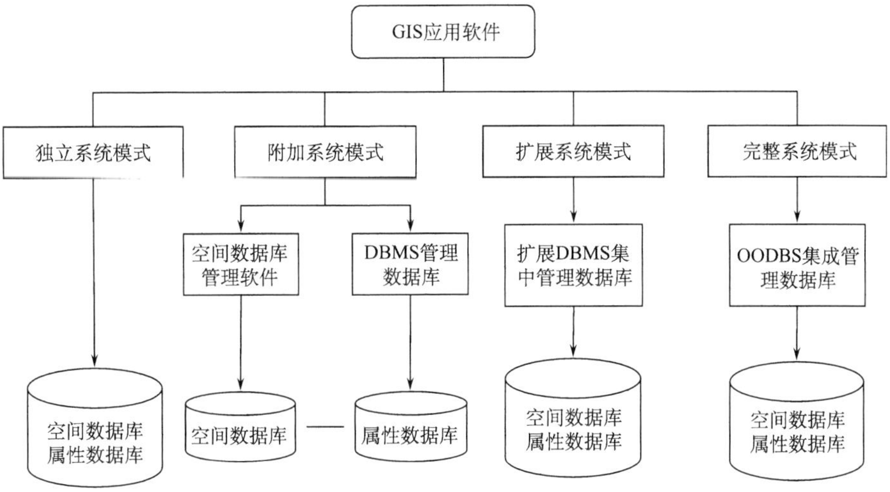

图 3.6　数据库管理与建模方式（刘家彬等，2002）

一、独立系统模式

在独立系统模式中，空间数据和属性数据都建立在文件系统之上，针对不同的应用模型开发独立的数据管理服务。独立的文件系统属于早期的管理模式，存在对属性数据管理较弱的局限。

二、附加系统模式

附加系统模式是目前土地信息系统数据管理的主流形式，分别采用数据库管理系统和专门的空间数据管理软件对属性数据与空间数据进行管理，通过 ID 建立两者之间的关联。但是，采用附加系统模式存在以下缺陷。

（1）在这种模式下，采用二元分离式的图形和属性数据管理，容易导致数据的一致性难以保证，不利于空间数据的整体管理。

（2）土地信息系统的开放性与操作性受到文件管理系统的限制。

（3）数据共享和并行处理没有保证。

三、扩展系统模式

扩展系统模式主要通过对常规关系型数据库进行功能扩展来容纳空间数据的方式使空间数据与属性数据并存于数据库中。目前，扩展系统模式是一种新颖的数据库建模方法，它利用对象关系型数据库管理系统的对象管理能力，完全实现空间数据和属性数据的一体化管理，系统地完成空间数据的存储、索引和分析等功能。在此模式下，实现了对空间数据的索引技术，可以将空间查询转换成标准的 SQL 查询，省略了空间数据库和属性数据库之间的烦琐链接，提高了系统的效率。例如，SQL Server 支持长二进制字段存储的关系数据库系统，较文件系统具有较好的安全性、完整性和数据共享性。

但是，整个空间数据的空间查询往往是粗糙与简单的，一般以简单的比较对象 BOX 范围的方法，将符合查询的对象从数据库中提取后进行筛选，如穿越查询、多边形查询等操作。这是由于扩展系统模式无法对二进制的对象字段存储的空间坐标进行分析与运算，这些数据库也不支持传统的空间索引技术。在这种情况下，空间查询过程中初次选中较多的空间对象，增加了网络流量，降低了系统效率。

四、完整系统模式

在完整系统模式下，由于是按照面向对象理论重新设计的真正对象数据库，即面向对象数据库系统（object-oriented database system, OODBS），空间数据与属性数据按更接近人类思维的方式建立模型，能够较好地实现模拟和操纵复杂对象。因此，这种模式构建的系统适用于定义复杂的地理实体，也可对复杂对象进行直接操作。整体而言，面向对象数据库是一种能够有效统一管理 GIS 空间数据的模型，但面向对象数据库没有在市场与关键任务应用中得到广泛接受，主要归结于以下两点原因。

（1）面向对象数据库存在缺少完全非过程性的查询语言，视图、授权更新和参数化性能协调等不足，作为一个数据库系统发展不成熟。

（2）考虑关系数据库与面向对象数据库之间的兼容性，所以已构建的关系数据库用户较少去选择面向对象数据库。

第四节　元数据生成与管理

一、元数据概念与类型

元数据（metadata）是关于数据的描述性数据，是现代数据库的重要组成部分。元数据主要用于支持指示存储位置、历史数据、资源查找和文件记录等功能，目的是促进数据集高效实用，为计算机辅助软件工程服务。元数据反映了数据集所包含的特征，使用户能够准确、高效地利用与开发数据集所包含的信息。依据元数据的检索与数据库访问，可以实现计算机系统资源的有效利用、数据的加工处理和二次开发等功能。它以应用为目的，涉及评估和检索数据存在性、数据内容和适宜性的知识，它可以描述数据的内容、数据源、数据质量、数据基础结构和数据精度，提供空间数据多方面的信息。通过这些信息可以跟踪监控数据质量。

元数据内容包括：①对数据集基本信息的描述，包括对数据集中数据项、来源、数据时序和数据开发历史等的说明；②对数据质量的描述，如对数据完整性、数据比例尺和分辨率等的描述；③对数据处理信息的说明；④对数据转换方法的描述；⑤对数据库更新和集成的描述。

在不同类型的数据库中，元数据内容会存在差异。为充分了解与高效地使用元数据，可依据不同原则对元数据的体系和内容进行分类。

（一）依据元数据内容划分

不同用途、性质和领域使用的数据决定了元数据内容在使用中的差异，根据元数据内容界定可将其分为：①科研型元数据，承担的主要任务是帮助科研人员高效获取不同来源的数据与信息，包括传统式、图书管理式的元数据，如数据源内容、作者和产出时间等，也包括数据拓扑关系等；②评估型元数据，服务于数据利用的评价，包含数据收集情况、收集数据使用的仪器、数据获取技术与依据、数据处理过程和算法、数据质量控制、数据精度与可信度和数据潜在应用领域等；③模型元数据，主要用于描述数据模型，与描述数据的元数据在结构上基本一致，包括模型名称、模型类型、模型过程、模型参数边界条件、引用模型描述、建模软件和模型输出等内容。

（二）依据描述对象划分

根据元数据所描述对象的差异，可以将元数据分为三类：①数据层元数据，指关于数据集中每个数据的元数据，包括日期邮戳、位置戳、量纲、注释、误差标识、存在的问题和数据处理过程等；②属性元数据，指描述属性数据内容的元数据，包括数据字典、数据处理规则与协议，如采样说明、数据传输线路和代数编码等；③实体元数据，指描述整个数据集的元数据，包括采样原则、数据库时间跨度和数据库有效期等。

（三）依据在系统中的作用划分

根据元数据在系统中所起的作用类型划分，将其主要分为：①系统级别元数据，是用于实现系统特征或管理文件系统中数据的信息，如访问数据的时间、数据量大小、在存储级别中的当前位置、如何存储数据块以保证服务控制质量等；②应用层元数据，是辅助用户寻找、评估、访问和管理数据等的信息，如文本文件内容的摘要信息、图形快照及描述与其他数据文件关系的信息。

（四）依据元数据作用划分

根据元数据的作用划分，将其主要归纳为两种类型：①说明元数据，是专门为用户使用数据服务的元数据，多为描述性信息、侧重数据的说明。这类元数据一般以自然语言表达，如元数据覆盖空间范围、元数据图投影方式及比例尺大小、数据集说明文件等。②控制元数据，用于计算机操作流程，由一定的关键词和待定的句法来实现。这类元数据主要与数据库操作的方法有关。内容包括数据存储和检索文件、检索中与目标匹配方法、目标的检索和显示、分析查询结果排列显示、根据用户要求修改数据库中原有的内部顺序、数据转换方法、空间数据和属性数据的集成、根据索引项将数据绘制成图及构建数据模型等。

二、元数据获取与生成

元数据的获取是一个复杂的过程，从基础数据建构阶段来看，元数据获取基本可以划分为数据收集前、数据收集中和数据收集后三个阶段；对于模型元数据则分别对应模型形成前、模型形成和模型形成后，在不同阶段中呈现不同的特点。

第一阶段中，元数据需要根据数据库的内容涉及相应的元数据，内容包括普通元数据，如数据类型、覆盖范围、使用仪器描述和数据收集方法等；专题性元数据，包括数据采样方法、数据覆盖区域范围、数据表达内容、数据时间和数据时间间隔等针对特定数据的元数据。第二阶段中，元数据则随数据的形成同步产生。第三阶段中，在实现数据的收集后，依据需要产生元数据，内容包括数据处理过程描述、数据利用情况、数据质量估测与控制、拓扑关系、数据集容量和存放路径等。

元数据获取的阶段性特点决定了不同阶段中元数据获取方法的差异。第一阶段主要为键入法和关联表法，键盘输入是基础的元数据获取方法，往往工作量大且容易出现错误，但对于数据变量表达内容等特定元数据而言，只能由该方法实现；关联表法主要通过公共字段从既有数据与元数据中获取相关信息，例如，以行政区名称或编号从数据库中得到相应区域的空间坐标定位。第二阶段主要采用测量方法，测量法往往依据测量仪器，测量仪器容易使用且不易出错，如使用手持 GIS 采集系统、GNSS 测量数据空间点的位置等。第三阶段主要是计算和推理方法。计算方法由相关元数据或数据计算获取所需的元数据，适于获取数量较大的元数据，例如，依据多边形拓扑关系来计算区域面积；推理方法是依据数据的特征、逻辑等获取元数据。

三、元数据管理与维护

元数据管理是使数据充分发挥作用的重要条件之一，它可以用于许多方面，包括数据文档建立、数据发布、数据浏览和数据转换等。元数据对促进数据的管理、共享和使用有着重要的作用。原始数据如果没有元数据，就很难有效地进行管理、共享和使用。由于元数据的内容、形式的差异，元数据的管理与数据涉及的领域相关联，而是通过建立在不同数据领域基础上的元数据管理系统实现的。

元数据库是实现元数据管理的有效方法。其基本思路为：基于数据管理系统的逻辑层来建立元数据管理体系，在元数据管理系统中物理层存放数据与元数据，该层由多种软件按一定的逻辑关系与逻辑层关联在一起。与元数据管理系统直接相关的概念层用描述性语言与模型定义许多概念，如实体名称、别名、允许属性值的类型、允许输出及输入的内容、元数据的变化和模型等。通过这些概念及其已知特征，通过与逻辑层关联可获取、更新物理层的元数据及数据。元数据系统用于数据库管理，可以避免数据的重复储存，通过元数据建立的逻辑数据索引可以提高分布式数据中物理存储数据的查询效率，减少用户查询与获取数据库数据的时间，进而降低数据库的成本。

伴随着对土地数字信息重要性认识的加深，元数据标准化日渐成为土地信息共享的热点。事实上，元数据标准依赖于信息共享标准的理论，与数学、物理、化学、天文、地理、生物等自然科学的学科均有交叉，且依赖于现代科技的发展。因此，针对元数据体系的管理与认识，则需对元数据理论基础进行正确地认识与分析，更需要集成多领域技术与科学的支撑和深入认识。

第五节　空间数据仓库

一、空间数据仓库概念及特征

空间数据仓库（spatial data warehouse）是 GIS 技术和数据仓库技术相结合的产物，是面向主题、集成的具有时间序列特征的数据集合，以支持用户空间决策的制定过程。它能够对分散的、各自独立的现有多种地理空间数据库系统进行统一集成和管理，形成用户获取测绘数字产品的统一模式、界面和标准，进而按照相应的主题查询数据仓库得到多种测绘数字产品，根据用户需求通过各种专业模型关联多种专题信息，从多维角度进行分析来满足用户空间辅助决策分析信息的需求。

目前，空间数据仓库已广泛地应用到多个项目中，如澳大利亚土地管理系统和苏格兰资源环境信息系统等。与一般的空间数据库相似，空间数据仓库在物理本质上也是对数据高效的存储，是建立在传统的数据库管理系统上的，依靠它们管理数据的存储。但两者的差别在于：①面向的应用不同决定了两者在数据组织上的差异。空间数据仓库依据主体通过专业模型对不同数据库中的原始业务进行抽取，构建多维视角，为用户提供一个面向分析的决策支持环境；而空间数据库负责原始数据的日常操作性应用，仅仅提供简单的空间查询与分析服务。②空间数据仓库引入了时间概念，可依据不同需求划分不同的时间粒度等级，进行复杂的趋势分析，包括土地覆被变化研究和全球气候的变化趋势等。

不同学者对于空间数据仓库的特征归纳有不同的认识，但普遍认可以下特征。

（1）空间数据仓库是面向主题的。与传统空间数据库面向应用进行数据组织的特点相对应，空间数据仓库中的数据是面向主题进行数据组织的，在较高层次上将土地信息系统中的数据进行综合、归类，并加以抽象地分析利用。此外，空间数据仓库解决了传统空间数据库的数据结构无法适应高层次的对策分析的问题，空间数据仓库信息组织以业务工作的高层次主题内容为主线，每一个主题基本对应一个宏观的分析领域，如土地管理的空间数据仓库依据应用来组织可包含地籍管理、土地适宜性评价和基准地价评估等。

（2）空间数据仓库拥有集成的数据。空间数据仓库的建设过程中最关键、最复杂的工作就是将分散在众多数据源中的数据，按面向主题的要求集成到空间数据仓库中来。由于空间数据仓库是为决策制定提供支持的，因此需要全面、及时和准确的数据源。因此，空间数据仓库以各种面向应用的GIS系统为基础，通过元数据的抽取和集聚规则将它们集成，提取到具有价值的数据。在数据进入空间数据仓库前，这一系列统一与综合的过程是空间数据仓库建设中最为关键、复杂的一个步骤，所要完成的工作包括消除数据中的不一致性和数据综合计算等。

（3）空间数据仓库是动态变化的。空间数据仓库中的数据必须按一定周期进行维护更新，以便与数据库中变化的源数据匹配。空间数据仓库的数据反映的是一段相当长的时间内的数据内容，是不同时段的空间数据库快照的集合和基于这些快照进行统计、综合和重组导出的数据，而非联机处理的数据。进行联机处理的数据经过集成输入到空间数据仓库中，一旦空间数据仓库存放的数据超过数据存储期限，这些数据将从空间数据仓库区删除。

（4）空间数据仓库具有时间序列的历史数据。为满足趋势分析的需求，每个数据都具有相应的时间标志，具备时间的概念。空间数据仓库中包含了不同时间段的专题数据，数据随着时间的变化而不断变化，它伴随数据内容的增加而不断删除陈旧的数据内容，按照时间序列对数据进行综合。

（5）空间数据仓库具有空间序列的方位数据。在现实世界中，任何事物都具有空间位置，彼此之间有着相关的空间关系，因此任何信息都具有相应的空间标志。一般的数据仓库不存在空间维数据，无法反映现实世界中事物的空间变化趋势。空间数据仓库具有空间维，能做空间数据分析，这是空间数据仓库最基础、最本质的内涵。

二、空间数据仓库体系结构

空间数据仓库基于数据仓库的构架，引入空间维数据，加强了空间数据分析与决策的能力。究其本质，空间数据仓库仍是计算机存储数据的系统，而因应用目的的差异，存储数据的质和量、前段分析工具较传统应用系统有所不同。空间数据仓库的体系结构主要分为以下几部分。

（1）元数据。元数据是空间数据仓库管理的基本手段，也是空间数据交换的基础，是数据标准化与质量的保证。空间数据仓库中的元数据主要分为管理元数据和用户元数据，前者是对数据仓库主题、数据处理和操作信息、源数据类型等信息的描述，后者则服务于用户的信息查询、结果理解和数据仓库结构组织等内容。

（2）源数据。空间数据仓库为支持决策分析需要大量的数据，数据来源丰富，类型多样且为分布式存储。这些数据往往分布在不同的土地信息系统中或其他信息系统的应用中，存储在不同的平台和数据库中。

（3）数据转换工具。数据转换工具为数据库和空间数据仓库搭建了联系桥梁，使源数据得到增值与转换，以最大限度地满足空间数据仓库高层次决策分析的需求。空间数据仓库的数据来源于不同的系统操作数据，由于数据冗余，标准和格式等差异，须经过变换以最适宜的方式进入空间数据仓库。变换内容包括：提炼、转换和空间变换。

（4）空间数据仓库。空间数据仓库将经过转换的源数据以多维的方式来组织、管理与显示。维是人们观察现实世界的角度，但多维数据库中的维不是随意定义的，它是一种高层次的类型划分。在多维数据库中，为获得较高的系统性能，维屏蔽了许多原始数据，决策分析所需的综合数据预先已经被统计出来并放在其中。空间数据仓库技术的关键是空间维和时间维数据的组织方式，两者是空间数据仓库反映世界动态变化的基础。其中，空间维数据具体表现形式为对控件对象的名称和指向控件对象的指针，空间数据仓库的大多数计算分析主要集中于空间多边形的融合分离。空间数据仓库的组织方式可分为基于关系表的存储方式和基于多维数据库的存储方式，前者的数据模型主要有雪花型和星型，基于多维数据库的数据模型主要是超立方体结构模型。

（5）客户端分析工具。空间数据仓库拥有功能强大的分析工具，是空间数据仓库的重要组成部分，是支撑决策支持目标实现的关键部件。依据功能可将客户端分析工具分为查询型、挖掘型和验证型，一般采用旋转、嵌套、切片、钻取和高维可视化分析技术，通过多维视图展现给用户，促进用户理解与利用数据。如中国资源环境遥感信息系统及农情速报的查询与分析模块，实现了以下几点：通过应用模型和可视化分析工具，用户可借助网络，依据系统提示同时对图形、表数据和文本等内容查询；可依据区域、时间序列组织数据，以不同角度浏览、查询各主题数据、信息和分析结果。

第六节 土地信息数据库维护与管理

一、土地信息数据库系统安全保护

土地信息数据库是对土地信息进行管理和应用的基础，系统中的地籍信息、变更记录和决策支持等信息都具有一定的权威性，是管理部门对土地管理与未来规划的信息铺垫，必须保证其在使用过程中的安全性。随着网络发展，WebGIS 和大数据等热潮对土地信息系统造成冲击，土地信息系统终将与信息高速公路紧密连接。因此，在土地信息数据库的建立的过程中必须考虑在网络环境下防止各种非法手段对土地信息网络的攻击，避免系统数据被破坏与窃取。

数据库的安全管理是保护数据库以防止不具有数据操作权的用户进行越权操作造成的数据泄密、更改或破坏。数据库安全措施是否有效是衡量数据库系统优劣的重要指标。数据库维护的安全管理主要包括：用户标识和鉴别、存取安全保护、视图和密码存储等方面。

（1）用户标识和鉴别。用户标识和鉴别是土地信息数据库最外层的安全保护措施，要求用户输入用户名和口令、指纹等身份鉴别数据以便计算机系统确认用户的真实身份，一方面为控制非本系统用户登录，另一方面是避免用户使用他人信息登录，造成管理混乱。数据库记录用户的标识，在用户登录进入系统时，系统集合用户提供的身份标识与用户合法记录标识进行信息核对，唯有系统鉴定正确后才可对数据库内容授权使用。在鉴别方式上，可依据用户名或口令对用户进行鉴定，也可以使用复杂的方法进行鉴别。

（2）存取安全保护。在土地信息数据库系统中，依据管理部分的相关规定来设定不同类型用户对数据操作的权限，预先设定每个用户的存取权限，一般授权定义存放在系统表中，授权内容包括数据对象和操作类型。授权在数据库中一般通过角色来实现，通过定义某些角色来授予权限，在定义用户权限时，将角色赋予用户以拥有相应的操作权限。当用户获得上机权并发出数据库操作的命令时，数据库管理系统会核查用户的操作合法性。若合法则通过执行操作，而当用户操作请求超出定义的权限时，系统会拒绝执行操作。

（3）视图和密码存储。土地信息数据库系统可为不同的用户定义不同的视图，它通过将数据对象限制在一定范围内来实现对数据的安全保护。它的优点是能够为机密的数据提供安全保护。

二、完整性约束

LIS 必须具有完整性检查的功能，它内部存储着完整性约束的条件。数据完整性和安全性是不同的概念，但两者又紧密相关。数据完整性是指数据的正确性和相容性，是为了防止数据库中存在不符合语义的数据和垃圾进出所产生的无效操作及错误结果，而数据的安全性则主要针对数据的保护问题。

完整性约束条件主要可分为：①值的约束和结构的约束。数据值的约束是指对数据取值范围、类型和精度等方面的规定，结构的约束指同一关系的不同属性之间、不同关系的属性之间应满足的约束条件，一般是关于数据之间联系的约束。②静态约束和动态约束。前者表示数据库的每一确定的条件所满足的约束条件，后者指数据库从一种状态变为另一种状态时，新旧值之间应该满足的条件。③立即执行约束和延迟执行约束。立即执行约束是事务中某一更新语句执行完成后立即执行完整性检查；相反地，延迟执行约束是整个事务执行结束后，再进行完整性检查。

三、并发控制

为避免数据的不一致性，土地信息数据库必须用正确的方式调度并发操作。通过并发控制可使一个用户事务的执行不受其他事务的干扰，但对数据库的应用有时允许某些不一致性的存在。

并发控制主要采用封锁机制来实现，基本的封锁类型有两种，分别是排他锁和共享锁。如果事务将排他锁施加在数据上，其他事务不能对数据进行读写；而采用共享锁，其他事务仅仅可以读数据，不能对数据进行写的操作。

四、恢复

考虑土地信息数据库系统往往因计算机系统中硬件与软件错误、操作人员的失误和故意的破坏等问题导致其数据安全性和完整性破坏，轻则影响数据库的正确性，重则将破坏数据库系统，导致数据库产生数据丢失的问题。因此，数据库系统往往需要采取数据恢复机制来避免以上问题的出现。数据库的恢复能够将数据库从错误的状态恢复到某一已知节点的正确状态。实现它的常用方法是将转储和日志文件相结合。

其基本实现方法是：通过转储技术建立数据库信息的后援副本，当数据库遭到破坏后，重新装入后援副本将数据库恢复到转储结束节点的正确状态；随后，使用日志文件来撤消故障时点未完成的事务，或重新处理已经完成的事务，最终重新构建土地信息数据库。

参考文献

李建松，唐雪华. 2015. 地理信息系统原理. 武汉：武汉大学出版社.
刘家彬，张金亭，胡石元. 2002. 土地信息系统理论与方法. 北京：测绘出版社.
刘南，刘仁义. 2004. 地理信息系统. 北京：高等教育出版社.
刘耀林，何建华. 2007. 土地信息学. 北京：科学出版社.
罗英伟，邢彭龄. 2004. 地理信息元数据及系统. 计算机工程, 30(6): 1-6.
马才学. 2008. 土地信息系统. 北京：北京师范大学出版社.
曲卫东，韩琼. 2009. 土地信息系统. 北京：中国人民大学出版社.
孙在宏，陈惠明，乔伟峰，等. 2015. 土地管理信息系统. 北京：科学出版社.
邬伦，刘瑜，张晶，等. 2001. 地理信息系统——原理、方法和应用. 北京：科学出版社.
杨永崇，郭凤. 2009. 实用土地信息系统. 北京：测绘出版社.
张红霞，朱连章. 2008. 基于元数据的地理空间数据管理. 计算机工程与设计, 29(7): 1828-1830.
郑新奇，韩荣青，刘金花，等. 2008. 土地管理地理信息系统. 武汉：武汉大学出版社.
邹逸江. 2002. 空间数据仓库研究综述. 测绘科学技术学报, 19(4): 287-289.
Francis P B, Paul T S. 1994. Metadata a User's View. Institute of Electrical and Electronics Engineers: 166-176.

第四章　土地信息数据编辑与分析

第一节　图形与属性编辑

一、图形数据与属性数据

图形数据是指通过野外实地测量、遥感数据获取和图件数字化等方式获得的空间数据，用于定义空间图形的空间位置；而属性数据则是用于表征空间实体的特征与性质，土地信息的属性数据主要包括宗地的面积、大小、权属、性质、土地质量等级、土地利用现状和土地规划用途等信息。属性数据是说明图形数据的数据，是对土地实体内容进行广泛深刻的描述，是对图形数据的补充。

土地信息数据的一大特点就是图形数据与属性数据的交互，即其空间位置数据和属性数据是准确相互对应的。但是由于空间数据本身的误差，以及数据采集过程中的错误，获取的空间数据和属性数据不可避免地存在各种问题。在确认数据有误后，应当对数据进行编辑修改，这是纠正数据错误的重要手段。土地信息数据编辑包括图形数据编辑和属性数据编辑。

二、图形数据编辑

在空间数据的形成过程中，由于地形地物和人为因素等，图形数据从采集到成图都可能出现错误。如在野外测量时，由于地形的多样性，外业草图可能会遗漏重要的图形信息；在将已有纸质地图数字化的过程中，控制点选取和人为操作等失误会导致图形定位不精确、图形数据被拉伸等现象。线和节点不正确连接造成的常见错误有如下几种（图 4.1）。

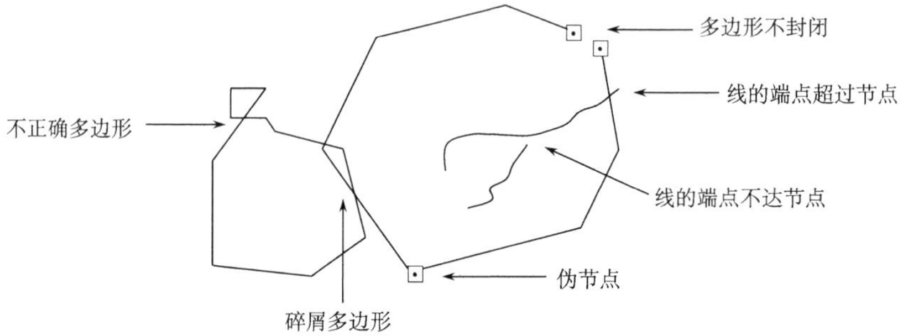

图 4.1　常见的图形数据错误（汤国安等，2007）

（1）伪节点：一条线没有录入完毕时，就会产生伪节点。

（2）碎屑多边形：它形成于两个相邻多边形的边界的重复跟踪及两个多边形的叠加。主要原因是前后两次录入同一条线的位置不可能完全一致。

（3）不正确多边形：在输入线的过程中，点的次序倒置或者位置不精确会产生不正确多边形。不正确多边形一般在节点附近产生，难以识别。在进行拓扑生成时，同样会产生碎屑多边形。

（4）线的端点不达节点：即对于两个独立的多边形，线的端点和节点之间存在间隙，需要对其进行连接编辑。

（5）线的端点超过节点：在端点附近形成多余小弧段。

（6）多边形不封闭：即对于一个多边形、线的端点与节点不重合，无法形成闭合。

除了上述错误，其他图形数据错误还包括遗漏某些实体、重复录入实体和图形定位错误等。这些错误在数字化过程中是难以避免的，特别是实体的遗漏和节点的错位问题，所以有必要对数据进行检查编辑，以消除潜在的错误。

对图形数据进行检查，可以分为两个部分进行：一是在地图数字化过程中进行检查，监视数字化过程的进展情况。即一边数字化、一边显示该链段的形状及位置，检查是否有明显的数字化错误，如发现问题即可及时解决。二是在地图数字化结束之后进行，通过对图斑填充颜色展示图斑的形状及封闭情况，检查数字化过程中的差错。

对于实际检查中发现的错误，可以利用编辑图形数据的方法消除。基本图形编辑包括增加、删除、移动和旋转点、线、面；具体操作包括平行线复制、缓冲区生成、镜面反射、图层合并、节点操作等（表 4.1）。

表 4.1　土地信息系统的基本图形编辑功能

点图形编辑	线图形编辑	面图形编辑
复制、移动、删除、旋转、追加	复制、移动、删除、旋转 延长、裁剪、平行、偏移	复制、合并、分割、移动、 变形、缩放、删除、旋转

三、属性数据编辑

属性数据的编辑通常是与图形数据编辑结合，整体思路是对数据进行必要的属性校核，核实数据是否存在错误，如有错误则对数据进行正确编辑。基本的属性数据校核包括两部分：①属性数据与空间数据是否正确关联，标识码是否唯一、不含空值；②属性数据是否准确，数据数值是否超过其取值范围等。典型功能包括删除数据、添加数据、修改数据、移动数据、合并或分割数据及复制数据。

属性数据错误检查可通过以下方法完成：①利用逻辑检查，确认属性数据的值是否超过其取值范围，属性数据之间或属性数据与地理实体之间是否有错误的组合；②对属性数据进行人工校对，排除存在问题的数据。

对属性数据的输入与编辑，一般在属性数据处理模块中进行。但为了建立属性描述数据与几何图形的联系，通常需要在图形编辑系统中设计属性数据的编辑功能，将一个实体的属性数据连接到相应的几何目标上，也可在数字化及建立图形拓扑关系时，直接对照几何目标输入其属性数据。属性数据的编辑包括对图形要素属性的添加、删除、修改、复制、粘贴和属性表导出等内容。

第二节　拓扑规则建立与处理

一、拓 扑 关 系

（一）拓扑关系的基本概念

拓扑关系是土地信息系统中描述土地要素空间位置和空间关系的、不可或缺的基本信息，是明确定义空间关系的一种数学方法。在土地信息系统中，拓扑关系是指各空间数据间的相互关系，包括节点、弧段和面域间的空间关系，主要表现为：拓扑邻接关系（adjacency）、拓扑关联关系（incidence）、拓扑包含关系（enclosure），常见要素间的关系包括：面-面关系、线-线关系、线-面关系、点-线关系、点-面关系（图 4.2）。拓扑关系比几何关系具有更大的稳定性，不随地图投影而变化。从拓扑观点出发，其关注的是空间的点、线、面之间的连接关系，因此即便是几何形状相差很大的图形，它们的拓扑结构也可能相同。

数据是 GIS 的核心，而在现实生活中，由于数据来源与数据形式的多样性，在数据获取、数据编辑和数据处理等方面标准不统一等原因，数据质量不能满足现实数据管理的需要。而利用拓扑关系可以保证数据质量，规范数据库建设，同时更方便地查询某些空间要素。因此，理解空间数据的拓扑关系对空间数据的处理和分析有着重要的意义。

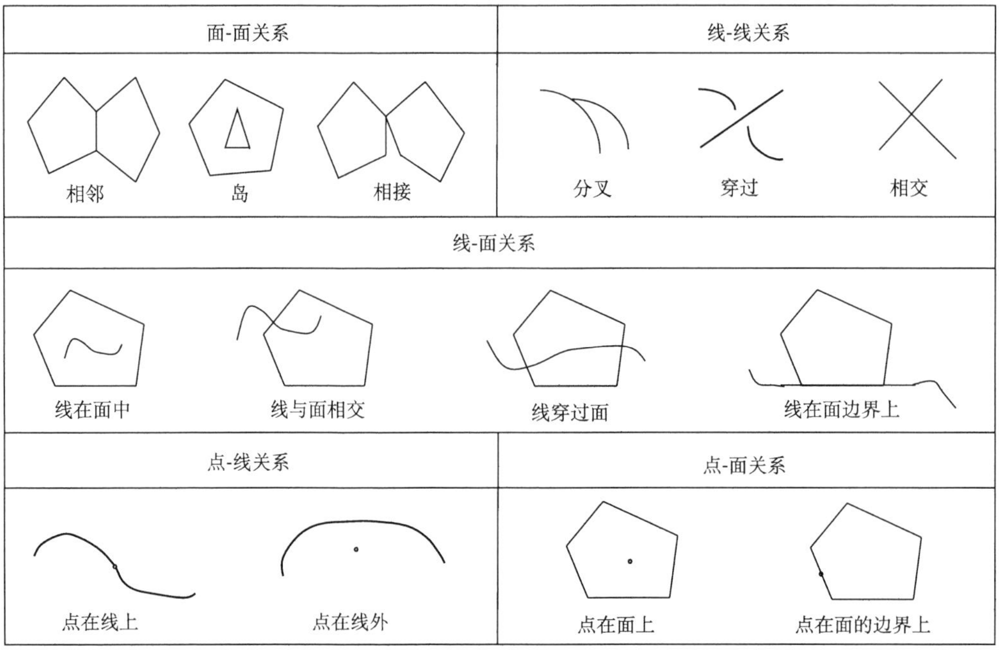

图 4.2　常见的要素拓扑关系

（二）土地数据的拓扑关系

土地数据的拓扑关系主要有以下几种。

1. 拓扑连接性

拓扑连接性是指空间图形中的不同类型要素（如节点、弧段及多边形）之间的连接关系。如图 4.3 所示，p_1 与 l_1、l_5 或 p_2 与 l_2、l_3、l_6 反映了多边形和弧段之间的连接性；而 n_1 与 l_1、l_2、l_6 或 n_2 与 l_1、l_4、l_5 之间反映了节点和弧段之间的关联性，其中，p、l、n 分别代表多边形、弧段与节点。

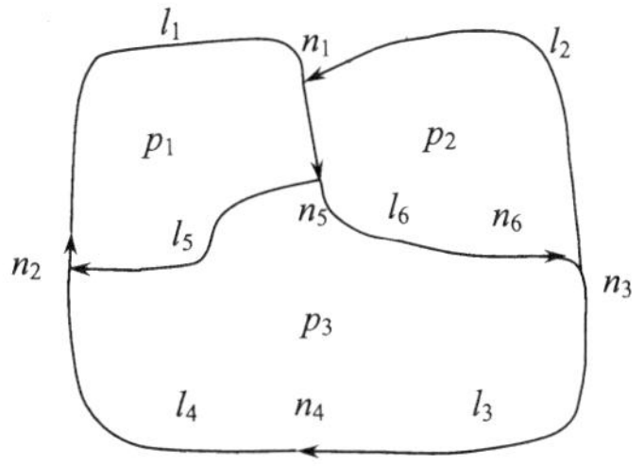

图 4.3　拓扑连接性（刘耀林和何建华，2007）

表 4.2　多边形、弧段、节点对应关系

（a）多边形与弧段对应关系

多边形	弧段
p_1	l_1、l_5
p_2	l_2、l_3、l_6
p_3	l_3、l_4、l_5、l_6

（b）弧段与节点对应关系

弧段	起点	终点
l_1	n_2	n_5
l_2	n_3	n_1
l_3	n_3	n_4
l_4	n_4	n_2
l_5	n_5	n_2
l_6	n_5	n_6

从图形的空间连接性出发，图 4.3 可以用表 4.2（a）和表 4.2（b）的关联表来表示。采用关联表来表达拓扑连接性的优点是，每条弧段包含的坐标点只需存储一次。如果不考虑它们之间的连接性而以每个多边形的全部封闭弧段的坐标来存储数据，不仅数据量大，还无法反映要素之间的空间关系。

2. 拓扑邻接性

拓扑邻接性是指具有公共边的两个区域的邻接关系，如多边形之间的邻接性、弧段间的邻接性及节点间的邻接性。由于弧段是有向的，因此，通常用弧段的左、右多边形来表示并求出多边形的邻接性。用弧段的左、右多边形表示，得到表 4.3（a）。显然，同一弧段的左、右多边形必然邻接，从而得到如表 4.3（b）所示的邻接矩阵表，表中值为 1 时，表明所对应的多边形相邻接。根据表 4.3（b）整理得到多边形邻接性表，见表 4.3（c）。

同理，由于同一弧段上两个节点必连通，而同一节点上的各弧段必相邻，因此表 4.3（b）所显示的弧段和节点之间的关系，可进一步转换为节点与弧段之间的对应关系（表 4.4）、弧段之间的邻接矩阵（表 4.5）及节点之间的邻接矩阵（表 4.6）。

表 4.3　多边形拓扑邻接性

（a）弧段与多边形邻接关系

弧段	左多边形	右多边形
l_1	p_1	—
l_2	p_2	—
l_3	p_3	—
l_4	—	p_3
l_5	p_1	p_3
l_6	p_3	p_2

注：“—”代表无。

（b）多边形邻接矩阵

多边形	p_1	p_2	p_3
p_1	—	1	1
p_2	1	—	1
p_3	1	1	—

注：规定要素与自身之间不存在邻接关系，以“—”表示；“1”代表相邻。

（c）多边形与多边形邻接关系

多边形	邻接的多边形	
p_1	p_2	p_3
p_2	p_1	p_3
p_3	p_1	p_2

表 4.4　节点与弧段之间的对应关系

节点	弧段
n_1	l_2
n_2	l_1、l_4、l_5
n_3	l_2、l_3
n_4	l_3、l_4
n_5	l_1、l_5、l_6
n_6	l_6

表 4.5　弧段邻接矩阵

弧段	l_1	l_2	l_3	l_4	l_5	l_6
l_1	—	1	0	0	1	1
l_2	1	—	1	0	0	0
l_3	0	1	—	1	0	1
l_4	1	0	1	—	1	0
l_5	1	0	0	1	—	1
l_6	1	0	1	0	1	—

注：规定要素与自身之间不存在邻接关系，以“—”表示；“1”代表相邻；“0”代表不相邻。

表 4.6　节点邻接矩阵

节点	n_1	n_2	n_3	n_4	n_5	n_6
n_1	—	1	1	0	1	0
n_2	1	—	0	1	1	0
n_3	1	0	—	1	0	1
n_4	0	1	1	—	0	0
n_5	1	1	0	0	—	1
n_6	0	0	1	0	1	—

注：同上。

3. 拓扑包含性

拓扑包含性是指空间图形中面状实体包含其他面状实体或线状、点状实体的关系。面状实体中包含面状实体的情况又分为三种，即简单包含、多层包含和等价包含（图 4.4）。

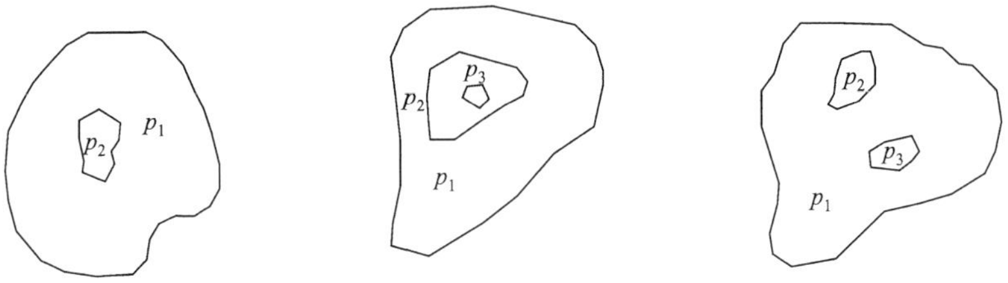

(a) 简单包含　(b) 多层包含　(c) 等价包含

图 4.4 拓扑包含性示意图（刘耀林和何建华，2007）

二、拓 扑 元 素

拓扑主要包含拓扑名称、拓扑容差、拓扑级别和拓扑规则等元素。

（1）拓扑名称。拓扑名称是在新建拓扑要素类时输出的名称。在同一数据集下拓扑名称不可重复。同理，在同一数据集下不能出现同名的要素类。

（2）拓扑容差。拓扑容差通常用 XY 容差表示，XY 容差是一个极小的距离值。默认的容差值为数据集的 XY 容差，拓扑容差不能小于数据集的 XY 容差。如果两个坐标的 x 距离和 y 距离位于彼此的 XY 容差范围内，则认为这两个坐标是重合的。

（3）拓扑级别。在拓扑验证的过程中，如果节点距离小于拓扑容差，要素节点将会被移动。等级低的要素节点将向等级高的要素节点移动。拓扑级别用于控制节点的移动程度，等级值越高的要素，移动程度越小。

（4）拓扑规则。拓扑规则是对地理对象之间重合、相邻和连通等空间关系的定义，它定义了拓扑的状态。详细的拓扑规则将在实践篇第十章中列出。

三、拓 扑 验 证

创建好的拓扑需要对其进行检验，拓扑验证过程中会执行拓扑规则，如果目标数据存在与拓扑规则相悖的情况，则会显示拓扑错误。拓扑验证的实质是先拆分后聚类的过程，即在拓扑容差值范围内变动的几何节点将被捕捉合并到一起。

验证拓扑的结果作为特殊图层可以加载到地图文档以供显示，所有存在拓扑错误的地方都会在该层中以特定的颜色和符号显示出。验证规则判断错误的几何形状，还包含所违反规则的信息描述及具体哪个要素违反规则而产生了错误。并非所有显示出的都为错误，部分错误可以被指定为特殊情况，可以不受拓扑规则的约束，不再将其视为错误，把该种类型的错误标记为例外（exceptions）①。

① 具体的拓扑验证和拓扑错误处理过程详见第十章。

第三节　基本空间分析

一、空间分析的基本概念

空间分析在人类历史上有着悠久的历史与传统。现代“空间分析”概念的提出，源于 20 世纪 60 年代地理和区域科学的计量革命。初始阶段主要是应用统计分析的定量手段，分析点、线、面的空间分布模式；后来更多的是强调地理空间本身的特征、空间决策过程和复杂空间系统的时空演化过程分析。

土地信息系统区别于土地数据库的主要特征是其具有空间分析功能。对于土地信息系统而言，空间分析是基于空间对象位置、形态特征的空间数据分析技术的统称，其目的是提取空间决策支持的信息。根据作用数据的性质不同，可以将空间分析分为：①基于空间图形数据的分析运算；②基于非空间属性的数据运算；③空间和非空间数据的联合运算。空间分析赖以进行的基础是土地信息数据库，其运用了几何逻辑运算和数理统计分析等数学手段，最终是为了通过提取和传递土地信息辅助决策，解决人们所涉及的地理空间实际问题。

二、空间分析的基本内容

广义的空间分析包括：空间位置分析、空间分布分析、空间形态分析、空间关系分析和空间相关分析等。

（一）空间位置分析

空间位置可以用地理坐标来描述，也可以用平面坐标来表述。在传统地图学中，为了使用方便，人们总是把球面地理坐标系转换为平面坐标系。但是这种转换存在如位置、长度和面积等多方面的误差。为了限制此类误差，人们将平面剖分，将本来连续的表面变成了破碎且无法拼接的系列地图。而空间位置分析用于解决如下问题：地图投影的直接计算、地图投影的反算和地图投影的变换。在土地信息系统中，还存在着空间坐标系转换和投影动态计算等问题。

（二）空间分布分析

土地对象的空间分布特征有很多类型，定性或定量地描述其分布特征存在理论和实践上的问题。在空间分布分析方面较为成熟的技术有：空间分布检验，用以确定分布是否为随机分布等；空间分散参数描述，如分布密度、均值、轴线等；空间聚类分析，用以反映分布的多中心特征并确定这些分布中心；空间趋势的分析，用以反映对象空间分布的趋势；空间聚合与分解、综合与取舍，用以反映空间对比，区分主次。

（三）空间形态分析

空间形态分析的对象是空间物体的个体几何特征，与空间物体的几何位置有密切关系。形态分析的主要任务有两种：一是给定形态以计算参数，二是给定参数以确定形态。给定形态以确定参数的例子包括计算给定物体的长度、面积和体积等；给定参数以确定形态的例子包括在给定范围内划定面积一定，周长、紧凑度不超过限值的区域等。

（四）空间关系分析

空间关系分析包括距离、方位和连通性三个重要方面。

空间距离在不同情境下有不同的定义，但在多数情况下，距离是具有对称性的。空间距离是很多空间决策的基础。基于距离的分析很多，网络的最小支撑树和最短路径是基于网络距离的分析；缓冲计算和等距离图是基于欧氏距离的分析。距离计算是最基本的基于距离的分析，根据需要确定两空间物体间距离的计算方法也很重要。

方位计算与分析是定性描述物体间位置关系的需要，方位分析往往与物体的大小有关，带有一定的模糊性。确定物体间的方位在土地信息的自然语言查询和空间规划中有非常好的应用价值。

连通性是被研究得最充分的空间关系，尤其是拓扑关系。拓扑关系着重于空间物体之间的相连性和相邻性、包含与被包含。它反映了空间物体在空间域上的几何关系。

（五）空间相关分析

空间相关事物之间因果联系的紧密程度及其在空间域上的变化，与空间物体在空间域上的统计相关，如降水与径流之间、疾病与水源质量之间的空间统计相关性计算。

三、基本空间分析功能

土地信息系统中的基本空间分析包括空间查询分析、叠加分析、缓冲区分析、网络分析和地形分析。

（一）空间查询分析

空间查询分析是空间信息系统最基本的分析功能，是对土地信息系统所描述的空间实体及其空间信息进行访问，从众多的空间实体中挑选出满足用户需求的空间实体及其相应的属性。具体地，空间查询方式可分为：空间索引、基于空间关系的查询、图文互访和空间数据的查询检索等。

（1）空间索引。它是指依据空间对象的位置和形状或空间对象之间的某种空间关系，按一定顺序排列的一种数据结构，其中包括空间对象的概要信息，如对象的标识、外接矩形及指向空间对象实体的指针。

（2）基于空间关系的查询。即简单的点、线、面相互关系的查询，包括：点-点关系查询、点-线关系查询、点-面关系查询、线-线关系查询、线-面关系查询和面-面关系查询。

（3）图文互访。常见的有两种：一种是按属性信息的要求来查询空间位置，俗称“文查图”，如查出耕地级别为一类的地块空间分布情况；另一种是按空间位置来查询属性信息，俗称“图查文”，最常见的是把光标移到点、线、面上，点击属性表查看有关属性信息。

（4）空间数据的查询检索。即按照一定的查询条件对目标的空间位置和属性信息进行查询，以形成一个新的数据子集，包括定位查询、分层查询、区域查询、条件查询和空间关系查询等。

（二）叠加分析

叠加分析是指在同一坐标系中，将有关图层的地物要素相重叠，进行叠加产生新数据层的操作，该数据层拥有原来所有图层的属性。叠加分析是土地信息系统的一大基本空间分析功能，也是最常用的提取空间隐含信息的手段之一。

按照数据格式的不同，可将其分为基于矢量数据的叠加和基于栅格数据的叠加。基于矢量数据的叠加处理相对复杂，要根据图形要素叠加求交集并切割弧段，之后还需重建拓扑关系。而基于不经过压缩的栅格图层的叠加分析则更加简单高效，仅需运用对应像素灰度值的逻辑交、逻辑并、逻辑差运算即可。

（三）缓冲区分析

缓冲区是地理空间目标的一种影响范围，其基本思想从数学的角度来看就是给定一个空间对象或集合，邻域大小由影响半径来决定。缓冲区分析是针对实体自动建立其周边一定范围内的缓冲区多边形，包括点缓冲区、线缓冲区和面缓冲区等。点缓冲区以点为圆心，按照给定的缓冲半径绘制；线缓冲区通常是在线的左右两侧按给定的缓冲半径绘制平行线，并在线的端点处绘制半圆（类似于点缓冲区）；面缓冲区通常为按照指定的缓冲半径扩展生成面的缓冲区，在实际操作中，面缓冲区的缓冲方向一般朝外（图 4.5）。

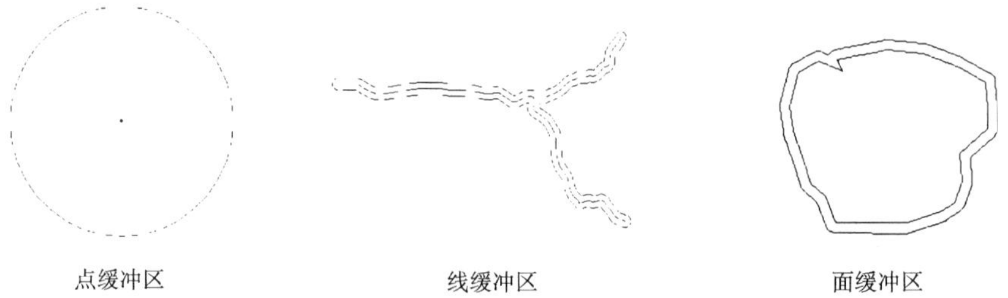

图 4.5　各类型缓冲区

在缓冲区生成的过程中，缓冲区会出现自身重叠和相互重叠的情况。根据处理时间的不同，有两种解决途径：一是在缓冲区生成过程中解决，即在做参考线的平行线时，考虑各种情况，确定交点，切断并清除重叠区；二是在缓冲区生成后解决，判断各生成缓冲区之间的重叠部分，对重叠部分进行合并。

（四）网络分析

网络分析是依据网络拓扑关系，并考察网络元素的空间、属性数据，对网络性能特征进行多方面的分析计算。网络分析是运筹学模型的一种，其目的是研究、筹划一项网络工程如何安排，并使其运行效果更好，基本思想在于人类活动总趋向于按一定目标选择达到最佳效果的空间位置。在土地信息系统的环境下，网络分析主要有以下两种。

1. 路径分析

路径分析包括最短路径问题、关键路径分析等，它们对解决运输、管道铺设、公路交通、厂区布设和生产管理等都具有指导意义。常见的五种路径分析类型如下。

（1）静态求最佳路径：由用户确认每条弧段属性权值关系后，当寻求最佳路径时，读取路径的相关属性，以此规划出最佳路径。

（2）动态分段技术：给定一条路径由多段线组成，要求标注出这条路上的公里点或要求定位某一公路的某一点，标注出某条路上从某一公里数到另一公里数的路段。

（3）*N*条最佳路径分析：确定起点和终点，求出代价较小的*N*条路径。求出的最佳路径在现实中不一定满足需求，可能因某种因素而无法选择最佳的路径，因此需要选出接近最佳的路径。

（4）中间停留路径分析：确定起点、终点和中间停留的点，选择最短路径。

（5）动态最佳路径分析：实际网络分析中的权重是随着权值关系式变化的，且可能会存在临时的障碍点，所以往往需要动态地计算最佳路径。

2. 资源分配

资源分配网络模型由中心点及其状态属性和网络组成。分配有两种方式：一种是由分配中心向四周输出；另一种是由四周向中心集中。这种分配功能可以解决资源的合理流动和有效分配问题。其在地理网络中的应用与区位论中的中心地理论类似。在资源分配模型中，研究区可以是机能区，根据网络流的阻力等来研究中心的吸引区，为网络中的每一连接寻找最近的中心，以实现最佳的服务，还可以用来指定可能的区域。

（五）地形分析

利用数字高程模型可以导出一系列描述地形的数据，这些计算事实上就是进行地形分析。地形分析的主要内容包括以下几个方面。

（1）等高线分析。等高线可以从格网数字地形模型中获取，也可以在不规则三角网（triangulated irregular network, TIN）中生成。人们可以通过等高线图精确地获得地形的起伏程度及区域内各部分的高程等信息，是传统观测地形的主要手段。

（2）立体透视图分析。当用户需要从直观上观察地形的概况时，用绘制透视图的方法可以逼真地显示出地形。

（3）坡度、坡向分析。坡度、坡向分析适用广泛，在农业生产、建筑和确定坍塌等方面有较广泛的应用。

（4）断面分析。在工程方面，常常需要制作剖面图，这种断面分析有利于工程设计和工程测量及计算土石方量。

第四节　空间统计分析

空间统计分析是GIS和LIS得以广泛应用的重要技术支撑之一。空间统计分析包括空间数据统计分析及数据空间统计分析。空间数据统计分析着重于空间物体和现象的非空间特性的统计分析，解决的核心问题是如何以数学统计模型来描述和模拟空间现象与过程。它依赖常规的统计分析方法，尤其是多元统计分析方法对空间数据的处理，而空间数据所描述事物的空间位置在该分析中不起制约作用。

数据空间统计分析则是直接从空间物体的空间位置和联系等方面出发，研究既具有随机性又具有结构性，或具有空间相关性和依赖性的自然现象。研究空间数据的结构性和随机性，或空间相关性和依赖性，或空间格局与变异，以及对这些数据进行最优无偏内插估计，或模拟这些数据的离散性、波动性，这些都属于数据空间统计分析。数据空间统计分析并未抛弃传统统计学的理论和方法，而是在传统统计学的基础上发展而来的。数据空间统计学与经典统计学的共同之处在于：它们都是在大量采样的基础上，通过对样本属性值的频率分布、均值、方差等关系及其相应规则的分析，确定其空间分布格局与相关关系。数据空间统计学区别于经典统计学的最大特点是：数据空间统计学既考虑样本值的大小，又重视样本空间位置及样本间的距离。空间数据具有空间依赖性和空间非均质性，与经典统计方法的前提假设条件相冲突，使得经典统计模型对空间数据的分析产生了有偏估计。经典统计学模型是在观测结果相互独立的假设基础上建立的，但实际上地理现象之间大都不具有独立性。空间统计学研究的基础是空间对象间的相关性和非独立的观测，它们与距离有关，并随着距离的增加而变化。这些问题为经典统计学所忽视，但却是数据空间统计学的核心。

空间统计分析与经典统计学的内容往往是交叉的。空间统计分析使用统计方法解释空间数据，分析数据在统计上是否是“典型的”或“期望的”。同时，它又具有自己独有的空间自相关分析。空间统计分析的主要内容包含基本统计量、探索性数据分析、分级统计分析、空间插值及空间回归分析等。

一、基本统计量

统计量是数据特征的反映，也是统计分析的基础。常用的基本统计量包括：极值、极差、平均数、中位数、总和、众数、离差、方差、标准差、变差系数、峰度和偏度等（图 4.6）。这些统计量反映了数据集的范围、集中情况、离散程度和空间分布等特征，对进一步的数据分析起着铺垫作用。

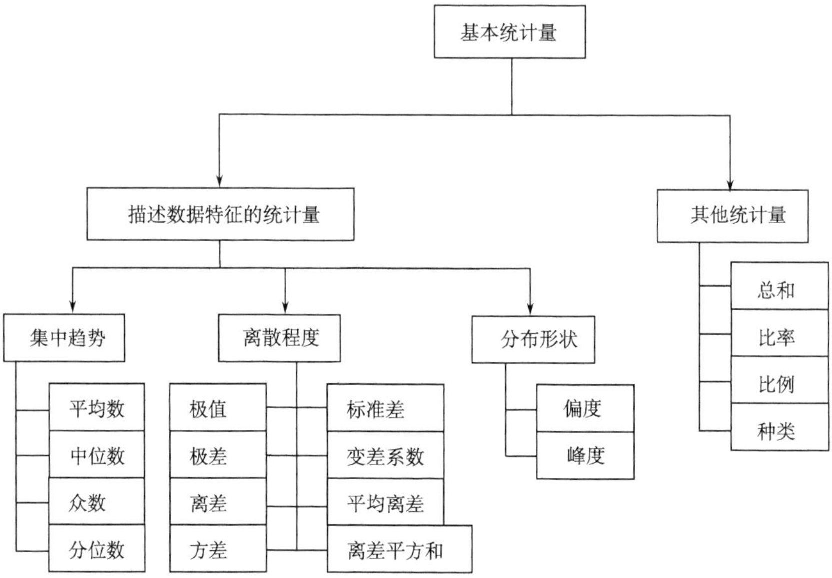

图 4.6 基本统计量（刘家彬等，2002；马学才，2008）

代表数据集中趋势的统计量包括平均数、中位数、众数，它们可以用来表示数据的分布位置和一般水平。代表数据离散程度的统计量包括极值、分位数、极差、离差、平均离差、离差平方和、方差、标准差、变差系数等。离散程度越大，数据波动性越大，以小样本数据代表总体数据的可靠性越低。代表数据分布形态的统计量有偏度和峰度。偏度用于形容数据分布的对称程度，峰度用于形容数据分布的集中程度。此外还有其他统计量如总和、比率、比例、种类等。

二、探索性数据分析

数据分析包括探索阶段和证实阶段，探索性数据分析是指首先分离出数据的模式和特点，再根据数据特点选择合适的模型，主要包括确定统计数据属性，探测数据分布、全局和局部异常值，寻求全局的变化趋势，研究空间自相关和理解多种数据集之间的相关性等。

（一）基本分析工具

直方图：对采集数据按一定的分级方案进行分级，统计采样点落入各个级别中的个数或占总采样数的百分比，并通过条带图或柱状图表现出来。直方图可以直观地反映采样数据的分布特征、总体规律，可以用来检验数据分布和寻找数据离群值。

QQ plot 分布图：又分为正态 QQ plot 分布图和普通 QQ plot 分布图。正态 QQ plot 分布图主要用于评估具有 n 个值的单变量样本数据是否服从正态分布。如果采样数据服从正态分布，其正态 QQ plot 分布图采样点分布应该是一条直线。如果个别采样点偏离直线太多，应对其进行检验。普通 QQ plot 分布图还可以用来评估两个数据集的分布相似性，其揭示了两个变量间的相关关系。

方差变异分析工具：半变异函数统计和协方差函数把相关系数的大小作为一个距离的函数，是地理学相近相似定理的定量化。

Voronoi 图：Voronoi 图是由在样点周围生成的一系列多边形组成的。某一样点的 Voronoi 多边形生成的依据是，多边形内任何位置距这一样点的距离都比该多边形到其他样点的距离近。Voronoi 多边形生成之后，相邻的点就被定义为具有相同连接边的样点。

（二）检验数据分布

在空间统计的分析中，许多统计分析模型，如地统计分析，都是建立在平稳假设的基础上，这种假设在一定程度上要求所有数据值具有相同的变异性。一些克里金插值都基于数据服从正态分布的假设。如果数据不服从正态分布，需要进行数据转换使其服从正态分布。

（三）寻找数据离群值

离群值可以通过以下三种方式寻找。

（1）利用直方图查找离群值：离群值在直方图上表现为孤立存在或被一群显著不同的值包围。但需注意的是，在直方图中孤立存在或被一群显著不同的值包围的不一定是离群值。

（2）用半变异/协方差函数云图识别离群值：如果数据集中有一个异常高值的离群值，则与这个离群值形成的样点对，无论距离远近，在半变异/协方差函数云图中都具有很高的值。

（3）用 Voronoi 图查找局部离群值：用聚类和熵的方法生成的 Voronoi 图可以帮助识别可能的离群值。熵值是量度相邻单元相异性的指标。距离近的事物比距离远的事物具有更大的相似性。因此，局部离群值可以通过高熵值的区域识别出来。同理，聚类方法也可将那些与它们周边单元不相同的单元识别出来。

（四）全局趋势分析

空间趋势反映了空间物体在空间区域上变化的主体特征，它主要揭示了空间物体的总体规律，而忽略局部的变异。趋势面分析是根据空间抽样数据，拟合一个数学曲面，用该数学曲面来反映空间分布的变化情况。全局趋势分析可分为趋势面和偏差两大部分，其中趋势面反映了空间数据总体的变化趋势，受全局性、大范围的因素影响。如果能够准确识别和量化全局趋势，在空间分析统计建模中就可以方便地剔除全局趋势，从而更准确地模拟短程随机变异。

（五）空间自相关及方向变异

地理现象多数具有空间相关特性，即距离越近的事物之间越可能存在相似性，这一特性也决定了空间地统计分析的基础。空间自相关分析包括全局空间自相关分析和局部空间自相关分析，自相关分析的结果可用来解释和寻找存在的空间聚集性或“焦点”。空间自相关分析需要的空间数据类型是点或面数据，分析对象是具有点/面分布特征的特定属性。

全局空间自相关用来分析在整个研究范围内指定的属性是否具有自相关性。局部空间自相关用来分析在特定的局部地点指定的属性是否具有自相关性。具有正相关的属性，其相邻位置值与当前位置值具有较高的相似性。

三、分级统计分析

分级统计分析是根据一定的方法或标准把数据分成不同的级别，也就是把一个数据集划分成不同的子集，在此过程中还可以设置分级精度和分级数目等。分级统计的目的有两点：一是分级后的图面制图效果好，有利于用户读图；二是用不同的分级方法来突出显示制图区域内不同的特征。在实际操作中，可结合如下原则进行分级统计分析：①科学性原则，分级指标的确定要遵循科学规律；②完整性原则，整个数据集中的所有数据都应包含在所有等级中，没有遗漏，同时，一个数据只能对应一个等级，没有重复；③适用性原则，对于一个数据集，应该根据研究需要选择合适的分级方法，使得分级结果能较好地满足目的；④美观性原则，分级方法及分级数目的确定不但要根据研究目的，还要根据制图效果，要使得图件色彩平衡，特征明显，易于理解。

分级方法多种多样，在应用时应根据研究的需要选择合适的方法来突出数据信息。根据确定级差的方法，可分为自定义分级和模式分级（图 4.7）。自定义分级是根据自己的应用目的，设定各个级别的数据范围来实现分级的方法。模式分级指按固定模式进行分级，在固定模式中，级差由特定的算法自动设定。模式分级可分为等间距分级、分位数分级、等面积分级、标准差分级、自然裂点法分级和其他分级。

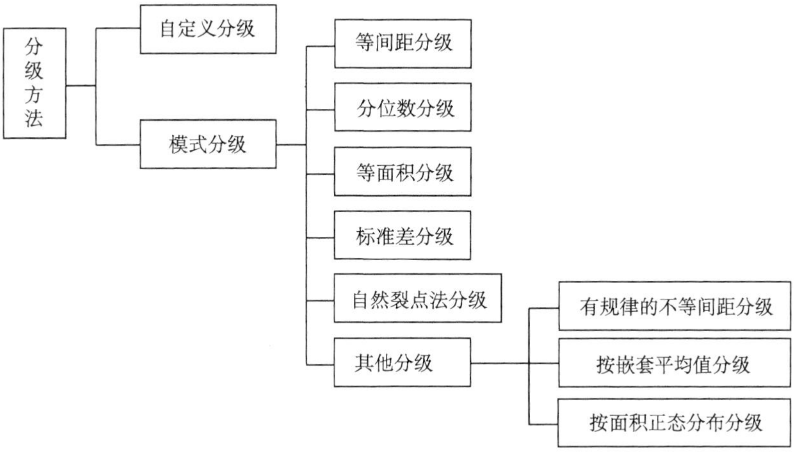

图 4.7　分级方法

（1）自定义分级：适用于研究者对数据集比较了解，能够找到合适的分级临界点的情况。临界点选择得好，能够增强同一级别区域内同质性水平和不同级别的差异性，其结果才可以满足不同分析的需求。

（2）等间距分级：按照恒定间隔对数据进行分级，即计算数据集中最大值减去最小值的差除以用户需要的分级数为分级间隔，是最简单的一种分级方法。原理简单，易于操作，适用于均匀变化的数据集。

（3）分位数分级：将数列以相等数量分到每个级别，根据实际需要选择四分位、五分位等。分位数分级可以使得每一个级别的数据个数接近，往往可以产生较好的制图效果。

（4）等面积分级：每个级别包含的样本数目虽然不同，但在图上的面积大致相等。这种方法的好处在于图面上反映各个级别的占比大致相同，作图效果好，但是各级别之间的差异无法很好地体现。

（5）标准差分级：标准差反映各数据间的离散程度，按标准差分级，要先保证数据符合正态分布规律，然后才能计算平均值 $\bar{x}$ 和标准差 Std.Dev，再根据数据波动情况划分等级。以数据的算数平均值为中间级别的分界点，以 1 倍标准差或者 1/2 倍标准差参与分级。

（6）自然裂点法分级：统计数列都存在一些自然转折点、特征点，用这些点可以把研究对象分成性质相似的群组，因此自然裂点本身就是分级的良好界限。将统计数据制成频率直方图和坡度曲线图等，有助于找出数据的断裂点。

（7）其他分级：①有规律的不等间距分级，区别于等间距分级法，其间距是按照一定规律变化的，而不是一个恒定的间隔。该方法采用的间隔或级差有算数级数和几何级数两种；②按嵌套平均值分级，该方法计算整个数据平均值，分为两部分之后，每个部分再计算其平均值，以此类推可以将数据集分为 2^n 个等级；③按面积正态分布分级，按数据统计单元面积的大小排列，累加面积值作为分段依据，然后按照正态分布规则使得中间级别所占面积较大，往高级别和低级别所占面积依次减少，以此来确定每级的分界线。

四、空间插值

空间数据插值是进行数据外推的基本方法。常见的插值方法有很多，没有统一的分类标准。例如，从数据分布规律来说，有基于规则分布数据的内插方法、基于不规则分布数据的内插方法和适合于等高线数据的内插方法等；从数学角度对内插曲面进行理解，内插函数有多项式内插、二元样条函数内插、最小二乘配置内插等；从对不同地形曲面进行插值的角度看，插值方法可以分为克里金法、多层曲面叠加法、加权平均法和分形内插法等；从被插值点的分布范围来划分的角度来看，内插方法分为整体内插、局部内插和逐点内插。由于内插方法众多，且每种内插方法都有其自身的特点和适用范围，本节仅做简明介绍。

（一）整体内插

整体内插是指在整个区域内用一个数学函数来表达地形曲面，通常内插函数是高次多项式，要求地形采样点的个数大于或等于多项式系数的个数。只有当地形采样点个数等于多项式系数的个数时，才能得到唯一解，这时一般采用最小二乘法求解，即要求多项式曲面与地形采样点之间的插值的平方和最小，属曲面拟合插值或趋势面插值。最常见的是用二元多项式来拟合整体地形表面

$$z = f(x,y) = \sum_{i=0}^{m}\sum_{j=0}^{m} C_{ij}x^i y^j \quad (m>3) \tag{4-1}$$

满项时，多项式的项数 $n=(m+1)^2$，缺项时，$n=(m+1)^2-n'$，($n'\geqslant 1$)。如果在内插区域内，数据点个数 n 大于多项式的项数 k，这时可利用 n 个数据点的三维坐标（x_k，y_k，z_k）及逼近面和实际地面在数据点处的高程差 V_k（$k=1, 2, \cdots, n$），列出 n 个误差方程，按最小二乘法解算出多项式的 n 个系数，即

$$\underset{n\times1}{\boldsymbol{V}} = \underset{n\times m^2}{\boldsymbol{A}}\ \underset{1\times m^2}{\boldsymbol{C}} - \underset{n\times1}{\boldsymbol{Z}} \tag{4-2}$$

按最小二乘法原理，解得

$$\boldsymbol{C} = [\boldsymbol{A}^{\mathrm{T}}\boldsymbol{Z}]^{-1}[\boldsymbol{A}^{\mathrm{T}}\boldsymbol{Z}] \tag{4-3}$$

将所求参数代入二元高次多项式，可得二元高次曲面拟合方程。若需要求得内插区域内任一点 p 的高程，只需把（x_p, y_p）代入方程，就可求出 z_p。这种内插的特点是拟合曲面不用涵盖所有数据点，而是取得最靠近数据点的光滑曲面，以保证邻块间的光滑连续拼接。不足之处在于整体内插函数保凸性较差，不容易得到稳定的数值解，而且多项式系数的物理意义不明显，不能提供内插区域的局部地形特征，求解速度对计算机容量要求也较高。

（二）局部内插

将地形区域按照一定的方法进行分块，对每一块根据地形曲面特征单独进行曲面拟合和高程内插，被称为空间局部分块内插（简称局部内插）。区域分块简化了地形的曲面状态，使得每一块都可用不同的曲面进行表达。具体包括以下几种。

1. 二元样条函数内插

二元样条函数是对采样区域进行分块，对每一个分块用一个多项式进行拟合，保证各个

分块之间的平滑过渡，按照弹性力学的条件设置分块连续行的条件，通过每一个分块的全部数据点，展开铺成一张光滑的数学曲面，使得相邻分块间保持连续光滑的拼接。与整体内插函数相比，样条函数不但保留了局部地形的细节特征，还能获取连续光滑的 DEM。同时，样条函数在拟合时，由于多项式的阶数比较低，对数据误差的响应不敏感，具有较好的保凸性和逼真性，同时也具有良好的平滑性。

2. 最小二乘配置内插

最小二乘配置内插同样也是一种基于统计的内插和测量数据处理方法，其认为测量数据一般分为趋势、信号和误差。趋势反映数据的整体变化走势，信号是局部数据之间的联系，误差为不确定因素的影响。最小二乘配置内插包括最小二乘内插、最小二乘滤波和最小二乘推估。最小二乘配置内插的核心问题是如何建立数据之间的协方差矩阵，也就是怎样解决信号的关联规律问题。在连续表面内插中，最小二乘配置内插认为，数据点之间的相关规律和距离有关，即距离越近，协方差越大，超过一定距离，协方差趋于零。高斯函数恰好满足这一特性，因此高斯函数通常被选作采样点之间的相关程度度量指标。

3. 克里金法

克里金法是地质统计学中矿品位的最佳内插方法，目前已广泛应用于 GIS 空间内插中。克里金法和最小二乘配置内插存在很多相似之处，不同之处在于所采用的相关性计算方法。最小二乘配置内插采用协方差矩阵，而克里金法则采用半方差矩阵，或半变异函数。克里金法内含的假设条件是区域变量的可变性和稳定性，一旦整体趋势确定之后，变量在一定范围内的随机变化就是同性变化的，样点之间的差异是样点间距离的函数。

（三）逐点内插

逐点内插就是以内插点为中心，确定一个邻域范围，用落在邻域范围内的采样点计算内插点的高程值。逐点内插的本质是局部内插，但是局部内插的分块范围是固定的，位置是不变的，而逐点内插的邻域范围大小、形状、位置和点个数都是变动的，一套数据只能用来进行一个内插点的计算。目前常用的内插函数有适用于离散分布采样点的拟合曲面、反距离权内插法和适用于 TIN 的线性内插法等，另外局部内插的各种数学模型也可应用到逐点内插法中。

在逐点内插中，邻域的作用是选择参与内插的采样点，逐点内插法的邻域相当于局部内插的分块，但形状和位置随着内插点的位置在变动。此外，邻域内数据点的个数选择也是一个问题，邻域内数据点全部参与内插计算，用于进行内插计算的采样点不能太多也不能太少，因此点的个数应控制在 4～10 个。通常情况下，邻域内数据点的个数决定了邻域范围的大小，邻域内点数和采样点的分布密度有关，当采样点分布较为均匀时，选择邻域点不必考虑方向性，而当数据点分布不均匀时，确定邻域点要考虑方向性。采样点的权重反映了采样点对内插点的贡献程度，通常最常用的定权方法就是按照距离进行定权，称为反距离权。

五、空间回归分析

空间回归分析是在经典的统计回归分析中考虑了空间的自相关性，这种方法或模型在 20

世纪 70 年代后期开始出现并逐步成熟，它可以更好地解释地理事物的空间关系。空间回归分析主要包括地理加权回归模型和空间联立自回归模型。

（一）地理加权回归模型

地理加权回归（geographic weighted regression，GWR）模型是对普通线性回归的扩展，地理加权回归模型减少了统计回归方程中同方差的假设，即误差项可以有不同的方差，空间加权回归的表达式为

$$\boldsymbol{y}(\boldsymbol{g})=\boldsymbol{\beta}_0(\boldsymbol{g})+\boldsymbol{\beta}_1(\boldsymbol{g})\boldsymbol{x}_1+\boldsymbol{\beta}_2(\boldsymbol{g})\boldsymbol{x}_2+\cdots+\varepsilon \tag{4-4}$$

式中：$\boldsymbol{g}$ 为获得估计参数的空间坐标向量。对于地理加权回归模型而言，可以使用空间权重来计算 $\boldsymbol{\beta}(\boldsymbol{g})$

$$\boldsymbol{\beta}(\boldsymbol{g})=(\boldsymbol{X}^T\boldsymbol{W}(\boldsymbol{g})\boldsymbol{X})^{-1}\boldsymbol{X}^T\boldsymbol{W}(\boldsymbol{g})\boldsymbol{Y} \tag{4-5}$$

式中：$\boldsymbol{W}(\boldsymbol{g})$ 为位置 $\boldsymbol{g}$ 的权重矩阵，与 $\boldsymbol{g}$ 越近，权重值越高。计算权重的方法有很多，地理加权回归模型一般用高斯函数

$$W_i(\boldsymbol{g})=\exp(-d/h)^2 \tag{4-6}$$

式中：d 为观测位置 i 与位置 $\boldsymbol{g}$ 之间的欧氏距离；h 为间隔距离。

（二）空间联立自回归模型

空间联立自回归模型是最基本的空间回归模型。考虑空间相关性，可以提出以下两种假设。

（1）y 是空间自相关的，模型形式变化为空间滞后模型

$$y=\rho\boldsymbol{W}y+\boldsymbol{X}\beta+\varepsilon \tag{4-7}$$

（2）误差是空间自相关的，模型形式变化为空间误差模型

$$y=\boldsymbol{X}\beta+\boldsymbol{u},\boldsymbol{u}=\lambda\boldsymbol{W}\boldsymbol{u}+\varepsilon \tag{4-8}$$

式中：λ 为空间误差参数；$\boldsymbol{u}$ 为空间自相关干扰向量矩阵；$\boldsymbol{W}$ 为空间权重矩阵；ρ 为空间相关参数，表示空间自相关性对模型的影响程度。λ 和 ρ 的值越高，表明空间自相关对模型的影响越大，对空间数据而言，如果使用经典的线性回归模型，那么它等价于假设空间联立自回归模型中的参数 $\lambda=\rho=0$，即假设没有空间自相关性。

第五节　三维处理与分析

作为土地分析、表达和应用的重要手段，土地空间数据的三维处理、分析和表达在土地管理和 GIS 领域一直受到高度重视。随着数字地球时代的到来，现有基于二维的图形展示技术逐渐无法满足当前土地利用与管理的可视化要求，如对土地开发建设的立体化过程管理和洪涝灾害淹没土地的动态演示等，都依赖于三维可视化技术。因此，三维立体表达和分析在 GIS 和 LIS 中受到越来越多的关注，目前正逐步应用于农业、林业、畜牧业、水利、交通、军事、区域规划和基础建设等土地相关领域。

一、三维处理的基本思路

空间数据三维处理的基本思路有两种。一种称为真三维处理。这种处理是将三维空间的地理位置看作自变量，而将空间变量作为第四维的因变量。因此，这种方法要求先建立三维空间数据结构，然后基于三维数据结构进行立体表达和分析。真三维处理的研究具有重要意义和前景，目前已有不少探索，如八叉树数据结构和三维矢量数据结构等，但由于难度较大，当前研究进展缓慢。另一种称为 2.5 维处理方法。2.5 维处理类似于传统的美术技法，它基于二维数据结构来表达三维形象。在处理中，空间变量 Z 被看作是二维的地理位置（x，y）的二元函数。Z 可以是任何空间变量，如高程、地价、土地利用、土地类型、地貌特征和污染指数等。理论上变量 Z 可以是任何空间变量，但对三维处理来说，高程是最基本、最重要的变量。

二、三维处理的主要内容

土地空间数据的三维处理主要包括以下四个方面。

（1）建立 DEM。DEM 是以（x，y）为自变量的高程 z 数据的有序集合。由于地表极其复杂，用解析表达式来模拟地表不太现实，GIS 在三维建模时通常采用离散的高程数据，这些数据的样点按一定规则分布在整个研究区域。常用的 DEM 有两种形式：一种称为高程矩阵，高程数据布满整个区域的方格网，相当于高程的栅格数据；另一种 DEM 的高程数据布满整个区域的三角网点，实际上就是 TIN 数据。

（2）计算派生地形数据或地形分析。基于 DEM 可以计算每个地表单元的坡度、坡向、粗糙度和可视域等地形因子，以及集水线、山脊线和谷地线等地形轮廓线。这些数据被称为由 DEM 派生的地形数据，其实质就是进行地形分析。

（3）各种层次的三维可视化地形表达。基于 DEM 还可以计算一定观察角度，一定光源条件下每个地表单元的明暗、色调和透视关系等。这就是基于 DEM 所开展的另一项工作：在二维画面上可视化地表达三维地形。

（4）其他空间变量的三维可视化表达。DEM 及三维可视化地形表达技术，可以用来可视化表达其他空间变量的空间分布状态。

三、三维数据空间分析

三维空间分析包括剖面分析、谷脊分析、水文分析、可视性分析、缓冲区分析和叠置分析等多个方面。

（1）剖面分析。以 DEM 为基础构造的剖面，以线代面，可以概括研究区域的地势、地质和水文特征。在地形剖面上叠加表示其他地理变量，如坡度、土壤、岩石抗蚀性、植被覆盖类型和土地利用现状等，还可以为土地侵蚀速度研究、农业生产布局的立体背景分析、土地利用规划及工程决策等提供参考依据。

（2）谷脊分析。基于 DEM 的谷脊分析是地形分析的重要内容，在地理学水文分析中有重要应用。通过谷脊分析在高程矩阵中自动探测山脊线和谷地线，在进行地表径流分析前要先找出该区域的谷脊点。

（3）水文分析。水文分析需要使用 DEM 数据。首先确定区域地形的水流方向，然后使以规则格网表示的 DEM 的每个网格都有一个单位水量，再按照水流从高处往低处流的自然规律，根据流向数据计算每点处所流过的水量数值，最后汇总得到该区域的汇流积累量；并计算水流长度，确定其水文条件。

（4）可视性分析。可视性分析的实质是对地形进行最优化处理，对军事活动、微波通信网和旅游娱乐点的规划开发都有重要的应用价值。如设置雷达站点、电视台发射站点、道路选择和铺设通信线路等。可视性分析包括两点之间的可视性分析和可视域分析。

（5）缓冲区分析。与二维缓冲区类似，三维缓冲区同样是利用邻近的概念，把地图分为指定距离范围内和指定距离范围外的区域。三维缓冲区分析可分为点缓冲区分析、线缓冲区分析和面缓冲区分析，其应用更为广泛，包括空中爆炸物影响范围的确定、地下管网、水利管道的分析和城市规划中公园的扩建等。

（6）叠置分析。在统一的空间坐标参照系统下，每次将同一区域两个地理对象的图层进行叠合，以产生空间的多重属性特征，或建立地理对象之间的空间对应关系。叠置分析可分为二维要素图层与三维要素图层的叠置分析及三维要素图层与三维要素图层的叠置分析。

第六节　空间建模与空间决策支持

模型是对现实世界中的实体或对象的抽象或简化，是构建现象和实体之间关系的重要方式。空间分析是土地信息系统的重要特征，其目的在于提取和传输空间信息。空间分析模型将模型与空间分析结合，是对现实世界科学体系问题抽象的空间概念模型，可以用于研究地理对象的空间分布特征、地理对象的位置和属性特征及物理位置和属性集成下的关系、土地对象的动态发展等。

一、空间分析建模

（一）空间分析过程

空间分析的目的是解决与空间相关的诸多问题，通常涉及多种空间分析操作。好的空间分析过程将有利于问题的解决，其过程一般为：①明确分析的目的和评价准则；②准备分析数据；③空间分析操作；④结果分析；⑤解释、评价结果；⑥结果输出（图 4.8）。

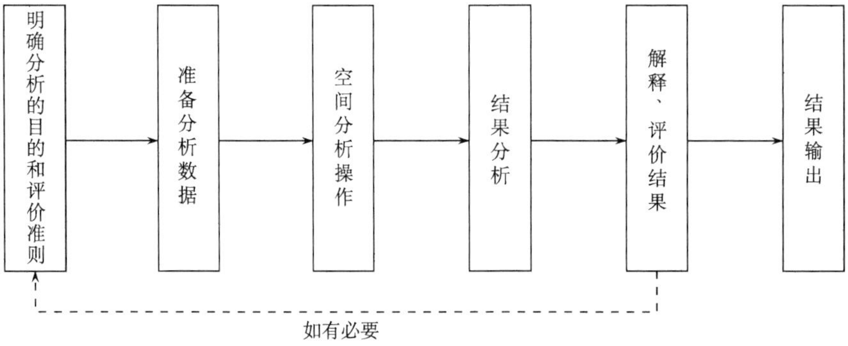

图 4.8　空间分析过程

（二）空间分析建模

为了解决复杂的空间问题，人们尝试建立一个简化模型来模拟空间分析过程。空间分析建模建立在对图层数据的操作上，又称为“地图建模”。空间分析建模是通过组合空间分析命令操作来回答有关空间现象问题的过程。它通过作用于原始数据和派生数据的一组顺序的、交互的空间分析操作命令，对一个空间决策过程进行模拟。

地图建模的结果是得到一个“地图模型”，它是对空间分析过程及其数据的一种图形或符号表示，目的是帮助分析人员组织和规划所要完成的分析过程，并逐步指定完成这一分析过程所需的数据。地图模型也可用于研究说明文档，作为分析研究的参考和素材。地图建模可以看作一个空间分析过程的逆过程，即从分析的最终结果开始，反向一步步分析，得到最终结果，确定哪些数据是必需的，并确定每一步要输入的数据及这些数据是如何派生而来的。

（三）地图模型实现

大多数 GIS 软件提供了宏命令或脚本描述语言，可以自动批处理完成整个模型过程。更有一些 GIS 软件提供了高级可视化的地图建模辅助工具，用户只需使用其提供的工具在窗口绘制出模型的流程图，指定流程图的意义、所用的参数和矩阵等，即可完成地图模型的设计，而无须手写复杂的命令程序（图 4.9）。可视化地图建模工具为用户提供了高层次的设计工具和手段，使得用户将更多的精力集中在专业领域的研究上。

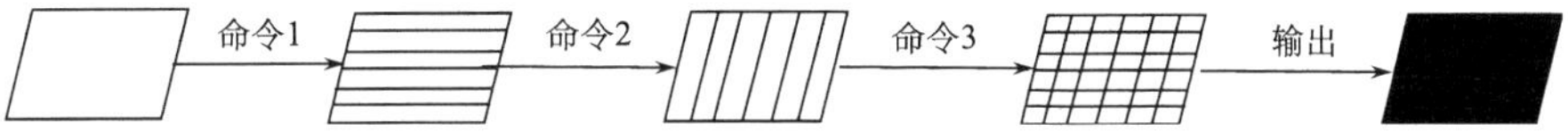

图 4.9 通过流程图表现的地图模型

二、空间决策支持模型

决策是人们为达到某种目标，在一定的约束条件下从多种候选方案中进行选择的复杂过程。空间决策是有关空间行为的决策。GIS 经常面临大量的空间决策，如区域规划、土地利用规划、设施位置选择和环境管理等的决策问题。空间决策问题的需求大大超过了地理信息系统通常的空间分析功能。为此，空间决策通常要借助于计算机领域的决策支持系统和专家系统等已有的成果。

（一）空间决策过程的复杂性

与一般决策类似，空间决策同样包括确定性决策、不确定性决策和风险决策。确定性决策实际上是一个最优化的问题。但大量的空间决策问题往往涉及结构或非结构化知识、人的评价和判断等不同形式的知识，决策的不确定性和风险性的成分很大。

信息技术的快速发展为决策者提供了越来越多的空间和非空间的信息，包括地图、航片、表格、遥感和数字测量信号等。决策者需要通过知识和经验来有效地处理和理解这些海量的信息。但是，人类的知识可分为结构化和非结构化两类：结构化的知识有着高度结构化的形式和求解程序，数字模型、统计方法、计算机算法等都属于此类型的知识，它们在表现和分析方面遵循固定的框架，在大多数情况下只能被专家理解，又称为程式化知识；而大量的知识都是非结构化的，如人类的体验、直觉、价值观和专家经验，不能用固定的程序进行表达，又称为描述性知识。

在解决结构化、非结构化和半结构化问题时，决策者使用信息和知识的复杂程度大不相同。空间决策是一个涉及多目标和多约束条件的复杂过程，通常不能简单地通过描述性知识或程式化知识加以解决，而需要综合地使用信息、领域专家知识和有效交流手段等来实现较为正确的空间决策。从这个角度而言，空间决策中信息和知识是相互作用的（图 4.10）。

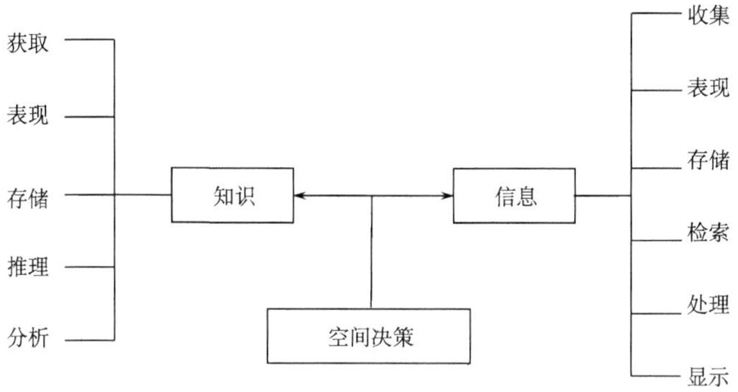

图 4.10　空间决策过程（邬伦等，2001）

信息一侧处理数据的收集、表现、存储、检索、处理和显示，用于计算和测量及知识推理和更新。知识一侧处理知识的获取、表现、存储、推理和分析，用于处理事实、组织信息和原理。空间决策中知识和信息的相互作用是对传统信息技术的扩充，没有知识推理就无法支持智能决策。

土地信息系统为决策支持提供了强大的数据输入、存储、检索和显示等工具，但在分析、模拟和推理方面的功能比较弱，在解决复杂空间决策问题上缺乏智能推理功能，是一个数据丰富但理论贫乏的系统。所以为解决复杂的空间决策问题，需要在土地信息系统的基础上开发智能决策支持系统，用于数据获取、输入、存储、分析和输出；用于知识表现和推理；用于自动学习、系统集成和人机交互。所采用的新技术包括人工智能技术，知识获取、表现、推理等知识工程技术，以及集成数据库、模型、非结构化知识和智能用户界面的软件工程技术。

（二）空间决策分析的理论和方法

1. 效用理论

效用理论是决策分析的基础。事物的不确定性可看作许多简单随机事件的复合。每一个简单随机事件是由两个互斥事件 Z_1 和 Z_2 组成的，事件 Z_1 发生的概率为 P，事件 Z_2 发生的概率为 $1-P$，则随机事件记为 L（Z_1，P，Z_2）。在简单随机事件中引进“优先”或“偏好”的概念，并在随机事件集合的基础上建设公理体系，即假设随机事件集合中存在下列条件：①相对偏好顺序；②偏好关系具可传递性；③简单随机事件间的可比性；④偏好关系可以量化；⑤不确定性可以量化；⑥等价随机事件可相互替换。

在上述条件下，可用一个数值来描述简单随机事件的期望效益，这个数值称为效用。由简单随机事件的效用可确定一般不确定事件的效用。在对事件不确定性进行量化时，需要利用各种知识，如系统本身的特性、一些必要的统计知识及决策者根据经验对事件不确定性的主观估算等。

2. 决策树

决策分析中最常用的方法之一是决策树。图 4.11 中长方形小框表示由人选择的决策点。把需要做决策的问题过程画成示意图，由图的左侧出发，在做决策之前先做试验。例如，有 R 个试验 L_r，费用为 C_r，试验结果有 O_1，…，O_t，…，O_T 等共有 T 个。在试验 L_r 条件下 O_t 发生的概率记为 P_{rt}（O_t）。设此时有 d_1，…，d_i，…，d_I 等共 I 个备选决策方案。若选择决策 d_i，则这时可能出现 S_1，…，S_j，…，S_J 共 J 种状态。在试验 L_r 中出现结果 O_i 时选取决策 d_i 的条件下，状态 S_j 出现的概率记为 P_{rti}（S_j）。此时可能有 L 种后果 x_1，…，x_l，…，x_L，而 P_{rti}（S_j）表示在试验 L_r 中出现结果为 O_t 时，选取决策 d_i 而出现状态 S_j 的情况下，S_j 发生后果 x_l 的概率，其效用记为 U（x_l）。决策树的方法是顺着树的各个分枝进行分析，并计算各种可能情况的概率大小，最后计算在这些条件下最终得到的结果的效用，将各个结果的效用加以比较，从中选取最佳效用所对应的试验与决策。

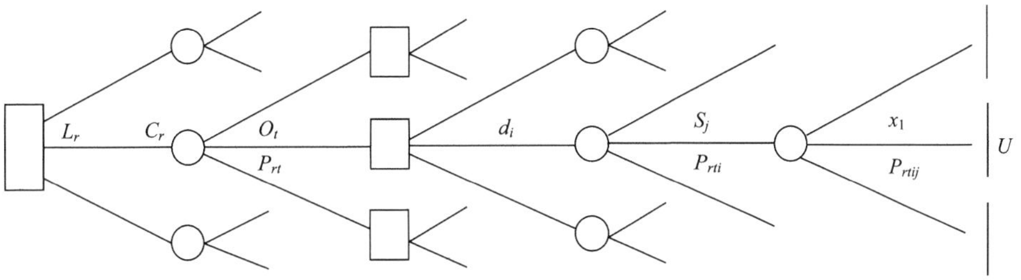

图 4.11　决策树（邬伦等，2001）

3. 贝叶斯决策

由于决策总是在事件发生之前做出，而事件是否发生又是不确定的，因此常采用统计学中的贝叶斯公式对事件发生的概率做先验估计，这就是贝叶斯方法。

在不完全信息环境下，事件的发生具有不确定性，这就使决策带有一定的经验性。通过对部分未知状态使用主观概率估计，并用贝叶斯公式对这一概率进行修正，最终得出最优决策。

从本质上来说，贝叶斯决策属于风险型决策。人们对于风险的态度不同，对效用的估计也不同：对事件发展持保守看法的人，对效用的估计往往偏低；倾向于冒险的人，对效用的估计往往偏高。决策者虽然无法控制客观因素的变化，但可以通过掌握其变化的可能情况及相应概率，利用期望值——未来可能出现的平均状况作为决策准则。

（三）空间决策支持系统

决策支持系统是辅助决策者通过数据、模型和知识以人机交互的方式进行半结构化或非结构化决策的计算机应用系统。它是在管理信息系统的基础上发展起来的，为解决结构化、半结构化和非结构化的问题提供了更广泛的方法。决策支持系统为决策者提供分析问题、建立模型、模拟决策过程和方案的环境，调用各种信息资源和分析工具，帮助决策者提高决策水平和质量。决策支持系统是辅助管理者对半结构化问题进行决策的过程的计算机应用系统，它支持而非代替管理者的判断，提高决策的有效性而非效率。它主要由数据部分、模型部分、推理机部分和人机交互部分等四部分组成（图 4.12）。

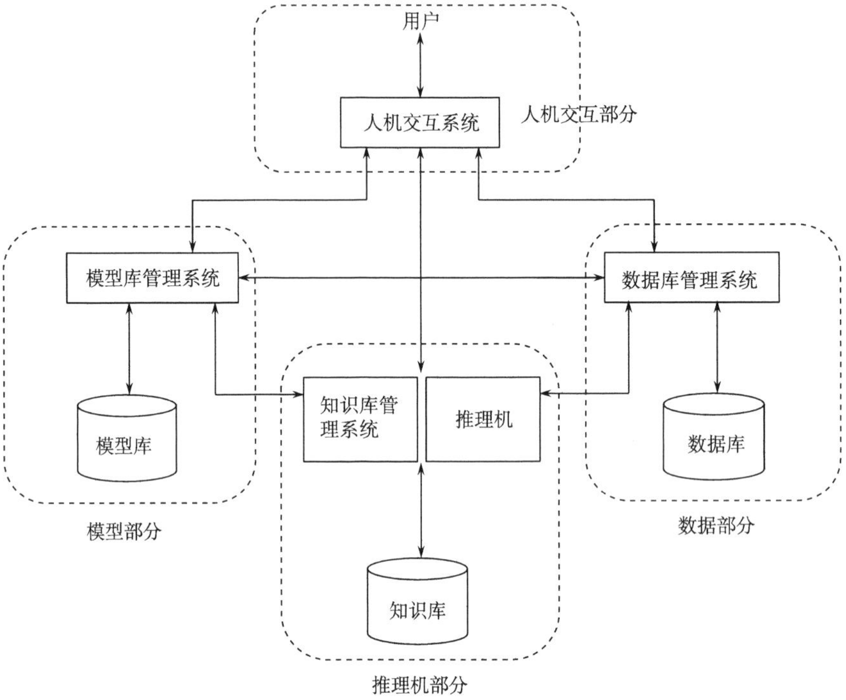

图 4.12　空间决策支持系统的组成部分（邬伦等，2001）

由于空间决策支持系统的复杂性，尽管 GIS 最初面向空间决策，但是目前的 GIS 还难以达到空间决策支持系统的要求。决策支持系统与 GIS 的不同之处在于其数据模型和数据结构的复杂性。GIS 在分析、模拟和智能推理方面的能力比较弱，其逻辑结构和智能层次不能满足复杂空间决策问题的需要，特别是非结构化的问题。目前，GIS 还不适用于对各种知识形式的处理，不能作为空间决策支持系统的神经中枢。

空间决策支持系统具有一般决策支持系统的基本性质，只是更注重空间数据的获取和空间问题的解决。通常，空间决策支持系统包括以下功能：①不同数据源的空间和非空间数据的获取、输入与存储；②复杂空间数据结构和空间关系的表示方法，适用于数据查询、检索、分析和显示；③灵活的集成式空间知识和数据的处理功能；④灵活的功能修改和扩充机制；⑤友好的人机交互界面；⑥决策需要的多种输出；⑦非结构化空间知识的形式化表达方法；⑧基于领域专家知识的推理机制；⑨自动获取知识或自主学习功能；⑩基于空间信息、描述性知识和程式化知识的智能控制机制。

（四）空间决策支持的一般过程

空间决策支持的基本过程包括：①确定目标，根据用户需求和任务等，确定目标；②搜集数据，广泛搜集与解题有关的各种数据；③建立模型，根据目标，形成定量分析模型；④寻求手段，寻找空间分析手段，形成分析的结果，提交用户使用；⑤结果评价，对空间分析结果进行评价，确定结果的可靠性和合理性。

三、专家系统

专家系统是人工智能在信息系统中的应用，是一个智能计算机程序系统。它存储了大量专家水平的某个领域的知识与经验，能够利用人类专家的知识和解决问题的方法来解决该领域的问题。专家系统主要功能的实现取决于大量的知识。设计专家系统的关键是知识表达和知识运用。专家系统与一般计算机程序最本质的区别在于：专家系统所解决的问题一般没有算法解，专家系统往往是在不完全、不精确的信息的基础上做出结论。专家系统的核心内容是知识库和推理机制，主要组成部分包括知识库、动态库、推理机、解释器和知识获取器（图 4.13）。

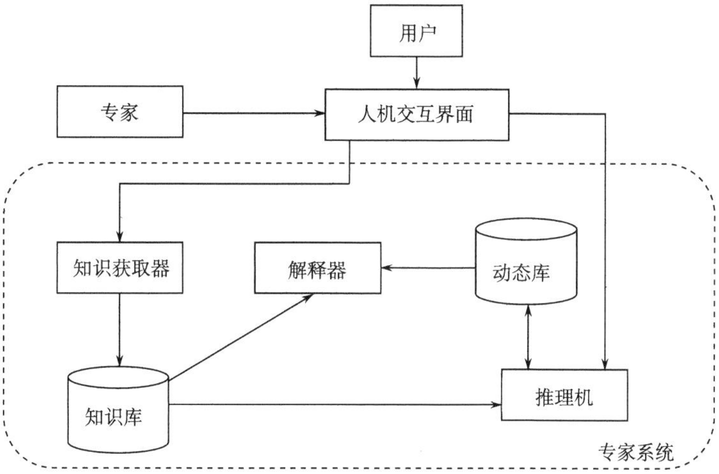

图 4.13　专家系统结构图

注：本图改编自网络

（1）知识库：用于存取和管理所获取的专家知识和经验，供推理机利用，具有知识存储、检索、编辑、增删、修改和扩充功能。

（2）动态库：用于存放系统推理过程中用到的控制信息、中间假设和中间结果。

（3）推理机：利用知识进行推理并求解专门问题，具有启发推理或算法推理，正向、反向或双向推理，串行或并行推理等功能。

（4）解释器：是专家系统与用户的“人-机”接口，其功能是向用户解释系统的行为，包括咨询理解和结论理解两部分。咨询理解是指对用户咨询的提问进行“理解”，将用户输入的提问及有关事实、数据和条件转换为推理机可以接受的信息。结论理解是指向用户输出推理的结论或答案，并且根据用户需要对推理过程进行解释，给出结论的可信度估计。

（5）知识获取器：是专家系统与专家的“界面”。知识库中的知识一般都是通过“人工移植”方法获得。“界面”就是知识工程师采用“专题面谈”“口语记录分析”等方式获取知识，整理后输入数据库。为了提高知识工程师获得专家知识的效率，“知识获取辅助工具”被用来辅助专家整理知识或辅助扩充和修改数据库。近年来，机器学习、机器识别和半自动化等方法也逐步被用于获取知识。

四、数据挖掘与空间数据挖掘

（一）数据挖掘

单一的查询检索功能无法帮助用户从大量的数据中提取有用的、结论性的信息，这样数据库中蕴含的丰富知识就得不到充分的发掘利用，出现“被数据淹没，却饥渴于知识”的现象。此外，虽然专家系统的研究取得了一定程度的进展，但是知识获取仍然是专家系统研究的瓶颈，因此有必要从数据库中发掘新的知识。从大量数据中获取有效的、新颖的、潜在有用的、最终可被理解的模式的非平凡过程被称为数据挖掘。数据挖掘主要包含以下四个步骤。

（1）数据选取。数据仓库中的数据并不都能运用到数据挖掘中，因此需要先提取用户需要的数据。

（2）数据转换。确定要进行挖掘的数据后，对这些数据进行必要的变换，使其从一种表现形式转变为另一种表现形式，以支持下一步的操作使用。

（3）数据分析。在数据转换后，进行数据分析，具体方法包括分类、估计、聚类和回归分析等。

（4）数据解释。挖掘的知识需要根据用户的需求进行分析解释，并使用可视化的方式呈现给决策者。

在上述流程执行过程中，如有需要对挖掘的方式、过程和数据进行修改的，还可以通过适当的反馈反复进行，如图 4.14 所示。

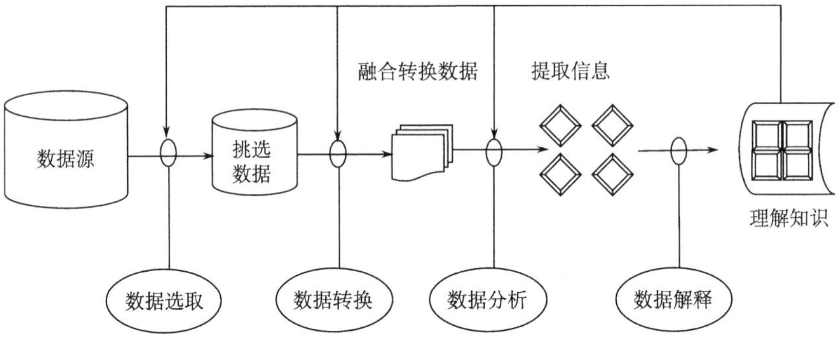

图 4.14　知识挖掘过程（米允龙等，2015）

（二）空间数据挖掘

空间数据是与占有一定空间的对象有关的数据，空间数据库通过空间数据类型和空间关系存储管理空间数据。空间数据特有的性质给空间数据库的知识发现提出了挑战和机遇。空间数据库的空间数据挖掘和知识发现，可以定义为从空间数据中提取隐含其中的、事先未知的、潜在有用的、空间的或非空间的一般知识规则的过程。

空间数据挖掘与传统数据挖掘存在一些不同之处：①传统数据挖掘处理数字和类别，而空间数据挖掘的对象是一些更为复杂的数据类型，如点、线、面等；②传统数据挖掘通常具有显式的输入，而空间数据挖掘的输入常常是隐式的；③传统数据挖掘有一个至关重要的前提假设，即数据样本是独立生成的，而这一假设在空间分析中不成立，因为空间数据之间事实上是高度自关联的。

目前常用的空间数据挖掘方法包括如下几种。

（1）统计分析方法。它是目前空间数据分析最常用的方法。统计分析适合处理数值型数据，可用于对空间现象建模和分析。同样它也存在诸多缺点，例如，因为空间邻域间存在相关关系，统计分析方法关于空间分布数据的统计独立性的假设往往与现实不符。

（2）基于概括的方法。它是一种面向属性的归纳学习方法，用于空间数据挖掘，可将空间和非空间数据的关系概括成高层次的概念知识。以空间数据为主的概括算法，首先收集用户查询的数据，然后根据给定的空间数据概念层次对空间对象进行合并，直至达到需要的概念层次为止。

（3）聚类分析。它是统计分析的分支，该方法的主要优点是可以直接从数据中发现感兴趣的结构或聚类模式，不需要背景知识。对于空间数据而言，首先通过基于采样的高效聚类算法将与任务有关的空间对象分类，然后对非空间数据使用面向属性归纳推理方法，提取描述各类的一般属性。

（4）空间关联规则方法。它通常可以分为两种：布尔型关联规则和多值关联规则。多值关联规则比较复杂，因此通常将其转换为较为简单的布尔型关联规则。当属性的全部取值都是有限个数时，只需将每个属性值映射为一个布尔型属性即可；当属性的取值范围很宽时，则需将其分为若干区段，然后将每个区段映射为一个布尔型属性。

参考文献

华建源. 2005. 拓扑在检查土地利用现状数据质量中的应用探讨. 地矿测绘, 21(4): 23-24.
刘家彬, 张金亭, 胡石元. 2002. 土地信息系统理论与方法. 北京: 测绘出版社.
刘京会, 赵淑芹. 2010. 土地信息系统实验教程. 北京: 中国经济出版社.
刘南, 刘仁义. 2002. 地理信息系统. 北京: 高等教育出版社.
刘晓生, 任海峰, 陈棉. 2007. 用空间分析方法进行空间关联规则提取. 测绘通报, (5): 19-21.
刘耀林, 何建华. 2007. 土地信息学. 北京: 科学出版社.
马才学. 2008. 土地信息系统. 北京: 北京师范大学出版社.
马荣华, 马晓冬, 蒲英霞. 2005. 从GIS数据库中挖掘空间关联规则研究. 遥感学报, 9(6): 733-741.
米允龙, 米春桥, 刘文奇. 2015. 海量数据挖掘过程相关技术研究进展. 计算机科学与探索, 9(6): 641-659.
曲卫东, 韩琼. 2009. 土地信息系统. 北京: 中国人民大学出版社.
孙在宏, 陈惠明, 乔伟峰, 等. 2005. 土地管理信息系统. 北京: 科学出版社.
汤国安, 刘学军, 闾国年, 等. 2007. 地理信息系统教程. 北京: 高等教育出版社.
邬伦, 刘瑜, 张晶, 等. 2001. 地理信息系统——原理、方法和应用. 北京: 科学出版社.

第五章　土地信息系统应用

第一节　土地信息查询与量算

对空间对象进行查询与量算是 LIS 的基本功能之一，也是 LIS 进行高层次分析的基础。在 LIS 中，为了进行高层次分析，往往需要查询定位空间对象，并用一些简单的量测值对地理分布或现象进行描述，如长度、面积、距离和形状等。实际上，空间分析首先始于空间查询和量算，它们是空间分析的定量基础。

一、土地信息查询

土地信息查询是按一定查询条件对 LIS 所描述的空间实体及其空间信息和属性信息进行访问和抽取，挑选出满足用户要求的空间实体及其相应的属性。查询交互进行时，其结果能动态地通过两个视窗（图形窗口和属性表格窗口）显示。就简单的土地信息查询而言，用户可以对某一要素或区域本身的直接信息进行图形和属性的双向查询，即根据图形查询相应的属性信息，或根据属性特点查找相对应的地理目标。除此之外，经过适当的变换，还可以进行一些较复杂的、涉及空间关系的综合性查询。因此，可以将土地信息查询分为属性查询、几何查询、空间关系查询和地址匹配查询等。查询的结果可以通过多种方式显示给用户，如高亮度显示、属性列表和统计图表等。土地信息查询的速度和精度在很大程度上依赖于描述和存储空间数据的数据结构、空间关系的描述及空间索引结构。

（一）空间索引

空间索引就是指依据空间对象的位置和形状或空间对象之间的某种空间关系，按一定的规则从树的顶层进行划分或按一定关系进行排列的一种数据结构，其中包含空间对象的概要信息，如对象的标识、外接矩形及指向空间对象实体的指针。作为一种辅助性的空间数据结构，空间索引介于空间操作算法和空间对象之间，通过筛选作用，排除大量与特定空间操作无关的空间对象，从而提高空间操作的速度和效率。空间索引的性能的优劣直接影响空间数据库和 LIS 的整体性能，它是空间数据库和 LIS 的一项关键技术。常见的空间索引一般是自顶向下、逐级划分空间的各种数据结构，包括对象范围索引、格网型空间索引、BSP 树、四叉树、KDB 树、R 树、R+树和 CELL 树等。

（二）属性查询

一般来说，基于属性信息的查询操作主要是在属性数据库中完成的。最简单的属性查询是查找，只要在属性表格窗口中选择一个属性值，就可以在图形窗口中找到对应的空间图形。目前，大多数 LIS 软件都将属性信息存储在关系数据库中，发展成熟的关系数据库提供了完备的数据索引方法和信息查询手段。借助于结构化查询语言，按要查询数据的需求编写条件查询表达式，然后按此表达式进行查询操作，可以在属性数据库中很方便地实现属性信息的单条件查询和复合条件查询。通用的查询表达式一般为：属性项+运算符+属性值，属性项为在属性数据结构中实现定义的数据项，运算符包括算术运算符和布尔逻辑运算符等。

属性查询可分为纯属性查询和属性-空间查询，前者仅涉及属性数据库，而后者要求先筛选出满足属性条件的空间实体的标识值，再到空间数据库中根据标识值检索该空间实体，并高亮度显示出来。

（三）几何查询

几何查询是根据鼠标所指的空间位置或划定的几何范围，查找出该位置处或空间范围内的所有空间实体及它们的属性，并显示出该空间对象的属性列表，从而进行有关的统计分析。该查询工作可分为两步：首先，借助空间索引，在空间数据库中快速检索出被选空间实体；然后，根据空间数据和属性数据的连接得到该空间实体的属性列表。几何查询可以分为点查询、矩形查询、圆查询和多边形查询等，后三者也称为开窗查询。

点查询，即用鼠标点击图中的任意一点，可以得到该点所代表的空间对象及其相关属性。矩形查询，即给定一个矩形窗口，可以得到该窗口内的所有空间对象及其相关属性。这种查询的检索过程比较复杂，往往要考虑只检索包含在窗口内的空间对象，还是只要是该窗口涉及的对象，无论是被包含还是被穿过都要检索出来。圆查询除窗口形状是一个圆外，其他实现方法都与矩形查询类似。多边形查询，即给定一个多边形，检索出该多边形内的某一类或某一层空间对象。其原理与矩形查询类似，但又复杂得多，它涉及点在多边形内、线在多边形内及多边形在多边形内的判别计算。

（四）空间关系查询

空间实体间存在多种空间关系，如拓扑、顺序和度量等。空间关系查询一般通过空间位置的关系运算得到，包括拓扑关系查询和缓冲区查询。凡是具有网状结构特征的地理要素，如交通网等，都存在节点、弧段和多边形之间的拓扑结构。空间拓扑关系包括邻接、包含和关联等，因此拓扑关系查询可分为邻接查询、包含查询和关联查询等。邻接查询可以是点、线、面三者之间的邻接关系查询，如查找某宗地的所有邻接宗地；包含查询可以查询某一面状地物所包含的点、线、面状地物，或者查询包含某一地物的面状地物，如查找某一区域内的所有宗地；关联查询是空间不同元素之间拓扑关系的查询，可以查询与某点状地物相关联的线状地物或者与某线状地物相关联的面状地物的相关信息，如查询某条规划道路穿越了哪些宗地。缓冲区是根据数据库中的点、线、面地理实体，自动建立其周围一定宽度范围的多边形，用来表征特定地理实体对邻域的影响范围。缓冲区查询是在不破坏原有空间目标关系的情况下，只检索缓冲区范围内涉及的空间目标。根据用户给定的点、线或面缓冲的距离，形成一个缓冲区的多边形，再根据多边形检索的原理，从该缓冲区内检索出所要的空间对象，如查询河流 300m 范围内的耕地。

在实际应用过程中，用户往往希望 LIS 提供一些能更直接计算空间实体关系的功能。例如，用户希望查询出满足如下条件的宗地：A 宗地在某条铁路的东部，B 宗地距离该铁路不超过 30 km，C 宗地面积大于 10 hm^2，D 宗地土地利用类型是耕地，E 宗地在特定的选择区域之内。整个查询涉及了空间顺序关系（A）、空间距离关系（B）、空间包含关系（E）和属性信息查询（C、D）。

标准的 SQL 是关系代数模型中的一些关系操作及组合，适合于表的查询与操作，但不支持空间概念和运算。因此，就目前的 LIS 而言，要想比较系统地完成上述查询任务仍然较为困难。为此，众多 GIS、LIS 专家提出了扩展 SQL 或空间查询语言（spatial query language）作为解决问题的方案。空间查询语言在 SQL 上扩充谓词集，将属性条件和空间关系的图形条件组合在一起形成扩展的 SQL 查询语言，常用的空间关系谓词有相邻（adjacent）、包含（contain）、穿过（cross）、在内部（inside）和缓冲区（buffer）等。空间查询语言虽然给用户带来了很大的方便，但仍处于理论发展和技术探索阶段。

（五）地址匹配查询

从街道的自然地址查询事物的空间位置是 GIS 和 LIS 提供的一种特有的查询方法。这种查询往往建立在类似 DIME 和 TLGER 的地理编码的基础上，利用这种地理编码，输入街道的门牌号码，就可知道其大致的位置和所在的街坊。这在与空间分布有关的社会、经济调查和统计中有很大作用，只要在调查表上填了地址，计算机就能自动从空间位置的角度做统计和分析，例如，解决地籍管理中街道街坊宗地号与对应的社会经济信息的统计匹配问题。这种查询也经常应用在公用事业管理和事故分析等方面，如邮政、通信、供水、供电、治安、消防和医疗等。地址匹配查询与其他网络分析功能结合起来，可以满足实际工作中非常复杂的分析要求。

二、土地信息量算

空间信息的自动化量算是 LIS 所具有的重要功能，也是进行空间分析的定量化基础。

（一）距离与方位量算

1. 距离量算

距离描述了两个实体或事物之间的远近或亲疏程度。距离的量算与度量空间的介质有关，在匀质空间和非匀质空间中不同。

在匀质空间中，广义距离的一般形式为

$$d_{ij}(q)=\left[\sum_{l=1}^{n}\left(x_{li}-x_{lj}\right)^{q}\right]^{1/q} \tag{5-1}$$

式中：i，j 分别为物体 i 和物体 j；q 为空间维度，取值在 $l \sim n$。

在空间数据查询和定位分析中，研究对象通常在二维或三维的地理空间中，因此一般取 $n \leqslant 3$。当 $q=1$ 时，该距离称为曼哈顿距离

$$d_{ij}(1)=\left|x_{li}-x_{lj}\right| \tag{5-2}$$

当 $q=2$ 时，该距离即为最常用的欧氏距离，用于计算两点间的直线距离

$$d_{ij}(2)=\left[\sum_{l=1}^{n}\left(x_{li}-x_{lj}\right)^{2}\right]^{1/2} \tag{5-3}$$

当度量空间为非匀质时，就不能用匀质空间的简单距离表达式来计算距离了。此时的距离称为函数距离，它不仅是表达式上的变化，而且还有研究区域上的变化。由于距离表面不再是各向同性而是各向异性，因此相同时间在各方向上经过的距离不同。

地理空间的距离概念与上述广义的距离概念有所不同，它描述的对象一定是发生在地理空间上的，即具有空间概念，是基于地理位置的，反映了空间物体间的几何接近程度。由于空间对象一般分为点、线、面三类，因此根据各类对象间的组合，距离就不仅仅表现为点与点之间的距离，还包括点与线、点与面、线与线、线与面等之间的距离。

2. 方位量算

方位是描述两个物体之间位置关系的另一种度量。空间方位的描述可分为定量描述和定性描述。

定量描述精确地给出了空间目标之间的方向，用于方位角、象限角等比率表示。对于 LIS 而言，它进行的空间数据查询与定位分析通常都是针对平面的（各种投影的地图平面），通常将纵轴设为 X 轴，将横轴设为 Y 轴，如图 5.1 所示，B 相对于 A 的方位角计算公式为

$$\alpha = \tan^{-1}\left[\left(y_B - y_A\right)/\left(x_B - x_A\right)\right] \tag{5-4}$$

α 的最后值根据 $\left(y_B - y_A\right)$ 和 $\left(x_B - x_A\right)$ 的符号来确定。

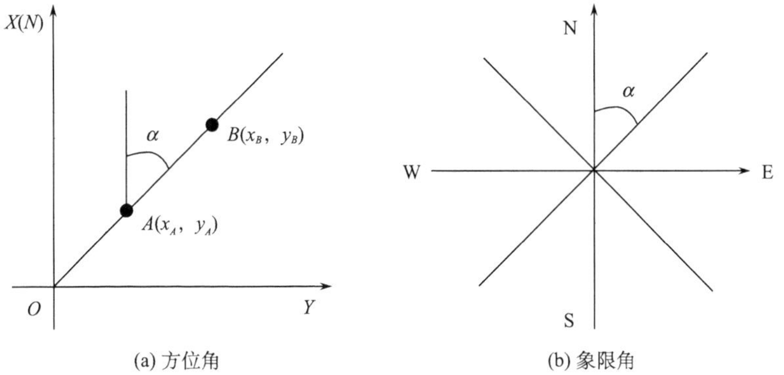

图 5.1　方位的定量描述（汤国安等，2007）

定性描述用于有序尺度数据概略描述空间方向关系，常用的方法有 4 方向描述法、8 方向描述法和 16 方向描述法（图 5.2）。

（二）线状物体的量算

1. 长度

线状地物对象最基本的形态参数之一就是长度。在矢量数据结构下，线表示为坐标对（X，Y）或（X，Y，Z）序列，在不考虑比例尺的情况下，线状物体长度的计算公式为

$$L = \sum_{i=0}^{n-1}\left[\left(x_{i+1} - x_i\right)^2 + \left(y_{i+1} - y_i\right)^2 + \left(z_{i+1} - z_i\right)^2\right]^{1/2} = \sum_{i=1}^{n} l_i \tag{5-5}$$

式中：L 为线状物体的长度；n 为分支曲线的数目；l_i 为各分支曲线的长度。

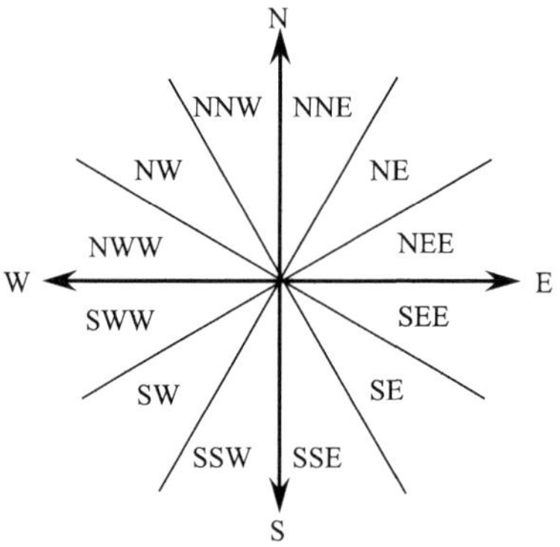

图 5.2　16 方向描述法（汤国安等，2007）

对于复合线状地物对象而言，则需要求各分支曲线的长度总和。

一般用离散坐标点对串来表达线状地物，因此选择反映曲线形状的选点方案非常重要。选点方案的不同往往会带来长度计算的精度问题。但提高计算精度，增加点的数目，会给数据获取、管理与分析带来额外的负担，折中的选点方案是在曲线的拐弯处增加点的数目，在平直段减少点的数目，以达到计算允许的精度要求。

在栅格数据结构中，线状地物的长度就是累加地物骨架线通过的格网数目，骨架线通常采用 8 方向连接，当连接方向为对角线方向时，还要乘上 $\sqrt{2}$ 。

2. 分维数

根据欧氏几何理论，几何物体可以区分为零维、一维、二维、三维等，数学上的点、线、面、体就是典型的维数为 0、1、2、3 的几何物体，物体的维数是以整数表示的。但是，以整数表示的维数往往不能充分反映几何物体的某些特征，例如，一条曲线和一条直线都是一维的，但曲线的形态比直线要复杂得多，其携带的信息可能也要多得多。因此，为了反映更多的信息，就用分数表示曲线的维数，即分数维，又称 H-B（Hausdorff-Besicovitch）维，其大小描述了物体的复杂程度。曲线的分数维可用下面的公式来估算

$$D_f = \frac{\lg\left(\frac{L_2}{L_1}\right)}{\lg\left(\frac{d_2}{d_1}\right)} \tag{5-6}$$

式中：L_1、L_2 分别为用步长为 d_1 和 d_2 的尺度去量测曲线时所得到的曲线长度，当 d_1 和 d_2 趋向于 0 时，D_f 趋向于一个常数。

3. 曲率

曲率反映曲线的局部特征。在数学分析中，线状物体的曲率定义为曲线切线方向角相对于弧长的变化率。设曲线的形式为 $y = f(x)$，则曲线上任意一点的曲率为

$$K = \frac{y''}{\left(1 + y'^2\right)^{3/2}} \tag{5-7}$$

式中：K 为曲率；y' 为函数 $y=f(x)$ 的一阶导数；y'' 为函数 $y=f(x)$ 的二阶导数。

对于以参数形式 $x=x(t)$，$y=y(t)$（$\alpha\leqslant t\leqslant\beta$）表示的曲线，其上任意一点的曲率计算公式为

$$K=\frac{x'y''-x''y'}{\left(x'^2+y'^2\right)^{3/2}} \tag{5-8}$$

式中：x' 为函数 $x=x(t)$ 的一阶导数；x'' 为函数 $x=x(t)$ 的二阶导数；其他与式 5-7 中变量含义相同。

计算曲线曲率的前提是曲线是光滑的，对于用离散点表示的线状物体，要先进行光滑插值，然后按照式 5-8 计算。

4. 弯曲度

弯曲度是描述曲线弯曲程度的参数，它是曲线长度与曲线两端点定义的线段长度之比

$$S=L/l \tag{5-9}$$

式中：S 为弯曲度；L 为曲线长度；l 为曲线两端点定义的线段长度。

在实际应用中，弯曲度主要用来反映曲线的迂回特性；在交通网络中，曲线的弯曲度越小越好，弯曲度可以衡量交通的便利性。

（三）面状物体的量算

1. 面积

面积是面状地物最基本的参数。在矢量结构下，面状地物以其轮廓边界弧段构成的多边形表示。梯形法是进行多边形面积量算的主要方法之一，其基本思想是：在平面直角坐标系中，按多边形顶点顺序依次求出多边形所有边与 X 轴（或 Y 轴）组成的梯形面积，然后求其代数和。对于没有孔的简单多边形，假设其有 n 个顶点，S 为多边形面积，（x，y）为多边形顶点的坐标，其面积计算公式为

$$S=\frac{1}{2}\sum_{i=0}^{n-1}\left(x_{i+1}-x_i\right)\left(y_{i+1}+y_i\right) \tag{5-10}$$

对于有孔或内岛的多边形，可分别计算外多边形与内岛面积，其差值为原多边形面积。此方法也适合于体积的计算。

对于用栅格方式表示的面状物体，其面积可以直接通过栅格计数来获取，边界上的像元的面积，根据边界线的走向予以分配。

2. 周长

多边形的周长可以通过围绕多边形的相互连接的线段，即封闭绘图模型来计算，使用距离公式计算每条线段的长度，然后进行累加。这里，第一条线段的起点坐标等于最后一条线段的终点坐标。对于用栅格方式表示的面状地物，必须先对格网单元集合外部的周长单独地识别，周长由格网单元分辨率乘以格网单元总数来确定。

3. 形状

描述面状地物的形状特征要比计算其周长和面积困难得多。不同的面状物体的形状有不同的测度，相似的形状应有描述该物体形状的近似数值。与用类似平行四边形、梯形和三角形等几何形状来描述多边形的形状特征相比，用圆来描述最简单、最紧凑。圆有理想的凸度，因为圆的表面没有凹面或锯齿形。用圆来描述多边形形状特征的测量方法叫作测量多边形的凸度或凹度的方法。

把多边形的几何形状和圆的几何形状相比较，本质上等于考察多边形相对于圆的凸度数。对于用矢量方式表示的多边形，通常使用的凸度公式为

$$\mathrm{CI}=\frac{kP}{S} \tag{5-11}$$

式中：CI 为凸度数；k 为常数；P 为周长；S 为面积。这样，所得结果是每个多边形的周长与面积比，再乘以常数。常数部分是根据要描述不规则多边形的圆的大小确定的。它提供 1～99 的一系列正值，说明了接近圆形的程度，1 表示最不像圆，99 表示最接近于圆，100 表示 100%类似于一个圆，一个标准圆形的值只能是 100。

对于用栅格方式表示的多边形，凸度公式的一般形式为

$$\mathrm{CI}=\frac{P}{\sqrt{S}} \tag{5-12}$$

测量结果如果是 1，则表示最不接近圆形，而 99 表示形状上最接近圆。用栅格表示的图形无法形成完美的圆形。

4. 质心

质心是描述地理对象空间分布的一个重要指标，它通常被定义为一个多边形的几何中心，其计算会随着多边形复杂程度的增加而变得复杂。在某些情况下，质心描述的是分布中心，而不是绝对的几何中心。以某区域的人均年收入为例，当绝大部分人均年收入明显集中于该区域的一侧时，可以把质心放在分布中心上，这种中心称为平均中心或重心。因此，如果要考虑其他因素，可以赋予权重系数，称其为加权平均中心，其计算公式如下

$$X_G=\frac{\Sigma_i W_i X_i}{\Sigma_i W_i}，\quad Y_G=\frac{\Sigma_i W_i Y_i}{\Sigma_i W_i} \tag{5-13}$$

式中：W_i 为第 i 个离散目标物权重；X_i 、Y_i 为第 i 个离散目标物的坐标；X_G、Y_G 为目标物的坐标。质心量测经常用于宏观经济分析和市场区位选择，可以跟踪某些地理分布的变化，如人口迁移和土地利用类型变化等，也可以简化某些复杂的目标，方便导出预测模型。

5. 最大内切圆、最小外接圆和最小凸包

在实际应用中，经常用最大内切圆、最小外接圆和最小凸包等常见的图形来概括描述复杂的面状物体。

最大内切圆在空间项目选址等空间决策过程中具有重要作用，地图上多边形内点状符号的自动设置定位的关键问题就是要找出该多边形的最大内切圆。

最小外接圆可用于平面点集的分布形态分析，在一些选址定位分析中非常有用，如一个医院的选址就应当保证所有居民区到该医院的距离尽可能短，这个医院的最优位置就是点集（居民区的集合）的最小外接圆圆心。

凸包是数据点的自然极限边界，为包含所有数据点的最小凸多边形，连接任意两点的线段必须完全位于该凸多边形中，同时区域的面积也达到最小值。最小凸包在概况多边形形状方面具有很重要的作用，例如，提取散点数据的边界，对多边形进行收缩分类。

第二节　土地信息制图与输出

一、土地信息制图

地图是根据一定的数学法则使用制图语言，通过制图综合，在一定的载体上表达地球（或其他星球）上各种事物的空间分布、联系和实践中发展变化的状态的图。随着表达载体的不同，地图已由单一的纸质或其他质地的物质地图发展到各种形式的虚拟数字地图，如电子地图、三维虚拟地图、超地图、动态地图甚至虚拟现实场景地图等。

地图制图是地图创建的技术过程，是艺术、科学和技术、知识及方法综合利用的过程。用于地图制图的数据集来自 LIS 存储的各种类型的数据及 LIS 分析的结果数据。它们首先需要根据不同的制图规范，面向不同的使用目的和方式进行地图设计；其次根据设计的结果，对数据集进行数据处理，如数据综合和概况处理、投影坐标转换及数据质量处理等。经过数据处理后，还要按照地图符号化、制图表达规则和注记等要求进行表达处理；然后进行制图编辑，主要工作包括对表达进行冲突检查和处理、渲染处理、特效处理、地图布局配置等；最后生成地图产品，进行展示、打印、分发，供用户使用。

（一）地图分类

地图编制人员一般按功能和符号将地图进行分类。按功能分，地图可分为普通地图和专题地图；按符号分，地图可分为定性地图和定量地图。

普通地图为各个领域提供基础信息，主要用于描述土地在地理位置上的分布状况，反映不同空间领域上土地的形状、位置、境界和大小，可分为地形图（指比例尺 1∶500 万～1∶10 万的地图）和地理图（指比例尺小于 1∶100 万的地图），图上显示了多种空间要素，包括边界线、水文、交通、等高线、居民点和土地覆被等，还可有少量的文字注记地理名称，如县、乡、村、场、镇或街的名称等。

专题地图也称为特殊用途地图，其主要目的是为某特定领域或特定方面的应用提供专门的土地信息，是在地理底图上，按照地图主题的要求，突出而完善地表示与主题相关的一种或几种要素，使地图内容专题化、形式各异、用途专门化的地图。专题地图可分为自然地图（如地质图、地貌图、植物图、土壤图等）、社会经济图（如人口图、经济图、政区图、历史图等）和工程技术图（如工程勘测设计图、厂区现状图、竣工图、土地利用图等）。专题地图具有如下三个特点：①专题地图只将一种或几种与主题相关联的要素特别完备而详细地显示出来，而其他要素的显示则较为概略，甚至不予显示；②专题地图的内容广泛，主题多样，在自然界与人类社会中，除了那些在地表上能见到的和能直接进行测量的自然现象或人文现象外，还有那些往往不能见到的或不能直接测量的自然现象或人文现象；③专题地图不仅可以表示现象的现状及其分布，还能表示现象的动态变化和发展规律。

定性地图可以正确描绘定性数据的视觉变量；定量地图则可恰当表达定量数据的视觉变量，包括点描法地图、等值区域地图、分区密度地图、分级符号地图、比例符号地图、统计图地图、流量地图和等值线地图等。点描法地图用统一的点状符号表示空间数据，每一个符号代表一个单位值；等值区域地图是将基于行政单元的派生数据用阴影符号化表示；分区密度地图按统计数据和附加信息来勾绘具有相同数值的区域；分级符号地图用大小不同的符号（如圆、方形或三角形）代表数据的不同数值范围；比例符号地图则是对每个数值使用专门的符号尺寸；统计图地图以饼状图或柱状图为地图符号；流量地图以不同宽度的线状符号来显示流量数据的不同数量；等值线地图使用等值线系统来代表一个表面形态。

（二）地图要素

构成地图的基本内容叫作地图要素，主要包括数学要素、地理要素和辅助要素三类，它们合称地图“三要素”，部分地图要素如图 5.3 所示。

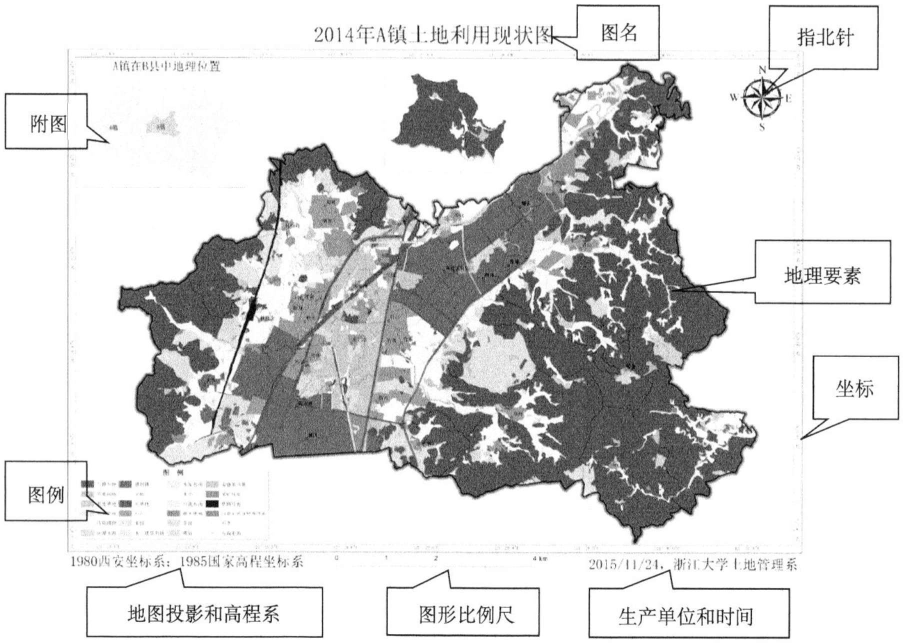

图 5.3　部分地图要素

数学要素是构成地图的数学基础，如地图投影、比例尺、控制点、坐标网、高程系和地图分幅等，这些内容是决定地图图幅范围、位置，以及控制其他内容的基础。它保证地图的精确性，作为在图上量取点位、高程、长度和面积的可靠依据，在大范围内保证多幅图的拼接使用。数学要素对于军事和经济建设都是不可缺少的内容。

地理要素是指地图上表示的具有地理位置、分布特点的自然现象和社会现象，又可分为自然要素（如水文、地貌、土质、植被等）和社会经济要素（如居民地、交通线、行政境界等）。

辅助要素，又称整饰要素，是为理解地图数据信息提供的说明信息和测量工具等，目的是便于读图和用图，包括图名、图号、图例、附图、图内各种文字及数字注记、地图资料说明等，图名蕴含了地图主题，图例则将地图符号与地图数据联系起来，附图是指主图外加绘的图件，主要作用是补充主图的不足。

必须说明的是，上述地图组成要素是传统地图所要求的。但对于其他形式的地图，如数字地图，一些组成要素可能就不是必要的，例如，地图比例尺可能会失效，因为数字地图是按照真实世界的坐标存储数据的，比例尺不再具有测量尺度的作用，只有显示尺度的作用和地图综合及概况程度的标示作用；坐标格网标示也不是必要的，因为在数字地图上测量一个位置只需要鼠标定位即可；其他一些说明信息，有的可通过元数据表达，不必标注在地图上。

（三）地图设计

地图设计是为地图制图制定表达方式、表达规则、选择表达内容和技术等的过程，它的目的不仅是设计美观的地图产品，更重要的是设计有用的地图，需要实现正确传递信息、诠释信息、突出某些关系和特性、促进对地图理解的目标。地图设计是一项具有高度复杂性和艺术性的工作，是一种高度创造性的思维活动，是人与地图交互概念的合理、适当体现和应用，也是一种土地信息可视化技术的合理选择和应用。

地图设计的视觉变量包括形状、大小、纹理、图案、色相、色值和彩度。形状表征了图上要素的类别；大小和纹理（符号斑纹的间距）更适合用于显示排序、间距和比率数据，表征了图上数据之间的数量差别；色相、色值、彩度和图案则更适合于表征标称（nominal）或定性（qualitative）数据。由于栅格数据由像元组成，形状和大小这两个视觉变量并不适合于栅格数据，纹理和图案可用于较低分辨率的制图，但像元较小时就不适合，因此在多数情况下其显示局限于运用不同的色彩和阴影。地图设计还涉及排版的问题，排版又称平面组织，是对地图的不同要素进行排列和组合的过程，包括图廓、图名、图例、比例尺、指北针、制图时间、坐标系统、主图、副图、符号、注记、颜色和背景等内容。排版关注的主要方面是焦点、顺序和平衡问题。地图设计也会受到一些因素的影响，这些因素包括客观因素、受众因素、显示和概况因素、比例因素、技术限制因素及符号选择参考因素等。

（四）地图注记

地图注记是地图上说明图面要素的名称、质量与数量特征的文字或数字。一幅没有注记的地图是无法被理解的，几乎每一种地图要素都需要注记。只有将表示要素和现象的图形符号与说明这些要素的名称、质量、数量特征的文字和数字符号结合起来，形成一个有机整体，即地图的符号系统，才能使地图更加有效地进行信息传输。地图上的注记分为名称注记、说明注记和数字注记三种。名称注记用于说明事物的专有名称，如山脉、江、河、湖、海等的名称；说明注记用于说明事物的种类、性质或特征，用以补充图形符号的不足，常以简注形式表示；数字注记用于说明事物的数量特征，如地形高程、路宽和水深等。同时，借助不同字体、字号、颜色的注记也能够进一步表明事物的性质、种类及数量差异。

（五）地图整饰

地图整饰是地图表现形式、表示方法和地图图型的总称，是地图生产过程中的一个重要环节，它的目的是：根据地图性质和用途，正确选择表示方法和表现形式，恰当处理图上各种表示方法的相互关系，以充分表现地图主题及制图对象的特点，达到地图形式同内容的统一；以地图感受论为基础，充分应用艺术法则，保证地图清晰易读，层次分明，富有美感，实现地图科学性与艺术性的结合；符合地图制版印刷的要求和技术条件，降低地图生产成本。

二、土地信息产品输出

土地信息产品输出是指借助一定的设备和介质，将土地信息产品表达为用户需要的、可以理解的形式或者其他计算机系统可以接受的数据格式的过程。其中，可以理解的形式一般是指通用的地图、表格、图形、图像和文档等，其他计算机系统可以接受的数据格式是指所有计算机系统能接受的通用介质（如磁盘、磁带或光盘等）存储的具有特定格式的数据。

（一）土地信息的输出方式

土地信息的输出方式可以分为三种：硬拷贝、软拷贝和电子输出，各主要图形输出设备的性能和特点如表 5.1 所示。

表 5.1　主要图形输出设备一览表（汤国安等，2007）

设备	图形输出方式	精度	特点
矢量绘图仪	矢量线划	高	适合绘制一般的线划地图，还可以进行刻图等特殊方式的绘图
喷墨打印机	栅格点阵	高	可制作彩色地图与影像地图等各类精致的地图产品
高分辨彩显	屏幕像元点阵	一般	实时显示各类图形、图像、表册等产品
行式打印机	字符点阵	差	以不同复杂程度打印字符、输出各类地图，精度差，变形大
胶片拷贝机	光栅	较高	可将屏幕图形复制至胶片上，用于制作幻灯片或正胶片

硬拷贝输出是永久显示，信息被打印在纸张、摄影胶片或类似的材料上，地图和表格通常用这种格式输出。地图以硬拷贝方式的输出还可分为矢量制图输出和栅格制图输出。

矢量制图通常采用矢量数据方式输入，根据坐标数据和属性数据将其符号化，然后通过制图指令驱动制图设备；也可以采用栅格数据作为输入，将制图范围划分为单元，在每一单元中通过不同颜色、样式的点、线来表示，其驱动设备的指令依然是点、线。矢量制图指令在矢量制图设备上可以直接实现，也可以在栅格制图设备上通过插、补，将点、线指令转化为需要输出的点阵单元，其质量取决于制图单元的大小。

栅格制图以设置像元的颜色或灰度为基本制图指令，其过程是先将制图指令的操作结果存入缓冲区，待所有指令结束后一次性地将结果由栅格制图仪器输出，它具有速度快、颜色或灰度丰富等特点，但图形质量一般比矢量制图低。

软拷贝是一种能在计算机屏幕上观察的输出格式，可以以黑白或彩色方式输出文本或图形，它用于系统与用户交互式的快速显示和正式硬拷贝之前对数据的浏览，可用于日常的空间信息管理和小型科研成果输出。由于计算机屏幕同绘图机的彩色成图原理有着明显的区别，所以如果将屏幕显示的图形直接用彩色打印机输出，它和地图打印输出的效果往往存在着一定的差异，这就给利用屏幕直接进行地图色彩配置的操作带来了很大的障碍。解决方法一般是根据经验制作色彩对比表，以此作为色彩转换的依据。

电子输出是由计算机兼容文件组成的输出方法，通常用于计算机系统之间的数据传递、进一步分析或带往远地产生硬拷贝输出。随着数字图像处理系统、制图系统、各种分析模拟系统和决策支持系统的广泛应用，电子输出已成为一种被广泛采用的产品输出形式，得到的数字产品可供进一步的分析和输出，使得多种系统功能得到综合。

（二）土地信息产品及其分类

土地信息产品是指由系统处理、分析后，可供规划管理、科学研究及决策人员使用的产品，是系统数据或派生数据的表现形式，反映了土地实体的空间特征和属性特征。它可以分为图件产品、表册产品、文档产品、多媒体（multimedia）和其他产品等。

1. 图件产品

图件产品又可以分为地图和图像。

地图是空间实体的符号化模型，是 LIS 的主要产品形式，它具有可量测性、直观性、一览性、某属性不同属性值的鲜明对比性和较大的信息负荷量等特点。根据地理实体的空间形态进行分类，常用的地图种类有点位符号图、线状符号图、面状符号图、等值线图、三维立体图和晕渲图等。三维立体图采用透视变换产生透视投影，表示三维曲面的起伏并使读图者对地物产生深度感；晕渲图以地物对光线的反射产生的明暗使读图者对二维表面产生起伏感，从而达到表示立体形态的目的。LIS 的地图产品，从形式上可以分为分幅图和岛图，从内容上可以分为普通地图和专题地图。

图像也是空间实体的一种模型，它不采用符号化的方法，而是采用人的直观视觉变量（如灰度、颜色、模式）表示地理实体的空间位置和质量特征。它一般将空间范围划分为规则的单元（如正方形），然后再根据几何规则确定图像平面的相应位置，用直观的视觉变量表示该单元的特征。

地图和图像均包括数字形式和模拟形式两大类，模拟形式的地图和图像常用矢量绘图仪器和栅格绘图仪器输出。这两类图件均包含了空间几何信息及各类相应的属性信息，这是属性信息归属到空间几何信息上的结果。

2. 表册产品

表册产品主要指与空间实体（如宗地）相关的规范化的属性信息一览表，其表现形式可分为表册和统计图两种。

表册是按一定形式设计的报表，土地部门有大量的报表，如国土年终报表、土地登记卡和土地登记审批表等。统计图可用来表示统计出的非空间信息，它将实体的特征和实体间与空间无关的信息采用图形表示，将这些信息传递给使用者，使得使用者对这些信息有全面、直观的了解。统计图常用的形式有柱状图、扇形图、直方图、折线或曲线图和散点图等。

3. 文档产品

文档产品指非规范化的属性数据，如土地部门日常工作产生的决定、通知、建议及合同等。

4. 多媒体和其他产品

多媒体是指在计算机控制下把文字、声音、图形、图像、动画和电视等多种类型的媒体混合在一起的大众信息交流和传播工具，其表现形式包括数字视频信息、音频信息、计算机动画等。LIS 中的多媒体产品是与土地信息相关的多媒体表现形式，它是现代土地信息产品的必要组成部分。随着人们对 LIS 需求的提高，逐渐要求如宗地景观图、有关宗地的音像资料或有关房屋装潢的照片等其他形式的信息表达。

第三节　土地信息可视化与虚拟现实

一、土地信息可视化

（一）土地信息可视化的概念及内涵

可视化（visualization）是指在人脑中形成对某物（某人）的图像，是一个心理处理过程，用于促进对事物的观察及建立概念等。可视化涉及计算机图形学、图像处理、计算机辅助设计、计算机视觉及人机交互技术等多个领域。

土地信息的可视化是 LIS 的重要功能，土地信息首先被转换为可被计算机接受处理的数字信息存入计算机中，接着计算机将这些数字信息转换为人可识别的地图图形。以可视化的方式将土地特征要素的形状、空间关系、属性、时间变化、综合特征和空间分布等，用符号化、特性化、动态化等方法加以渲染和揭示，可供人们从不同角度、不同层次及不同方式理解土地信息。土地信息可视化不仅可以表达土地数据固有的表层信息，还可以将通过土地数据分析、空间分析获得的深层的、隐含的信息加以适当地表达，以展示其内在信息。

地图是土地信息可视化的重要表达方式，但不是唯一方式。随着由科学计算可视化向地理空间信息可视化的技术发展，一些新型的土地信息地图可视化的表达形式不断产生，如虚拟地图、动态地图、交互地图、超地图、多媒体地图和三维仿真地图等。多媒体土地信息可综合、形象地表现土地信息，是文本、表格、声音、图像、图形、动画、音频与视频等各种形式的连接和集成，也是土地信息可视化的重要形式。根据可视化表达的维度的不同，一般可将土地信息可视化分为二维可视化和三维可视化。土地信息的多维可视化在地球科学中具有重要意义，它对动态、形象、多视角、全方位和多层面地描述客观现实，对虚拟化研究、再现和预测地学现象，都有突出的方法论意义。

可视化技术主要为土地信息提供了三方面的应用领域：①为土地信息公众用户提供过去没有的空间认知工具，如电子地图和虚拟环境等；②用于优化、更新数据库本身，强化数据的直接应用，如检测数据精度，开发知识和数据挖掘；③为土地管理者提供更加有力的决策工具，如利用虚拟现实技术对土地利用决策行为进行模拟，可预测决策行为的结果、保障决策的科学性、避免不合理的土地利用决策行为的发生。

（二）土地信息的二维可视化

土地信息二维可视化的传统表现形式主要包括专题地图和剖面图两类。随着信息表达交流模型与地理视觉认知决策模型的发展与应用，土地信息二维可视化的新型表现形式产生，包括动态地图和超地图（hyper-maps）等。

1. 专题地图

专题地图具有多种多样的表示方法，点状要素的质量和数量特征可以用点状符号表示；线状或带状要素，如交通线、河流等可以用线状符号表示其质量和数量特征；而面状要素的表示方法，最常用的有等值线法、范围法、质底法、点值法、运动线法和统计图法等。

2. 剖面图

剖面是指地面沿某一方向的垂直截面（或断面），它包含地形剖面图和地质剖面图等。地形剖面图是为了直观地表示地面上沿某一方向地势的起伏和坡度的陡缓，是以等高线地形图为基础转绘成的。它沿等高线地形图某条线下切而显露出地形垂直剖面。从地形剖面图上可以直观地看出地面高低起伏状况。地质剖面图则主要用于显示地质构造信息。

3. 动态地图

由于土地数据存储于计算机内存，动态地图可以动态地显示对土地数据的不同角度的观察结果、不同方法（如不同颜色、符号等）的表达结果或者土地现象随时间演变的过程等。由于地图的动态性，土地信息的表达是在时间维上展开的。所以，传统的关于纸质静态地图的符号制作、符号注记等制作理论和方法在动态地图中不再完全适用。此外，人如何认知分析动态的信息流等问题需要进一步探讨和深入研究。

4. 超地图

超地图是基于万维网（www）的与土地相关的多媒体，可以让用户通过主题和空间进行多媒体数据的导航，这与超文本的概念相对应。超地图提出了万维网上如何组织空间数据并与其他超数据（如文本、图像、声音、动画等）相联系的问题。超地图对地图的广泛传输与使用，对公众生活、社会决策和科学研究等都会产生巨大的作用，具有重要的意义。

（三）土地信息的三维可视化

LIS 可视化早期受限于计算机二维图形软硬件显示技术的发展，大量的研究放在图形显示的算法上。继二维可视化研究后，出现了对土地信息等值面（如数字高程模型）的三维图形显示技术的研究，它通过三维到二维的坐标转换、隐藏线、面消除、阴影处理和光照模型等技术，把三维空间数据投影显示在二维屏幕上。由于对土地数据的表达是二维的，而不是真三维实体空间关系的描述，因此目前已实现的大多数土地信息三维可视化实际上属于 2.5 维可视化。三维技术可分为基于面表示和基于体表示，其中面表示可容易地为地层及其构造提供精确的空间描述，特别是构造复杂的地带或岩石断层处，然而这些面仅将地表面以下部分分成许多区域，各区域内的不同地质条件不容易描述；体表示将整体细分成大量的体元（voxels），体元及其变异的一个主要优点是易于表示异质特征的整个三维分布状况。土地信息三维可视化的表现形式包括数字高程模型、地貌晕渲图（shaded relief map）、虚拟地图、交互交融地图、三维仿真地图和三维动态漫游等。

1. 数字高程模型

广义的 DEM 是一般三维表面模型，若将 DEM 中的高程属性信息换成土地利用信息，就可以建立起土地利用信息模型，从而对土地利用进行可视化分析。此外，既然在 DEM 上使用纹理映射可以反映地表细节，那么在 DEM 上叠加土地利用信息也可以很逼真地反映实际的地表情况。对不同的土地利用信息施以不同的颜色再叠加到 DEM 上，就能形象地显示出土地利用情况。

2. 地貌晕渲图

晕渲法也叫阴影法，是用深浅不同的色调表示地形起伏形态的方法，目的是增加丘陵和山地地区描述高差起伏的视觉效果。用这种技术绘制的图件效果很好，但费用太高，晕渲的质量和精度在很大程度上取决于制图者的主观意识和技巧。按光源的位置，可将其分为直照晕渲、斜照晕渲和综合光照晕渲；按色调，可将其分为墨渲和彩色晕渲。

3. 虚拟地图

虚拟地图指计算机屏幕上产生的地图，或者利用双眼观看有一定重叠度的两幅相关地图，从而在人脑中构建三维立体图像。虚拟地图具有暂时性，而实物地图则具有静态永久性。虚拟地图和人的心智图像，这两者相互联系与作用的原理和过程，同传统的实物地图是不一样的，需要建立新的理论与方法。

4. 交互交融地图

交互交融地图是指人与地图可进行相互作用和信息交流。交互地图是人可以通过一定的途径，如选择观察数据的角度、修改显示参数等，来改变地图的显示行为。在这个过程中，屏幕地图（或双眼视觉立体地图）即虚拟地图，与应用人员脑中相关地学知识及直觉等形成的心智图像一直处于相互作用、相互比较、相互修改完善的信息联系和反馈状态。交融地图是人与地图的融合程度，也就是人在虚拟地图中的投入感和沉浸感（immersion）。虚拟现实技术是交互交融地图的发展基础。

5. 三维仿真地图

三维仿真地图是基于三维仿真和计算机三维真实图形技术而产生的三维地图，具有仿真的形状、纹理等，也可以进行各种三维的量测和分析。根据基础数据及仿真技术的不同，可以将三维仿真地图分为以下几种类型。

（1）基于纹理映射技术的三维仿真地图：通过模拟物体表面的纹理细节生成具有真实感图形的技术称为纹理映射技术。该技术的本质是选择与 DEM 同样地区的纹理影像数据（如扫描数字化地形图），将该纹理叠加在通过 DEM 所建立的三维地形模型上，形成既具有立体感又具有真实性、信息含量丰富的三维立体景观。

（2）基于遥感影像的三维仿真地图：各类遥感影像数据（航空、航天、雷达等）记录了地形表面丰富的地物信息，是三维仿真地图建立的主要纹理库。其基本原理是：在获取区域内的 DEM 的基础上，选取一定数量（通常大于 6 个）的明显特征点，按照相应的投影映射关系确定其在影像中的位置，经重采样后获得其影像灰度，再经过一系列处理后，将结果显示在计算机屏幕上，生成一幅以真实影像纹理构成的三维仿真地图。

（3）基于地物叠加的三维仿真地图：除将图像的纹理叠加在地形表面外，还可在 DEM 上叠加地形表面的各种人工和自然地物，如公路、河流、桥梁、地面建筑等，这样就能更逼真地反映地表的实际情况，生成的地形环境还能进行空间信息查询和管理。

6. 三维动态漫游

三维仿真地图的显示属于静态可视化的范畴，在实际工作中，对于一个较大的区域或者一条较长的路线，有时既需要把握局部地形的详细特征，又需要观察较大的范围，以获取地形的全貌。一个较好的解决方案就是使用计算机动画技术，使观察者能够畅游于地形环境中，从而从整体和局部两个方面了解地形环境。

为了形成动画，就要事先生成一组连续的图形序列，并将图像存储于计算机中。将事先生成的一系列图像存储在一个隔离缓冲区，通过翻页建立动画；图形阵列动画为组块传送，每幅画面只是全屏幕图像的一个矩形块，显示每幅画面只操作一小部分屏幕，较节省内存，运行时间较少。

对于地形场景而言，不但有 DEM 数据，还有纹理数据，以及各种地物模型数据，数据量都比较庞大。而目前计算机的存储容量有限，因此为了获得理想的视觉效果和计算机处理速度，使用一定的技术对地形场景的各种模型进行管理和调度就显得非常重要，这类技术主要有单元分割法、细节层次（level of detail，LOD）法、脱线预计算及内存管理技术等。通过这些技术实现对模型的有效管理，从而保证视觉效果的连续性（图 5.4）。

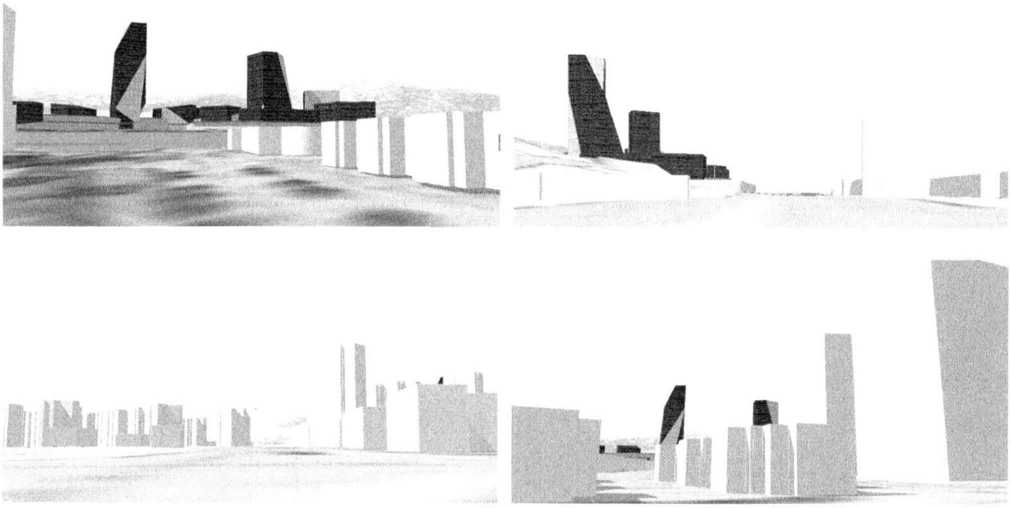

图 5.4　三维动态漫游地图

注：本图来源于浙江大学建筑工程学院建筑学系相关项目图片

二、虚拟现实技术及其应用

（一）虚拟现实技术

虚拟现实技术，是20世纪80年代末期在美国等先进国家发展起来的新兴技术，它是由计算机与其他专用设备构成的一种特殊三维图形环境，在这个环境中，人可以以最自然的方式，即感官、语言和手势等与环境进行实时交互，产生逼真的临场感。虚拟现实技术是当代高新技术领域中多学科交叉渗透的产物，它汇集了计算机科学、认知科学、信息科学和心理学等多学科的理论。

虚拟现实技术的硬件主要有：图像生成器或三维图形生成器；操纵和控制设备，如3D和6D鼠标、跟踪球、游戏杆、数据手套、数据衣等；位置跟踪设备，跟踪头部或手部的位置和方向，使计算机产生的图像能随头部或手部的运动而变化；立体视觉设备，如双显示器或液晶光闸眼镜等；头盔。在建立实际的应用系统时，可以根据不同的需要配置不同的设备（图5.5）。虚拟现实技术的软件应包括以下功能：输入处理，仿真，视觉、听觉、触觉、力觉、味觉和嗅觉等的绘制。虚拟现实建模语言（virtual reality modeling language，VRML）基本能实现虚拟现实要求的一些基本功能，另外，也可以使用Open Inventor、3DS Max等软件。

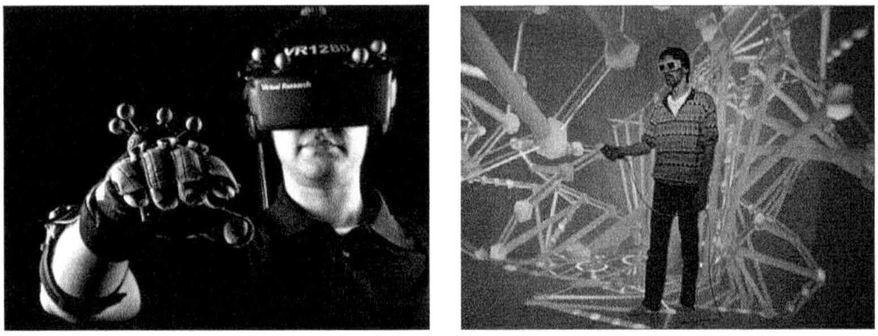

图5.5　虚拟现实技术场景图

注：本图来源于百度图片

虚拟现实技术具有以下四个主要特征：①沉浸性（immersion），计算机创造的虚拟环境能使用户产生身临其境的感觉；②交互性（interaction），用户能用人类熟悉的方式对虚拟环境中的实体进行观察和操纵，并在交互操作过程中获得反馈；③自主性（autonomy），指虚拟现实中的物体应具备符合物理定律动作的能力，如受重力作用的物体下落；④构想性（imagination），用户能利用虚拟环境进行模拟、仿真和预测。其系统组成如图5.6所示。

（二）虚拟土地信息环境

虚拟现实技术、计算机网络技术与土地信息相结合，可产生虚拟土地信息环境（virtual land information environment，VLIE）。虚拟土地信息环境是基于土地分析模型和土地系统工程等的虚拟现实，它是土地工作者根据观测实验和理论假设等建立起来的、表达和描述土地系统的空间分布及过程现象的虚拟信息土地世界。它是一个关于土地系统的虚拟实验室，允许土

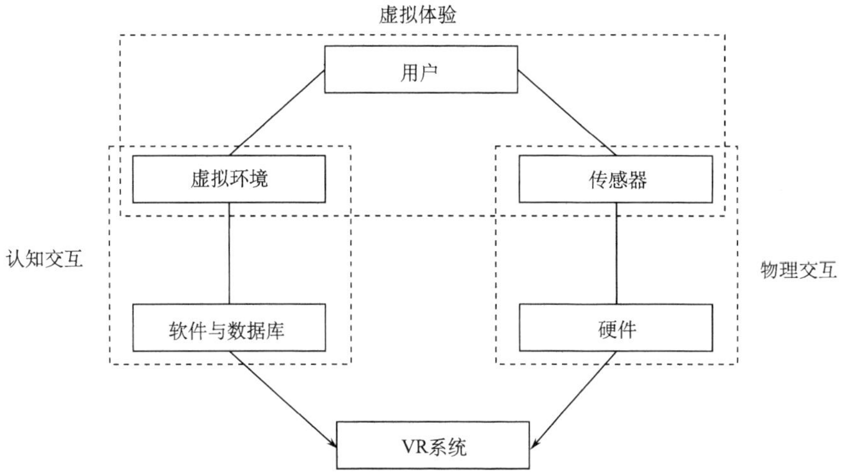

图 5.6　虚拟现实系统组成（马学才，2008）

地工作者按照个人的知识、假设和意愿去设计修改土地空间关系模型、土地分析模型、土地工程模型等，并直接观测修改后的结果，通过多次的循环反馈，最后获取土地科学规律。虚拟土地信息环境有以下两个特点：一是土地工作者可以进入土地数据中，有身临其境的感觉；二是具有网络性，从而为处于不同地理位置的土地科学专家同时开展合作研究、交流与讨论提供了可能。

虚拟土地信息环境与地学可视化有着紧密的联系。虚拟土地信息环境中关于从复杂土地数据和土地模型等映射成三维图形环境的理论和技术，需要空间可视化的支持；而土地可视化的交流传输与认知分析在具有沉浸投入感的虚拟地理环境中，则更易于实现。土地可视化将集成于虚拟土地信息环境中。

虚拟土地信息环境的发展与完善，除了依赖于计算机的虚拟现实技术外，还与土地信息获取处理技术（如遥感、遥测等）、土地信息分析模型构建水平、土地信息可视化、土地智能专家系统和土地空间认知理论等的发展密切相关。虚拟土地信息环境对土地科学发展具有重要意义。

（三）虚拟现实技术在城市土地信息系统中的应用

城市土地信息系统中的虚拟现实技术是对传统 LIS 可视化或可视化分析、仿真、模拟技术体系的创新，它实现了对土地信息数据淋漓尽致的表达，使用户从多角度、多层次、实时地感受和理解对虚拟世界的分析和模拟。

在城市土地信息系统中，可以将虚拟现实技术创造的虚拟世界作为一个专题信息图层进行单独分析处理或者与其他的专题信息进行叠加分析处理。若将其作为一个专题图层，那么用户可以进行城市旅游；购买房子时，可以参观房屋周围的环境，进入房屋感受房间的布置、装修和建筑材料等状况；查询时，点击某一宗地，可以直观地调出宗地的房屋产权证、土地证和地籍调查表等文档，也可根据相关的文档查询虚拟世界某一宗地；在进行维护更新时，可方便地在虚拟世界中进行宗地的删除、合并、分割等操作。若将虚拟世界作为一个专题图层与 DEM、管网线、消防、医院、学校等专题地图叠加，则可进行地产估价、分等定级、城市规划、商业选址等分析操作。进行城市规划时，在综合考虑各种自然、社会、经济等因素的基础上，可以直观地在虚拟世界中表示若干年后城市化可能的形态特征和内部空间布局等信息，帮助决策者更加全面、快速地做出决策。

参考文献

姜小三. 2014. 地理信息系统实验. 北京: 国防工业出版社.
李建松, 唐雪华. 2015. 地理信息系统原理. 武汉: 武汉大学出版社.
刘家彬, 张金亭, 胡石元. 2002. 土地信息系统理论与方法. 北京: 测绘出版社.
刘耀林, 何建华. 2007. 土地信息学. 北京: 科学出版社.
马才学, 2008. 土地信息系统. 北京: 北京师范大学出版社.
曲卫东, 韩琼等. 2009. 土地信息系统. 北京: 中国人民大学出版社.
汤国安, 刘学军, 闾国年, 等. 2007. 地理信息系统教程. 北京: 高等教育出版社.
汤国安, 杨昕. 2012. ArcGIS 地理信息系统空间分析实验教程. 北京: 科学出版社.
Kang-tsung Chang. 2009. 地理信息系统导论. 3 版. 陈建飞等 译. 北京: 清华大学出版社.

第六章　土地信息标准化建设

土地信息建设是开展土地工作与土地科学研究的起点，它的成效决定着后续土地工作的推进。目前，土地信息系统的建设正在我国广泛开展，各级土地信息系统正在开发或面临更新，但缺乏一套通行的土地信息标准规范，使各级土地信息系统无法得到良好的衔接，导致土地信息的沟通与交流遇阻。

标准化是现代化生产和管理的重要手段，也是各行业科学管理与发展的必然趋势，土地信息的建设也不例外。加强土地信息化标准建设，研究和编制适用于土地信息发展建设的标准化体系，从本质上改善土地信息标准化建设的滞后局面，是土地信息化发展亟待优化的工作内容。

第一节　土地信息分类与编码体系

一、土地信息分类

（一）土地信息分类意义

土地信息既包含了土地及其附着物的空间属性、自然属性、经济属性、权能属性及各属性之间关系的属性，又包含了人类在土地利用过程中产生的各类信息。

土地信息的数据海量性、信息的动态性与信息载体的多样性决定了土地信息种类繁多、结构复杂的特质。在这样的情况下，如果不对土地信息进行分类，人们就难以表征或管理土地信息，进而阻碍科学研究与实际应用。

土地信息分类，即把与土地相关的事物和现象信息依据某个属性或特征划分为不同的类别，如在土地利用规划信息系统中将土地分为农用地、建设用地和未利用地；或把某一类土地类别的事物或现象分为不同层级，如按照经济属性对城镇土地分等定级估价，划分为四等七级。总之，土地信息分类是土地信息化管理的客观要求，目的在于为土地信息管理与应用提供便利。同时，土地信息分类整合了庞大、凌乱、相互混杂的信息集合，将土地信息进行分类，并构建系统化和全面化的信息库，是将对土地信息认识上升到系统化高度的重要方法。

（二）土地信息分类方法

土地信息分类是一项基础性工作，具有工作量较大和需要考虑技术因素的特征，分类结果将直接影响未来应用的效果，因此需要充分考虑土地信息的使用要求和目的，然后对其进行分类。从不同角度切入，土地信息分类可使用不同的分类方法，但无论采用何种分类方式，都需遵循一定的原则。

从理论角度上，应遵循：①科学性原则，即依据土地信息特征进行分类，采用层次分类法构建树状结构；②系统性原则，土地信息分类的门类和级别应排列为一个有机的整体；

③稳定性原则，分类应基于既有的土地科学理论构架和我国长期通行的土地信息常规，以使其具有长期稳定性。

从实践角度上，应遵循：①可扩展性原则，分类和代码应为容纳土地信息系统未来会产生的信息预留空间，在代码结构和编码上留有扩充余地；②易用性和灵活性原则，系统分类与代码可灵活转换，代码尽可能便于记忆或简短；③考虑数据来源原则，土地数据一级分类可从遥感影像识别，便于遥感数据在土地利用中的使用；④不受比例尺限制原则，分类和代码应包容多种比例尺数据库涉及的要素。

从分类方法上来看，目前信息分类主要归为两种（图 6.1）：线分类法和面分类法。线分类法又称层次分类法，依据分类对象将选定的属性或特征划分为层次目录，组成一个具有层级的分类体系，而各层级类别之间存在并列关系，不同层级则存在隶属关系，同类目不存在重复与交叉。面分类法是将选定的分类对象划分为互不相关的多个方面，每个面由彼此独立的若干类目组成。

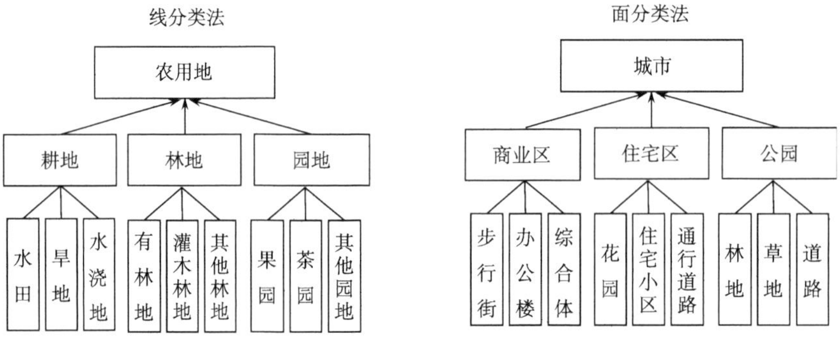

图 6.1　线分类法和面分类法比较示例

线分类法与面分类法各自的特点差异明显（表 6.1）。线分类法属于一维分类法，体现的是垂直方向上的概念逻辑关联；面分类为二维分类法，是水平方向上的概念逻辑关联。在实践中，高层的定性信息分类适合线分类法，定向属性往往处于类别较低的层次，适合应用面分类法。

表 6.1　线分类法和面分类法比较

方法	优点	缺点
线分类法	（1）层次性好，较好地反映类目之间的逻辑关系 （2）使用方便，符合手工处理信息的传统习惯，便于计算机处理信息	（1）结构弹性差，分类结构确定后不易修改 （2）效率较低，当分类层次较多时，代码位数长
面分类法	（1）有较大弹性，一个面内容类目改变，不影响其他面 （2）适应性强，可视需要组成任何类目，易于添加和修改类目	（1）不能充分利用容量，可组配的类目多，实际应用类目有限 （2）难以手工处理信息

土地信息编码体系的土地信息分类方法则主要通过分类和分级形成，首先利用分类把所有土地类型划分为若干个类组，随后对同一个类组对象按照某一方面量或特征进行分级。分类和分级的划分方法描述了土地的分类关系和等级联系。

土地信息分类可以把现实世界的空间分布特点作为分类依据，普遍地用于某种地理客体的等级表示中，如行政区划、邮政编码都是这种类型。

成因分类法，以成因作为主要考量的分类指标进行的地物分类，该方法编码的土地信息一般属于自然范畴。它所体现的是一种分类的概念，垂直方向上的分级概念没有体现。典型的如马蔼乃（2000）对小比例尺土地类型图提出的建议，应从气候、水文、植被、土壤、地质和地貌六大因素考虑，故至少需要 6 位码。

地图分类方法也是重要的土地信息分类方法，它一般继续沿用地图制图界所普遍使用的分类体系。它具有如下特点：首先，拥有较长的历史，分类体系合理且稳定；其次，地图表达合理清楚，较多地考虑所表示客体的空间属性；最后，表达内容侧重地理组成，对地理运动规律的解释是间接的。

（三）土地信息分类体系

土地信息种类多样，分类体系复杂。从土地管理主体差异划分，土地信息可分为基础信息与专项信息；从土地管理领域划分，土地信息可划分为地籍信息、土地利用规划信息、基本农田保护信息、土地整治信息、土地法律与检察信息等专项信息；从信息内容划分，土地信息可分为空间信息、属性信息、文档信息、元数据信息等。

从信息系统应用与开发的角度出发，土地信息分类体系大致可包含基础地理信息、专题图形信息、土地基础属性和土地相关属性等四部分（图 6.2）。

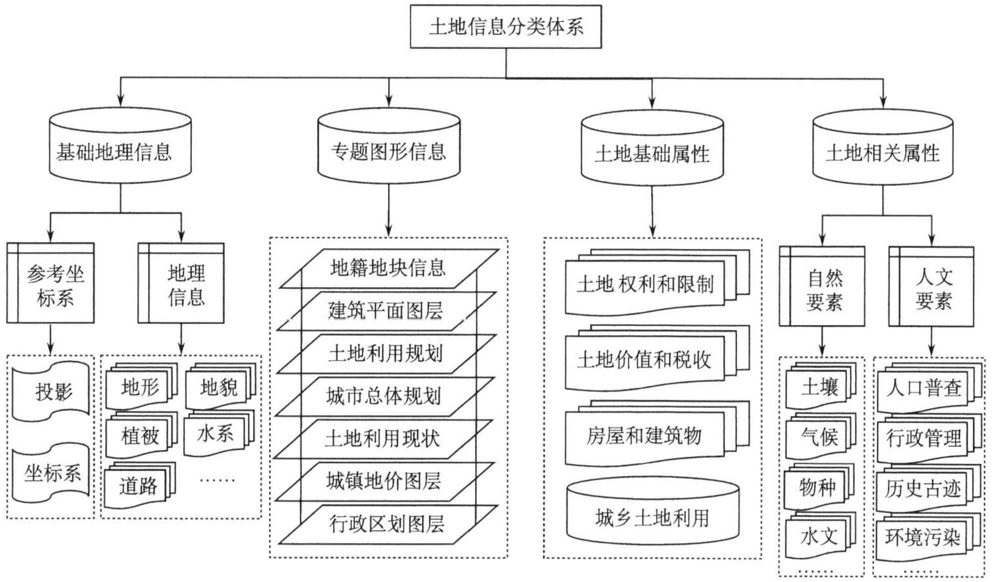

图 6.2　土地信息分类体系（郑新奇等，2008）

在土地信息分类体系中，基础地理信息是土地及所处环境的综合反映，为土地所依附的地理背景。在土地信息管理中，基础地理背景主要承担以下功能：首先，为土地信息提供统一的空间定位参考框架，主要为参考坐标系，如地图投影、地理坐标系等；其次，为土地信息提供制定土地研究区域地形地貌、植被、水系、道路等地理背景信息。

专题图形信息是以某项土地开发或发展功能为目标，或为解决土地的开发、利用、整治和保护过程中某项问题而采取措施所形成的数据信息，包括地籍地块信息和中间用地方案图层、建筑平面图层、土地利用规划或专项规划图层、城市总体规划与专项规划图层、土地利用现状图层、城镇土地分等定级和基准地价图层、行政区划等。

土地基础属性是现实世界中土地经济属性与自然属性的综合体现，包括：①土地权利和限制，是人与土地之间的特殊关系的体现，表现在人所拥有的土地权利和政府对土地开发和利用的限制；②土地价值和税收，体现了土地经济效益，是论证建立多用途地籍合理性最重要的经济要素；③房屋和建筑物，是地籍管理中的重要信息，包含建筑物楼层和高度、楼面面积、建筑物类型等内容；④城乡土地利用，记载了当前土地的利用状况，指出了宗地所在土地利用区的信息。

土地相关属性是研究区域内与土地实体和现象紧密相关的自然与人文因素。自然因素主要有土壤、气候、森林植被、其他植被、物种、水文、地质等要素；人文因素包括人口普查、行政管理、历史古迹、环境污染与健康、产业与就业、交通运输、给水排水等内容。

二、土地信息编码

（一）土地编码的概念与内涵

土地信息编码是一种人为建立的数字与符号集合，这些数字与符号组成的编码将每一个界址点、宗地和土地利用类型的自然属性与社会属性一一呈现。土地编码用以表达土地及相关事物，如界址点、宗地、土地利用类型、土地利用分类、行政区划等。土地信息数据库不仅包含空间数据，还包含具有一般事务数据库常见的数字、字符所表示的数量和名称的非几何数据，这正是土地信息编码所要处理的对象数据。土地信息编码往往对土地设计的事物冠以缩写与代码，使事物具备分类严谨、便于识别的特征，以便土地的信息化管理。

土地信息编码的科学运用，既便于人们对数据的管理，又可以促进对数据的有效使用。因此，土地信息化建设工作应重视土地信息编码，尽可能地实现统一的编码管理。

（二）土地信息编码原则

面对全国土地信息化建设与管理的大势，相关管理部门与行业也进行着土地信息系统的建设，研制相应的土地信息编码标准。在制定土地信息编码过程中，应遵循以下原则。

（1）唯一原则。编码过程中的名称与术语定义，在概念上是唯一的，即一个编码对应一个信息。

（2）特征性原则。编码必须有固定的码位与码段，每一个码位与码段都需要有相应固定的定义。

（3）一致性原则。土地信息编码规则需观测土地信息系统建设和数据库中每个数据文件。

（4）统一性原则。编码中尽量采取现行的国家编码标准和国家行业相关的编码编制规则，便于系统信息之间的兼容。

（5）可扩充性原则。编码过程中，应该留有扩展余地，当增加的某些事物进入编码系统或对现有码位进行扩充时，不能破坏其原有的完整性。

（6）适用性原则。编码尽可能的简捷、易懂、使用方便，同时具有较强的可识别性能，便于计算机信息存储，方便操作人员的记忆与使用。

（7）完整性原则。土地信息系统涉及面较广，应全面考虑有关的信息类型与分类，避免信息的缺失与遗漏。

（三）土地信息编码方法

土地信息编码基础都是基于分类体系形成的，编码过程中所用的编码有多种类型，编码格式往往有英文字符、数字或两者组合的形式。常见的编码方法有顺序分类编码法、符号编码法和层次编码法等。无论是何种编码方法，一般都包括以下内容。

（1）登记部分，用来表示属性的序号，即可视简单的连续编号或划分为不同层次进行顺序编码。

（2）分类部分，用来表示属性的地理特征，可以用多位代码来反映多种特征。

（3）在属性数据量较大时，通过某些差错算法对编码错误进行检查与控制。

（4）文件编码是对数据库文件进行命名，反映专题要素的意义，并需要符合操作系统的命令要求。

在我国土地信息系统中，层次编码法较为普遍。它是按照分类对象的从属和层次关系为排列顺序的一种编码方式，一般是基于信息的线分类体系设计的，它能够明确地表示出分类对象的类别，代码结构有严格的隶属关系。以《浙江省乡（镇）土地利用总体规划数据库标准（修订版）》的行政区界线为例（表6.2），根据分类编码通用原则，依次按一级类、二级类、三级类、四级类划分，分类代码采用十位数字层次码。一级类为基础地理信息要素，二级类为境界与行政区，三级类为行政区域行政区界线，四级类包含国界、省界和县界等。

表6.2　土地利用规划中行政界线层次代码结构

序号	类目名称	要素代码	说明
1	基础地理信息要素	1000000000	
2	境界与行政区	1000600000	
3	行政区	1000600100	
4	行政区界线	1000600200	
5	国界	1000600210	
6	省、自治区、直辖市界	1000600220	
7	自治州、地区、盟、地级市界	1000600230	
8	县、自治县、旗、县级市界	1000600240	
9	乡、镇、国营农场、林场、牧场界	1000600250	
10	村界	1000600260	乡（镇）级规划

目前，国家相继出台了土地信息分类与代码标准，如《土地利用现状分类》（GB/T 21010—2017）、《基础地理信息要素分类与代码》（GB/T 13923—2006）等。

第二节　土地信息标准化

一、土地信息标准化的必要性

标准化是指在经济、技术、科学及管理等社会实践中，对重复性事物和概念通过制定、发布和实施标准的方式达到统一，以获得最佳秩序和社会效益。对土地信息而言，标准化是信息化的基础，更是土地信息系统建设的重要保证。土地信息标准化可以保证土地信息化建设的顺利进行，实现土地信息资源的真正共享。土地信息标准化就是为确保土地信息资源共享与交换而制定、发布、实施一系列相互配套的标准、规范和约定的过程。

随着土地数据和信息的积累及土地信息系统应用的不断扩大，许多国土管理部门开始着手建设新系统或者更新原有系统。在这种形势下，土地信息标准化建设表现得更为紧迫和必要，其必要性体现在以下四个方面。

（1）确保数据的采集和更新。数据的采集和更新是土地信息系统建立过程的一项最大的投资。在数据采集上，各地、各部门都需要花费大量的人力、物力，同时大量数据分散在不同地点和部门，现有的数据资源没有得到充分的利用和共享，众多调查成果重复和浪费。造成这种现象的一个最重要的原因是缺乏空间数据标准的一致性和缺少相互运行的机制。

（2）确保数据的兼容性。通过土地信息标准化指导各地土地信息系统建设，规范土地信息系统软件，确保各类软件平台输出的数据相互兼容。目前，我国流行着多种系统软件平台，平台之间的低兼容性阻碍了数据的共享和交流。只有尽快制定出土地信息的标准，才能在促进兼容性的同时保证系统软件开发的繁荣。

（3）确保数据的可持续利用。目前不少地方和部门正在或将要进行土地信息数据库建设，但由于缺乏土地信息标准化的指导，有些地方的数据库建设存在着各种各样的问题，阻碍了建设的顺利进行。

（4）确保土地信息的管理和利用，便于土地信息数据在计算机网络上通信，促进土地信息产业化，推进社会信息化进程。我国的土地利用管理采用垂直管理模式，国家、省、市、县四级国土管理部门之间的土地信息数据通信网络亟待完善。同时各级国土管理部门也可以利用计算机网络向社会发布土地信息，以适应社会各行各业对土地信息的需求，而土地信息数据上网的先决条件是信息标准化。

二、土地信息标准化的内容

土地信息是国家行政管理和经济建设的基础信息，除具有一般信息的共性外，还具有许多独有的特点。因此，开展土地信息标准化建设十分必要，但也具有相当的难度，所制定的标准既要服从信息技术及地理信息系统领域的标准，又要符合本领域的特色。

土地信息标准化的内容可以从狭义和广义两个层次去理解。狭义的标准化，包括数据、数据交换、数据库转换、图形、软件和硬件等方面的标准，主要分为空间数据标准和信息技术标准两个方面；广义的标准化，其内容除上述两个方面外，还包括地理、算法、解译和行业标准等方面的内容。本书主要介绍以下标准化内容。

（一）应用标准

土地信息的应用是多种多样的，其标准相应也是多元的。对于土地信息数据而言，受标准影响最深的当属数据测绘部门。与基础数据相关的地理标准和解译标准是进行土地信息提取与处理的必备条件，可以说是基础性应用标准。

（1）地理标准。地理标准主要表达地图和空间数据的位置与位置精度等信息，如空间数据的投影、地理坐标系和地图比例尺等。经过发展，世界各地都建立了自己的地理标准，但也存在区域之间不匹配的现象。例如，在我国部分地区，北京 54 坐标系、西安 80 坐标系和地方独立坐标系不匹配或转换精度差，土地信息与城市规划信息数据坐标系不匹配频繁出现，这就亟须对土地信息系统与土地信息设立一致的地理标准，以满足应用需求。

（2）解译标准。解译是获取地图中土地现象和实体所表达信息的基本方式，通过解译来获取土地基础数据已成为土地动态监测与研究的重要途径。但是，人们往往聚焦于地图产品本身，而缺少对产品结果检验的标准，缺少建立各种地理模型的标准，导致解译标准不统一。目前，解译标准难以实现统一，原因是难以找到一个统一模型来实现对空间要素认识、解译和表达的标准化。

（二）术语与分类标准

随着土地信息系统的发展，新的名词术语不断出现，为达到土地信息领域通用信息术语的规范化，使信息术语在土地信息领域中表达统一、特定的含义，需制定土地信息标准术语，这是土地信息标准化的一项基础工作。土地信息的分类工作已逐渐得到发展和完善。目前，我国相继推出了几部统一通行的土地信息分类标准与术语规范，包括《第二次全国土地调查技术规程》（TD/T 1014—2007）、《土地利用现状分类》（GB/T 21010—2017）、《土地基本术语》（GB/T 19231—2003）等。

（三）数据标准

数据是信息系统的基础，因此数据标准是极其重要的，它主要包括数据交换、数据精度、数据文件和数据的媒体记录格式等方面的内容。

数据交换是将一种数据格式转换成为另外一种数据格式的技术。对于土地信息而言，这类标准往往涉及在不同空间数据模型下空间目标的记录完整性和转换完整性、各种参考信息的记录及转换格式、数据显示信息及属性数据的标准定义、值域的记录和转换等方面的内容。如美国的空间数据交换标准（spatial data transfer standard，SDTS）以一定概念模型为基础，不但注重空间数据的数据格式，而且注重属性数据的数据格式及空间、属性数据之间逻辑关系的实现。由于空间数据格式、结构、应用和软硬件的复杂多样性，制定这类标准的难度非常大，目前仍以采取系统两两相互转换的方法居多，但该方法的弊端在于无法转换元数据文件，容易丢失信息和损失数据精度。

不同部门对于数据的精度、流通性和完整性等方面的要求是不同的，即使对于同一个部门，不同项目对数据的精度要求也不尽相同，因此很难以某种数据阈值来确定统一的精度标准。目前的做法是采用“数据质量报告”的概念来描述所了解的数据精度。

数据文件通常称为元数据，是关于数据本身的一些描述信息，如数据质量、数据获取日期和数据获取机构等，可以看作关于数据的数据。元数据有三种用途：作为数据的目录、有助于数据共享和内部文件记录。美国联邦地理数据委员会（Federal Geodata Commission，FGDC）、国家标准与技术研究院（National Institute of Standards and Technology，NIST）和加拿大遥感中心（Canada Center for Remote Sensing，CCRS）正在着手制定元数据标准。

数据总以一定的媒介作为存储载体，它在媒体上的记录格式是否标准、是否对用户透明也是制约数据应用范围的一个重要因素。各种媒介技术的发展对数据记录格式的影响很大，对于不同时期、不同的记录媒体，应分别制定和采用相应的标准。

（四）信息技术标准

信息技术标准主要来自计算机领域。计算机的硬件与软件生产者早已采用了多种标准，用于通信、用户界面、图形、操作系统和数据库查询等许多方面。这类标准具有较为广泛的适用性，与土地信息系统相关的信息标准较多。

（五）行业标准

行业标准主要指从事这一技术的专业人员的标准与规范。随着从事土地信息系统或相关业务的人员的增多，有必要制定统一的标准和规范，以确定土地信息系统的人员资格，保证人员的技术水平。虽然目前仍没有这类标准，但可以参照其他学科的做法，制定某种规定或标准，如发放技术水平确认证和从业许可证等。

此外，还应考虑土地管理工作的标准化问题，包括机构设置、管理职能和工作流程等。管理的标准化是信息标准化的一个重要保证。随着信息技术的发展，多媒体技术、虚拟现实、高分辨率遥感信息、实时监测技术、网络技术和大数据技术等在很大程度上改变了传统土地信息系统的概念，土地信息标准化也将随着技术的提高而不断发展。目前，国际上提出的开放 GIS 概念已经引起了土地信息系统界的高度重视，开放地理信息联合会（Open GIS Consortium）逐步成为 GIS/LIS 的重要标准化组织。该组织已有二十多个成员，其制定的要素定义说明、编码、数据交换及元数据格式已逐步得到土地信息系统界的接受。

第三节　土地信息系统规范的制定

合理地制定土地信息技术标准，并规范其实施过程，是将土地信息技术活动纳入正规化管理的重要手段。在规范和标准的制定与实施过程中，必须严格遵循国家相关的法律、法规和规章，如《中华人民共和国标准化法》《中华人民共和国标准化法实施条例》《国家标准管理办法》《行业标准管理办法》。

一、制定土地信息技术标准的基本原则

土地信息标准化建设是一项十分复杂的系统工程，它是对计算机信息系统、信息工程和信息表达最深刻和最全面理解的体现，制定的标准不仅有现代信息理论作为依据，还以实践作为基础。所以在土地信息标准化建设时应当遵循如下原则。

（1）科学性原则。以科学为基准，突破现有运行系统的桎梏。如目前多数人在学习实践

中认识到的关系型数据库是图形和属性数据一体化存储的理想形式，然而多数空间数据库并没有采用该形式。

（2）实践性原则。土地信息技术标准化最终要为实践服务，因此要以土地管理的实际为出发点指导信息标准的制定。制定土地信息标准时应当结合土地管理专业人员与土地信息系统技术人员的意见，要发挥人员的主导作用。

（3）一致性原则。土地信息领域的信息种类过多，因此一致性是十分重要的原则。不仅土地信息领域内各项信息的标准要统一，还要保证土地信息能与其他相关领域的信息联系在一起，能够很好地沟通和传递信息。所以在可能的情况下，参照相关领域的行业标准制定土地信息化标准也是十分有必要的。

（4）系统性原则。土地本身是一个大系统，内部存在着精细的结构。这个系统各个结构层次特征的信息，以及制约信息表达规范的信息标准，应当纲目清楚、关系协调、注重整体。

二、制定土地信息技术标准的主要对象

在土地信息技术标准的制定过程中，主要的对象应当是土地信息技术领域中最基础、最通用、最具有规律性、最值得推广和最需要共同遵守的重复性工艺、技术和概念。针对土地信息领域，应优先考虑作为标准制定对象的客体包括以下几方面。

（1）软件工具：如软件工程、文档编写、软件设计、产品验收和软件评测等。

（2）数据：如数据模型、数据质量、数据产品、数据交换、数据产品评测、数据显示和空间坐标投影等。

（3）系统开发：如系统设计、数据工艺和标准建库工艺等。

（4）其他：如名词数据和管理办法等。

三、编制标准体系表

根据土地信息技术的特点，土地信息标准化所需要的技术标准可能有多个，各技术标准间应当具有一定的内在联系，这些互相联系的土地信息技术标准共同构成了土地信息技术标准体系。信息技术标准体系具有目标性、集合性、可分解性、相关性、适应性和整体性等特征，是实施编制整个土地信息技术标准的指南和基础。

第四节　土地信息行业标准建设

我国历来重视土地信息的标准化建设工作，从 1983 年开始对国土资源和经济信息的体系框架与分类编码方案进行研究。“六五”期间，国家科学技术委员会组织制定了《资源与环境信息系统国家规范和标准研究报告》，提出了资源与环境信息系统和国家规范的框架设想。“七五”以来，国家计划委员会针对“国土资源综合数据库软件”的开发拟订了“国土资源信息分类指标体系”。随后，国土资源部根据《国土资源信息化“十五”规划和 2010 年远景目标（纲要）》的总体要求，结合《国土资源标准体系表》，编制完成了国土资源信息化标准体系，并已开展了“国土资源信息标准参考模型”“国土资源数据库模型”和“国土资源信息化

标准体系”等研究工作，完成了“数字土地数据库框架结构与标准研究”，编制了《国土资源信息核心元数据标准》《城镇地籍数据库标准》等标准的试行稿；国土资源信息标准参考模型、国土资源基础数据模型、国土资源数据汇交规范和土地信息数据模型等基础性标准的研制工作正在进行中。以上国土资源领域中的指导性、基础性标准与相关专业标准的完成，体现了我国土地信息标准化建设的快速推进。

特别是“数字国土”工程启动以来，我国先后制定和颁布了国家标准（GB）4 部和行业标准（TD）10 多部，土地信息标准化建设步伐加快。表 6.3 按照标准的主要应用范围对我国已颁布和发文试行的土地标准、规程进行了归纳和总结。目前，我国土地标准与规程的应用范围包括：土地资源管理通用标准、土地资源调查标准、土地资源评价标准、土地资源规划标准、土地资源利用与保护标准、土地资源市场管理标准和土地信息与数据库建设标准等 7 类。另外，随着社会经济发展和土地利用的阶段性变化，也有部分标准、规程已进入完成草案、征求意见阶段，或进入研究制定阶段。

表 6.3　我国土地标准、规程一览表

标准分类	标准名称
土地资源管理通用标准	《土地基本术语》（GB/T 19231—2003）
	《土地利用现状分类》（GB/T 21010—2017）
	《农用地分等规程》（TD/T 1004—2003）
土地资源调查标准	《土地利用现状调查技术规程》（1984 年 9 月全国农业区划委员会颁发）
	《土地利用现状调查地（市）级汇总技术规程》（TD 1002—1993）
	《土地利用动态遥感监测规程》（TD/T 1010—2015）
	《SPOT2.5m 数字正射影像图制作技术规定》
	《土地变更调查技术规程（试行）》
	《地籍调查规程》（TD/T 1001—2012）
	《城镇变更地籍调查实施细则》
	《土地登记办法》
	《土地登记资料公开查询办法》
	《土地勘测定界规程》（TD/T 1008—2007）
	《集体土地所有权调查技术规定》
土地资源评价标准	《耕地后备资源调查与评价技术规程》
	《西部大开发土地资源调查评价技术规程》
	《东部耕地后备资源调查与评价技术规程》
	《城镇土地分等定级规程》（GB/T 18507—2014）
	《城镇土地估价规程》（GB/T 18508—2014）
	《农用地定级规程》（TD/T 1005—2003）
	《农用地估价规程》（TD/T 1006—2003）
土地资源规划标准	《县级土地利用总体规划编制规程》（TD/T 1024—2010）
	《乡（镇）土地利用总体规划编制规程（试行）》
土地资源利用与保护标准	《土地开发整理项目规划编制规程》（TD/T 1011—2000）
	《土地开发整理项目规划设计规范》（TD/T 1012—2000）
	《土地开发整理项目验收规范》（TD/T 1013—2000）

续表

标准分类	标准名称
土地资源市场管理标准	《土地市场调查技术规范》 《城市地价动态监测技术规范》（TD/T 1009—2007）
土地信息与数据库建设标准	《县级土地利用数据库标准（试行）》 《县级土地利用数据库技术规范（试行）》 《县级土地利用规划数据库标准（试行）》 《县级土地利用规划管理信息系统建设指南（试行）》 《城镇地籍数据库标准（试行）》 《全国国土资源信息网络系统安全管理规定（试行）》 《全国国土资源信息网络系统建设规范（试行）》 《电子政务工程技术指南》

总体上，我国土地信息化的各方面规程和规范较为完善，已经初现体系。但是土地标准和规程的拟定与实施仍存在部分缺陷，主要问题包括以下几个方面。

（1）体系仍需完善。相当一部分的标准与规范仍处于试行或过渡阶段，部分领域的标准与规范较为薄弱，如土地资源市场管理标准。

（2）土地信息标准化理论研究、指导标准滞后，部分标准和规范修订与现实情势变化脱节。

（3）对标准的解释缺乏技术性规范，易导致使用者对同一标准的理解产生偏差，造成应用系统和软件可移植性差的局面。

（4）标准化管理缺乏统一规划、统一组织协调，部门与部门、行业与行业之间缺乏协调。基层单位技术人员对信息标准化相关情况缺乏理解，标准执行混乱的情况仍然存在。

（5）标准质量参差不齐，缺乏统一的标准质量评价指标方法。在标准制定后，其质量并不受人关注，专家只是对标准使用范围进行审查，而忽略了对标准本身质量的审查，因此需要制定评审标准质量的标准，以此来规范土地信息行业标准的建设。

参 考 文 献

何建邦，李新通. 2002. 对地理信息分类编码的认识与思考. 地理与地理信息科学, 18(3): 1-7.
胡小华. 2002. 土地利用现状数据库建设标准化研究. 国土资源信息化, (6):15-18.
李建松，唐雪华. 2015. 地理信息系统原理. 武汉：武汉大学出版社.
刘家彬，张金亭，胡石元. 2002. 土地信息系统理论与方法. 北京：测绘出版社.
刘耀林，何建华. 2007. 土地信息学. 北京：科学出版社.
马蔼乃. 2000. 地理科学与地理信息科学论. 武汉：武汉出版社.
马才学. 2008. 土地信息系统. 北京：北京师范大学出版社.
曲卫东，韩琼. 2009. 土地信息系统. 北京：中国人民大学出版社.
汤国安，刘学军，闾国年，等. 2007. 地理信息系统教程. 北京：高等教育出版社.
严泰来，姚艳敏，文波. 1999. 加快土地信息标准化建设. 中国土地, 6(4): 30-31.
查宗祥，陈春仔. 2003. 我国国土资源信息化标准建设战略研究. 地理信息世界, 1(5):33-37.
张明达，张晓玲，程烨. 2000. 土地资源标准化初探. 中国土地科学, 14(5): 9-12.
赵松. 2004. 城镇土地分等定级估价数据库标准化研究. 中国土地科学, 18(1): 52-55.
郑新奇，韩荣青，刘金花等. 2008. 土地管理信息系统. 武汉：武汉大学出版社.

第七章　土地信息管理系统应用简述

土地信息管理系统综合了对土地信息数据采集、存储、检索、管理、分析和输出的功能，将空间图形管理与属性数据管理有机地结合，收集分散的空间和非空间信息并建立起互有联系的信息管理系统。土地信息管理系统旨在为土地资源优化管理与配置提供支持，并支持区域发展的战略规划，而土地信息管理系统管理服务和功能各异，某些系统是为管理服务，侧重资源有效利用；一些系统则为控制服务，保证具体任务的执行。目前，土地信息管理系统覆盖了土地管理的所有业务（图 7.1），包括土地利用现状信息调查、农用地分等定级估计、城镇土地定级、城镇基准地价评估、地籍管理、土地利用规划及土地利用动态遥感监测等。

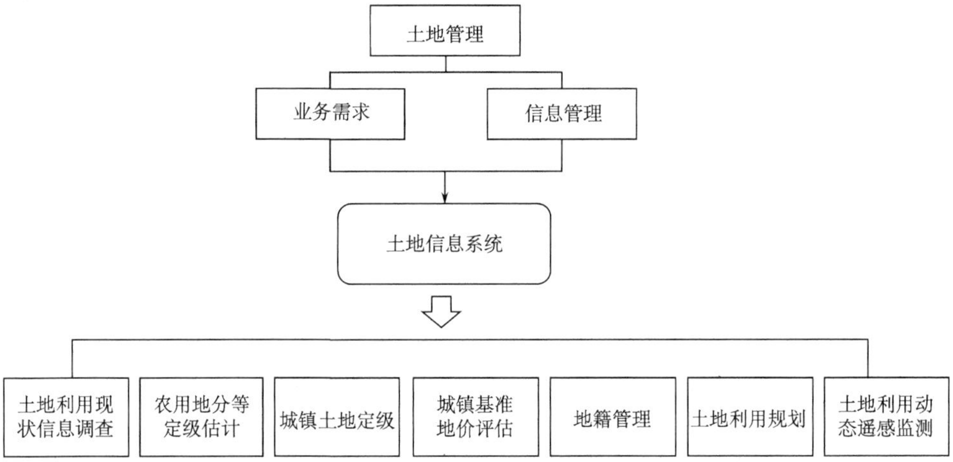

图 7.1　土地利用信息系统应用

第一节　土地利用现状调查信息系统

一、土地利用现状调查内容与技术

土地调查是各级土地管理部门的职责和义务，是一项关于土地国情的调查。我国《中华人民共和国土地管理法》明确指出：“国家建立土地调查制度，县级以上人民政府土地行政主管部门会同同级有关部门进行土地调查”。

土地利用现状调查的目的是以县级行政区域为单元，查清农、林、牧、渔、商等行业的土地使用范围和界线，在此基础上汇总乡镇、县（市、区）、市、省级行政区的各土地利用类型面积与分布，以满足制定土地利用总体规划、合理安排土地资源分配的要求，为国民经济各部门发展做出决策支持。

土地利用现状调查主要的内容如下。

（1）农村土地调查。农村土地利用调查是对城镇以外地区进行的土地利用调查。目前，农村土地利用现状调查多建立在正射影像图的基础上，以县市为基本单位实地调查农村土地的地类、分布、范围和变化等情况，查清农村居民点、耕地和林地等地类利用现状。此外，农村土地为集体所有制，需要清查不同集体单位间的土地权属，辨析农村集体土地所有权和国有土地使用权。明确农村土地所有权属，充分利用农村土地权属现状的调查成果，加快农村集体所有权的登记工作。

（2）城镇土地调查。城镇土地利用调查是针对城镇和建制镇范围开展的大比例尺调研，掌握工业用地、金融商业服务用地、开发园区和房地产开发等城市土地利用的状况。城镇土地调查依据地籍调查技术规程，使用已有地籍数据与调查信息，对城镇内部宗地的界址、范围、用途、数量与质量等进行勘测。

（3）基本农田调查。基本农田是依据区域一定时期内人口和社会经济发展对农产品的需求，并依据土地利用总体规划确定的不得占用的耕地。在18亿亩①耕地保护和永久基本农田保护的政策背景下，基本农田的保护区域划定更为重要。基本农田调查需依据土地利用总体规划和基本农田保护区划定资料，对基本农田保护区的分布、面积和地类进行统计。

（4）成果汇总。对农村、城镇和基本农田等土地利用现状进行调查，以县（市、区）、市、省和国家级的土地利用数据库建设来对调查成果进行汇总。构建不同级别的土地利用数据库，满足土地行政管理部门对土地资源的日常管理与统筹，各级数据之间也提供访问和调用接口，满足数据上传、接受、备份和更新等工作的需要。

土地利用数据的调研成果主要为：①数据汇总，在土地利用数据库的基础上，依据行政级别汇总农村、城镇和基本农田等土地利用数据；②图形数据整理，基于土地利用信息数据库，构建、存储与管理土地利用现状的空间数据和数字图形文件；③图形编制，通过土地数据库和计算机系统制图技术，对不同行政尺度下的土地利用现状图形数据进行整理与输出，编制土地利用图件和专题图集等；④文本描述与收集。土地利用现状特性与症结问题无法通过数据和空间图集等形势进行全面描述，需以文字描述形式进行阐述，弥补土地利用现状描述的不足。

土地利用现状调查工作是一项庞杂的系统工程，为确保成果资料符合技术与程序的要求，必须依据土地利用现状调查工作的阶段特点和规律，遵照调查技术规程，有序、科学地进行调查工作。

土地利用现状调查程序与步骤内容如下（图7.2）。

（1）准备工作。包括土地调查组织、物资、仪器设备的准备，调研人员的技术培训与试点工作的开展。

（2）外业调查工作。明晰调查区行政界线和各地类界线，通过航片、遥感和勘测图等进行实地测绘与调查，填写与检查外业调查记录，对错误与不足之处进行补测。

（3）内业数据整理。对土地面积量算与汇总统计，对航片和遥感图像的转绘及编制土地平衡表等内容。

（4）成果总结。编纂土地利用专题调查报告、典型调查报告和说明书，编制土地利用现状图和土地权属图。

① 1亩≈666.67m^2。

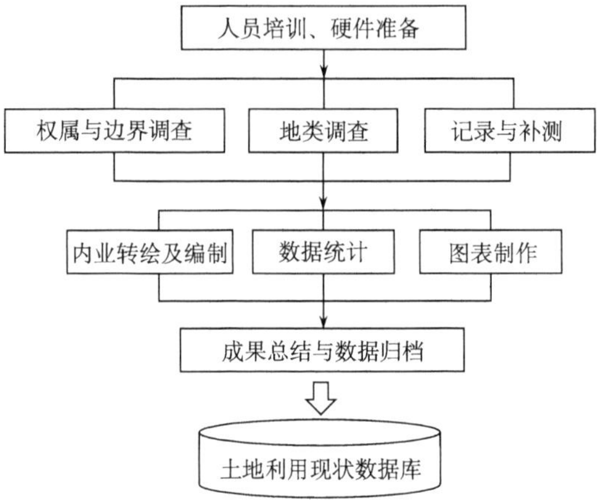

图 7.2　土地利用现状调查程序与步骤（杨永崇和郭岚，2009）

（5）数据整理与归档。对调查结果进行初始登记，向信息管理部门递交调查成果资料，通过管理部门验收并归档。

二、土地利用现状调查信息系统及内容处理

土地利用现状调查信息系统是土地利用现状调查与信息管理系统结合的产物，土地利用调查的内容和工作流程较为复杂，通过计算机信息管理技术则有效地实现了数据与内容的管理，将烦琐的工作过程转变为更为便捷的交互模式，提高了工作效率。

土地利用现状调查信息系统是主要处理土地利用调查数据进行土地统计和土地分析及相关信息管理与操作的载体系统。土地利用现状调查的系统逻辑流程大致包含土地利用调查、数据输入与输出、土地利用数据的统计和分析三个阶段。

第一阶段为土地利用调查工作的实施，主要包含更新调查与变更调查两种类型。更新调查需要对全区域进行土地利用调查与数据更新，一般针对未及时更新且初始调查时间久远的地区。变更调查内容则主要指土地利用现状调查过程的局部更新，数据较前者小。

第二阶段是对土地利用调查数据的输入与输出设置，是数据整理、汇总、管理和利用的一个过程。数据输入包括：①初始土地利用现状图输入，主要通过图形数据转换、数字仪数字化和扫描屏幕数字化方式进行土地利用调查现状图形输入；②变更图形输入，在变更数据较大的情况下以调查相片或土地利用现状草图的方式来输入，而在变更数据较小的情况下则通过标识的图件与屏幕相结合的作图方式输入；③外业记录、变更记录表的键盘输入，分别采用三类手簿和一种表格的形式来输入图斑、线状地物和零星地物三类要素；④土地统计台账输入，依据初始图形与外业记录生成，采用交互录入方式对土地统计台账输入。

数据输出内容主要包括图件输出和表格输出。图件一般以素图、彩色线画图和彩图三种方式输出，输出内容有土地利用分幅现状图、土地利用乡镇现状图和土地权属界线图等。表格一般以设计简表和标准表两种方式输出。

第三阶段是对土地利用数据的统计和分析。土地统计是根据土地利用现状调查与变化的信息，汇总与整理土地利用数据形成土地统计台账、土地统计数据和地类变化平衡等内容。在土地统计成果的基础上，可进行区域土地利用差异、地类差异与地类转换等土地分析，以

供管理部门掌握区域土地利用家底与动态演变，为国土管理部门和政府管理提供决策依据。

三、土地利用现状调查信息系统功能实现

土地利用现状调查信息系统功能模块如图 7.3 所示，主要分为系统维护、初始调查、变更调查、土地利用统计与分析和信息查询五大功能。

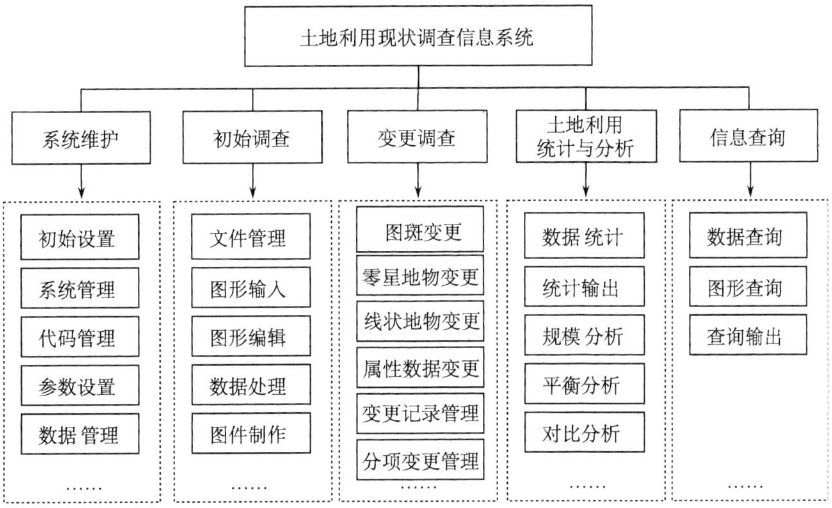

图 7.3　土地利用现状调查信息系统功能结构（孙在宏等，2015）

（一）系统维护

系统维护的工作任务针对系统和数据等内容设计功能，分别为：①初始设置，包括对硬件和软件设置初始运行环境，硬件初始设置包括计算机、数字化设备和输出设备等配置调试，软件初始设置包括对服务器配置和计算机系统运行环境设置等；②系统管理，主要为对操作人员的管理、用户操作权限设置和数据使用授权等配置工作；③代码管理，土地利用数据通过代码的方式结合空间图形和属性数据，代码管理内容包括对地类、地块权属、行政区和单位等代码的管理；④参数设置，包括输出设备设置、界面设置、分析处理、图幅整饰和图像分辨率等参数设置；⑤数据管理，需要完成数据备份、数据转储、数据恢复和删除、外部数据输入等管理工作。

（二）初始调查

初始调查主要负责土地利用现状数据库建立、图形编辑、数据处理和图件制作等功能。该功能模块一般包含以下子处理系统：①文件管理，主要实现土地利用数据输入与输出功能，包括文件建立、保存、数据输出、打印和页面设置等操作；②图形输入，依托地图数字化、影像配准和图层控制等功能获取土地利用信息的数据并实现输入的功能；③图形编辑，主要实现对点、线、面图形要素的处理与图像注记等功能，包括图像数字化、图像配准、地物图斑输入和图层控制等操作；④数据处理，主要实现四方面功能，即对图形要素的拓扑关系运

算，对控制区数据、现状地物和零星地物等数据检查，计算控制区、图斑、现状地物和零星地物等面积，对图斑接合与道路连接等空间关系和逻辑检查；⑤图件制作，该子处理系统主要完成各种类型图件的制作，包括土地权属界线图和土地利用现状图等，图件制作内容有各行政级别的土地利用现状图、土地利用分幅图、接合图和专题信息图等。

（三）变更调查

变更调查功能负责土地利用变化的图形图像、属性数据、变更记录的信息管理与生成，管理内容包括图斑变更、零星地物变更、线状地物变更、属性数据变更、变更记录管理和分项变更管理等。

（四）土地利用统计与分析

土地利用数据统计是土地利用分析处理的相关步骤，土地利用分析产生的结果可通过土地利用统计功能来实现数据整理与汇总。土地利用统计功能负责土地统计台账、土地利用现状调查数据统计和输出等工作，包括统计台账、成果数据输出及各级土地利用现状数据统计等操作。土地利用统计成果数据有各行政级别的土地利用分类面积汇总表、线状地物面积计算表、零星地物面积计算表、分幅图地类面积汇总表和权属土地利用汇总表等。

土地利用分析则包括对各级区域的土地利用总体规模、结构、变更规模、结构变更和分区规模的总体分析。并且，可通过土地利用平衡分析来掌握各级地类规模增减、地类转换方向和地类平衡的信息。此外，系统是多时序、大空间的土地利用现状调查的数据集合，可依据时序和区域进行土地利用的对比分析。

（五）信息查询

土地信息查询功能主要负责图幅、各行政级别土地利用现状调查数据和土地统计数据的查询和输出工作，内容为土地利用图件和数字图形等空间属性数据及统计台账，可依次通过县级、镇（乡）和图幅的尺度进行查询。

第二节　农用地分等定级估价系统

一、农用地分等定级估价概述

农用地是指能够直接用于农业生产的土地，包括耕地、园地、草地和林地等，也包括可开发为农用地的后备土地资源。

农用地投入产出效益存在着区域差异，以货币形式来界定农用地的不同水平，这就是农用地分等定级估计的基本任务。农用地分等定级估价是在一定目的下，基于农用地的自然和经济属性及经济活动中的地位与作用，综合评价农用地土地质量的优劣并进行登记划分。农用地等级划分侧重反映农用地潜在的区域自然质量、利用水平和平均效益的不同，从而造成农用地生产力水平的差异；而农用地级别评估侧重反映农用地现实条件下区域自然质量、利用水平和效益水平的不同造成的农用地生产水平差异。

农用地分等定级工作能够有效地推进，科学、合理地管理农用地，促进土地市场完善，完善农用地地价体系，其意义主要表现在以下几个方面。

（1）为耕地质量的占补平衡提供标准和依据。《中华人民共和国土地管理法》第三十一条规定："按照'占多少，垦多少'原则，由占用耕地的单位负责开垦与所占用耕地数量和质量相当的耕地"。农用地分等定级直接地为耕地的质量提供了标准，为实现耕地占补数量、质量双重标准提供了对比依据，也可直接用于异地占补平衡指标的换算。

（2）为征地政策实施提供价格支持。在征地过程中，政府补偿与安置补助费都以土地价格为基础，按照市场经济要求，采用现行产值倍数的形式为征地补偿提供计算方法与补偿标准。在征地过程中，依据传统的耕地产值倍数法无法真实反映地价水平，通过农用地分等定级的价格标准可为征地提供直接的价格支持，有效地解决征地补偿标准与地价水平差异悬殊的问题。

（3）是农用地地籍管理的重要组成。农用地地籍管理的主要内容包括土地类型、权属、数量、质量和开发情况等，其中农用地的质量和开发状况可通过农用地分等定级估计进行衡量。

（4）为农用地整理工作提供评级依据。农用地整理要求土地整理区必须明确土地整理效益评价标准和土地整理收益分配标准。在土地整理前，结合可行的工程技术措施和技术条件，根据土地质量与土地利用现状，制定适宜土地整理质量的改善目标；在土地整理后，通过农用地分等定级成果与技术重新评测土地质量，确保土地整理后土地质量、利益和权属等科学与有效。

（5）是农用地宗地估价的基础。在农用地宗地估价中，结合农用地分等定级地的价格评价成果对宗地进行估价，这也是农用地从无限期无偿使用向有限期有偿使用过程转变的重大变革。

二、农用地分等定级估价系统与设计目标

农用地分等定级估价系统是以农用地为研究对象和以分等定级估价为主要任务，根据农用地分等定级和估价技术方法，依托 3S 技术、数据库技术及数据建模等技术手段，实现农用地分等定级估价数据的输入、存储、管理、分析和成果输出的数字信息系统。农用地分等定级估价系统在地籍信息管理的基础上，遵循自然资源部的规定与相关技术方法，通过先进的数字技术，使土地分等定级数据管理、空间分析和成果输出达到自动化水平。系统主要实现以下目标。

（1）根据省、市、县多层次用户目的的需要，提供数据流程和运行城市的多种选择，使用数字化和智能化的系统实现农用地分等定级估价工作质量与效率的提高。

（2）农用地分等定级估价系统涉及的数据包括自然、社会和经济等方面，可与其他领域提供的数据共享。

（3）系统基于 3S 技术构建而成，可通过 SQL 完成数据和图标的检索和查询，专题图制作功能提供空间分析和图表输出等功能。

（4）系统拥有众多子模块可实现农用地的自动分等定级估价，为区域土地资源的合理利用和土地管理部门动态管理及决策提供技术支持，具有广泛的应用性。

三、农用地分等定级估价系统数据库结构与处理流程

农用地分等定级评估的工作思路在前述内容已分别详细介绍，农用地分等定级评估涉及

的数据量大且覆盖面广。系统数据库主要内容包含空间数据和属性数据。空间数据包括定级因子空间图、土地利用现状和规划、估价样点等矢量数据，以及定级单元、DEM、坡度图、定级因素等栅格数据。属性数据包括定制因素分值、权重值、市场交易样点价格、基准地价修正系数表及一系列的说明表等内容。

农用地分等定级估价是一个复杂的工作过程，在分等定级估价的过程中需要通过系统不同数据模型和算法来对复杂的工作流程进行对应处理。同时，为实现数据处理和分析的过程中各类数据处理的自动化，对系统的空间分析和数据处理提出了要求。考虑到系统数据复杂，需要对数据进行有效的处理，保证系统操作的简易性和安全性。目前，农用地分等定级估价一般具备以下处理功能。

（1）数据输入。数据输入内容包括空间数据和属性数据。空间数据输入包括对遥感解译图像、底图直接输入系统和分等定级因素数据数字化形成矢量数据后输入系统；属性数据由各种数据格式汇总与整理后输入系统。

（2）数据处理与分析。数据处理与分析是农用地分等定级估价数据库建立的关键步骤，其精确度是农用地分等定级准确与否的基础与前提。针对系统主体结构，农用地分等定级估价系统处理流程主要包括空间数据处理和属性数据处理。

空间数据处理的对象主要为遥感影像和图纸数据。遥感影像主要依托 ERDAS、ENVI 等软件进行解译处理，通过校验和实地校对来保证影像解译的准确性。图纸数据则需进行一系列的操作：①图纸处理，包括加工模糊不清的图纸要素，检查图幅邻接度、图幅要素的连续性及面状和线状地物是否符合逻辑等；②图纸扫描，扫描是图纸数字化的基础，图纸扫描的精度直接影响数据的精度，可通过高扫描仪的扫描分辨率来提高扫描精度。同时，可选取不同分辨率和存储格式的图纸文件，确保图纸满足空间数据处理的需求；③图幅定位，一般设置好图纸投影，设计图幅的控制点（每幅图设置 4～5 个控制点），对图像进行定位与地理配准；④数字化，这是将连续图像经采样量化后转换成数字影像的过程，需要及时判断与校准图纸内容和数字图像内容，确保精度；⑤估价样点的输入，依据采样点的地理位置将点一次创建在地图数据中。

由于农用地分等定级估价涉及属性数据多，因此属性数据处理是实现准确估价的重要组成。估价过程中涉及土壤普查资料、农业开发、水文资料、气象资料、地形资料、土地规划和现状数据及农业区划等既有资料，外业调查资料有农用地交通、农用地承包和交易样点等数据。这些数据往往需要通过公共字段与空间数据进行连接，形成完整的数据库体系。

（3）数据空间分析。依次计算土地利用系数、土地经济系数和分等性指数，编制等值区图。依据权重，对分等定级因子进行叠加与合并等空间分析，构建评价单元总分和频率直方图等。

（4）分等定级估价的确定。基于评价单元分值，结合土地收益资料和实地调查数据，对边界与不合理区域进行调整。依据估价模块，自动计算地价，编制基准地价图；量算土地等别和级别面积，将结果存入数据库。

四、农用地分等定级估价系统功能设计构架

农用地分等定级估价系统一般由数据库管理功能模块、农用地分等功能模块、农用地定

级功能模块和农用地估价功能模块组成，具体功能构架设计见图 7.4。

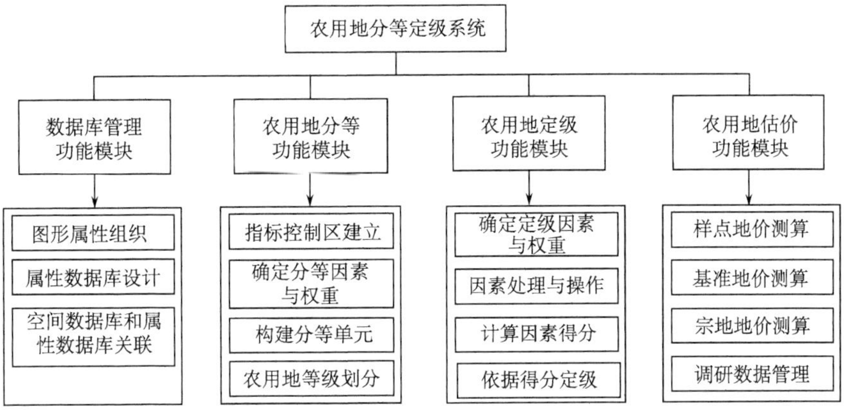

图 7.4 农用地分等定级系统功能（郑新奇等，2008）

（一）数据库管理功能模块

农用地分等定级估价需要海量数据，包含了空间分布的地理信息和属性信息，因此数据库管理功能模块的管理对象为图形数据库和属性数据库。该模块主要实现以上两种数据的输入、修改、连接和数据库维护与更新等功能。数据管理功能模块内容包括：①图形属性组织，属性数据主要采用层次型管理方法，第一层为估价样点等点状要素，第二层为河流、道路等线状要素，第三层为居民点、湖泊等面状要素，第四层为标注层；②属性数据库设计，属性数据库是分等定级估价的数据基础，包括点、线、面等空间信息的属性数据，属性数据也可以从外部资料数据库调入使用；③空间数据库和属性数据库关联，数据库管理模块需要对空间数据和属性数据进行关联，以公共字段形式有机地联系这两种数据库，便于属性库的统一管理与信息查询。

（二）农用地分等功能模块

以《农用地质量分等规程》（GB/T 28407—2012）为依据，分等子模块一般采用多因素综合评价方法。其功能设计按照农用地分等评估流程，具体如下。

（1）指标控制区建立，确定评价区指标控制区与基准作物。

（2）确定分等因素与权重，依据专家咨询确定分等因素因子与权重值。

（3）构建分等单元。运用光温生产潜力指数、标准耕作制度、产量比系数和指定作物最大产量等国家级参数，采用统一的测度方法计算参数；结合实际调查资料估测的农用地质量和土地利用系数等地方参数，进行计算；通过叠置法和网格法等划分评价区的分等单元。

（4）农用地等级划分。以无量纲百分数形式表示农用地，编制“作物-分等因素-质量分”的质量表，计算质量分。查产量比系数和光温生产潜力指数，分指定作物计算农用地自然质量等指数。计算土地利用系数、土地利用等级系数、土地经济系数和分等指数等，划分自然质量等别、农用地利用等别和农用地经济等别（或称农用地综合等别）。

（三）农用地定级功能模块

农用地定级子模块的评估过程可通过以下流程实现。

（1）依据农用地评价区内经济、生态、区位和耕作等条件划分定级指标区，确定定级因素与权重。

（2）对定级因素进行分指数扩散和直线扩散、叠加与合并等操作。

（3）计算与分析定级因素分值，采用网格法和叠置法来划分评价区单元格，进而计算总得分。

（4）根据定级因素计算得分，建立总分值频率直方图，进行级别划分，并用级差收益资料进行检验。

此外，需要依据检验结果与专家意见，对级别进行调整与修正，通过设置标准地块的方法建立永久性标志。

（四）农用地估价功能模块

考虑到农用地估价的适用范围的广阔性，估价子模块需要设计不同层级的估价体系。首先，测算基准地价，其方法包括地价平法、标准地块评估基准地价和综合分值模型评估基准地价三种技术，可依据具体需求来选择相应的评估方法；其次，宗地地价评估可在基准地价的基础上，采用基准地价系数修正法、市场比较法、收益还原法、成本逼近法等方法来计算，具体计算方法在下一节中介绍；在样点计算上，可在估价子模块内键入宗地实际调查情况，将自动计算宗地价格并添加到样点库，一方面实现了样点地价的计算与样点地价的管理，另一方面也可为宗地和基准地价的更新作数据储备。

第三节　城镇土地定级与基准地价评估系统

一、城镇土地定级及方法概述

城镇土地定级是指通过影响城镇土地的社会经济和自然两方面因素的综合分析，揭示城镇内部土地利用效益在不同地域的差异，评定城镇土地级。土地级反映的是城镇内部土地质量的差异，其对象覆盖了土地利用总体规划确定的城镇建设用地范围内所有土地，包括城镇以外的独立工矿区、开发区和旅游区等。

城镇土地定级方法主要包含综合定级和分类定级两种，综合定级根据在待评估范围内对不同类型用地有影响的定级因素测度，计算定级因素对划分的定级单元的影响分值，根据定级单元总分值来确定土地级别；分类定级则是分别依据区域内城镇土地用地类型确定其定级因素、权重和分级标准等内容，评估土地价格在空间上的分布。目前，综合评定法应用较多的是多因素综合评级法，它也适用于分类定级。

城镇土地定级具体工作主要分为以下阶段（图 7.5）。

（1）准备工作阶段。包括确定工作范围，收集土地定级所需文本和图件资料，并进行现场勘察等。

（2）评估数据编辑与处理。包括确定与计算土地定级影响因素和因子权重，处理工作数据库，并进行相应的空间分析等操作。

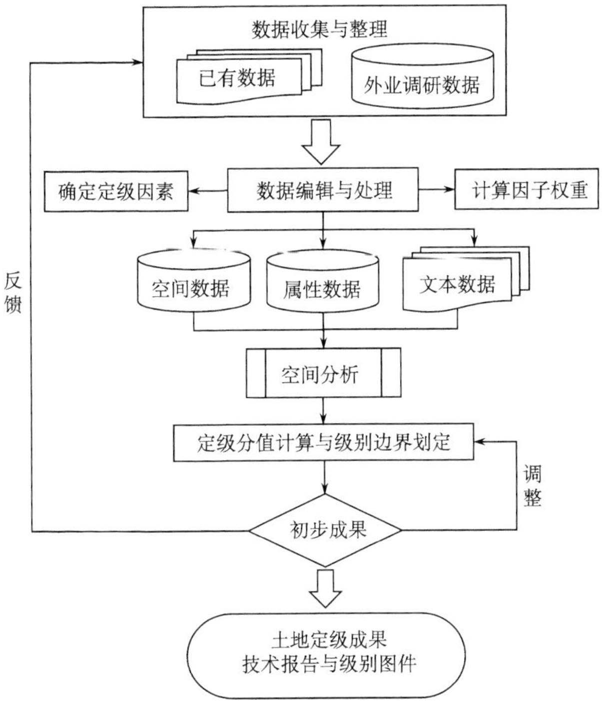

图 7.5　城镇土地定级技术路线（杨永崇和郭岚，2009）

（3）土地定级测算。基于土地定级单元的因素和因子计算，划分城镇土地级别，并结合市场交易样点资料来调整与修正城镇土地级别。

（4）成果整理。绘制不同用途的土地级别图，编纂城镇土地定级报告。

采用多因素综合评级法来对城镇土地进行定级评价，受多重因素的影响与制约，土地定级因素和因子体系的构建直接影响土地定级结果的科学性，是土地定级估价研究过程中的重要环节。《城镇土地分等定级规程》（GB/T 18507—2014）为土地定级工作开展提供了定级因素的指导，土地定级因素一般包括以下方面。

（1）环境状况。工业用地、住宅用地和综合用地的土地定级均需环境状况因素，主要包括环境质量优劣度、绿地覆盖率、自然条件优劣度和人文环境优劣度等因子。

（2）人口密度。人口密度是区域内单位面积上的人口总和，商业用地和住宅用地都需考虑人口密度因素。

（3）商服繁华程度。体现商业服务中心的繁华程度，反映了城镇土地质量等级从商业中心向周围地区层次递减的趋势。

（4）交通条件。交通条件表征区域内或与外界的联系便捷程度，包括道路通达度、公交便捷度和对外交通便利度。

（5）基础设施状况。基础设施是社会物化劳动量投入的标识，单位面积物化劳动投入越多越完备，土地经济效益和劳动生产率就越高。主要包括供水、排水、供热和供气等基础设施的完善度，以及中学、小学、公园、医院、体育馆、文化馆、影剧院、邮局、银行、广场 10 个公用设施完备度因素。

（6）产业集聚效益。产业是城市发展的基础与动力，产业集聚效益是形成产业空间布局与区位的因素之一，工业用地定级需考虑产业集聚效益因素。

（7）城镇规划措施。城镇规划是引导与管理城市区域发展的重要举措，是土地定级过程中需要考虑的重要因素。

二、基准地价评估及方法概述

地价是地租的资本化表现形式，指土地的购买价格，为土地权属让渡过程中的经济补偿。地价在世界各个国家的内涵各异，土地的价格是指在正常市场下一定年期的土地使用权未来纯收益的现值之和。地价具有地区差异性和持续上升性，地价的波动受市场供需影响较大。它与普通商品的价格基础不同，价格高低主要由土地权益和利益的购买价格决定。

城镇基准地价是在土地级别调整或划分均质区域的基础上，用土地收益、市场交易的样本地价及地价指数等来重新确定某类用途土地在现状条件下某一估价时点的土地使用权平均价格。一般而言，狭义的基准地价更新仅指基准地价价位水平与基准地价修正系数表的更新，广义的含义则包括土地级别调整、基准地价水平调整、地价动态监测体系构建和基准地价修正系数更新等内容。

城镇基准地价更新需要依据城镇土地级别及地价的变化进行全面更新或局部更新。国家《城镇土地分等定级规程》（GB/T 18507—2014）和《城镇土地估价规程》（GB/T 18508—2014）指出，基准地价更新需满足以下条件：①评价区域土地级别发生明显变化；②地价发生明显变化；③三年或三年以上未进行基准地价更新；④未开展基准地价评价；⑤既有的基准地价采用评估和更新技术、基准地价内涵与国家规定不一致。

城镇基准地价评估的程序如下。

（1）资料、数据收集与整理。全面收集待估区域的各类土地交易和出租资料，依据土地级别、用途和交易方式等对数据进行分类整理，剔除偏离实际的数据，补充补测数据。

（2）样点地价测算。对已划定土地级别的基准地价区域按用途对样点进行分类测算。

（3）地价修正与数据检验。结合交易时间、使用年期和容积率等要素修正样点地价，进行样本统一性的检验。

（4）地价评估成果梳理。将区域内商业、住宅和工业等用途样点地价作出标示图，确定基准地价。

（5）编制基准地价修正系数表。利用土地定级成果来判定土地级别上地价影响因素、因子和权重等，以此来计算与编制基准地价修正系数。

城镇基准地价评估方法包括路线价法、基准地价系数修正法、市场比较法、收益还原法、假设开发法和成本逼近法等。

（一）路线价法

路线价法依据路线价，配合深度指数和宽度、容积率、朝向、宽深比率等修正系数，来估测其他宗地的方法。其中路线价指的是对临接特定街道和使用价值相等的市街地，设定标准深度求取在该深度上多宗土地的平均单价，并附设于特定街道上的价格。路线价法的估价方法为

$$P = P_{\mathrm{s}} \cdot A_1 \cdots A_n \tag{7-1}$$

式中：P为待估宗地楼面价；P_s为待估宗地所在路线价；A_n为第n项因素修正系数。一般而言，修正系数有临街纵深度修正、临街宽度修正、临街形式修正、街角地修正、容积率修正和使用年限修正等。

城镇宗地路线价评估法适用于对城镇功能分区明显，街道系数完整，宗地规则且排列整齐的城镇土地大批量的评估。但路线价法的评估准确度依赖于路线价确定的准确程度，且修正系数的确定需要依靠经验。

（二）基准地价系数修正法

基准地价系数修正法是基于城镇基准地价和基准地价修正系数等评估成果，将待估宗地的区域个别条件与其所处区域的平均条件相比较，设定修正系数对待估地价进行修正。基准地价系数修正法评估方法为

$$P = P_0 \cdot \left(1 + \sum_{n=1}^{n} K_1\right) \cdot R_1 \cdot R_2 \tag{7-2}$$

式中：P为待估宗地价格；P_0为对应的基准地价；K_1为区域个别因素修正系数；R_1为年期修正系数；R_2为基准地价期日修正系数。基准地价系数修正法适用于已公布基准地价且基准地价修正体系较为成熟的地区，可在短时间内实现大批量的宗地评估。然而，在运用基准地价系数修正法过程中，系数修正作为关键部分，主观性较大则容易产生误差。

（三）市场比较法

市场比较法以替代原理为依据，将宗地估价对象与估价时点、市场等因素相近的有过交易的类似房地产进行比较，对这些类似房地产的已知价格作适当的修正，以此估算估价对象的客观合理价格或价值。市场比较法的评估方法为

$$P = (100/a)\cdot(b/100)\cdot(100/c)\cdot(100/d) \tag{7-3}$$

式中：P为待估宗地价格；a、b、c、d为多个修正要素由参考宗地修正为待估宗地的修正系数。市场比较法适用于房地产市场比较完善，交易实例比较多的地区，可广泛借鉴与使用。但是，在土地市场不发达的地区难以应用，在土地市场刚发育的地区估价结果容易出现系列误差。

（四）收益还原法

收益还原法又称资本化法，是将土地年纯收益按照一定的还原率折算成购买土地使用权的价格，它的理论基础是马克思的地租理论。收益还原法的评估方法为

$$P = a\left[1 - 1/(1+r)^n\right]/r \tag{7-4}$$

若土地年纯收益不变，收益还原率不变，地产使用年期无限，评估方法为

$$P = a/r \tag{7-5}$$

若土地年纯收益及还原率不变，使用年期为n年，评估方法为

$$P = a/r\left[1 - 1/(1+r)^n\right] \tag{7-6}$$

式中：P为待估宗地价格；r为还原利率；a为房地产纯收益；n为房地产使用年限。收益还原法可以用于有持续收益或潜在收益的土地与房地产等，特别是房屋租赁的估价，可用于需要大量估价的区域。但它无法评估学校和公园等没有收益的房地产，评估结果可信度也取决于土地纯收益和还原率的正确性。

（五）假设开发法

假设开发法又称剩余法，主要采用倒算的方式，从房地产总售价来扣除房产价格后的剩余价值即为土地价格。对开发土地或商品房进行评估时，假设开发法的评估方法为

$$V = V_R - C_B - S - I - P - T \tag{7-7}$$

式中：V为当年地价；V_R为期望售价；C_B为建筑费用；S为测量时费用、设计费、建筑师费等专业费用；I为利息；P为开发费用；T为税费。

对旧房地产进行评估时，假设开发法评估方法为

$$V = V_R - V_B - P_B - T - O \tag{7-8}$$

式中：V为当年地价；V_R为楼房售价；V_B为房屋现值；P_B为房地产交易利润；T为契税；O为登记费、手续费和其他行政等费用。

假设开发法适用于待开发土地的估价或土地上附着建筑物的土地估价，以及拆迁改造和土地整理的土地估价。但假设开发法的准确程度取决于：①是否以最有效使用原则确定土地最佳利用方式；②是否掌握房地产总价或开发后的总价；③是否正确确定房地产价值或者土地开发费用。

（六）成本逼近法

成本逼近法是以取得和开发土地所耗费的各项费用之和为主要依据，再加上一定的利润、利息、应缴纳的税金和土地所有权收益来确定土地价格的估价方法。其基本思路是把对土地的所有投资，包括土地取得费用和基础设施开发费用两大部分作为“基本成本”，运用经济学等量资金应获取等量收益的投资原理，加上“基本成本”这一投资所应产生的相应利润和利息，组成土地价格的基础部分，并根据国家对土地的所有权在经济上得到实现的需要，加上土地所有权应得的收益，最终求得价格。成本逼近法的评估方法为

$$P = A + B + C + D + E \tag{7-9}$$

$$A = a + b + c \tag{7-10}$$

式中：P为待估宗地价格；A为土地取得价格；B为土地开发费用；C为利息；D为利润；E为土地所有权权益；a为土地补偿费；b为劳动力安置补助费；c为青苗及地面附着物补偿费。

成本逼近法适用于新开发土地的价格评估，特别是在土地市场不发达地区，土地成交实例不多，无法利用市场比较法进行估价时采用。对于既无收益又很少有交易情况的学校、公园等公共建筑及公益设施等具特殊性的土地估价项目也比较适用。但成本逼近法估测过程中的成本构成比较复杂，且需要考虑货币的时间价值，容易漏算成本，造成价格的错误与损失。同时，成本高并不一定代表效用和价值高，评价结果也仅仅是一种“计算价格”，对土地效用、价值和市场需求考虑不足。

三、城镇土地定级与基准地价评估系统简述与设计目标

城镇土地定级与基准地价评估系统是基于交互式图形图像处理和数据库管理技术，依据城镇土地定级与基准地价估价基本理论，从城镇土地的经济、社会和自然等因素来评定城镇土地级别和基准地价，为政府掌握土地质量、制定土地税费政策和土地利用规划提供了科学依据。城镇土地定级与基准地价评估系统是一个任务和技术集成的系统，充分利用空间分析功能和数据管理功能，为用户提供数据、报表、图件与文本资料，对土地进行综合分析、评估与预测。它缩短了城镇定级和基准地价评估的工作周期，提高了工作效率和精度，使城镇估价工作实现科学化、现代化和自动化。

城镇土地定级与基准地价评估系统根据《城镇土地分等定级规程》（GB/T 18507—2014）和《城镇土地估价规程》（GB/T 18508—2014）的内容，结合城镇土地数据测算模型和土地利用分析、处理方法，对城镇土地级别和基准地价进行评估和更新，其设计的目标如下。

（1）集成化、开放式实现土地定级和基准地价评估。系统通过计算机的数据自动化处理和信息管理技术，将城镇土地定级与基准地价评估的多种任务、评估方法和数据等集成在一起，通过人机交互全面实现土地定级估价工作。

（2）有效地管理大量数据与资料。城镇土地定级和基准地价评估过程中涉及大量的调研资料、空间数据、统计报表和成果等数据，系统能够应对大量数据的分析与处理，更可以实现输入、存储、管理和输出数据功能，便于数据和资料的追溯与再利用。

（3）提供多种土地估价模型和估价参数设置。系统内包含路线价法和市场修正法等常用土地估计模型，以满足不同情况下的城镇土地估价方法。同时，系统内置土地还原率与利息率等常用参数，而土地因素修正系数与需修改的参数则可通过人为确定输入，体现了系统的全面性、灵活性。

（4）系统提供图像、电子图形和报表数据输出功能。系统依据用户对信息的管理、输入、分析与评价，自动生成与输出图像、报表等数据。

（5）与其他土地信息管理系统信息的流通与共享。系统实现城镇土地定级和基准地价评估功能，可为城市房地产、地籍信息管理和规划利用等提供决策信息。房地产信息管理系统、地籍信息管理系统与城市规划利用系统等在需要时可调用宗地估价等级数据和权属信息等数据，为其他土地信息管理系统提供接口，实现数据与信息的共享和流通。

四、城镇土地定级与基准地价评估系统数据库构建

数据库设计是城镇土地定级与基准地价评估系统建设的核心与基础，由于土地定级与基准地价评估工作涉及数据量庞大且种类多样，系统数据库的设计目标即对这些数据与信息的有效管理。

数据库设计的内容包括：空间数据库、属性数据库、空间数据与属性数据的关联、数据源。整体而言，城镇土地定级与基准地价评估系统的数据库与农用地分等定级估价系统数据库设计构架类似，仅在估价具体对象和估价内容上存在区别，数据库构建和管理技术相似，因此本节内容不再对系统的空间数据库、属性数据库、空间数据和属性数据的关联作赘述。

城镇土地定级与基准地价评估系统数据库数据源有：①系统信息数据，主要包括涉及的部门、人员和系统更新等信息；②土地定级数据，主要为土地定级因素因子的空间图形和属性数据、权重计算表等；③基准地价评估数据，主要包括采样点资料、地价指数、基准地价修正系数和采样点图等；④宗地估价数据，主要包括宗地项目表、估价方法集、估价素材表和估价公示表等。

五、城镇土地定级与基准地价评估系统功能结构设计

根据用户对城镇土地估价的需求，对系统进行功能设计与模块划分，系统主要分为以下功能结构，如图 7.6 所示。

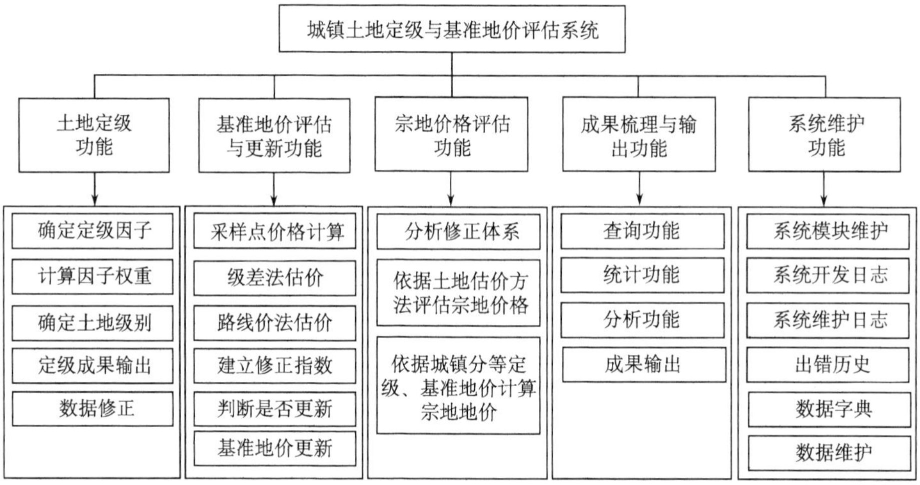

图 7.6　城镇土地定级与基准地价评估系统（杨永崇和郭岚，2009；郑新奇等，2008）

（一）土地定级功能

土地定级功能模块主要是按照土地定级工作流程而设计的流程化处理功能模块。主要可实现的操作功能为：①城镇土地定级因素与因子的交互式选择；②可采用德尔菲（Delphi）法、层次分析法和熵值法等方法计算定级因子权重；③确定土地级别；④城镇土地定级成果的输出，包括定级因子等级图和土地定级图等图件输出，以及土地定级汇总数据、统计报表和级别检验等内容输出；⑤提供交互式级别数据修正功能。

（二）基准地价评估与更新功能

基准地价评估模块以市场资料与城镇土地定级成果为基础，结合影响因素修正，建立基准地价模型来评估基准地价的逻辑思路，建立如下功能模块：①基于市场土地交易数据计算采样点地价和区域基准地价；②通过级差收益法来评估土地基准地价，可分为不同区域、级别和地段的尺度；③根据用户需求，可利用路线价法评估典型地段的基准地价；④建立各类用地地价修正系数。

此外，在上一轮基准地价评价成果的基础上，结合最新的采样点数据和基础数据，对基

准地价进行更新。主要实现以下功能：①判断是否需要更新区域基准地价，这是在检测目前基准地价的监测信息的基础上进行的；②依据区域基准地价影响因素的变化，按照基准地价评估过程对基准地价进行更新。

（三）宗地价格评估功能

宗地价格评估模块是在既有土地定级和基准地价评估成果的基础上，提供基准地价修正体系、收益还原法、成本逼近法和路线价法等估价方法，供用户针对实际估价情况选择相应的方法，以科学、有效地评估宗地地价。其可实现的功能有：①统计分析宗地标定地价修正体系；②通过收益还原法、成本逼近法和市场比较法等方法评估宗地价格；③依据城镇土地级别、基准地价估价成果，计算宗地标定地价。

（四）成果梳理与输出功能

该模块一般提供目标区域地价的查询、统计和分析功能。查询主要针对各类图形和属性的检索，内容有原始数据、地价评估成果、方法和参数等；统计功能可实现各类定级、基准地价评估、宗地的价格与区域的统计；分析功能可实现价格差异和区域差异等内容的分析。根据查询、统计和分析的结果，实现图件、表格和数据汇总等数据内容的输出。一般成果输出依据硬件类型可分为打印输出、绘图仪输出和显示输出等。

（五）系统维护功能

系统维护功能是土地信息系统所需要的重要功能，特别是城镇土地定级与基准地价的计算，涉及的内容与数据量众多，系统在设计中也容易出现不足与缺陷，系统维护功能可帮助维护人员管理系统，保持其正常运作。主要内容包括：系统模块维护、系统开发日志、系统维护日志、出错历史、数据字典和数据维护等方面。

第四节　地籍管理信息系统

一、地籍管理概述

地籍是指国家为了一定的目的，记载土地的权属、界址、数量、质量和用途等基本情况的图簿册。地籍具有以下特征：①具有较强的空间概念和位置信息；②具有法律效力和权威性，为政府部门监管；③具有连续性和现势性，地籍是关于土地完整且现势的证明，可通过它来查询土地利用历史与现状；④具有准确性，地籍提供的资料是真实可靠的，是处理土地事务的一种依据。

地籍依据功能差异可分为税收地籍、产权地籍和多用途地籍；地籍根据所在城乡区域不同的特点可分为城镇地籍和农村地籍；根据行政管理层次可将其划分为国家地籍和基层地籍；按地籍特点不同可分为初始地籍和变更地籍；按地籍手段和成果形式可划分为常规地籍和数字地籍。

随着社会生产方式的演变，地籍管理的内容也发生变化。封建时代，地籍管理为制定与土地私有制有关的赋税、劳役和租赁制度而进行的土地勘丈和定级等工作。工业革命以前，地籍是为征税而建立的一种田赋清册或簿册；工业革命以后，市场经济逐渐得到发展，土地成为一种商品，可以用来交换。地籍的内涵转变为课税对象的登记清册，土地产权登记、土地分类面积统计和土地等级、地价等内容的登记簿册。在我国社会主义计划经济时期，主要开展土地利用现状调查来为土地规划管理与实施服务。而在市场经济时期，地籍管理增加了土地调查和权属管理等内容。

土地地籍管理内容主要包括以下方面。

（1）土地调查，清查土地空间位置、数量、质量、价格、利用状况和权属等信息，是建立地籍的信息管理的基础。

（2）土地登记，是国家用以确认土地所有权、使用权和他项权利，依法实行土地权属的申请、审核、登记造册和核发证书的一项法律措施。

（3）土地统计，是土地管理部门对土地数量关系与动态变化进行系统、全面、连续地调查、整理和分析，是及时掌握土地数量、质量、分布、利用状况和动态变化的过程。

（4）土地定级，即以土地利用分类和土地条件调查为基础，对土地质量指标的综合分析，对土地质量水准的相对评价。

（5）地籍档案管理，是对地籍管理工作中直接形成的文件、图册、图形数据与音像资料等进行整理、保管、统计和编码等工作的总称。

二、地籍信息管理系统数据库构建

随着计算机的普及和现代信息技术的发展，无纸化的现代信息系统管理逐渐取代了传统形式的地籍管理。现代地籍是政府监管以地块为基础的公共土地信息系统，既是土地完整产权的证明，又具保持现势性的特征，还包括多用途所需要的基础资料。具体而言，地籍信息系统是以计算机为基础，对地籍信息进行采集、加工处理、存储管理、信息交换与统计分析的信息管理系统。系统以交互式图形处理、图像处理和数据库管理技术为主要手段，以地籍调查、变更地籍和土地登记等为工作内容，对地籍数据进行快速定位、定量和定时，进而为土地管理服务。

建立初始地籍调查数据库是地籍信息管理系统的基础，根据建库技术手段的差异，主要可归纳为以下三种技术流程，见图 7.7。

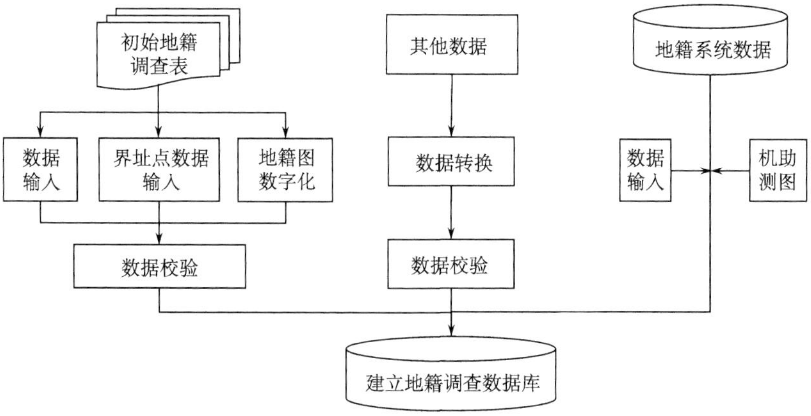

图 7.7　地籍信息管理系统数据库（孙在宏等，2015）

首先，使用传统的初始地籍调查表、地籍调查图和界址点坐标等成果，依次通过相应的操作输入计算机系统中，将常规的地籍信息数据转换为数字化成果，建立初始地籍调查数据库。

其次，以地籍信息管理系统为媒介直接进行地籍调查，将地籍调查信息输入地籍调查表中，以野外机助的形式来获取地籍图形调查数据，直接建立初始地籍调查数据库。

最后，可通过在其他系统或软件环境下建立的地籍调查数据库的直接调用，将数据结构进行转换与校验，输入地籍信息管理系统中。

类似 GIS 对数据分层主要依据其空间特征和属性特征，地籍数据也可基于 GIS 数据特征思想对图层结构进行分类。以县级地籍数据库图像数据为例，它的结构首先是行政区层，以乡、镇或街道为单元存储、管理行政区的范围、各类统计数据等地籍信息及其变更信息；其次为土地所有权宗地层，存储、管理反映土地所有权属界线和各类统计数据等地籍信息；再次为土地使用权宗地层，存储和管理以宗地为地理单元，反映国有或集体土地使用单位或个人的宗地权属界线与位置坐落等地籍信息；最后为土地利用现状图斑层，主要为各种土地利用类型的地块或图斑的地类界线和权属单位等地籍信息。这种分层方法严格遵循了土地“自上而下”的隶属关系，呈现出金字塔式的结构，符合多尺度表达地理信息的思想。

三、地籍信息管理系统功能设计

地籍信息管理系统主要功能模块如下。

（1）地籍测量。主要为地籍数据的输入，包括宗地号、权属和拥有者等宗地调查信息输入、勘测数据的完整性检查、地籍图分幅自动连接、宗地图形拓扑关系的建立、数据自动入库及扫描矢量数据获取等。

（2）地籍变更。对宗地属性变更、宗地分割与合并、宗地界线调整，建设用地合并、宗地注销、宗地新增、宗地内地物变更，道路、河流、行政界线等所涉及内容的图、表、证的动态更新。

（3）登记与审核。负责地籍证书申报到核发的过程，主要包括注册登记、地籍档案与资料的查询、宗地号显示、证书号显示、图幅定位等，以及地籍证书和他项权利证书内容的生成、修改、查询、表格录入与归档等功能。

（4）权属调查。对地块权属进行查询，实现对权属记录的生成、添加、删除与合并等功能。

（5）管理维护。负责地籍档案管理，内容包括地籍档案有关信息的录入与历史数据查询等。

（6）查询统计。对地籍日常管理中关于控制点、地籍图、成果表、现势宗地信息、历史宗地调查信息、土地登记信息的图形、表格和属性等数据的查询，以及对地籍变更数据统计、年度地籍对比统计和区域地籍管理变化等信息统计汇总、综合分析与内容输出。

第五节　土地利用规划信息系统

一、土地利用规划概述

土地利用规划是各级政府实现土地资源优化配置和可持续利用，保障经济社会的可持续发展，在一定区域和时期内，根据土地资源利用状况、开发潜力和各行业用地需求，对城乡土地利用所做的统筹安排和综合部署，是调控土地利用的国家措施。土地利用规划的目标是在土地利用结构研究的基础上，根据国民经济发展的长期规划对土地资源的需求、土地资源的供给状况、土地的人口承载潜力和土地利用战略的研究成果，提出规划年所应实现的土地利用目标。

根据土地利用规划的性质和目的来划分，土地利用规划可以分为土地利用总体规划、土地利用专项规划和土地利用规划设计。土地利用总体规划是各级政府依法组织对辖区内土地利用、土地开发、整治、保护所做的综合部署和统筹安排。土地利用总体规划是现阶段我国土地管理的重要任务之一，它主要包括土地利用现状分析、土地供给量与需求量预测、确定规划目标与任务、土地利用结构和布局调整和土地利用分区等内容。作为国家对土地管理的措施，它的任务基本可以概括为土地利用的宏观调控、土地利用的合理组织和土地利用的规范监督。

土地利用专项规划是在土地利用总体规划框架的控制下，对土地利用、整治、和保护某项专门问题进行的规划设计，是对土地利用总体规划的深化和补充。土地利用专项规划包括：土地开发规划、土地整治规划、土地复垦规划、土地保护规划和土地整理规划等。

土地利用规划设计属于微观土地利用规划，是指以土地利用总体规划为依据，直接对某一地段或某土地使用单位的空间所做的具体安排和技术设计，主要是为解决土地利用单位的土地开发、利用、整治和保护等具体问题进行的规划，包括其空间布局、利用分区和具体建设项目的设计，以及施工方案和搬迁计划等。

二、土地利用规划信息系统数据库构建

土地利用规划信息系统数据库主要由空间数据与非空间数据两部分组成。空间数据主要以土地利用总体规划、土地利用基期信息、土地利用基础地理信息的图形与关联属性的形式存在，内容包括土地利用规划用途、土地利用规划基期数据、土地利用空间管制、行政界线和权属等规划图形数据与图像数据。非空间数据主要为土地利用规划的属性数据、规划文本、规划表格及元数据等内容。其中，规划文本是对土地利用总体规划的说明与解释，规划表格数据内容主要包括土地利用控制指标、耕地保有量、建设用地保护、各类用地平衡表和用途分区等，元数据则是对以上所属数据的描述。

土地利用规划信息系统数据范围广和局部调用集中的特点决定了数据库需要充分考虑分级安全机制、完整性和异质性约束机制，因此数据库一般以行政区域级别分为四个层次：国家级土地利用规划管理数据库、省级土地利用规划管理数据库、市级土地利用规划管理数据库和县级土地利用规划管理数据库。

在土地利用规划的数据库设计过程中，对系统中行政代码、土地权属单位、土地利用规划用途信息、土地利用基期等信息，需要用数据字典来记录。通过数据字典可规范数据的描述，减少数据冗余，提高数据库的开放性。

在数据库中，对土地利用规划的空间数据需进行编码，以确定空间要素信息在数据库中的存储方式和关系，如浙江省土地利用总体规划地类编码体系（表 7.1）。空间数据的主体要素编码的目的在于便于实现地理信息存储的标准化和信息资源的共享，也可实现各比例尺数

字图形的输出与地理要素进行存储、分析等操作。

表 7.1 浙江省土地利用总体规划地类编码体系

一级类		二级类		
代码	名称	代码	编码	名称
G11	基本农田	G111	A1-00x	I 类
		G112	A2-00x	II 类
N11	一般农田	N111	B1-00x	一般农田
		N112	B2-00x	新增一般农田
12	园地	X12		园地
		G12		新增园地
13	林地	X13		林地
		G13		新增林地
14	牧草地	X14		牧草地
		G14		新增牧草地
15	其他农用地	X151		设施农用地
		X152		农村道路
		X153		坑塘水面
		X154		农田水利用地
		X155		田坎
		G151		新增设施农用地
		G152		新增农村道路
		G153		新增坑塘水面
		G154		新增农田水利用地
		G155		新增田坎
21	城市建设用地	X211		城市
		X212		建制镇
		X213		集镇
		X214		村庄
		X215		采矿地
		X216		独立建设用地
		G211	D1-00x	新增城市
		G212	D2-00x	新增建制镇
		G213	D3-00x	新增集镇
		G214	D4-00x	新增村庄
		G215	D5-00x	新增采矿地
		G216	D6-00x	新增独立建设用地
22	交通水利建设用地	X221		铁路用地
		X222		公路用地
		X223		机场用地
		X224		港口码头用地

续表

一级类		二级类		
代码	名称	代码	编码	名称
22	交通水利建设用地	X225		管道运输用地
		X226		水库水面
		X227		水工建筑用地
		G221	D7-00x	新增铁路用地
		G222	D8-00x	新增公路用地
		G223	D9-00x	新增机场用地
		G224	D10-00x	新增港口码头用地
		G225	D11-00x	新增管道运输用地
		G226	D12-00x	新增水库水面
		G227	D13-00x	新增水工建筑用地
23	其他建设用地	X231		风景名胜设施用地
		X232		特殊用地
		X233		盐田
		G231	D14-00x	新增风景名胜设施用地
		G232	D15-00x	新增特殊用地
		G233	D16-00x	新增盐田
31	水域	X311		河流水面
		X312		湖泊水面
		G311		新增河流水面
		G312		新增湖泊水面
32	滩涂沼泽	X321		滩涂沼泽地
		G321		新增滩涂沼泽地
33	自然保留地	X331		自然保留地

三、土地利用规划信息系统功能结构

土地利用规划信息系统的功能设计需要满足土地利用规划中的数据库更新与管理、查询统计、专题图制作与输出及土地利用决策支持等功能。徐彬和韦玉春（2006）指出了目前土地利用总体规划的功能主体构架，其功能结构包括：土地数据处理功能、土地规划管理功能、土地利用规划实施功能和系统管理功能（图 7.8）。

土地数据处理功能主要涉及系统的空间数据处理、编辑和查询等，提供使用的图形与数据的处理操作。一般包括数据录入、数据导入与导出、图形显示、数据编辑、图形查询、数据制图等功能，处理的数据对象包括点、线、面、红线图和工程等数据。在此基础上，系统可扩展土地利用数据投影设定和投影转换等功能。

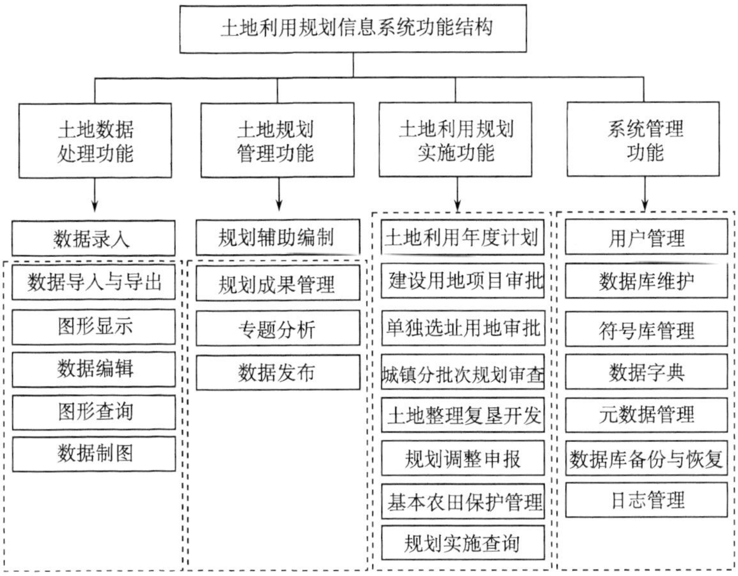

图 7.8 土地利用规划信息系统功能（徐彬和韦玉春，2006）

土地规划管理功能主要为规划辅助编制、规划成果管理、专题分析和数据发布等功能模块。规划辅助编制是结合 GIS 技术和模型库来实现辅助编制土地利用总体规划和专项规划的功能，通过规划基础信息的录入，利用规划辅助决策功能可对土地利用现状和土地利用需求量进行预测与分析；规划成果管理是以一定的体系结构来组织各类规划成果，为用户提供图件与文档信息的查询、浏览、统计和输出等功能；专题分析是针对某土地利用规划专项内容进行统计与分析，为规划提供补充与决策支持；数据发布是对土地利用规划的内容及成果进行公布与公开，可提供内容展示和发布等操作。

规划实施功能大致可分为审批流程与规划实施两部分内容。审批内容包括建设用地项目审批、单独选址用地审批、城镇分批次规划审查和规划调整申报等内容。规划实施主要为土地利用年度计划、土地整理复垦开发、基本农田保护管理和规划实施查询等。

系统管理功能是针对土地利用规划信息系统动态维护的相关内容，主要内容包括：用户管理、数据库维护、符号库管理、数据字典、元数据管理、数据库备份与恢复及日志管理。用户管理主要为用户信息增减、删除、查询，用户登录口令和权限设置等内容管理；数据库维护是对数据库内容进行动态更新、备份和导入等操作；符号库管理是土地利用图形数据制作与输出所表示的要素可视化图例的内容管理；数据字典是对土地利用数据的数据项、数据结构、数据流及数据存储等进行定义和描述内容的管理；元数据管理是对描述土地利用规划信息的数据的管理；日志管理主要为记录系统运行时产生的错误信息、状态信息、调试信息和执行时间信息等内容管理。

第六节 土地利用动态遥感监测系统

一、土地利用动态遥感监测概述

土地动态监测是我国土地利用资源工作的重心内容，自然资源部（原国土资源部）始终重视土地动态监测的工作。《中华人民共和国土地管理法》第三十条规定：国家建立全国土地管理信息系统，对土地利用状况进行动态监测。伴随计算机技术与测量技术的发展，土地利用动态监测手段逐渐多元，遥感凭借对地表长时序及大空间范围的监测优势，成为土地利用监测手段的重要方式。我国国土资源部于 1999 年 9 月颁布《土地利用动态遥感监测规程》（TD/T 1010—1999），确立了以土地变更调查的数据及图件为基础，运用遥感图像处理与识别技术来提取土地利用动态变化信息，达到对耕地及建设用地等土地利用变化情况的定期监测的技术规程。自 1999 年开始，国土资源部启动土地利用动态遥感监测项目，每年对全国重点地区进行遥感监测。

土地利用动态遥感监测指利用计算机技术对多个时相的土地遥感影像进行提取和对比分析，辅助地面调查，获取土地利用变化信息。遥感的主要平台有飞机、卫星、火箭和空间站等。按传感器的探测范围波段分为：紫外遥感、可见光遥感、红外遥感、微波遥感及多波段遥感等。目前，土地利用遥感监测的数据源主要为：美国陆地卫星 Landsat TM/ETM 影像、快鸟（QuickBird）卫星影像、IKONOS 卫星影像、MODIS 卫星影像、Worldview 卫星影像、法国 SPOT-1、SPOT-2、SPOT-3、SPOT-4、SPOT-5 卫星影像、欧洲 Sentinel-1 卫星影像、中国高分一号卫星影像、高分二号卫星影像、高分三号卫星影像、资源三号卫星影像、中巴资源卫星影像、印度资源卫星 IRS-1C 和 IRSID 影像等。

土地利用动态遥感监测主要技术路线可以概括为：首先根据土地利用监测区要求来选取多源和多时相的遥感数据，提高地物的空间分辨率和精度；随后，专业技术人员通过计算机技术对遥感数据进行融合、地物信息的自动发现提取及人机交互等操作，结合外业实地调查与踏勘，对土地利用变化信息进行处理与统计，确定变化的范围、面积和分布等信息；最后，对监测图、统计数据和文本等内容输出，进行成果汇总与整理，以期为土地资源利用管理和经济发展决策作数据支撑。

土地利用变化动态遥感监测在 1999 年首次应用高分辨卫星数据对全国 66 个 50 万人口以上的城市进行了监测，以县为单位重点监测了建设用地占用耕地和非耕地的情况。在总结成功经验的基础上，2002 年和 2003 年土地利用动态遥感监测项目利用 SPOT 影像监测了 93 个大中型城市，2004 年对全国 189 个国家级开发区进行了监测。这一系列大型的土地利用动态遥感监测实践，促进了遥感技术在土地利用动态变化监测上的广泛应用，技术日臻完善。

二、土地利用动态遥感监测系统数据结构与管理

（一）数据结构

土地利用动态遥感监测系统是典型的空间数据管理系统，它不仅具有一般数据管理系统的特征，也能够存储与管理图形和图像等空间数据。整体上，系统分为栅格数据库、矢量数据库、元数据库和统计信息库四大结构。其中，栅格数据库包含遥感影像数据库和 DEM 数据库；矢量数据包含遥感监测变化的图斑专题信息、基础地理信息专题数据和检测区的名称注记；元数据库则是存放监测数据和管理信息等描述信息的数据库。统计信息数据库主要是以电子表格形式存放的遥感监测结果的统计数据库。

土地利用动态遥感监测系统一般采用矢量和栅格数据一体化管理模式，主要以矢量的土

地利用变化专题信息为主，兼顾栅格的遥感影像背景和 DEM 数据，通过将文本格式的统计信息作为属性信息，来对图形和图像内容作解释补充。

系统在界面上表现为一个无缝的整体，但在物理上分为分布式的多个子库，不同物理设备上分别存储不同时态的数据。系统在逻辑上可分为基本数据层、元数据层、信息网络层和应用系统层四个结构，通过一体化的空间数据管理平台实现分层结构。在应用管理上，系统主要分为全国行政区、监测城市和县区图幅三个层级。

（二）数据管理

数据管理的主要工作内容是数据各类操作与数据类型之间的转换和管理，是系统的一项独立的功能模块。数据采用分层次和分级别管理，需要将不同类型的数据物理地存放在不同的子数据库中，在各个子数据库上建立统一的数据库管理系统，负责各种数据之间的兼容性处理与空间位置匹配等高级管理工作。

数据的物理存放以数据内容和时间为主题，按照监测区块分区存储，按照监测城市无缝拼接来实现调用显示。

在数据库数据组织上，将分层图像数据中的变化图斑进行矢量化后再单独存放，使用统一的国家基础地理标准底图，数据按照实际监测区域的行政分区管理。数据的分层结构一般为全国行政区、监测城市和监测县市。

三、土地利用动态遥感监测系统数据库内容

土地利用动态遥感监测系统包含土地利用实景监测数据、地理专题信息与系统管理等信息，一般主要有以下内容。

（1）土地利用变化专题信息。土地利用变化是系统监测的主要数据构成，专题数据均采用栅格数据形式，在数据库中以矢量形式存放。土地变化信息以年份时序的土地利用类型占用变化形式展示，包括新增农村居民点占用耕地、新增独立工矿用地占用耕地和新建城镇占用耕地等多种类型。

（2）基础地理专题信息。主要以矢量形式存储，包括行政界线、城市建成区界线、城市开发区界线、规划区界线和农田保护区界线等界线，铁路、公路等道路，湖泊、河流等水体及开发区、大型工程等地名注记内容。

（3）DEM 数据。DEM 数据也属于地理专题信息内容，但它是针对城市地面高程模型的描述。其数据以栅格形式提供与管理，一般在数据库中体现城市三维景观描述。

（4）统计报表。统计报表详细地记录了土地变化的数据和属性信息，是监测成果中对监测区所有的变化图斑信息的记录。记录表主要有监测区域变化图斑记录表和分县区记录表两种类型。

（5）影像背景。影像背景是以年度为时序存储与提供的卫星影像数据信息，一般都为栅格格式。它可为用户提供直观易懂的背景影像，主要用来表现专题矢量信息的内容。

（6）图要素库。图要素库内容包括监测数据出图文件的要素整饰，如比例尺、经纬网格、图名注记和公里网格等。

（7）元数据文件。系统中的元数据是对数据库中影像信息、数据处理和图件等信息的描

述，内容包括数据记录的坐标、投影、分辨率、监测区域与监测时间等。

四、土地利用动态遥感监测系统功能设计

土地利用动态遥感监测系统依据数据管理和系统管理着手设计，主要包括数据传输、查询显示、空间分析、数据制作与输出、应用服务和系统管理服务六个功能框架，其数据与功能结构如图 7.9 所示。

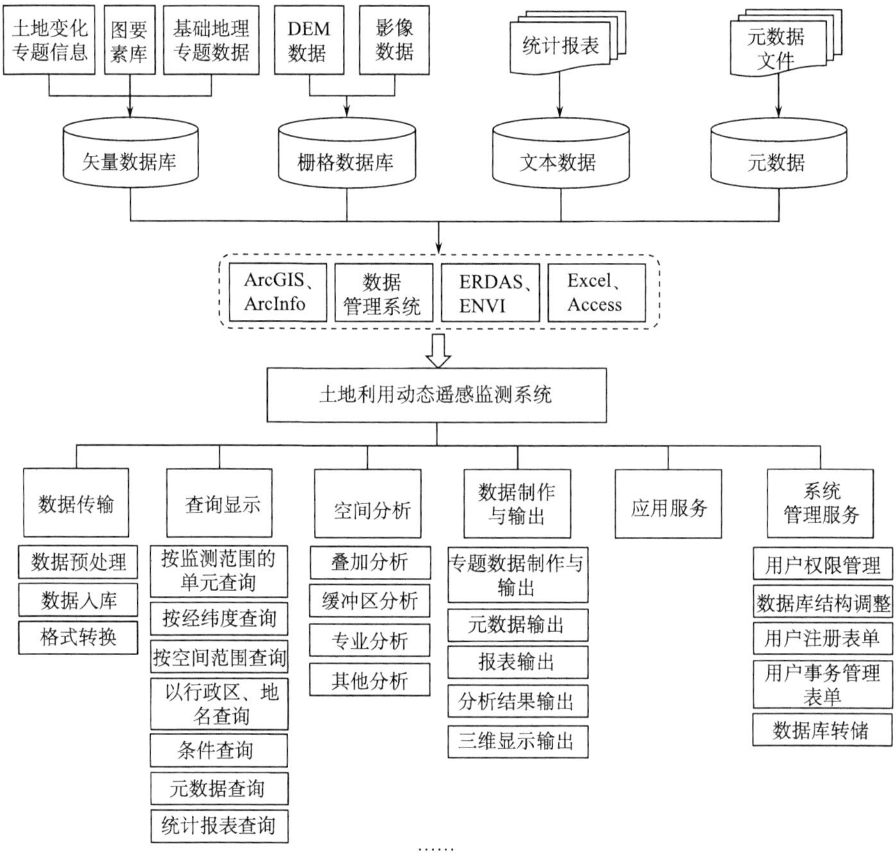

图 7.9 土地利用动态遥感监测系统功能结构（曲卫东和韩琼，2009）

（一）数据传输

数据传输指土地利用动态遥感数据在系统导入与导出过程中产生的一系列传输操作。主要有：数据预处理，包括矢量数据和栅格数据编辑、矢量数据与统计报表的连接和索引；数据入库，提供数据编码、属性编辑及数据库的日常维护更新，元数据及外部数据的入库管理；格式转换，系统中包含的数据格式与形式多样，系统可依用户需求对数据格式进行转换。

（二）查询显示

系统可提供查询显示功能，主要包括以下几个方面。

（1）监测范围的单元查询。系统在遥感监测范围内，以监测单元为查询条件，查询任意监测单元内容的所有专题，可以依据要求相互叠加。

（2）按经纬度查询。系统可按照经度、纬度范围标识的要求检索并显示区域信息；当检索区域经纬度跨越多图幅时，监测内容可自动依据经纬度要求进行地理位置的拼接显示。

（3）按空间范围查询。在用户对任意的空间范围进行检索时，系统可检索出范围内的专题与背景数据。

（4）以行政区、地名查询。以行政区和地名的注记查询所在范围背景数据与要素信息。

（5）条件查询。依据用户所给定的条件设定，系统检索符合条件要求的专题数据与信息。

（6）元数据查询。主要包括元数据与图、表联结查询显示。

（7）统计报表查询。对监测的统计报表检索、统计、显示和输出等。

（三）空间分析

土地利用动态遥感监测系统是基于地理信息技术、遥感技术和计算机技术体系集成建立与开发的，不仅具有海量的空间数据，也提供空间分析的功能。空间分析内容一般包括：空间叠加分析、缓冲区分析、相同地理位置上的空间信息叠加分析、对指定地物的缓冲区分析及可按照用户要求提供交互式的其他专业空间分析内容。

（四）数据制作与输出

数据制作与输出是将系统中检索的动态监测数据按照用户要求通过拼接、裁剪与制图等系列操作来制作最终产品。以输出内容来划分，主要包括以下几个方面。

（1）专题数据制作与输出。主要通过数据库中的专题数据制作用户所需的产品，建立和输出数据文件。

（2）元数据输出。指按照查询条件来打印或以报表形式输出元数据。

（3）报表输出。主要为制作和打印输出各种报表，以及用户定义的报表快速输出。

（4）分析结果输出。指将分析模块所得到的结果从显示再到输出的过程。

（5）三维显示输出。将三维景观动态构建以 PSD、TIFF、DBF、XLS 等多种格式输出，可通过打印机、绘图仪及光盘等介质来输出打印报表和专题图件。

（五）应用服务

系统提供的应用服务指数据库可按照应用目的的扩展与需求来开发分析功能。在数据库建立后，应用服务模块可按照用户的需要拓展与增加应用功能项。

（六）系统管理服务

系统管理服务模块主要提供系统环境设置和系统服务等方面的功能，主要有以下几个方面。

（1）用户权限管理。指系统的设计对不同类型的数据用户设定了相对应的使用权限，授权其使用限定的数据，包括用户管理和文件权限管理。

（2）数据库结构调整。系统提供数据库字段、属性和记录的数据库结构调整功能。

（3）用户注册表单。主要考虑安全性，对采取网络操作的用户进行注册登记。

（4）用户事务管理表单。主要指用来记载用户登记操作的所有列表。

（5）数据库转储。主要指数据库的迁移、备份、恢复和存储等环节。

参 考 文 献

刘卫东, 彭俊. 2005. 土地资源管理学. 上海: 复旦大学出版社.
刘卫东, 谭永忠, 彭俊. 2010. 土地资源学. 上海: 复旦大学出版社.
曲卫东, 韩琼. 2009. 土地信息系统. 北京: 中国人民大学出版社.
苏根成, 王春华. 2011. 地籍管理. 北京: 北京师范大学出版社.
孙在宏, 陈惠明, 乔伟峰, 等. 2015. 土地管理信息系统. 北京: 科学出版社.
徐彬, 韦玉春. 2006. 土地利用规划系统现状与问题. 经济地理, 26(S1): 117-119.
杨永崇, 郭达志. 2005. 城乡一体化地籍信息系统的时空数据模型. 西北农林科技大学学报(自然科学版), 33(6): 75-78.
杨永崇, 郭岚. 2009. 实用土地信息系统. 北京: 测绘出版社.
郑新奇, 韩荣青, 刘金花, 等. 2008. 土地管理地理信息系统. 武汉: 武汉大学出版社.

第八章　大数据时代土地信息系统发展

第一节　席卷全球的大数据

一、全球大数据发展方兴未艾

近年来，随着物联网、云计算、人工智能等信息技术的迅猛发展，社交网站、移动支付、共享经济等互联网应用不断涌现，人类正与各类传感器一同在个人体验、生产经营、商务活动、公共管理等众多领域产生越来越多的数据。数据量以指数形式呈现“爆炸式”增长，数据量级也从GB级和TB级逐步增长到PB级甚至EB级，大数据（big data）时代已经到来，而大数据正在成为一种新的资源。

从科学界到政界再到商界，都逐渐意识到大数据将是挖掘信息和知识的一个宝藏。早在1980年就开始关注大数据，当时著名的未来学家阿尔文·托夫勒就称呼大数据为“第三次浪潮的华彩乐章”。2008年9月和2011年2月，国际权威期刊 *Nature* 和 *Science* 先后出版大数据专刊，从互联网技术、互联网经济学、超级计算、环境科学、生物医药等多个方面讨论大数据处理和应用问题。2011年5月，全球知名咨询公司麦肯锡全球研究院发布了一份题为 *Big data: The next frontier for innovation, competition and productivity* 的报告，指出大数据已经渗透到每一个行业和业务职能领域，逐渐成为重要的生产要素，大数据时代已经到来，对海量数据的开发利用将预示着新一波生产率增长浪潮的来临。

2012年3月，美国奥巴马政府率先抓住机遇，正式发布和启动了“大数据研究和发展倡议”（*Big data research and development initiative*），认为大数据是未来世界的“石油”，需要好好“勘探”和“挖掘”。同年5月，联合国发布大数据政务白皮书 *Big data for development: Challenges & opportunities*，指出大数据对于各国而言都是一个历史性机遇，利用丰富的数据可以对社会经济进行前所未有的实时分析，帮助政府更好地响应社会和经济运行。我国也紧跟世界步伐，在党的十八届五中全会中提出要实施“国家大数据战略”，并由国务院正式印发了《促进大数据发展行动纲要》，这标志着大数据战略正式上升为国家战略；“十三五”规划纲要中也指出要把大数据作为基础性战略资源，全面实施促进大数据发展行动，加快推动数据资源共享开放和开发应用，助力产业转型升级和社会治理创新。

大数据诞生之后便迅速成为学术界和相关产业界的热门话题，成为信息技术领域的重要前沿课题之一。在大数据理论体系成型之前，大数据技术、方法与应用实践就已走在了前面。可见，大数据已然成为继云计算、物联网之后新一轮技术变革热潮，不仅是计算机与信息技术领域，商业、医疗、教育等诸多领域都准备在大数据应用中占据一席之地。

二、加快大数据在土地管理中的应用势在必行

根据中国互联网络信息中心（CNNIC）发布第36次《中国互联网络发展状况统计报告》，

截至 2015 年 6 月，我国网民规模达 6.68 亿，互联网普及率为 48.8%；手机网民规模更是达 5.94 亿，手机终端上网率达 88.9%。互联网对个人生活方式的影响进一步深化，从基于信息获取和沟通娱乐需求的个性化应用，发展到与医疗、教育、交通、住房、土地、规划等公共服务深度融合的领域。长期以来，我国各级土地管理部门建立了大尺度、多时相、全样本的土地利用调查数据，更是与土地评价、监测数据一起构成了土地管理数据的基础平台。另外，各级土地管理部门多年来积累的具有系统性的土地批、供、用、补、查等管理数据，以及土地交易、不动产登记统计等市场数据一起，构成了土地海量数据的应用平台。而土地作为人类一切社会经济活动的空间载体，与各类人和人的行为相关大数据具有内在的耦合机制，人类的一切生产、生活、生态行为都离不开土地；同时，土地作为特殊的资源和资产又是人类大数据的有机组成部分，海量的土地基础和应用数据与人的行为大数据具有密不可分的联系，因此，结合现有土地海量数据，结合"人"的行为大数据，促进土地大数据的发展势在必行。

第二节　大数据的基本概况

一、大数据的定义

大数据的搜集、处理和分析是一项综合数学、统计学、计算机科学等多个专业的跨学科工作，而进行大数据研究的科学人员的学科背景及其应用目的也有所不同，因此有关大数据的定义也出现多种解释。

从数据来源及其处理特征的角度出发，2008 年 *Nature* 的大数据专刊提出的定义为：大数据是人类认知过程的进步，是无法用目前的技术、方法和理论，在可容忍的时间内获取、管理、处理的数据集；美国国家科学基金会（National Science Foundation）认为大数据是指由科学仪器、传感器、网上交易、电子邮件、视频、点击流和所有其他现在或将来可用的数据源产生的大规模、多样的、复杂的、纵向的或分布式的数据集；而维基百科则将大数据定义为：利用常用软件工具抓取、管理和处理数据所耗时间超过可容忍时间的数据集。

而从数据应用所产生的价值角度出发，Gartner 公司认为大数据是一种体量巨大、增长极快、样式繁多的信息价值，需要采用新的处理方法和模式，才能确保其体现出更强更准确的决策力、洞察力以及优化流程的能力；麦肯锡公司在其报告 *Big data: The next frontier for innovation, competition and productivity* 中认为大数据是个大的数据池，其中的数据可以被采集、传递、聚集、存储和分析，与固定资产和人力资本等其他重要的生产要素类似；没有数据，很多现代经济活动、创新和增长都不会发生，这正成为越来越普遍的现象。

二、大数据的内涵特点

大数据基于物联网、云计算、移动互联网等新一代信息技术，实现对事物存在和演化过程全生命周期内产生的所有数据的记录和收集，它从完整地表达一个事物、一个系统的角度出发，表达了事物内在的耦合关系。结合上述多种定义，大数据表现出"5V"的内涵特点，即容量（volume）、速率（velocity）、多样性（variety）、真实性（veracity）、价值（value）。

（一）容量

大数据解决方案所处理的数据量大，并且在持续增长。数据规模一般在 10TB 左右，但在实际应用中，也有很多企业把多个数据集存储在一起，形成了 PB 级的数据量。数据容量大会影响数据的独立存储和处理需求，同时还会对数据准备、数据恢复、数据管理等操作产生影响。

（二）速率

一方面，在大数据环境中，数据产生的速率很快，在极短时间内就能聚集起大量的数据集；另一方面，在数据量如此庞大的情况下，大数据处理与分析技术也能够做到数据的实时、动态处理。由于实时的大型数据集计算需要利用并行、分布式、可扩展的存储、计算、共享与分发的云平台，因此大数据常与云计算相联系。

（三）多样性

相较于传统的用“数字”表示的数据，大数据还包括文本、图片、音频、视频等多种格式存储的数据，如微博、微信、Facebook、Twitter 等社交网络数据，手机信令、热力图、公交出行、交通拥堵等运动轨迹数据，智能水表、智能电表、智能卡刷卡记录等终端消费数据，大气污染物、水体污染物等环境监测数据。概括来说，传统数据是结构化的数据，而大数据不仅包括结构化数据，还包括电子邮件等半结构化数据以及图像等非结构化数据。

（四）真实性

数据的真实性是指数据的质量和保真性。数据在数据集中可能是信号，也可能是噪音。信号能够被转化为有用的信息并且具有价值，而噪音无法被转化为信息与知识，因此没有价值。信噪比越高的数据，真实性越高。与问卷调查等传统手段搜集获得的数据不同，大数据产生于人类日常生活，大部分是人类真实意志和行为的体现，不受数据搜集手段的影响，因此具有较高的真实性。其中，从可控行为中获取的数据（例如通过网络消费注册获得数据）常常比通过不可控行为（例如发布的微博等）获取的数据拥有更少的噪音。

（五）价值

数据的价值依赖于数据的真实性和数据处理的时间。真实性越高，处理时间越短，则价值越高。对大数据内涵解读中的前四个“V”其实都是为最后一个“V”服务的。随着新数据源的兴起，传统数据源的局限逐渐被打破，如何从数量庞大、类型多样的数据集合中快速挖掘出有价值的信息，才是大数据应用与决策的核心。

三、大数据技术

根据中国电子技术标准化研究院的定义，大数据处理流程主要涵盖数据采集、数据预处理、数据存储、数据处理、数据分析及数据可视化等五个环节，由此推演开来，大数据技术主要包括获取技术、存储技术、处理技术以及分析与挖掘技术等四个方面。

（一）大数据获取技术

随着数据逐渐成为蕴含巨大价值的宝贵资源，数据的共享开放问题受到了人们越来越多的关注。但是，大部分数据仍然垄断在部分机构和公司手中，对于一些保密性极强、价值极高的大数据，只能通过与机构或企业合作，使用特定系统接口等相关方式获取。而对于一些互联网上的公开数据，则可以利用大数据获取技术进行采集。很多互联网企业都有自己的海量数据采集工具，用于系统日志的获取。这些工具均采用分布式架构，能够满足每秒数百兆的日志数据采集和传输需求，例如 Facebook 的 Scribe 工具、Hadoop 的 Chukwa 工具、Cloudra 的 Flume 工具。此外，还可以利用网络爬虫技术获取各类网络大数据，该工具支持按需从互联网上抓取网页内容，并抽取出所需的属性内容。

（二）大数据存储技术

由于大数据多为半结构化和非结构化数据，这些数据无法存储在传统的关系型数据库中，且关系型存储技术不是一个可以支持大数据容量的可扩展方式，因此，一般采用分布式技术将大数据存储于非关系型数据库中。通过分布式存储架构存储数据，冗余存储模式保证数据的可靠性，并在数据库方面通过去除关系数据库的关系型特征，简化数据结构，便于对数据和系统进行扩展。

（三）大数据处理技术

根据数据处理方式的不同，可将大数据处理技术分为并行数据处理、分布式数据处理、批处理、实时模式处理等四类。并行数据处理就是把一个规模较大的任务分成多个子任务同时进行，从而减少处理时间。分布式数据处理与并行数据处理非常相似，但两者的不同之处在于前者一般在一台机器上使用多个处理器或内核来完成，后者则通常在几个物理上分离但通过网络连接的机器上进行。批处理是大数据处理的主要方式，指数据成批地脱机处理，能够从本质上解决大数据数据量大和数据特性不同的问题。MapReduce 是一种广泛用于实现批处理的架构，结合了并行数据处理和分布式数据处理的原理，具有很高的可扩展性与可靠性。最后，在实时模式中，数据通常在写入磁盘之前在内存中进行处理，能够大大提高大数据处理的速度。由于其处理的数据既可能是连续（流式）的也可能是间歇（事件）的，因而也被称作流式处理或事件处理。

（四）大数据分析与挖掘技术

大数据分析和挖掘技术是获取大数据中蕴藏价值的关键，包括相关分析、回归分析等传统统计分析方法以及机器学习、语义分析等新型数据挖掘技术。其中，数据挖掘已经成为从大数据中发现和探索知识的一个重要手段和解决现实重大问题与需求的有效方法。数据挖掘的具体过程包括在线性、非线性、因子、序列分析、线性回归、变量曲线、双变量统计等分析的基础上，按照一定方式对数据进行分类，并分析数据间及类别间的关系，然后借助人工神经网络、决策树、遗传算法等方法揭示数据间的内在联系，发现深层次的模式、规则及知识，最后通过可视化并融合为易于人类理解的方式进行展现。

机器学习和语义分析是大数据挖掘中常用的两种方法。通俗地讲，机器学习是指将人类知识和机器处理速度相结合，使得机器可以处理大量数据而不需要人类干涉，并且能够通过重新组织已有的知识结构不断完善自身的性能。语义分析包括自然语言处理、文本分析和情感分析，自然语言处理指计算机具有像人类一样自然地理解语言和文字的能力，它是文本分析和情感分析的基础。文本分析用来挖掘非结构化文本数据中的信息和价值，情感分析则用来判断人类的情感和态度。

四、大数据思维

大数据的核心是关于人与人之间行为的数据，通过自下而上聚合个体行为，能够在一定程度上获得全样本群体信息；大数据具有实时动态的特征，在时空粒度上存在高度详尽的可能性，可以实现对不同人类社会经济活动的精细切分。维克托·迈尔·舍恩伯格提出在大数据时代中存在三个思维转变：不是随机样本，而是全体数据；不是精确性，而是混杂性；不是因果关系，而是相关关系。因此，大数据的价值不仅仅在于其数据特征，更在于其体现出的大数据思维。大数据思维是一种集合了“自下而上”的众创思维、着眼于全体的整体思维、关注相关的协同思维以及时空变化的动态思维的新型思维方式，在大数据思维的影响下，一种关注更多维度、更高频度、更广宽度的全新决策思维方式正在形成，它以个性化、定制化、主动化、参与式、动态化为特征，通过“自下而上”的全体用户的集体参与来洞察规律、提炼规则，进而影响决策与服务。在这个过程中，全体用户既是大数据的体验者、服务者，同时又是大数据的生产者。

第三节　大数据时代土地信息系统发展的机遇与挑战

一、传统土地数据与大数据的区别

传统土地数据并非真正大数据，而只是数据量大。大量土地相关数据，仅从数量上来说，达到甚至超过了大数据的一般定义标准。例如，第二次全国土地调查数据库、全国年度土地矿产卫片执法数据库等都具有大数据定义中的数据量大特征。因此，有学者认为传统土地数据本身就是大数据。事实上，对照大数据内涵，传统土地数据并非真正大数据，这个判断主要是基于：①大数据强调模态多样，更多是非结构化数据，而目前土地数据，虽然包含影像、矢量地图、文本、表格等，但还是以结构化为主的数据，只有少量半结构化数据。②大数据强调传统的数据处理技术已经无法应对如此海量数据，而目前土地数据虽然达到海量规模，但是采用的还是传统的集中式处理方法，软硬件要求和处理方法上，基本能应付。③数据来源不同，传统土地数据来自遥感影像、土地测绘、现场调查、土地登记等，而大数据来源主要包括社交网络、主题网站大众点评、手机信令、智能刷卡、各类传感器等。④思维方式上的差异，大数据技术强调的是一种通过用户体验而主动产生的大量数据集合，通过对这种自下而上的数据聚合涌现（Emerging）的规律挖掘，从而影响决策；而传统土地数据显然还是以土地管理或业务部门为核心，由政府主导，自上而下的调查、采集，这些数据产生的主体是管理部门。

二、大数据时代对土地信息管理带来的机遇

土地资源与土地信息是我国基础国情信息，是国家社会经济面向未来发展的重要基础和前提。在过去多年的土地资源日常管理过程中，我国已积累了海量的土地信息与数据，而大数据时代的到来进一步对传统的土地信息管理带来诸多机遇，将大数据应用到土地信息管理领域，通过合理的方式对数据进行规范组织与管理、分析与挖掘，能够为土地资源管理以及自然资源管理提供技术支持，有助于创新土地资源信息管理方式，并提升土地资源信息化管理水平。

（一）丰富土地利用与信息管理的数据源

进入大数据时代，在万物互联正在迈向日常现实的发展背景下，各种传感器、手机位置信令、移动 APP 应用、电子地图、LBS（location based service）服务信息以及智能交通信息等均提供了反映土地资源利用、土地利用变化以及个体行为的时空信息。具体来看，与土地信息管理相关的大数据来源包括了基础地理数据、遥感影像数据、个体时空数据、手机 APP 数据、电子地图数据、社交应用网络数据、智能交通数据、物联网传感器数据、社会经济统计数据以及台站观测数据等。这些信息内在关联性高、互动性强，且具有实时动态的现势性，能够帮助管理者、政策制定者以及利益相关者更好地了解土地利用的过去与现状，识别人与土地资源之间的客观变化与相应规律，从而促进土地利用管理从经验判断走向依托数据支持的科学决策。

（二）增强利用土地信息数据库解决现实问题的能力

传统意义上的土地信息数据库更多扮演着数据信息采集、存储与管理的角色，缺乏对数据信息的深加工与价值挖掘，因此在解决具体实现问题方面也存在局限性。随着大数据时代的到来，大数据技术有助于协助数据库管理人员进一步发掘土地利用变化背后的利益相关者互动模式，有助于调动利益相关者对土地资源开发与管理的公众参与，有助于解决或协调人口、用地数量、结构及分布、产业及效率、生态环境等方面的配置关系，有助于降低土地信息化管理的运行成本，还有助于提高政策制定者的决策效率，创新土地利用的社会公共服务。

（三）促进土地信息管理从“以地为中心”向“以人为中心”的转变

长期以来，由于无法准确获知人的时空位置、需求变化以及行为特征信息，土地管理模式都是在以地为核心来做文章，不论是耕地保护、土地节约集约利用还是土地市场化流转等，重点关注的都是地有多少，如何在空间上配置，如何有效利用等？诸类都是一种典型的“以地为中心”管理模式。但是，土地管理的终极目标还是为“人”服务的。所以，发展土地大数据将能够告诉土地管理部门：与这些土地发生关系的人在哪里、人对地的需求模式和行为特征是怎样的，清楚获知了人的需求和相应的行为模式，土地管理者眼中才会真正有“人”，土地管理才能真正注重“人本主义”。因此，随着大数据的发展，全面掌控了人在哪里、人是如何流动的、人对土地的需求和相应利用与管理的行为模式是怎样的，从而促进传统的“以地为中心”的管理模式向 “以人为中心”的管理模式转变。

三、大数据时代对土地管理信息化发展的新要求

土地作为非常重要的国家资源之一，对其合理、高效的利用与管理长期以来都是一个国家的立国之本。因此，土地管理是根据国家的意志，维护国家的土地所有制度，调整土地关系，合理组织和监督土地利用及土地开发、整治和保护等方面的决策而采取的行政、经济、法律和科学的综合措施。加快土地管理的信息化建设，以管理手段的信息化带动和促进管理科学化和服务社会化，是我国土地管理长期以来的一个重要目标。随着大数据时代的到来，全面掌握土地本身性状以及人类对土地利用的关系成为可能，导致传统土地管理模式面临着重大转型的契机，也对土地管理信息化建设提出了新的要求。

（一）从关注“土地为主”向关注“人与土地的关系为主”转变

对土地利用、管理的效应评价上，重点将不同群体对土地的生活、生产与生态等多重需求及其之间复杂的关系作为重要的衡量标准，而不再单纯强调土地的单一功能。在所有管理政策的制定中，都要综合衡量是否最大化的彰显了“以人为本”的核心理念。在土地信息化过程中，重点开发“人-地”关联为对象的时空数据结构模式，把不同个体、群体的行为与该行为关联的土地性状实时、动态的信息作为基本数据单元，强化人地一体化的信息处理与综合管理模式。

（二）对土地自身的认识上更加精细化与动态化

大数据技术的发展，新的数据源不断涌现，对土地自身的性状认识也必将更加深刻。借助各种新的传感器，将大大提升对土地自然属性的理解；耦合人的行为大数据与土地自然性状的关系，将大大提升对土地利用的认识深度；通过人的反馈数据，将大大提高对土地管理政策运行效率的认知。此外，借助大数据技术，掌握实时全面数据，对土地自身认识上实现动态化。

（三）在辅助决策上更加强调政策制定的个性化与定制化

大数据时代背景下，使得我们对“人”和“地”的认识都更加全面、系统；那么对人的行为与土地自身都可以实现更加精细的“切分”，再通过多层次的关联，从而实现土地管理政策制定的个性化与定制化，实现管理的科学化与服务的精细化。

第四节 大数据在土地信息管理中的应用

一、土地大数据采集与存储

在信息技术日益大众化的时代，视频、文本以及各类传感器所产生的大量数据构成了海量异构的土地资源数据源，过去传统的采集方法只能面向结构化数据进行信息提取，但对于半结构和非结构化的数据源，则需引入大数据技术。具体来说，可利用大数据智能感知技术、预处理技术和分布式虚拟技术对半结构和非结构化数据源进行智能化识别和信息提取；利用

无人机实现高分辨率、实时动态影像的采集，为土地资源海量数据采集提供重要技术支持；利用数字化的远程视频传输以及各类公众号平台等，多元有效获取破坏土地资源、违法违规利用土地的行为信息；利用根据移动终端的野外数据采集系统，为土地利用监管提供实时动态信息。

与此同时，随着土地资源数据的不断增加，需按照数据的不同类型和结构对采集的土地大数据进行分类存储与管理。相较于以往小范围、小容量的存储管理方式，有关土地大数据的存储，其要求具有更高的数据吞吐量，要求满足多种多源异构数据的兼容，要求采用更先进的数据存储架构和文件组织管理系统，而这都有赖于新型数据管理技术的创新与发展。在实践探索应用中，昆明市运用 HBase（Hadoop Database）技术通过在廉价的 PC Server 上搭建大规模的存储集群，实现了具有不同结构的土地数据的统一管理；也有学者提出利用云计算中虚拟技术将各类资源（含土地）虚拟化为资源池（Source pool），并对其进行统一的数据存储、分析与管理。

二、耕地资源管理与保护

粮食安全事关国民经济与社会发展的大局，是实现国家稳步复兴的重要基石，在粮食产出仍然严重依赖于土地资源的当前技术水平下，保护好耕地资源就是守住了我国粮食安全战略的底线。在过去，我国耕地资源的信息管理与保护通常受地方政府的主导较大，而地方政府迫于中央“自上而下”的耕保政治任务往往会造成信息不对称或信息缺失的现象，比如多报、瞒报耕地保护量，将新开垦耕地进行“上山下海”等。此外，农民群体是耕地利用与保护中的重要利益相关者，而当前的耕地信息管理极少涉及农民关于耕地耕作的信息收集、存储与分析，使得耕地保护面临较大的信息失真。

在大数据时代，为全面系统摸清我国耕地资源利用、管理及保护的基本现状与态势，可充分利用大数据信息及其技术，从“人”“地”两个角度构建耕地资源管理的大数据平台。一方面，要充分利用现有耕地管理数据库成果，掌握土壤类型、地力状况、农耕条件、生态环境等属性数据，并深挖影响耕地保护与耕地产量的自然生态因素；另一方面，要充分利用手机信令、农户访谈、农业统计数据等掌握农民的耕作信息与规律，利用市场交易平台把握粮食、种子以及耕地流转的市场信息，分析挖掘社会经济以及制度等因素对耕地资源保护的影响，以此实现耕地资源的全面保护。

三、土地利用规划指标预测

传统的土地规划重点关注的建设用地指标分配与空间布局上，是一种以地为中心的规划模式。大数据将能够清楚获知了人对土地的需求与相应的行为特征，这样利用国土空间大数据，则有利于建立“以人为中心”的规划模式。例如，在土地数量需求预测上，就可以利用手机信令数据或百度热力图等大数据，获取任何区域瞬时累积的人流量，再结合主要环境指标的最大容限值，从而准确判断土地的现实承载状况，进而合理预测土地需求量。

钟炜菁等（2018）采用手机信令数据以 2 小时为时间单元，将各时间段的记录人数进行空间可视化，展示上海市一天的人口动态空间分布变化，结果见图 8.1，有效展示了上海市人口分布具有明显的单中心结构和从人口的动态流动性角度揭示出了上海市域经历了“白天向心，夜间离心”的人口动态流动过程，形成“中心城区-郊区”昼夜人口分布差异明显的人口动态变化结构。大数据预测人口分布在时间和空间分辨率上比传统的人口调查手段有明显的优势。

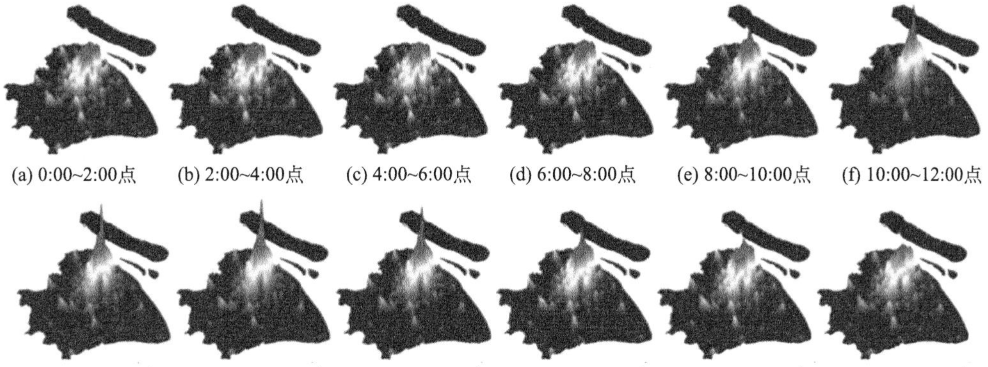

(a) 0:00~2:00点　(b) 2:00~4:00点　(c) 4:00~6:00点　(d) 6:00~8:00点　(e) 8:00~10:00点　(f) 10:00~12:00点

(g) 12:00~14:00点　(h) 14:00~16:00点　(i) 16:00~18:00点　(j) 18:00~20:00点　(k) 20:00~22:00点　(l) 22:00~24:00点

图 8.1　基于手机信令的上海市人口动态空间分布特征（钟炜菁等，2018）

四、国土空间发展质量评价

国土空间发展质量评价是国土利用现状评价的重要内容，目的是为了土地合理利用决策提供科学依据，重点关注不同土地利用对象的空间分布现状及利用潜力的综合分析，传统的评价主要基于统计资料和土地利用数据构建指标体系来进行城市宏观层面统计性评估，对于微观层面的城市主体对建成环境的感知或满意度有所忽略，较难客观反映城市空间综合发展质量。在大数据支持下，结合传感器、手机和 APP 以及微博签到数据，反映个体对国土空间发展质量的感知。

随着街景照片和其他城市图像在时间和空间上的积累，借助机器学习方法对城市街道进行大规模的成为可能。刘伦以 200m 间隔抓取了来自百度街景的北京五环内 36 万张建筑立面照片，并从中随机选取 3500 张照片，分别设置评分标准，人工对照片内容进行立面品质和界面连续性打分，得到了北京建筑立面品质评价地图和连续性评价地图。得出在立面品质上，北京大体呈现为北四环到南三环内较高，但北四环到北五环之间以及长安街延长线两端也有不错的表现，北部品质较为平均，南部的品质差异则较为强烈。作为代表北京城市历史文化的重要区域，北京旧城中因大量建筑建成年代较为久远，对整体得分有所影响，但一些重点片区如什刹海、南锣鼓巷等都呈现出较好的建筑立面品质。而在界面连续性方面，旧城区域明显优于二环外的新建区域，新建区域的大多数路段都体现出高度不连续的状态（图 8.2）。这项技术将有可能实现城市风貌的动态监控，以每月或每年更新的方式随时感知建成环境品质变化，为规划设计应对提供数据支持。弥补传统的评价主要基于统计资料和土地利用数据构建指标体系来进行城市宏观层面统计性评估的不足和缺陷。

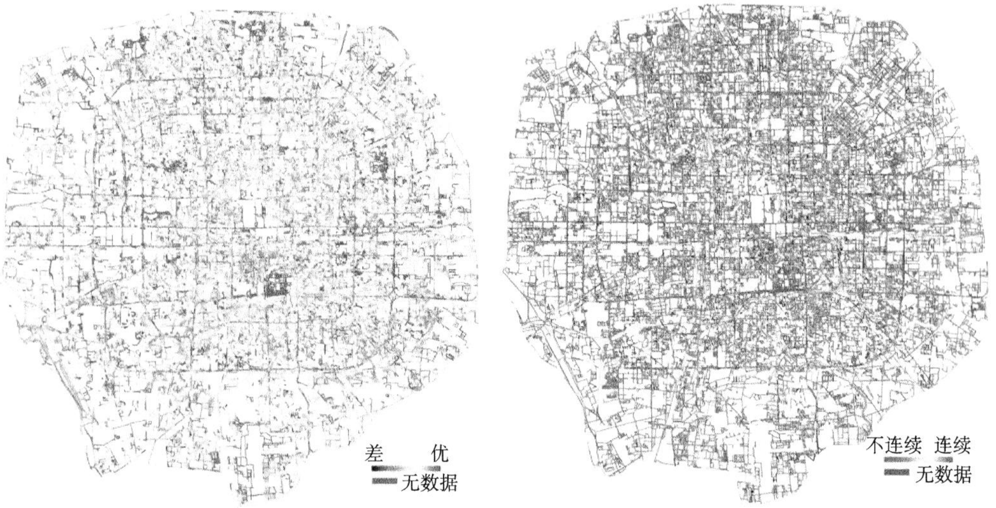

图 8.2　北京建筑立面品质评价地图和连续性评价地图（刘伦，2016）

参 考 文 献

方从刚. 2013. 信息技术支撑下的国土资源监管技术体系研究与应用. 成都理工大学硕士学位论文.

葛洁, 陈垦. 2016. 大数据环境下的国土资源数据采集与运用. 资源与人居环境, (07): 6- 11.

谷彬. 2015. 从大数据监测看我国农村土地流转. 中国市场, (45): 11-24.

黄惠筱. 2016. 大数据技术在国土建设管理与服务中的应用. 大科技, (18): 182- 183.

黄慧萍, 李强子. 2017. 大数据时代土地利用优化的机遇、数据源及潜在应用. 中国土地科学, 31(07): 74-82.

刘聚海, 贾文珏. 2014. 大数据时代土地管理的创新之路. 中国土地, (4): 10-12.

刘伦. 2016. 城市“颜值”：基于机器学习的北京街道建筑形象大规模测评. 国匠城 (https: //mp. weixin. qq. com/s?__biz=MjM5NjU3NDg2MQ==&mid=2649455653&idx=1&sn=dc30d31cd05da1ba80e8add293836bfc&chksm=bef8ffc7898f76d11ac0d55d818db37f18921f94831378585a8a252980b9ba44976dbc3ab06a&scene=4#wechat_redirect)

莫乃鹤, 朱文英. 2014. 浅析昆明国土资源“大数据”建设. 国土资源信息化, (06): 38- 42.

宋炜炜. 2015. 基于时空信息云平台的空间大数据管理和高性能计算研究. 昆明理工大学硕士学位论文.

谭杰. 2015. 大数据下的卫星城镇交通与土地空间规划探索. 河北省科学学院学报, 32(1): 37-42.

吴强华, 周楚军. 2014. 大数据: 土地决策“大智库”. 中国土地, (10): 6-9.

张莹光. 2014. 云计算环境下保护隐私的图状数据处理技术研究. 北京邮电大学硕士学位论文.

张影强. 2014. 将大数据提升为国家战略. 中国经济报告, (1): 75-78.

钟炜菁, 王德, 谢栋灿, 等. 2017. 上海市人口分布与空间活动的动态特征研究——基于手机信令数据的探索. 地理研究, 36(05): 972-984.

Mayer-Schonberger V, Cukier K. 2013. 大数据时代. 盛扬燕, 周涛译. 杭州: 浙江人民出版社.

实践篇

第九章 常用空间数据格式转换案例

第一节 引 言

随着地理信息产业的迅速发展与国土业务的快速增长，空间数据转换作为获取空间数据的手段之一，在现代的国土信息系统建设中起到越来越重要的作用。地理信息的使用范围涉及多学科和多部门，不同行业部门在开发和应用地理信息系统时，通常会根据自身行业部门的特定情况而采用不同的数据建模方法或不同的 GIS 平台，从而出现了多样化的 GIS 空间数据格式。

具体就土地管理部门和土地信息系统建设而言，造成 GIS 空间数据格式多样性的原因主要可归为以下三类：①国土系统不同部门之间业务内容上的差异，导致土地信息数据存储格式的差异。地籍管理部门在开展城镇基准地价与分等定级工作时，更强调与城市规划成果的衔接，对空间数据精度的要求相对不高，通常采用 AutoCAD 软件平台下 DWG/DXF 格式；土地变更部门受全国第二次土地调查成果的影响，通常采用 MapGIS 软件平台下 WP/WL/WT 格式；土地利用规划部门在开展土地利用总体规划工作时，需处理并管理海量的土地数据，对 GIS 软件平台要求较高，通常采用 ArcGIS 软件平台下 SHP/GDB 格式。②不同系统在管理空间数据上的差异，衍生出空间数据格式多样性。国土系统在处理实际土地信息数据过程中，通常会面临与不同系统部门之间进行数据共享的问题，从操作实践来看，城乡规划系统的城市规划数据多以 AutoCAD 软件平台下 DWG/DXF 格式为主；林业系统的林地信息会存储为 MapInfo 软件平台下 MIF/TAB 格式。③不同地方历年土地信息数据及操作人员对不同软件平台偏好的差异，导致空间数据存储格式的多样化。不同地方国土部门在管理土地信息数据的过程，同样也会存在“路径依赖”的问题，由于部分区域的全国第二次土地调查数据采用 MapGIS 软件平台下 WP/WL/WT 格式，在延续至今的工作中仍采用同样的数据存储格式；而部分地区在管理土地数据的过程中，逐渐转变为采用 ArcGIS 软件平台下 SHP/GDB 格式进行数据存储。

不同的土地信息数据存储格式，不仅限制了数据处理效率的提高，也阻碍了部门和系统之间信息共享机制的形成，不利于对海量土地数据或空间数据的统一管理。为有效利用空间信息数据或 GIS 数据，防止重复采集数据造成的资源浪费，在空间数据格式多样性的基础上延伸出常用空间数据格式的转换问题。

空间数据转换格式是空间数据存在的一种特定的编排格式。该格式用于当两个空间数据处理系统在使用不同的计算机硬件、操作系统和空间数据管理软件时，能容易地、完整无损地将空间数据从一个系统转换到另一个系统。空间数据转换格式通常以描述数据逻辑结构与逻辑关系的模型来表达。

数据转换是用一种系统的数据文件格式读出所需数据，再按另一种系统的文件格式将数据写入文件。但从根本上讲，系统之间的数据格式转换是系统数据模型之间的转换。两种系统能否进行数据转换及转换的效果如何，在根本上取决于两模型之间的关系。若模型之间差别较大，则在转换过程中必然会导致信息的丢失，在这种情况下，系统之间不适于进行数据格式转换。因此，对空间数据的描述是建立地理信息系统和实现空间数据转换的前提。

第二节　常用空间数据格式

GIS 数据源包含空间数据（图形数据）和属性数据两类，空间数据又分为栅格格式与矢量格式两种存储格式，本节主要针对矢量格式存储的 GIS 数据进行转换。不同的 GIS 软件平台采取不同的文件存储格式来存储空间数据与属性数据，而比较常用的 GIS 矢量数据格式有：ESRI Shape（*.SHP）数据格式；ESRI E00（*.e00）数据格式；ESRI Coverage（*.ADF）数据格式；ESRI Geodatabase（MDB/GDB）数据格式；ESRI Geodatabase（ArcSDE）数据格式；MapInfo（*.MIF）数据格式；AutoCAD（*.DWG，*.DXF）数据格式；MapGIS（*.WP，*.WL，*WT，*WN）数据格式；Microstation Design（*.DGN，*.FC1，*.POS）数据格式。

目前，我国国土系统围绕土地信息系统建设所涉及的地理信息数据存储格式主要包括 ESRI Shape（*.SHP）数据格式、ESRI Geodatabase（MDB/GDB）数据格式、MapInfo（*.MIF）数据格式、MapGIS（*.WP，*.WL，*.WT，*.WN）数据格式及 AutoCAD（*.DWG，*.DXF）数据格式等五大类①。其中，ESRI 公司 ArcGIS 软件平台作为 GIS 行业的标杆，以其稳健的数据管理能力、丰富的空间分析工具及人性加智能化的数据处理模式，在国内外 GIS 应用市场占据主导地位。而目前，我国各地方国土系统在数据管理过程中，也基本依赖于 ArcGIS 平台，因此，本节关于常用数据格式的转换，主要围绕 MapGIS 数据格式与 AutoCAD 数据格式向 ArcGIS Shape 数据格式的转换来介绍。其中，因 MapInfo 数据格式向 ArcGIS Shape 数据格式的转换是 MapGIS 数据格式向 ESRI Shape 数据格式转换过程中的一步，故不再单列。

第三节　MapGIS 数据格式转换

常用 MapGIS 数据格式包括 WP、WL 与 WT 三类，分别代表存储面、线、点要素的格式文件。MapGIS 6.7 平台提供了“文件转换”操作界面用以与其他数据格式进行交互转换，其中也包括向 ESRI Shape 数据格式的转换，该操作界面较为人性化，实现过程也十分简洁，能够较好地实现 WL/WT 数据格式向 ESRI Shape 数据格式的转换；但对于 WP 文件，在实践过程中发现，转换前后会存在部分数据失真的现象，其中一个突出问题表现为属性数据乱码或丢失。数据转换过程首先需考虑转换的稳定性，即转换前后数据失真少或不存在数据丢失现象，同时还需兼顾数据转换的便捷性，便于快速生成。针对 MapGIS 数据格式的转换，需根据源数据格式类型分两类来进行。

① 也有国土部门在大量使用南方 CASS 平台生产的地理信息数据，如地籍管理部门，但该平台所使用的数据格式与 AutoCAD 一致，故不单列说明。

一、WL/WT 数据格式转换

WL 和 WT 格式向 ESRI shape 格式的转换可直接调用 MapGIS 软件平台“文件转换”接口。因为 WL 与 WT 转换步骤一致，仅以 WL 格式转换为例，进行详细的操作步骤说明。

（1）打开 MapGIS 6.7 软件平台主界面，单击“图形处理”→“文件转换”按钮，弹出“文件转换”窗口界面（图 9.1）。

图 9.1　MapGIS 6.7 软件平台文件转换主界面

（2）在菜单栏中，点击“F 文件”→“L 装入线”命令，弹出“MAPGIS 打开文件”对话框，它用于加载待转换文件，本例选中“DGX.WL”文件，并单击“打开（O）”按钮，完成加载（图 9.2）。

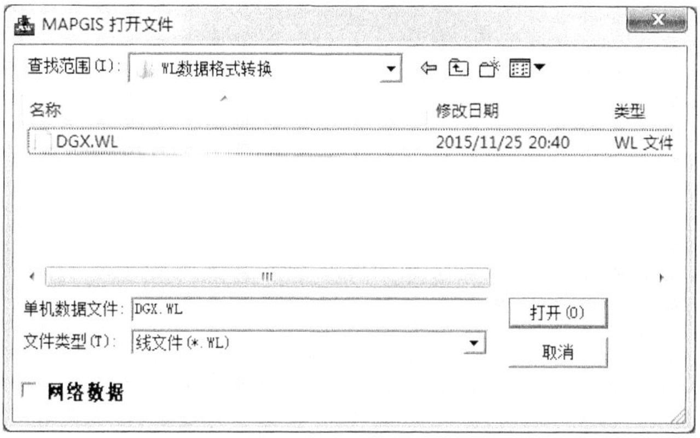

图 9.2　加载待转换文件

（3）在“文件转换”主界面空白处单击鼠标右键，在右键快捷菜单中点击“复位窗口”命令，弹出“选择文件显示”对话框，单击“确定”按钮，“文件转换”窗口将显示待转换“DGX.WL”文件中的要素（图 9.3）。

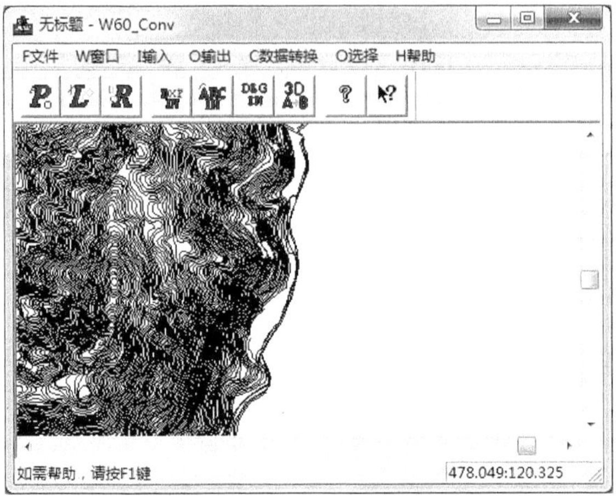

图 9.3　待转换文件（WL 线文件）

（4）单击菜单栏“O 输出”→“输出 SHAPE 文件”命令，弹出“选择文件”对话框用于确认待转换的文件，单击“确定”按钮弹出“ESRI SHAPE”输出文件对话框，用于指定转换成果文件的输出路径及名称，设置存储路径在“WL 数据格式转换”目录之下，并命名为“DGX.SHP”，单击“保存（S）”按钮（图 9.4）。

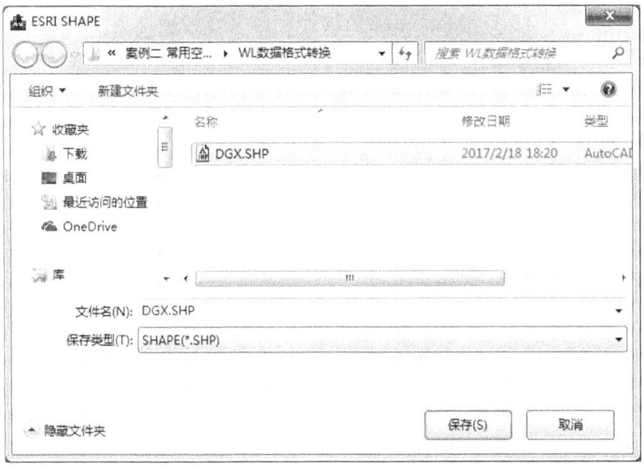

图 9.4　转换成果文件存储路径及命名

（5）弹出“输出空间数据....”处理对话框，处理进度完毕后，完成 WL 数据格式的转换（图 9.5）。

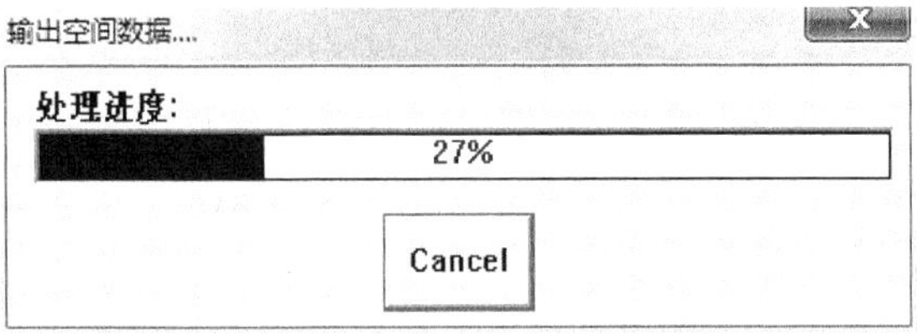

图 9.5　数据转换处理进度条

（6）打开 ArcGIS 10.2 软件平台 ArcMap 界面，加载完成数据格式转换后的“DGX.SHP”文件，转换结果如图 9.6 所示，由此完成 WL 数据向 SHP 数据格式的转变。

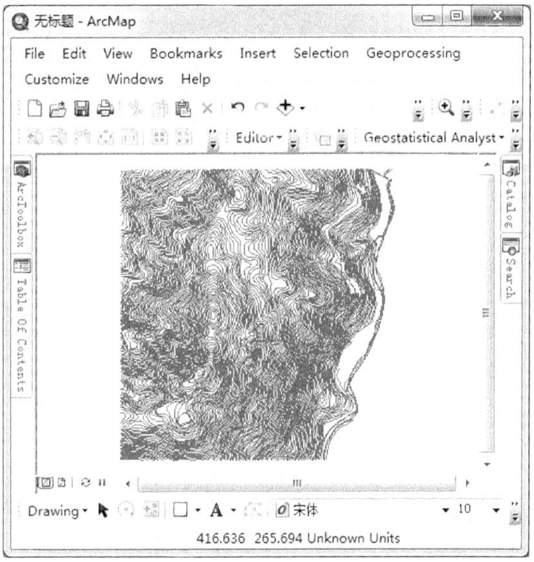

图 9.6 数据格式转换成果文件

二、WP 数据格式转换

WP 数据格式转换与 WL/WT 不同，为确保转换前后数据的稳定性，其转换过程需分两步进行。首先，将 WP 格式转为 MapInfo（*.MIF）数据格式，再将 MapInfo（*.MIF）数据格式过程文件转为 ESRI Shape 格式。具体步骤如下。

（1）打开 MapGIS 6.7 平台，点击“图形处理”→“文件转换”按钮，弹出“文件转换”主界面，点击菜单栏“F 文件”→“R 装入区”命令，弹出“MAPGIS 打开文件”对话框，它用于加载待转换文件，本例选中“DLTB.WP”文件，并单击“打开（O）”按钮，完成加载（图 9.7）。

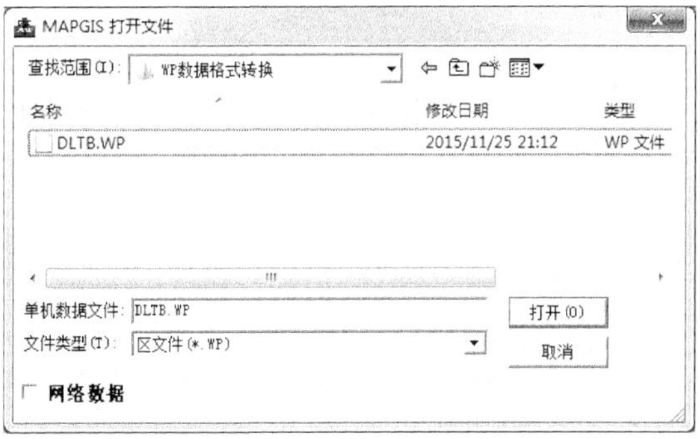

图 9.7 加载待转换文件

（2）在“文件转换”主界面空白处单击鼠标右键，在右键快捷菜单中点击“复位窗口”命令，弹出“选择文件显示”对话框，单击“确定”按钮，“文件转换”窗口将显示待转换“DLTB.WP”文件中的要素（图 9.8）。

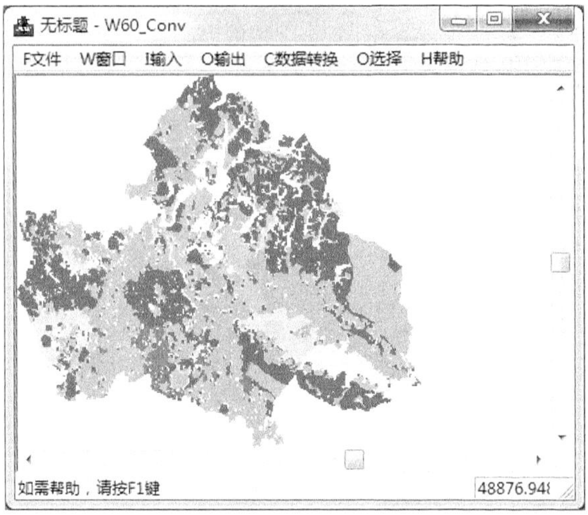

图 9.8　待转换源文件（WP 面文件）

（3）单击菜单栏“O 输出”→“输出 MAPINFO 文件”命令，弹出“选择文件”对话框用于确认待转换的文件，单击“确定”按钮，弹出“另存为”输出文件对话框用于指定中间转换成果文件的输出路径及名称，存放在“WP 数据格式转换”文件夹下，系统自动命名为“DLTBr.mif”，点击“保存（S）”按钮（图 9.9）。

图 9.9　中间转换成果文件存储路径及命名（MIF 文件）

（4）打开 ArcGIS 10.2 软件平台 ArcMap 界面（或 ArcCatalog 界面），调出 ArcToolbox 工具箱，找到“Data Interoperability Tools”→“Quick Import”工具，双击打开“Quick Import”工具运行界面（图 9.10）。

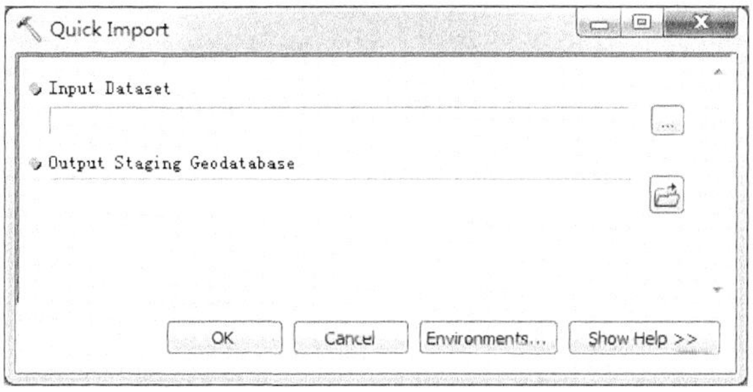

图 9.10　ArcGIS 平台“Quick Import”工具运行界面

（5）在“Quick Import”工具运行界面单击“Input Dataset”栏右侧...按钮，弹出“Specify Data Source”对话框，它用于指定待转换空间数据的源格式（图 9.11）。

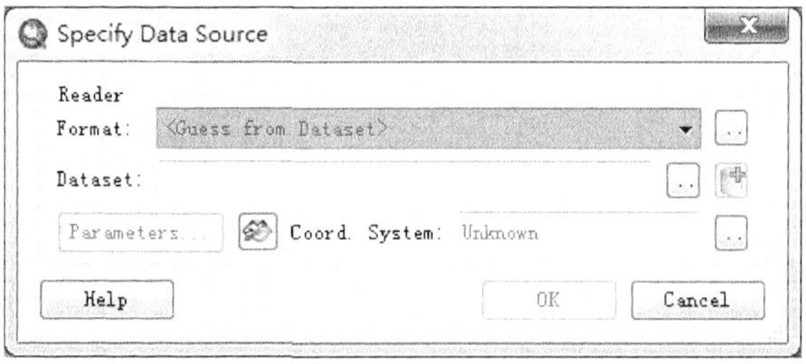

图 9.11　“Specify Data Source”对话框（设置源数据）

（6）在“Specify Data Source”对话框界面单击“Format”栏右侧...按钮，弹出“FME Reader Gallery”对话框，可直接上下拉动源数据格式列表来查找待转换空间数据的源格式；也可以在对话框界面左下角“Search”栏直接输入待转换空间数据源格式并定位。这里选择“Short Name”值为 MIF 的源格式，单击“OK”按钮返回至“Specify Data Source”对话框（图 9.12）。

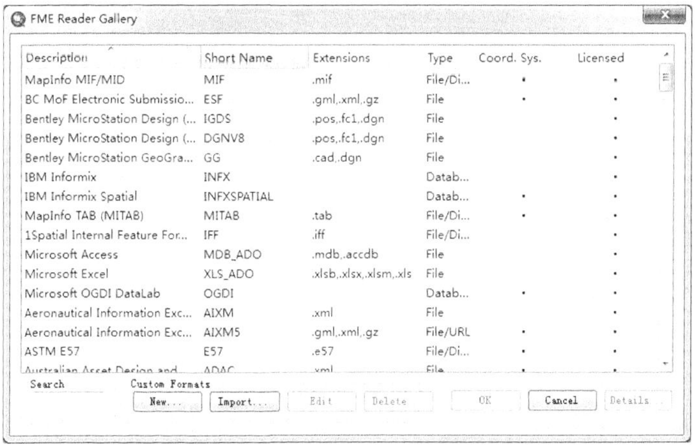

图 9.12　“FME Reader Gallery”对话框（设置源文件格式为 MIF）

（7）在“Specify Data Source”对话框界面单击“Dataset”栏右侧...按钮，弹出“Select File”对话框，它用于查找待转换的数据文件，选择“DLTBr.mif”文件，单击“打开（O）”按钮，返回至“Specify Data Source”对话框（图 9.13）。

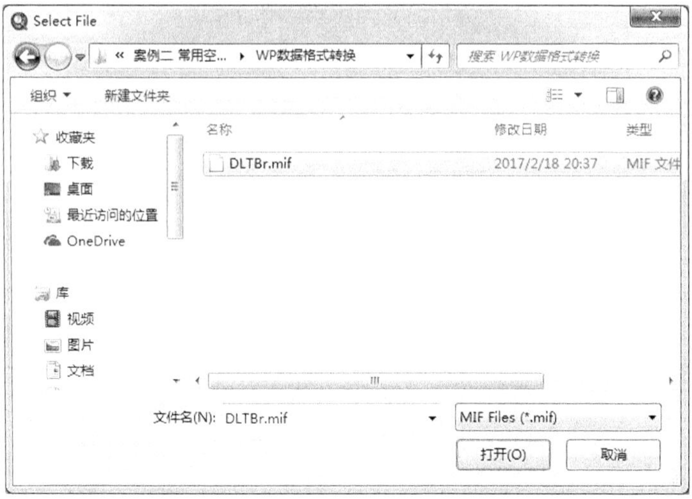

图 9.13　指定中间转换成果文件（MIF 文件）

（8）在“Specify Data Source”对话框界面单击“Coord.System”栏右侧…按钮，弹出“Spatial Reference Properties”对话框，用于指定待转换文件的空间参考，本节选择“Xian 1980 3 Degree GK CM 108E”，单击“确定”按钮，返回至“Specify Data Source”对话框（图 9.14）。

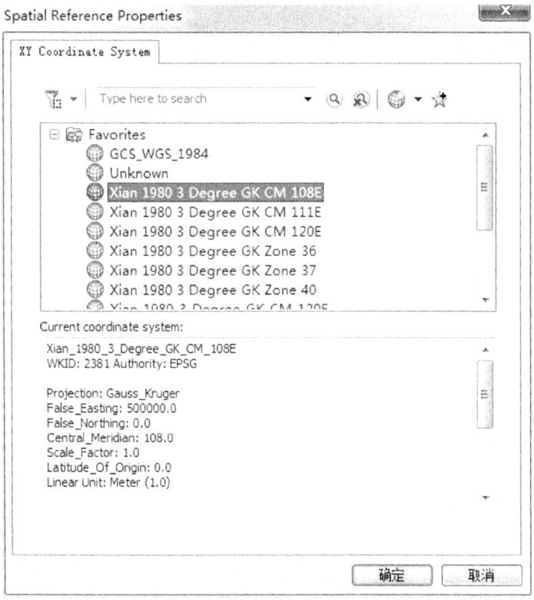

图 9.14　“Spatial Reference Properties”对话框（设置中间成果文件空间参考）

（9）在“Specify Data Source”对话框界面单击“OK”按钮，返回至“Quick Import”工具运行界面。单击按钮，指定好转换后成果文件的存储路径及名称，并返回“Quick Import”工具运行界面（图 9.15）。

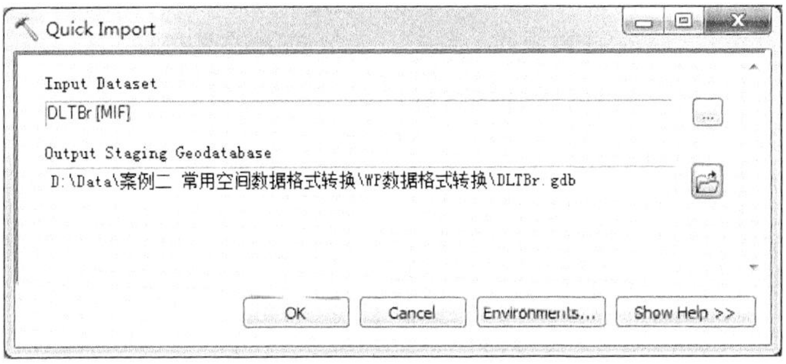

图 9.15　“Quick Import”工具运行界面（完成设置后）

（10）单击“OK”按钮，“Quick Import”工具开始运行并显示运行进度条（图 9.16）。

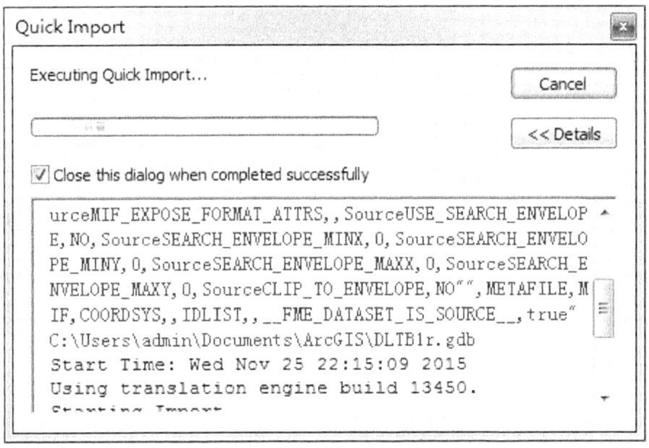

图 9.16　数据转换处理进度条

（11）运行结束无异常情况，完成最终数据格式转换。结果如图 9.17 所示。

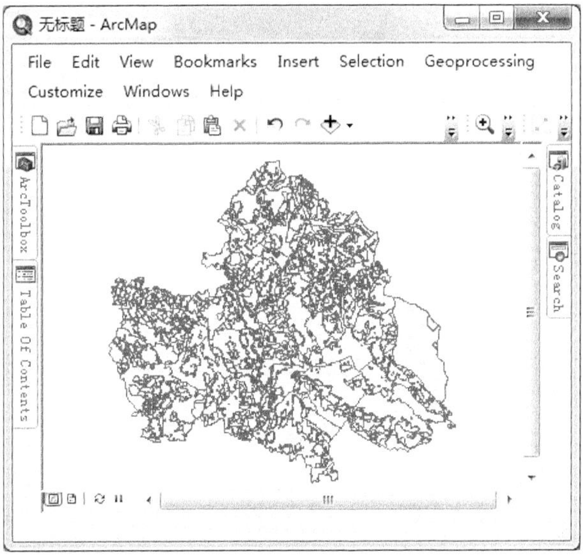

图 9.17　数据格式转换成果文件

第四节　AutoCAD 数据格式转换

常用 AutoCAD 数据格式包括 DWG 与 DXF，其转换为 ESRI 的 SHP 或 GDB 格式的步骤一致。由于 DWG/DXF 格式文件未严格区分点、线、面三种要素类型，在进行转换前，建议利用 AutoCAD 平台中的“Layer”功能，将转换文件内待转换要素进行统一的归纳与分类，按照要素类型汇总至不同图层（如面状道路要素统一放置在 A 图层，线状道路要素统一放置在 B 图层，道路注记要素统一放置在 C 图层），以便后期要素的批量读取与提取。AutoCAD 数据格式是较为常用的数据格式，其转换至 ArcGIS 格式的技术较为成熟，方法也多样化，可通过调用 ArcToolbox 工具箱中不同工具来实现，工具包括“Quick Import”“CAD to Geodatabase”“Import CAD Annotation”等。下面介绍两种常用的 AutoCAD 数据格式向 SHP 格式转换的方法。

一、基于 Quick Import 工具转换

该方法及过程与上述 MapGIS 平台 WP 数据格式的转换过程类似，同样可直接调用 ArcToolbox 工具箱中的“Quick Import”工具来实现 AutoCAD 数据格式的转换，主要区别在于设置源格式时，应选择“Short Name”列为 ACAD，“Extensions”列为 dwg/dwf 的源文件格式（图 9.18）。其他步骤与上述一致，不再重复。

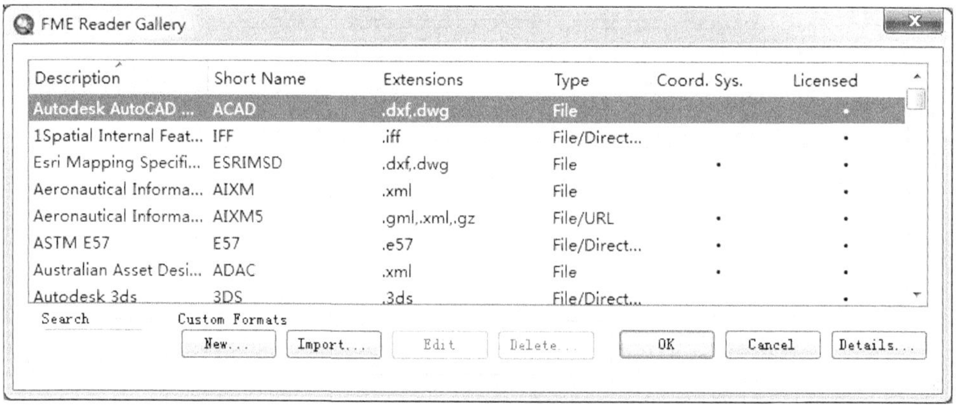

图 9.18　“FME Reader Gallery”对话框（设置源文件格式为 ACAD）

二、基于 CAD to Geodatabase 工具转换

以 CAD to Geodatabase 工具为例，在对原 AutoCAD 数据格式文件通过图层对要素进行梳理的前提下，按如下步骤实现转换过程①。

（1）打开 ArcGIS 10.2 软件平台 ArcMap 界面，进一步打开 ArcToolbox 工具箱，找到

① 所使用的数据均存储在光盘“Data/案例二 常用空间数据格式转换/AutoCAD 数据格式转换”目录下。

“Conversion Tools”→“To Geodatabase”→“CAD to Geodatabase”工具，双击弹出“CAD to Geodatabase”工具运行界面（图 9.19）。

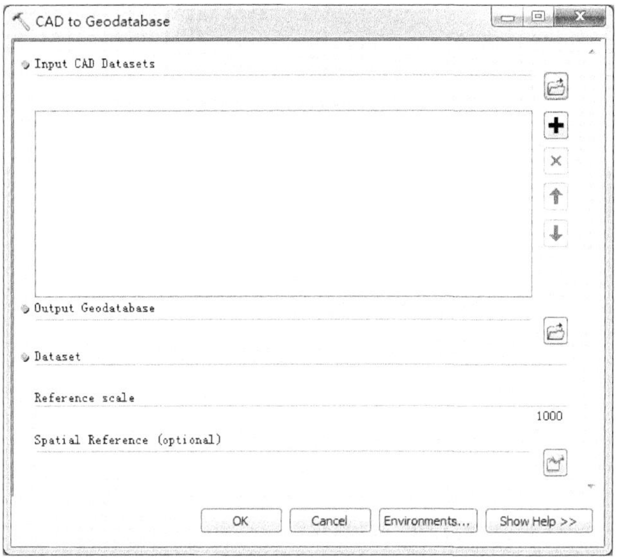

图 9.19　ArcGIS 10.2 平台“Quick Import”工具运行界面

（2）单击“Input CAD Datasets”栏右侧按钮，弹出“Input CAD Datasets”对话框，它用于指定待转换文件所在位置，选中“YDHXT.dwg”文件，单击“Add”按钮，完成源文件设置，并返回“CAD to Geodatabase”工具运行界面（图 9.20）。

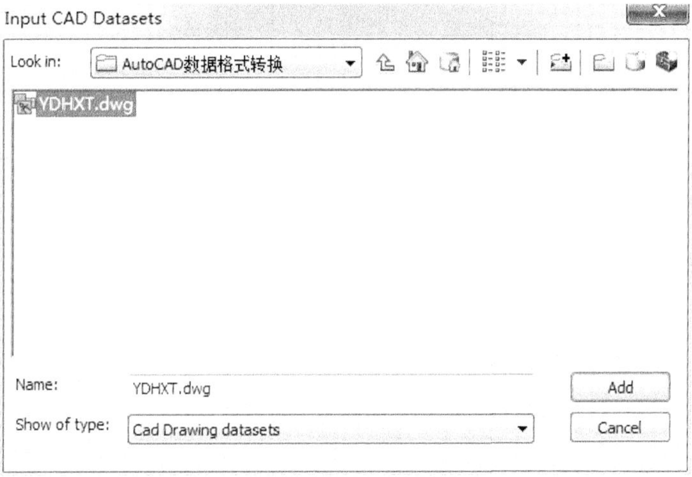

图 9.20　“Input CAD Datasets”对话框

（3）单击“CAD to Geodatabase”工具运行界面“Output Geodatabase”栏右侧按钮，弹出“Output Geodatabase”对话框，它用于存储转换成果文件的存储路径（“CAD to Geodatabase”工具默认生成 gdb 格式）。单击按钮，新建“YDHXT.gdb”文件并选中，单击“Add”按钮完成设置，并返回“CAD to Geodatabase”工具运行界面（图 9.21）。

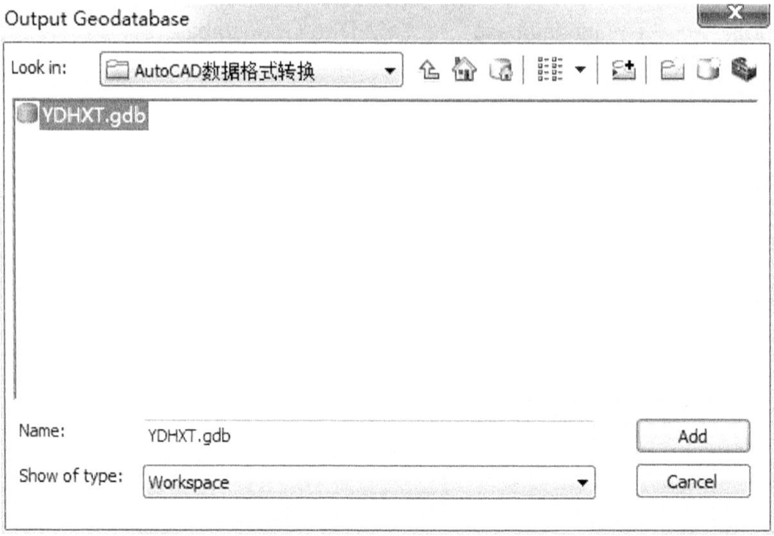

图 9.21　“Output Geodatabase”对话框

（4）完成所有设置后的“CAD to Geodatabase”工具运行界面如下，单击“OK”按钮，工具开始运行（图 9.22）。

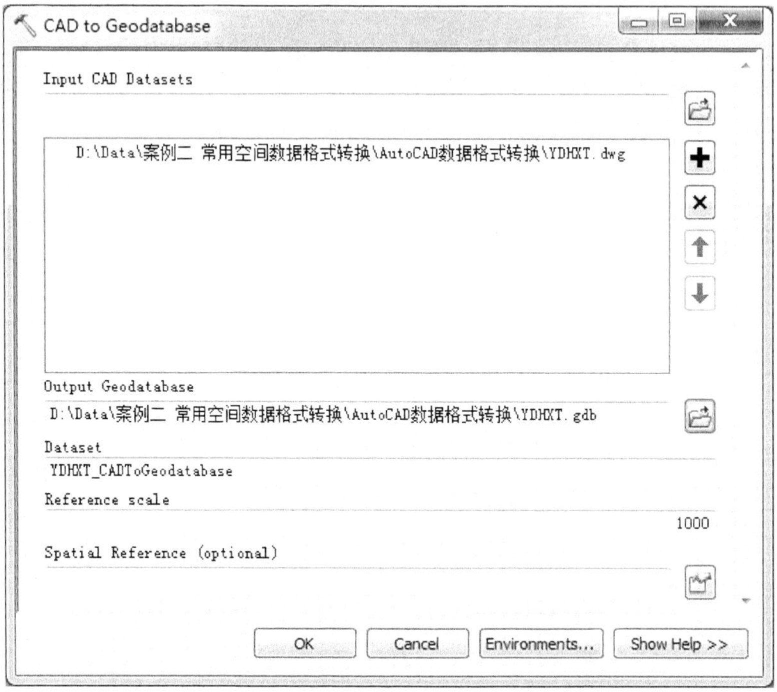

图 9.22　“Quick Import”工具运行界面（完成参数设置后）

（5）运行结束无异常情况，完成最终数据格式转换。结果如图 9.23 所示。

图 9.23　数据格式转换成果文件

第五节　小　　结

土地管理领域普遍存在多源数据格式的现象，这是客观事实，反映了当前不同土地管理业务的需求性差异，但也阻碍了不同数据之间的共享互通，不利于土地利用信息系统的建立与统一。鉴于此，本案例针对我国土地业务管理领域通常采用的 MapGIS、MapInfo、AutoCAD 及 ArcGIS 四类软件平台，就不同平台下不同数据格式之间的转换进行了详细讲解，主要以不同来源数据格式向 ArcGIS 平台下的 SHP 格式转换为主。上述具体操作步骤的演示，仅是编者实际经验积累的一种展现，在有限篇幅及技术多元化的背景下，无法完全涵盖不同 GIS 数据格式转换的所有内容。在实践过程中，读者需要针对具体业务需求、源数据与目标数据格式、可操作平台、时间与精力等多方面因素选择适宜的转换方式。

参 考 文 献

方坤, 吴信才. 2009. GIS 矢量数据跨平台转换研究. 测绘通报, (08): 60-63.
郭岚, 席晶. 2011. MapGIS 数据转换方法研究. 西安科技大学学报, (01): 64-67.
刘小伟. 2009. GIS 空间数据格式转换技术与方法的研究. 合肥工业大学硕士学位论文.
王波, 张亮, 孙霞. 2011. CAD 向 GIS 数据的转换入库. 地理空间信息, (03): 24-26.
吴聪聪, 蓝贵文, 耿继军, 等. 2017. CAD 数据向 GIS 数据转换的方法比较. 测绘科学, (02): 183-186.
于艳超, 许捍卫, 杜婵娟. 2015. 基于 DWGDirect 的 CAD 到 GIS 数据转换研究. 地理空间信息, (01): 84-86.
周张琪, 彭明军. 2010. CAD 到 GIS 的批量转换方法比较及其基于 ArcEngine 的实现. 测绘科学, (05): 161-163.

第十章 拓扑规则的建立与处理案例

第一节 引 言

拓扑关系是土地信息系统中描述土地要素的空间位置和空间关系的不可或缺的基本信息，是明确定义空间关系的一种数学方法。利用 ArcGIS 构建的拓扑关系，主要涉及以下要素：拓扑名称、拓扑容差、拓扑级别和拓扑规则等。其中拓扑名称、拓扑容差和拓扑级别的基本概念已在理论篇第四章中作了具体介绍，在此不再赘述，以下对拓扑规则进行简要说明。

在实际管理土地资源过程中，需要确保不同土地图斑要素之间保持某种特定的关系，例如，不同地区的行政范围不能相互重叠；线状道路（或河流）之间不能有重叠线段；不同地类图斑以线状地物（公路、河流、田坎等）为边界等。这些特定的空间关系需要利用拓扑学中的拓扑规则来描述和定义。归纳来看，拓扑规则是对地理对象之间重合、相邻和连通等空间关系的定义，它描述了不同地理对象之间的拓扑关系的状态。

从拓扑学的角度来看，拓扑规则主要包括图层内部及图层相互之间两类。其中，图层内部的拓扑规则可因地理要素类型的差异而分为点、线、面三种；例如，对于单个面要素图层，该图层下不同面状地类图斑不能相互重叠。图层相互之间的拓扑规则同样因地类要素类型的差异而形成不同组合的拓扑规则；如面要素图层与线要素图层，要求线要素图层中的线状要素是面要素图层中的面状要素的边界线。由于不同类型的拓扑规则种类繁多，在此不一一列举，根据 ArcGIS 平台的拓扑规则体系，表 10.1 简单列明了部分主要的拓扑规则。

表 10.1 主要拓扑规则

分类		拓扑规则名称	拓扑规则注释
图层自身拓扑规则	面层	must not overlay	多边形要素不能互相重叠
		must not have gaps	连续连接的多边形区域中间不能有空白区
	线层	must not have dangle	不能有悬挂点
		must not have pseudo node	不能有伪节点
		must not overlay	不能有线重合（不同要素间）
		must not self overlay	一个要素不能自覆盖
		must not intersect	不能有线交叉
		must not self intersect	不能有线自交叉
		must not intersect or touch interior	不能有相交和重叠
		must be single part	一个线要素只能由一个 path 组成
	点层	must be coincident with	与其他要素重合
		must be disjoint	不相交

续表

分类		拓扑规则名称	拓扑规则注释
图层间拓扑规则	面-点	contains point	多边形要素类的每个要素范围内至少包含一个点
	面-线	boundary must be covered by	多边形层的边界与线层重叠
	面-面	must be covered by feature class of	第一个多边形层必须被第二个完全覆盖
	面-面	must be covered by	第一个多边形层必须把第二个完全覆盖
	面-面	must not overlay with	两个多边形层不能存在一对相互覆盖要素
	面-面	must cover each other	两个多边形层要素必须完全重叠
	面-面	area boundary must be covered by boundary of	第一个多边形的各要素必须被第二个的一个或几个要素完全覆盖
	点-面	must be properly inside polygons	点层的要素必须全部在多边形内
	点-面	must covered by boundary of	点必须在多边形边界上
	线-线	must not covered with	两线层不能重叠
	线-线	must be covered by feature class of	两线层完全重叠
	线-点	endpoint must be covered by	线层中的终点必须和点层的部分点重合
	线-面	must be covered by boundary of	线层与多边形层的边界重叠
	点-面	must be covered by endpoint of	点与线终点完全重合
	点-线	point must be covered by line	点必须在线上

此外，拓扑规则还涉及若干专用术语，具体如下。

相交（intersect）：线和线交叉，并且只有一点重合，该点不是节点（端点），称为相交。

接触（touch）：某线段的端点和自身或其他线段有重合，称为接触。

悬挂点（dangle node）：线段的端点悬空，没有和其他节点连接，这个节点（端点）称为悬挂点。

伪节点（pseudo node）：两个节点相互接触，连接成一个节点，称为伪节点。

第二节　一般性操作流程

在土地信息管理领域，拓扑规则建立与处理的一般性操作流程可简单划分为拓扑规则（或拓扑关系）建立与拓扑处理两个递进的步骤（图 10.1）。拓扑规则建立是指对有待进行拓扑检查的要素或要素集新建拓扑关系，而在 ArcGIS 平台，拓扑规则的建立还包含自动检验的过程；拓扑处理就是在新建拓扑关系，并检验拓扑关系正误的基础上，对其中违反拓扑规则的空间关系进行纠正处理，同时也包含对拓扑规则进行一定的调整。拓扑规则建立是拓扑处理的前提和基础，而拓扑处理则是形成具有规范化拓扑规则的要素或要素集的必要操作途径。在完成拓扑处理后，如有必要，还需进一步重复拓扑规则建立的过程，以此确认拓扑处理的结果是否全部正确无误。

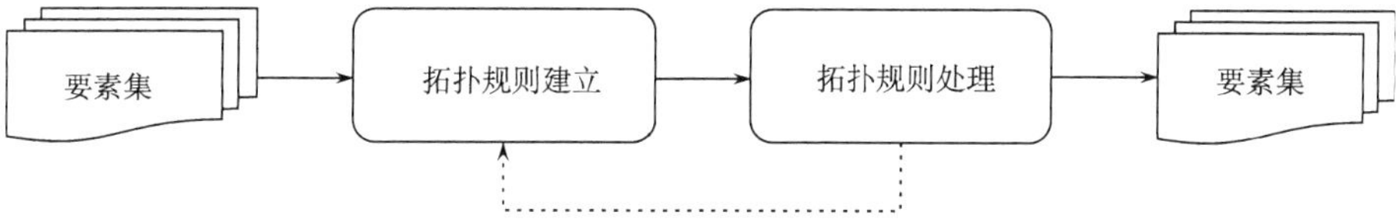

图 10.1　拓扑规则建立与处理的一般性操作流程

第三节　工作流程与操作步骤

土地利用信息数据库的建立与管理对矢量数据质量的要求较高，在严格的拓扑规则下不允许出现拓扑错误就是重要体现之一。为确保规划数据库的数据质量达到应用与管理的基本标准，同时为避免重复性返工进行数据质量检查与维护，有必要在土地利用信息数据库建库初期，对基础矢量数据进行拓扑检查与处理。本案例以土地利用总体规划中所涉及的部分矢量数据图层为例，介绍拓扑检查的流程。有关地理数据库和要素数据集等基本概念的介绍，可参见第十四章内容。

拓扑关系类要素的生成在 ArcCatalog 中实现，拓扑错误的处理在 ArcMap 上进行。

一、新建拓扑规则

在 ArcGIS 平台，建立拓扑关系要求所有要素类必须具有相同的空间参考，而要素数据集可以保证这一点，所以拓扑关系类要素只能存放在要素数据集下，而要素数据集又只能存放在数据库下，因此新建拓扑规则必须以新建地理数据库和要素数据集为前提。

（一）新建地理数据库与要素数据集

（1）打开 ArcCatalog，选择用于存储进行拓扑检查数据库的文件夹，右击弹出属性对话框；单击“New”→“Personal Geodatabase”，即可生成数据库（图 10.2），根据需要进行重命名（如以“拓扑检查”命名）。

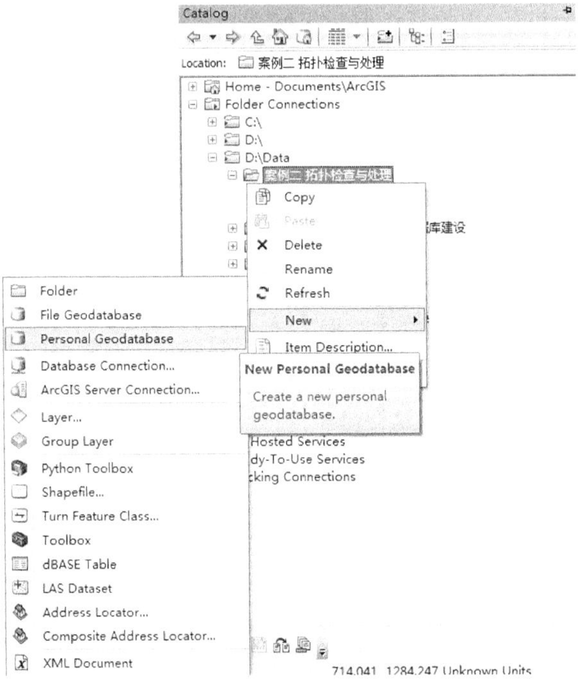

图 10.2　新建拓扑检查数据库

（2）右击新建的“拓扑检查.mdb”，单击“New”→“Feature Dataset”命令（图 10.3），弹出“New Feature Dataset”向导对话框。

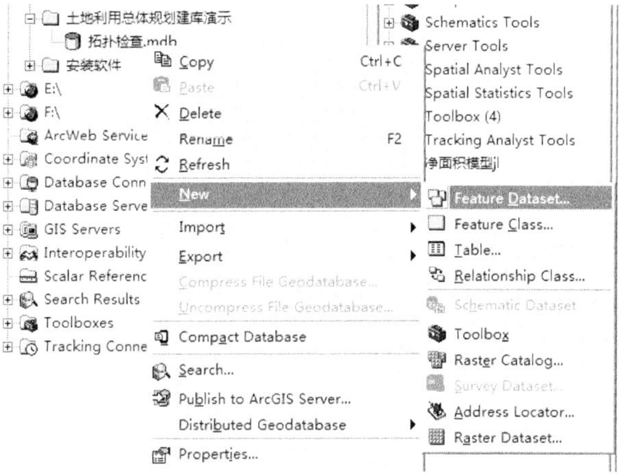

图 10.3　在拓扑检查数据库中新建要素数据集

（3）给新建的要素数据集命名（如仍以“拓扑检查”命名），并单击“下一步（N）”按钮（图 10.4）。

图 10.4　新建要素集命名

（4）在投影及坐标系标签页中，单击下拉箭头，点击“Import”按钮，弹出选择投影系统要素对话框；选择待进行拓扑检查的文件作为源，以保障要素类与要素数据集空间参考的统一；单击“下一步（N）”按钮进入定义高程坐标系标签页（图 10.5）。

（5）待检验文件不涉及高程数据，可单击“下一步（N）”按钮直接跳过本标签页（图 10.6），进入容差设置标签页。

（6）一般默认要素数据集自动生成的容差，单击“Finish”按钮完成要素数据集新建（图 10.7）。

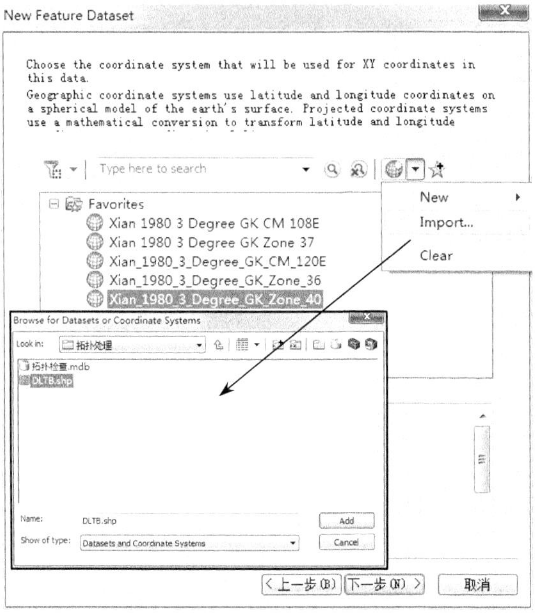

图 10.5　定义投影坐标系

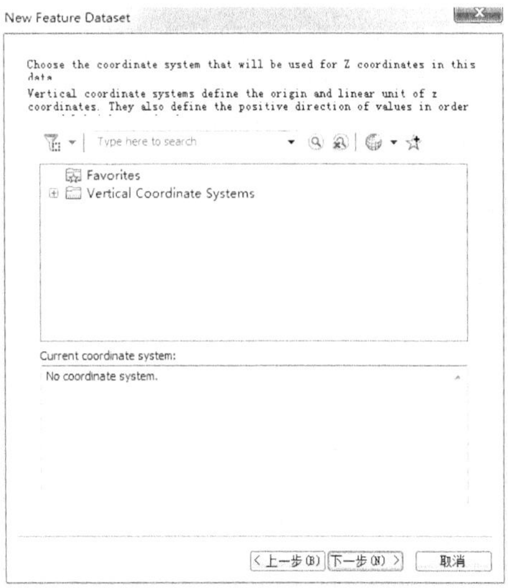

图 10.6　定义高程坐标系（默认）

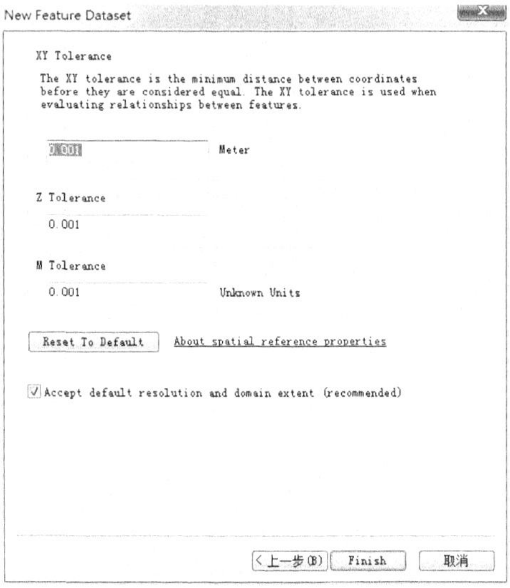

图 10.7　设置容差限数（默认）

（二）导入待进行拓扑检查的要素类图层

（1）右击新建的“拓扑检查”要素数据集，单击“Import”→“Feature Class（single）”命令条（图 10.8），弹出“Feature Class to Feature Class”对话框。

（2）在“Feature Class to Feature Class”对话框中，单击“Input Features”所在行的按钮，弹出“Input Features”对话框，并找到待检验的要素（如选择“DLTB.shp”），单击“Add”按钮加载该要素；再在“Output Feature Class”一栏命名导入待检验要素后的名称，这里命名为“DLTB”；并单击“OK”按钮完成要素导入（图 10.9）。

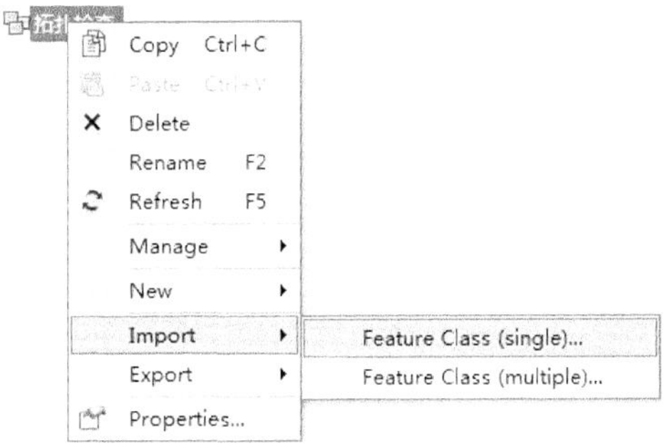

图 10.8　导入待检验要素命令

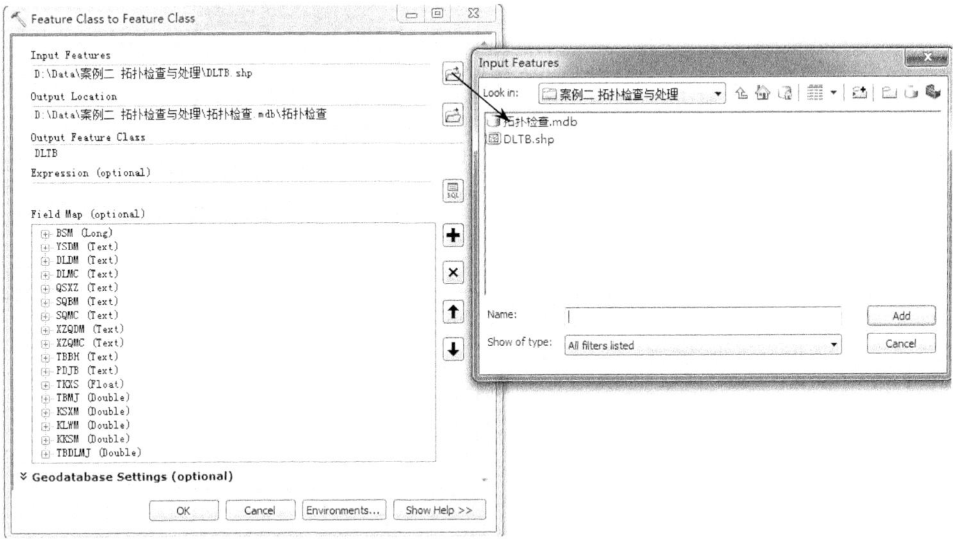

图 10.9　“Feature Class to Feature Class”对话框

（三）新建拓扑关系类文件

（1）完成“拓扑检查”要素数据集的数据导入后，右击“拓扑检查.mdb”，单击“New”→“Topology...”命令条（图 10.10），弹出新建拓扑向导对话框，并进入拓扑关系生成提示标签页。

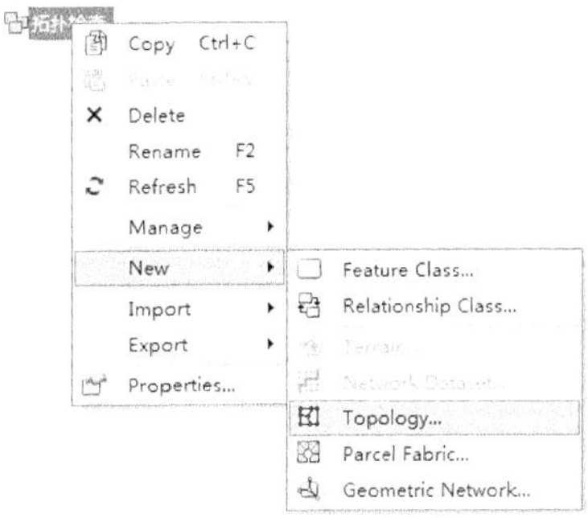

图 10.10　新建拓扑关系类文件

（2）可直接单击“下一步（N）”按钮，跳过拓扑关系类文件生成提示标签页（图 10.11），进入拓扑文件命名及容差设置标签页。

（3）采用默认名称及容差值，单击“下一步（N）”按钮（图 10.12），进入选择要素类标签页。

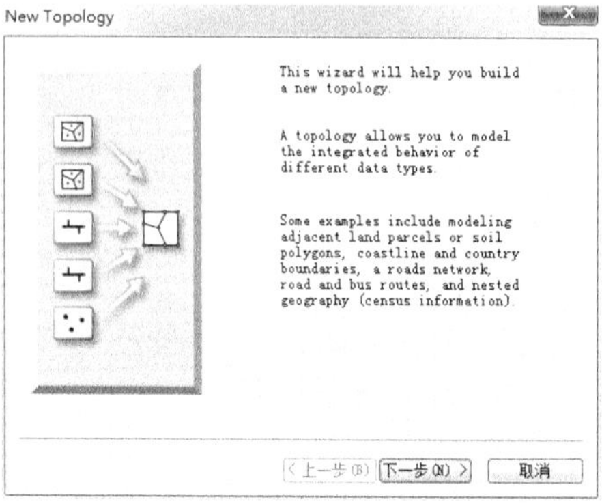

图 10.11　生成拓扑文件提示

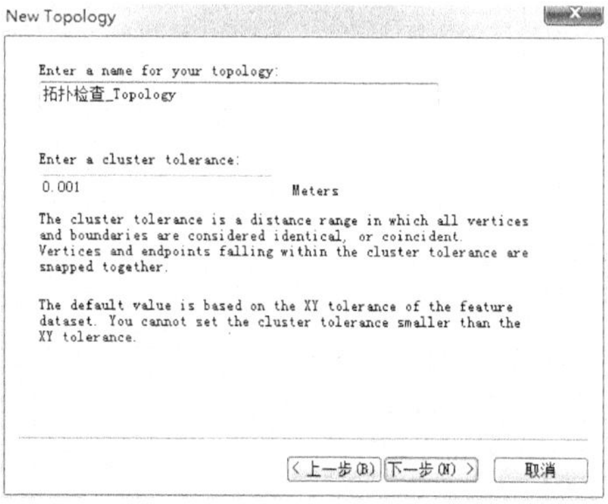

图 10.12　命名拓扑文件名及容差限数

（4）勾选要进行拓扑检查的要素，在这里选择“DLTB”（图 10.13）；并单击“下一步（N）”按钮，进入定义要素等级标签页。

（5）默认等级设置（图 10.14），单击“下一步”，进入添加拓扑规则标签页。

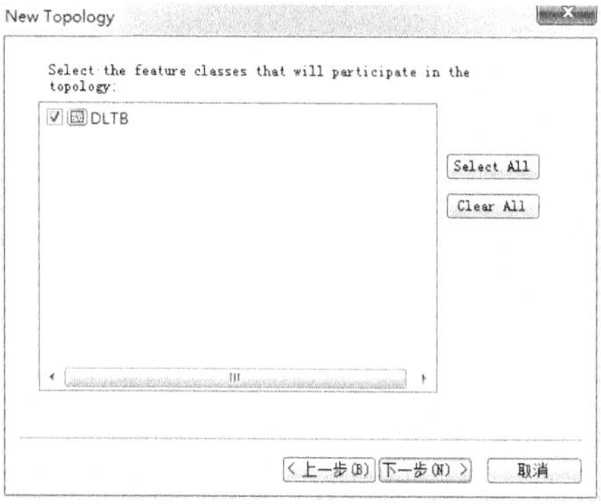

图 10.13　选择要素类

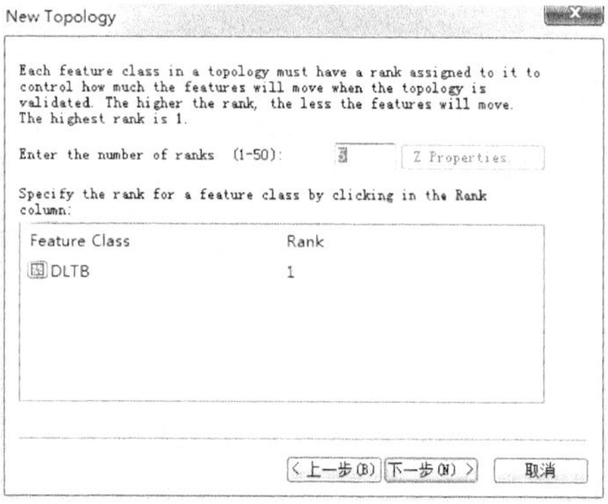

图 10.14　定义要素等级

（6）单击“Add Rule...”按钮，进入“Add Rule”对话框；在“Features of feature class”行选择目标要素，在“Rule”行选择针对目标要素的拓扑规则“Must Not Have Gaps”，单击“OK”，添加成功一条拓扑规则；重复单击“Add Rule...”，并添加“Must Not Overlap”拓扑规则；也可根据需要自行选择相应的其他拓扑规则。完成规则设定后，单击“OK”按钮，退出“Add Rule”对话框，并返回拓扑规则标签页，单击“下一步（N）”按钮，进入拓扑文件生成确认标签页（图 10.15）。

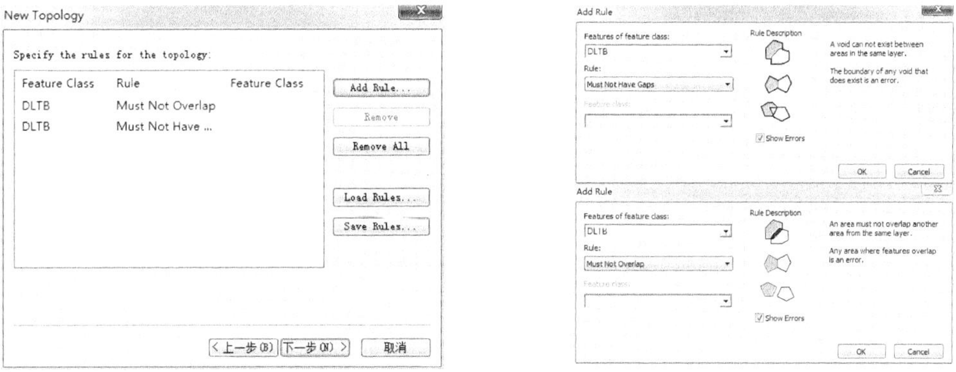

图 10.15　添加拓扑规则

（7）单击“Finish”按钮，完成拓扑关系类文件及拓扑规则的新建（图 10.16）。

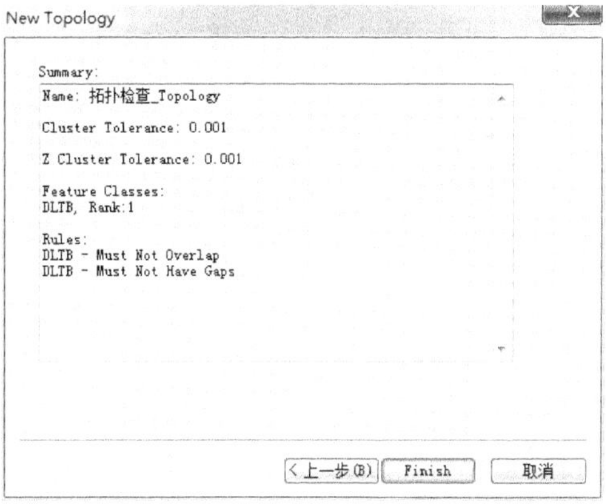

图 10.16　新建拓扑规则结束对话框

（8）单击“Yes”按钮，对新建的拓扑规则进行检验（图 10.17）。

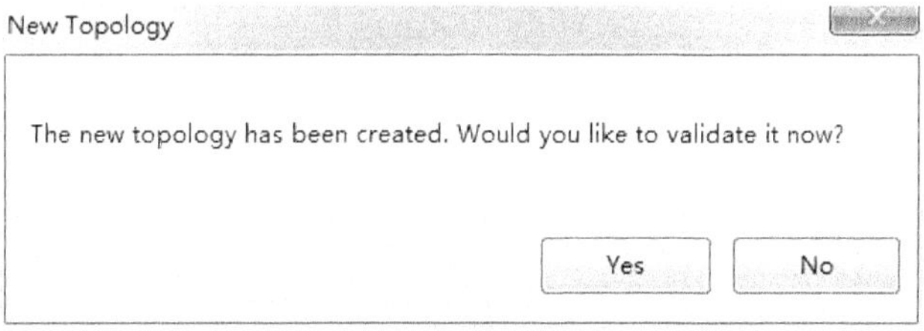

图 10.17　验证设置完毕的拓扑规则

二、拓 扑 处 理

考虑到拓扑规则的多样性，本案例仅就最常见的两类拓扑错误——面之间不能互相重叠和面之间不能有缝隙入手，介绍处理拓扑错误的方法。同时，对拓扑规则的调整也进行一些操作演示。但在此之前，首先需要对 ArcGIS 10.2 平台有关拓扑处理的一般性操作进行简单介绍。

（一）拓扑处理的简单介绍

（1）在 ArcMap 中打开并加载新建的由拓扑规则产生的文件，在对错误的拓扑关系进行处理时，需保证对应的要素图层处于可编辑状态（“Editor”→“Start Editing”）（图 10.18）。

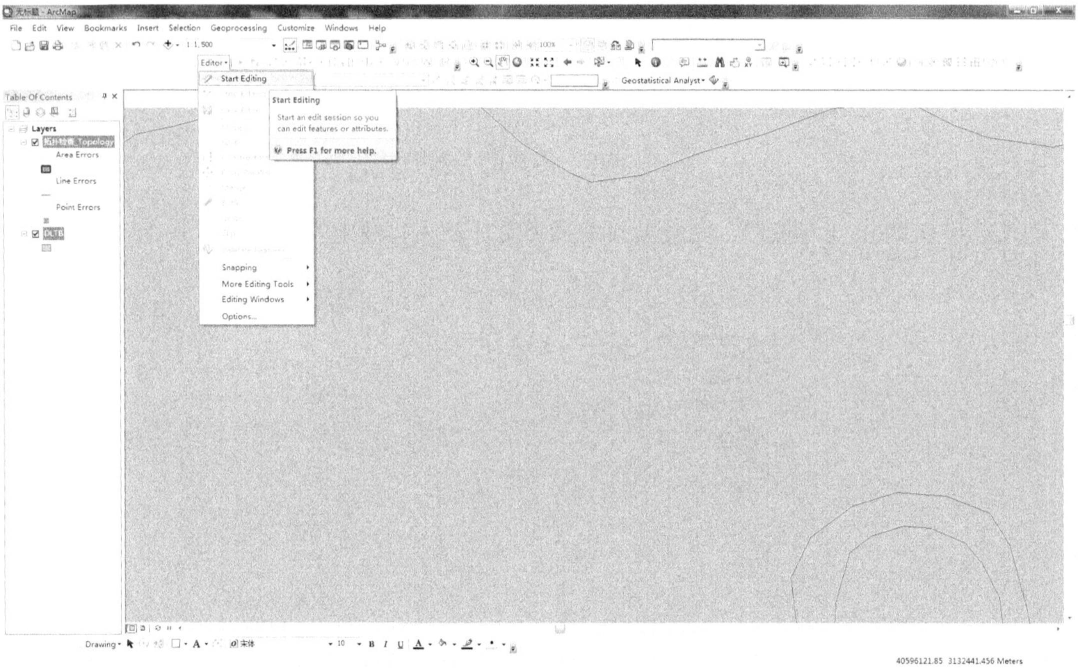

图 10.18　加载数据到 ArcMap 使数据处于可编辑状态

（2）点击“Editor”→“More Editing Tools”→“Topology”（图 10.19），弹出关于拓扑处理的工具条，该工具条只有在编辑状态下才可以使用（图 10.20）。

（3）点击工具条上的“错误检查”按钮，弹出错误检查列表，点击“Search Now”，有拓扑错误的地方都会显示在列表中，每一行代表一条拓扑错误记录。值得注意的是，拓扑错误的搜索只是针对窗口范围内的数据，所以只有当全部范围的数据在窗口内时，错误列表才是最完整的（图 10.21）。

（4）右击拓扑关系错误列表中任一记录行，弹出右键快捷方式，单击“Zoom To”则自动跳转到该错误的详细位置，通过缩放该位置的相关要素，可进一步预判需要采取何种形式的拓扑处理（图 10.22）。

（5）当确认某些特殊情况下的拓扑错误不受拓扑规则的约束时，可将该拓扑错误记录标记为例外。例如，某一“岛”状面要素被检测出不满足“面状要素连续连接的多边形区域中间不能有空白区”的拓扑规则，但在土地信息管理领域却实际存在。具体操作：右击该错误所在记录行，在右键快捷方式中点击“Mark as Exception”，即可将该错误标记为例外（图 10.23）。

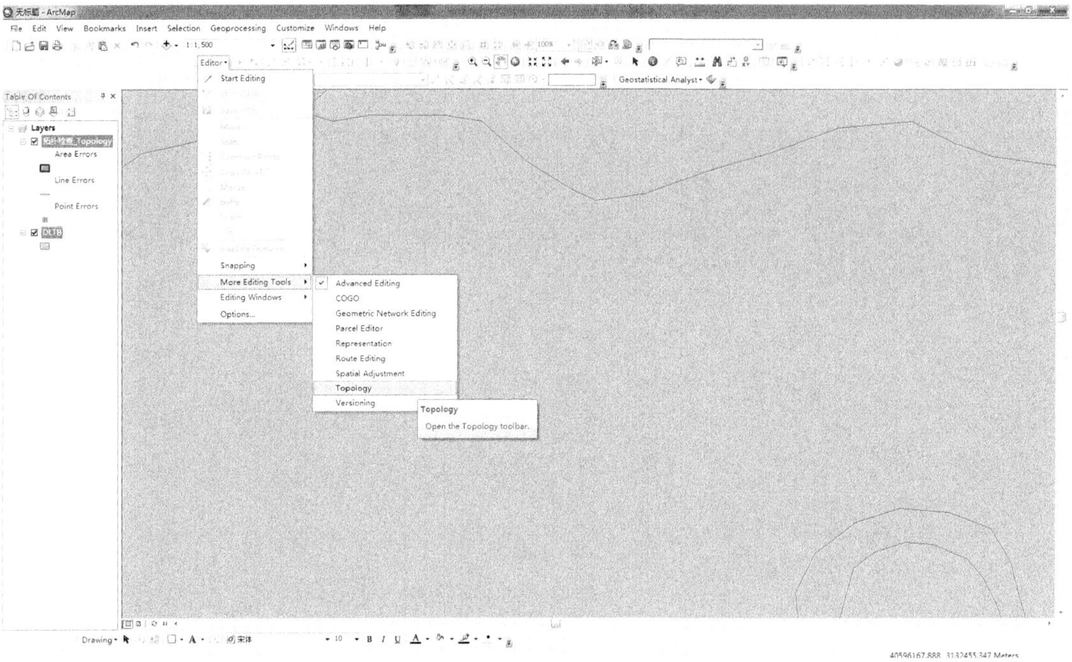

图 10.19　调出“Topology”处理工具条

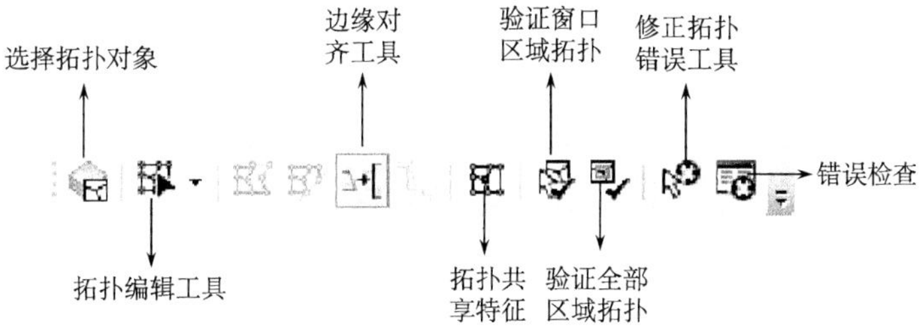

图 10.20　“Topology”工具条

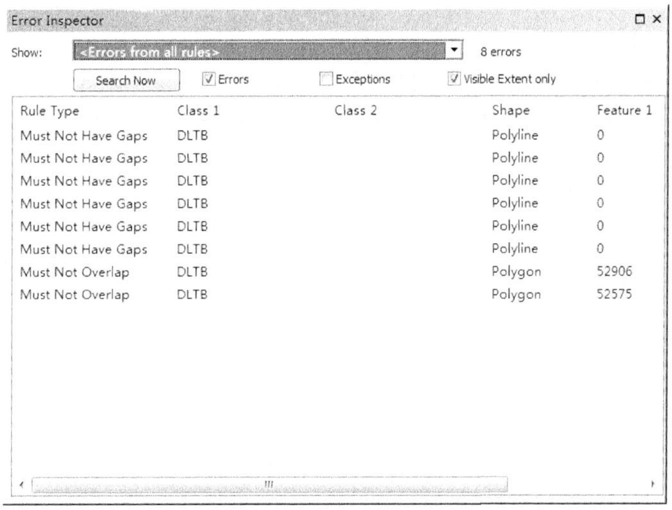

图 10.21　拓扑错误列表

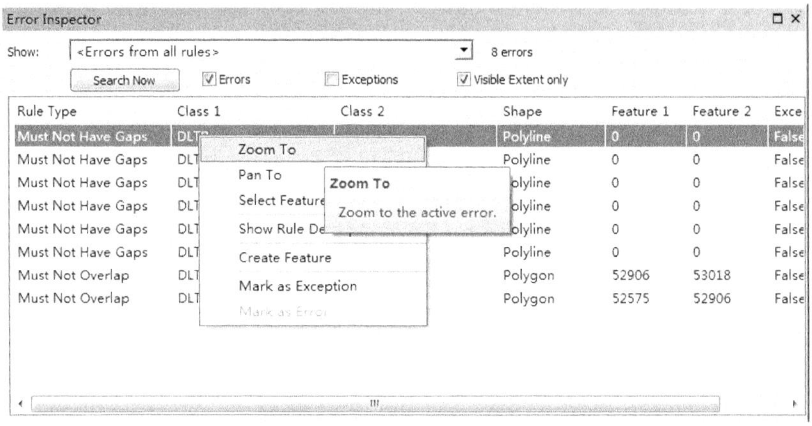

图 10.22　定位错误位置

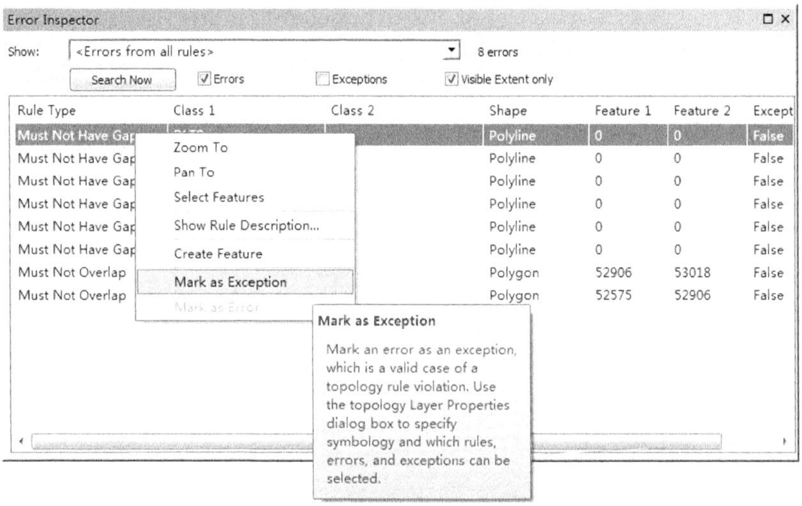

图 10.23　拓扑例外的处理

上述操作步骤可视为拓扑处理的前期工作，即拓扑问题的查找和拓扑例外的排除等，在经过这些处理后，余下的拓扑错误要素需进行实质性拓扑纠正处理。

（二）“面不能重叠”拓扑错误的处理

在土地信息数据处理过程中，经常会碰到面状要素相互重叠的问题，这不符合“面不能重叠”的拓扑规则。对于这一类拓扑错误，主要有如下几种解决方式。

1. 修改要素节点去除重叠部分

缩放定位至存在相互重叠的面要素，单击选中“Editor”工具栏中的▸编辑工具，双击其中的要素之一，将显示构成该要素的节点，通过移动、删除等方式改变节点位置，可以去除重叠部分（图 10.24）。

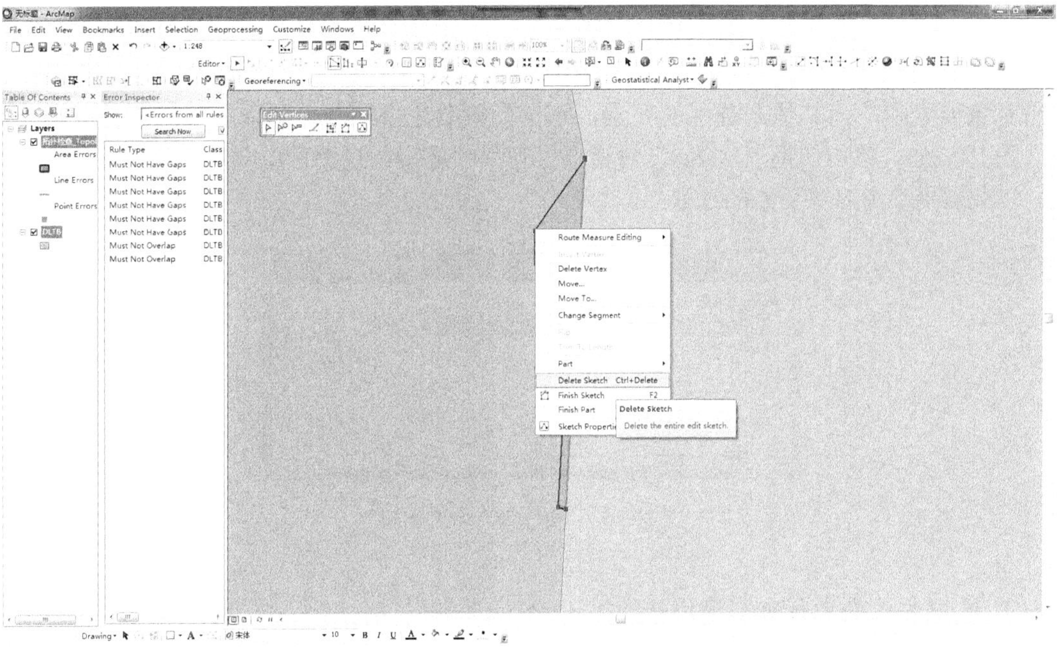

图 10.24　通过处理节点解决重叠问题

2. 通过合并处理重叠部分

（1）右击具有面重叠的拓扑错误记录行，在右键快捷方式中点击“Merge...”命令（图 10.25），弹出“Merge”对话框。

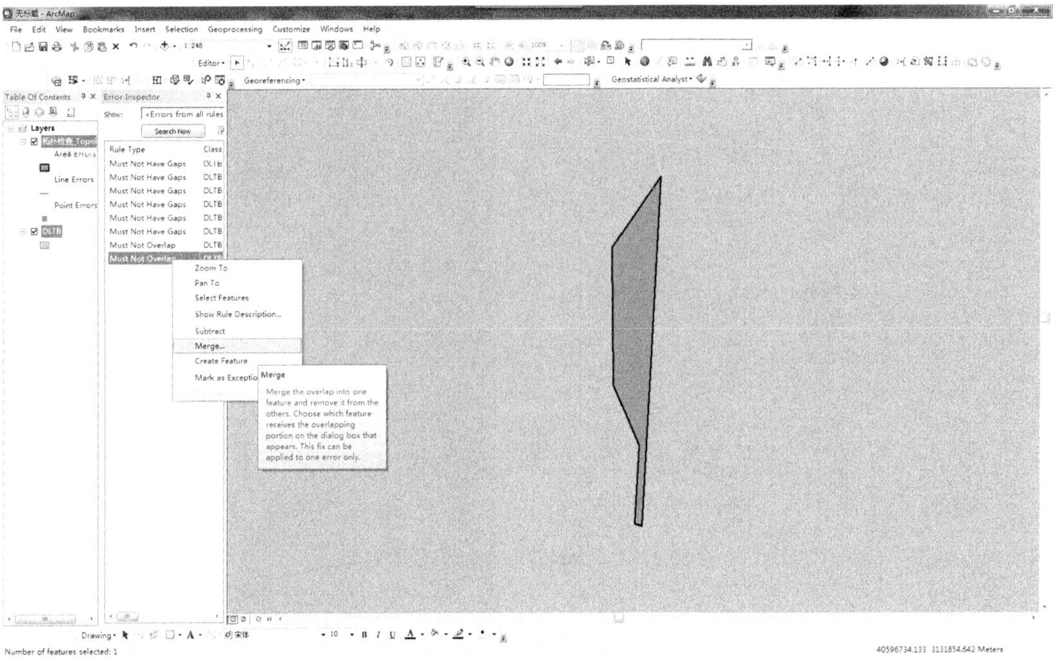

图 10.25　通过合并解决重叠问题

（2）“Merge”对话框中列举了与该条错误记录相关的具有错误重叠关系的要素，单击选择其中某一要素作为参考对象，并单击“OK”按钮，则完成重叠部分自动合并至选中的参考对象要素中，而其他未选中的要素，则自动删除重叠部分，从而实现对重叠区域的处理（图 10.26）。单击切换“Merge”对话框中列举的要素，视图窗口会高亮显示相对应的要素，以此辨别参考对象要素的选取。

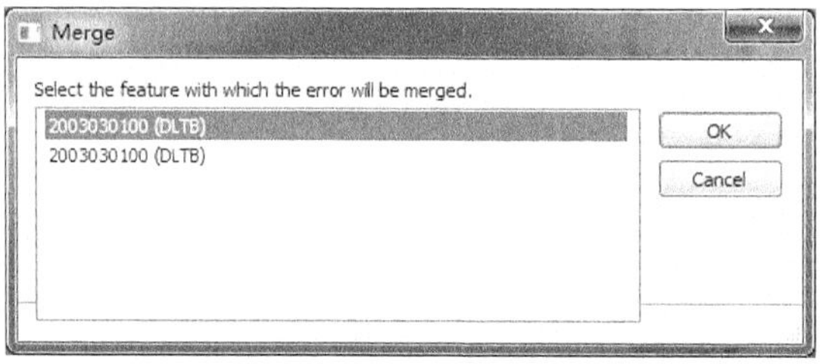

图 10.26　“Merge”合并窗口

3. 通过生成要素解决重叠问题

（1）同样右击具有面重叠的拓扑错误记录行，在右键快捷方式中点击“Create Feature”命令，则重叠部分会自动生成新的要素，而相邻图斑则自动删除重叠部分（图 10.27）。

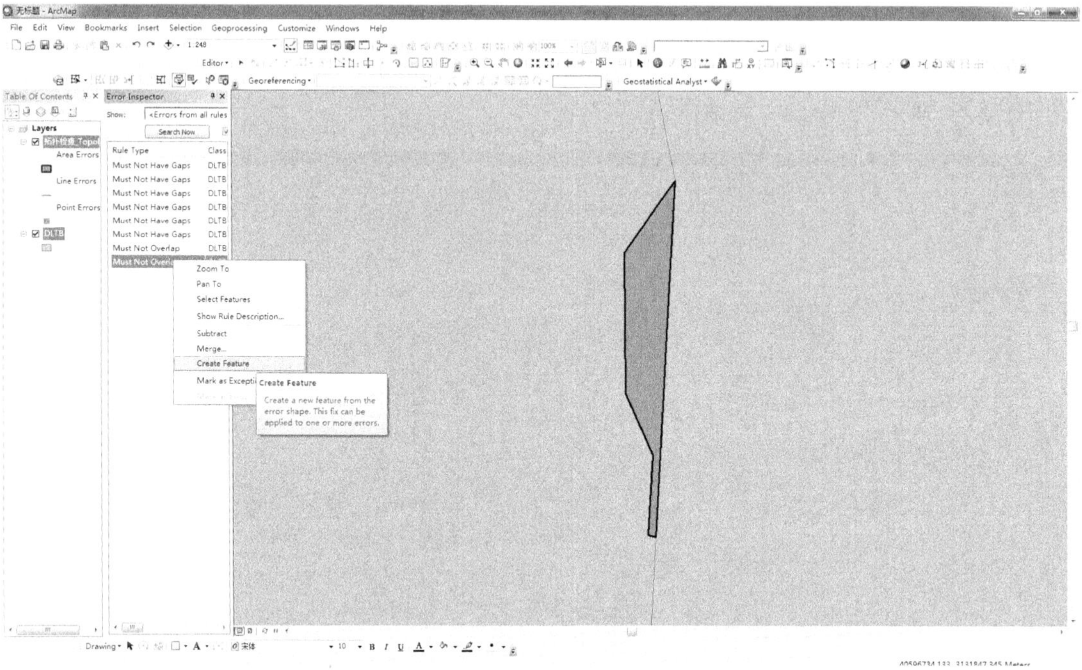

图 10.27　“Create Feature”合并窗口

（2）如有需要，可选择新生成的要素及将要并入的相邻要素，利用“Editor”工具条下的“Merge...”工具，可对选择的要素进行合并处理。需要注意的是，由于根据重叠区域所生成的新要素往往没有完整的属性信息，因此在合并处理时，需要以将要并入的相邻要素为参照对象，以此继承相邻要素的完整属性信息（图 10.28）。

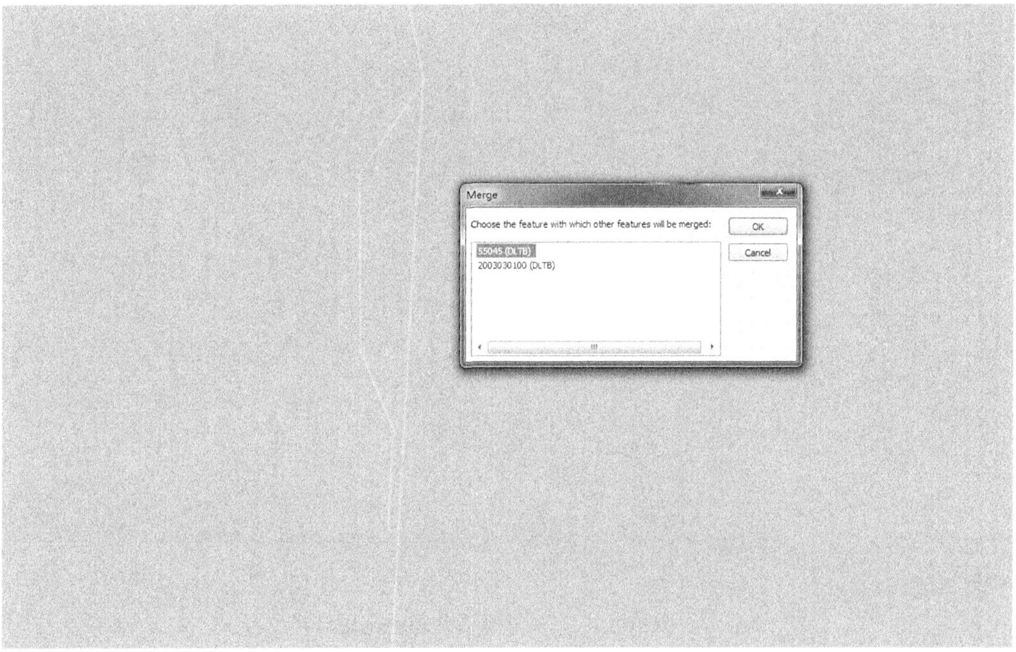

图 10.28　重叠部分新生成要素与目标要素合并

4. 使用“Clip”解决重叠问题

利用“Editor”工具条下的“Clip...”工具，可将与裁剪要素重合的部分全部裁剪掉，它利用现有的要素进行裁剪，不会生成新的要素，根据实际情况选择合适的图斑对其余重合图斑进行裁剪（图 10.29）。

（三）“面不能有缝隙”拓扑错误的处理

与“面状要素相互重叠”相对应的是面状要素也可能存在缝隙的问题，这与“面不能有缝隙”的拓扑规则不相符，也需要进行相应的拓扑处理。具体实现方式有如下几种。

1. 修改要素节点去除缝隙部分

面要素之间出现缝隙的原因一般是多节点、少节点或节点位置偏移等问题。因此，同样可以利用“Editor”工具条下的编辑工具，通过移动、删除等方式改变节点位置，从而解决有缝隙的面要素的问题。

2. 通过生成要素解决缝隙问题

（1）右击具有缝隙的拓扑错误记录行，在右键快捷方式中点击“Create Feature”命令，则该缝隙部分会自动生成新的面要素（图 10.30）。

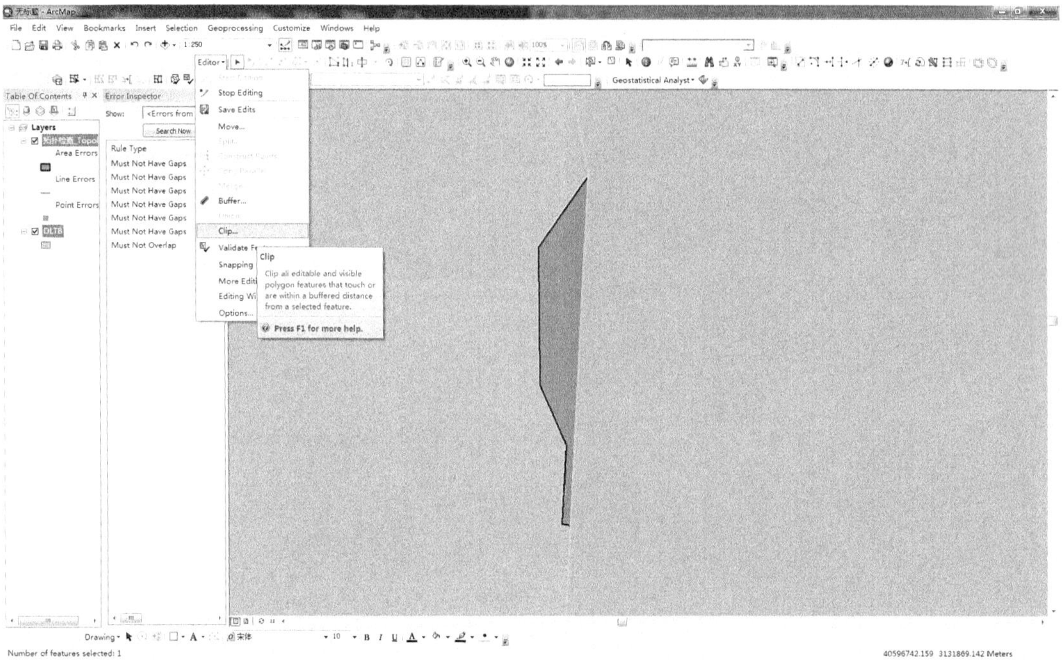

图 10.29　使用裁剪解决重叠问题

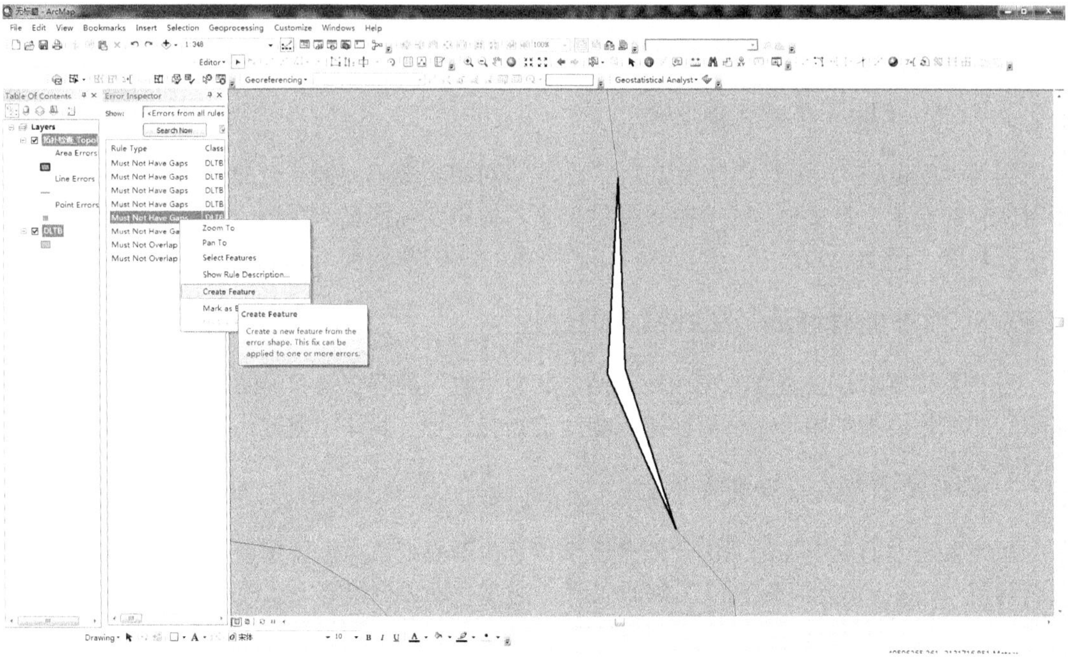

图 10.30　缝隙部分生成为新的图斑

（2）根据需要，选择新生成的面要素及将要并入的相应面要素，利用“Editor”工具条下的“Merge...”工具，对选中的要素进行合并处理（图 10.31）。

图 10.31　新图斑可以和两侧图斑合并

3. 通过“Auto Complete Polygon”工具解决缝隙问题

（1）点击“Editor”工具条后的“Create Features”工具，选中“DLTB”,在“Construction Tools”中单击“Auto Complete Polygon”选项（图 10.32）。

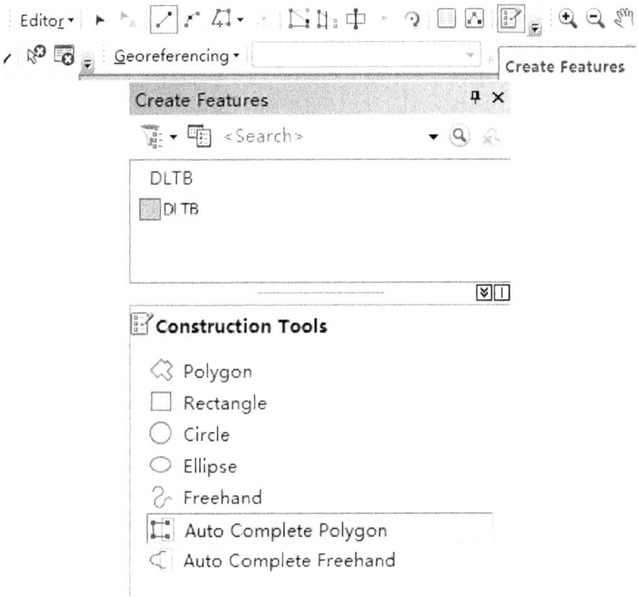

图 10.32　工具位置

（2）选中之后，横跨缝隙区域画一条线，双击鼠标结束绘制，则会生成两块图斑填充其空白区域（图 10.33）。

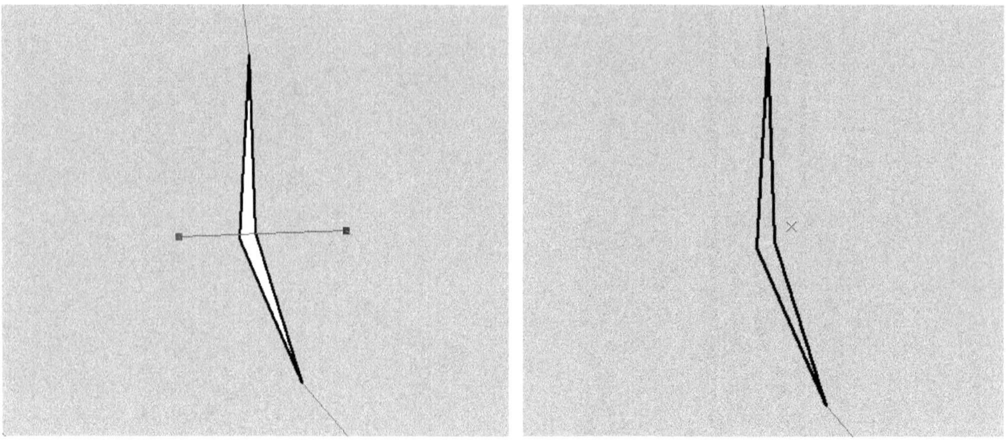

图 10.33　补充方法

（3）利用“Editor”下的“Merge…”工具，将两块新生成的图斑和将要并入的图斑合并，则该拓扑问题得到解决（图 10.34）。

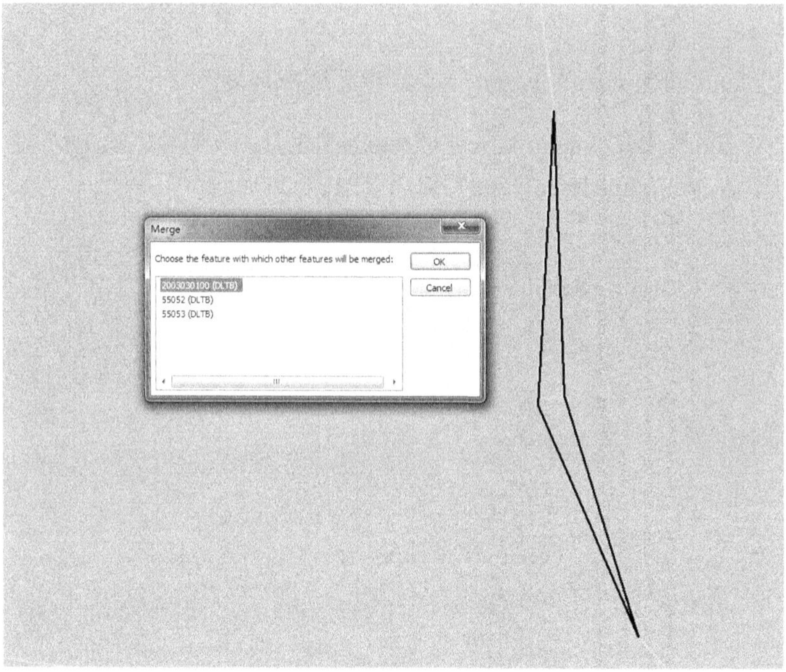

图 10.34　合并缝隙产生的图斑

（四）拓扑规则调整

在实际操作处理过程中，通常还需要对已存在的拓扑进行相应的调整，例如，增加或删除部分要素图层；又或者是增加或删除拓扑规则；甚至还包括修改拓扑容差等。

1. 添加要素图层

有两种方法可以添加要素图层。第一种是利用 ArcToolbox 工具箱中的“Add Feature Class To Topology”工具。该方法的前提是添加的要素图层必须与拓扑关系数据集位于同一要素集下，具体流程如下。

（1）运行“Topology”工具条下的“Add Feature Class To Topology”，双击打开（图 10.35）。

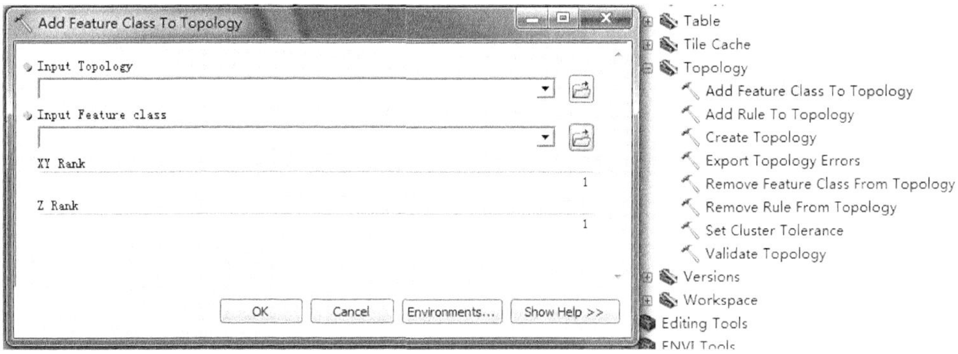

图 10.35　打开添加要素工具

（2）在“Input Topology”中选择要输入的拓扑，在“Input Feature Class”中选择要输入的要素类，要素类和拓扑必须在同一要素集下；XY 等级和 Z 等级默认为 1，可以根据自身需求重新设定，在添加完之后，点击“OK”，运行工具（图 10.36）。

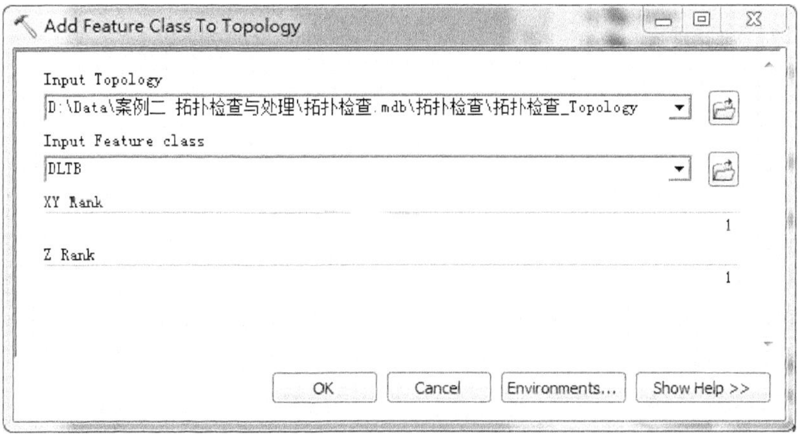

图 10.36　添加要素

第二种方法是在 ArcCatalog 中直接添加。

（1）右击“拓扑检查”要素数据集弹出属性对话框，单击“Import”→“Feature Class(single)”→“Feature Class to Feature Class”工具（图 10.37）。

（2）在“Feature Class to Feature Class”工具对话框中，单击“Input Features”所在行的按钮，弹出“Input Features”对话框，并找到需要添加的要素（例如，“JQDLTB.shp”），单击“OK”确定。此时，该要素类和拓扑已在同一要素集下。

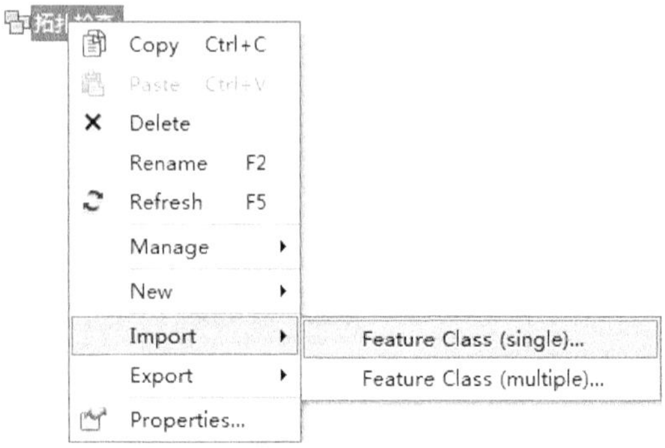

图 10.37　导入待添加要素

（3）右键点击“拓扑检查 Topology”，单击“Properties...”，或者直接双击“拓扑检查 Topology”，进入属性表对话框（图 10.38）。

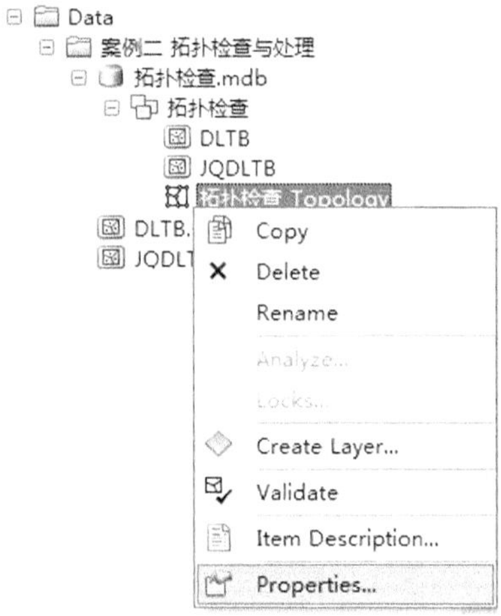

图 10.38　打开拓扑属性表

（4）选择对话框下的“Feature classes”，单击“Add Class...”，就会弹出和拓扑在同一要素集下而未纳入拓扑的要素（即本例中的“JQDLTB”），单击“JQDLTB”，点击“OK”按钮（图 10.39）。

（5）此时，“JQDLTB”已存在“Feature Class”列表中（“DLTB”之前就已存在），点击“确定”按钮，则该要素将会被添加到拓扑中（图 10.40）。

2. 删除要素图层

类似于添加要素图层，同样有两种方法可以删除要素图层。

第一种方法是调用 ArcToolbox 的“Remove Feature Class From Topology”工具。例如，将添加进拓扑的“JQDLTB”要素删除。

打开“Remove Feature Class From Topology”工具，会弹出如图 10.41 所示的界面，选择需要移除要素类的拓扑和要素，点击“OK”按钮，即可运行工具。

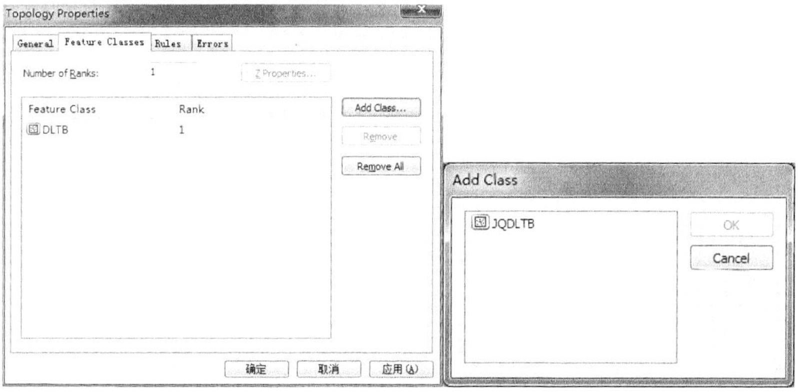

图 10.39　选择需添加的要素

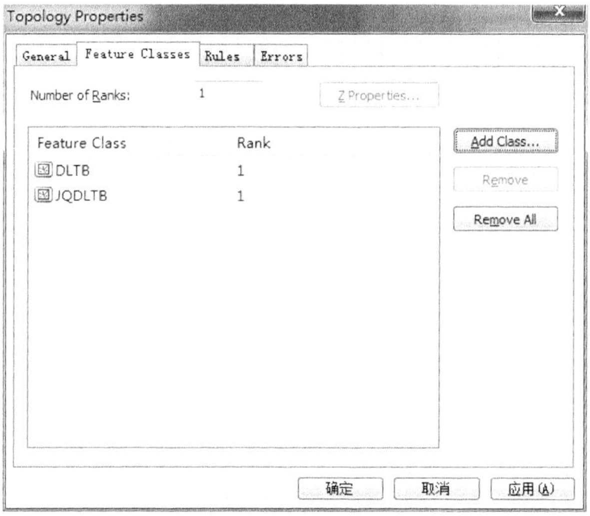

图 10.40　确定添加要素

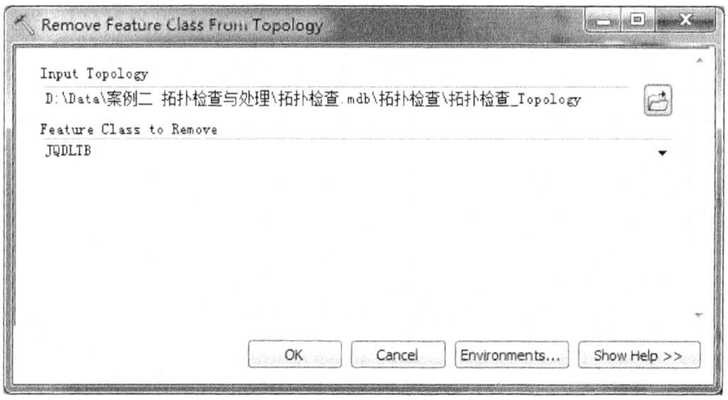

图 10.41　删除要素类工具

第二种方法则在 ArcCatalog 中实现。

（1）右键点击“拓扑检查 Topology”，单击“Properties...”，或者直接双击“拓扑检查 Topology”，进入属性表对话框（图 10.42）。

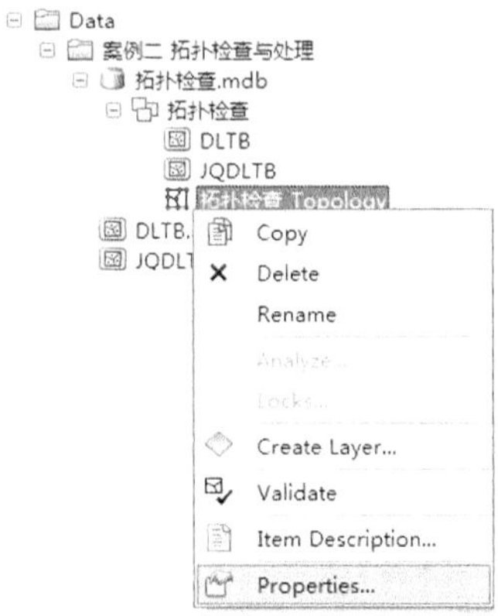

图 10.42　打开拓扑属性表

（2）选择对话框下的“Feature Classes”，拓扑中所包含的要素都已列出，选择需要移除的要素，并单击右侧的“Remove”按钮（图 10.43）。

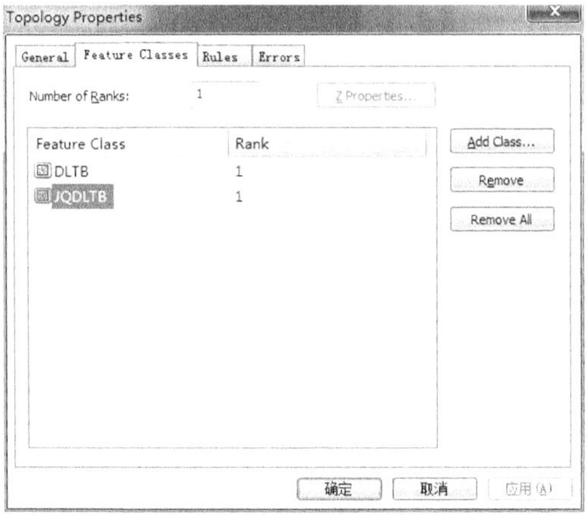

图 10.43　选择要移除的要素

（3）单击“确定”按钮，被选中的要素（本例为“JQDLTB.shp”）就会从拓扑中被移除（图 10.44）。

3. 添加或更新拓扑规则

向“拓扑检查 Topology”中的“DLTB”要素添加两条规则：DLTB 要素的多边形要素间不能有缝隙，DLTB 要素的多边形要素间不能重叠。

第一种方法：调用“Add Rule To Topology”工具添加拓扑规则。

（1）在规则类型中选取“Must Not Have Gaps（Area）”规则，输入拓扑中选择“拓扑检查_Topology”，输入要素类中选择“DLTB”，点击“OK”按钮，执行工具（图 10.45）。

（2）规则类型中选取“Must Not Overlap（Area）”规则，输入拓扑中选择“拓扑检查_Topology”，输入要素类中选择“DLTB”，点击“OK”按钮，执行工具（图 10.46）。

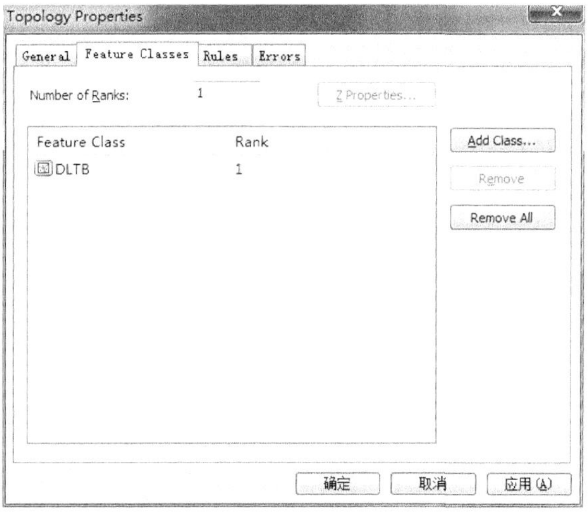

图 10.44　确定移除要素

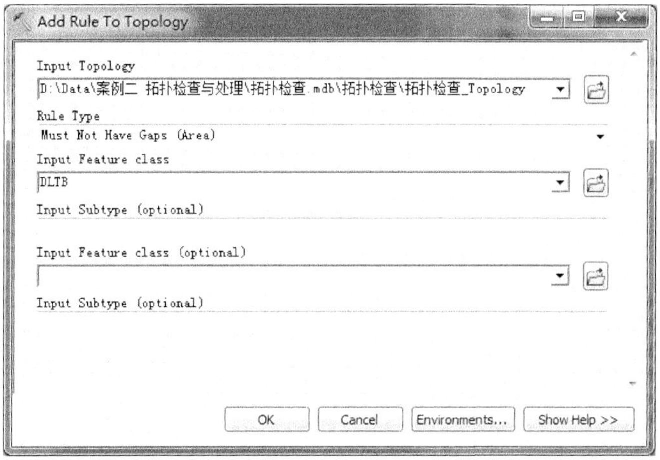

图 10.45　添加“Must Not Have Gaps（Area）”规则操作流程

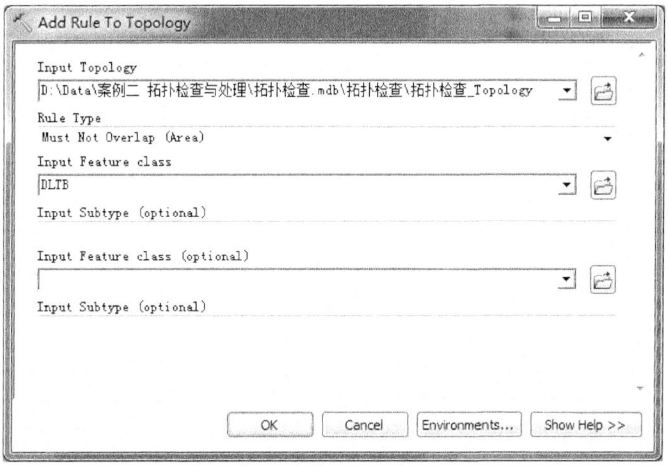

图 10.46　添加“Must Not Overlap（Area）”规则操作流程

（3）以上两步执行完后，利用工具添加规则的步骤就已执行完毕。

第二种方法：在 ArcCatalog 中直接添加拓扑规则。

（1）右键点击“拓扑检查 Topology”，单击“Properties…”，或者直接双击“拓扑检查 Topology”，进入属性表对话框；选择对话框下的“Rules”标签（图 10.47）。

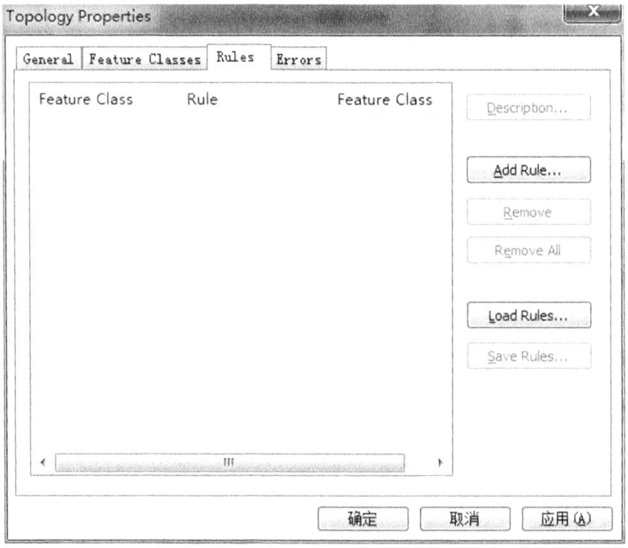

图 10.47　打开修改规则界面

（2）单击右侧“Add Rule…”，在“Features of feature class”下拉栏中选择需要添加拓扑规则的要素类（本例中为“DLTB”），在“Rule”下拉栏中选择“Must Not Have Gaps”，点击“OK”；再一次单击右侧“Add Rule…”，在 “Rule”下拉栏中选择“Must Not Overlap”， 点击“OK”（图 10.48）。

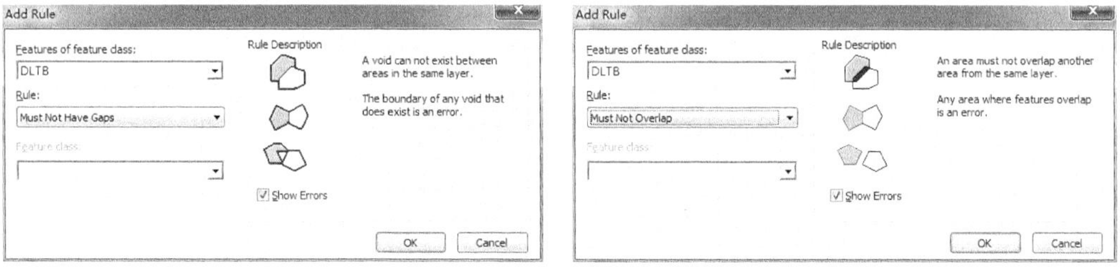

图 10.48　添加规则

（3）添加好的两条规则会显示在“Rules”标签下，单击“确定”按钮，规则就可以被添加（图 10.49）。

4. 删除拓扑规则

将已添加好的规则删除，例如，要将已添加“DLTB”的“Must Not Have Gaps”规则删除，具体方法如下。

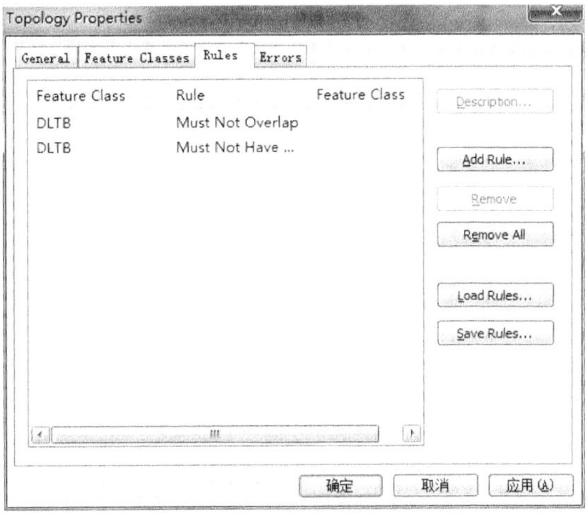

图 10.49　确认添加规则

第一种方法：调用“Remove Rule From Topology”工具。

输入需要删除规则的拓扑，即本例中的“拓扑检查 Topology”，在“Rule”的下拉栏中选择需要删除的拓扑规则，本例选择“Must Not Have Gaps”；点击“OK”，即可删除该拓扑规则（图 10.50）。

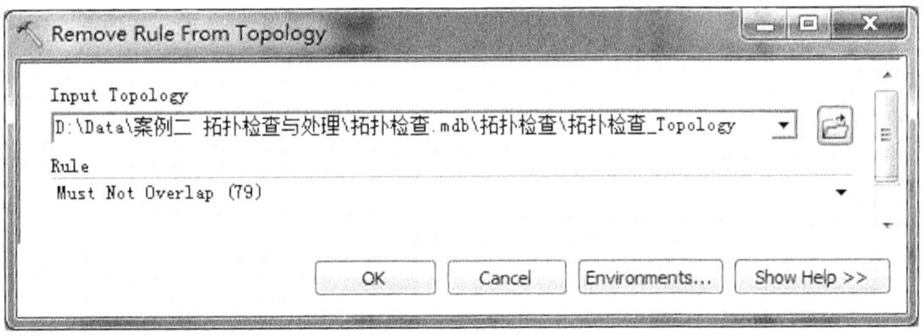

图 10.50　删除拓扑规则工具

第二种方法：在 ArcCatalog 中直接删除拓扑规则。

右键点击“拓扑检查 Topology”，单击“Properties...”，或者直接双击“拓扑检查 Topology”，进入属性表对话框；选择对话框下的“Rules”标签；选中需要删除的拓扑规则，点击右侧的“Remove”按钮，点击“确定”按钮，即可成功删除“Must Not Have Gaps”规则（图 10.51）。

5. 修改拓扑容差

默认的拓扑容差为 0.001m，如果在建立拓扑之后欲修改拓扑容差，可以采用如下方法。因浙江省在对土地利用总体规划数据库进行质量检查时，设定的拓扑容差为 0.0001m，而本例采用的也是规划数据，故本例将“拓扑检查 Topology”的拓扑容差修改为 0.0001m。

第一种方法：调用“Set Cluster Tolerance”工具。

输入需要修改容差的拓扑，即本例中的“拓扑检查 Topology”，在“Cluster Tolerance”处输入新的拓扑容差值，数值为 0.0001；点击“OK”按钮，容差修改完毕（图 10.52）。

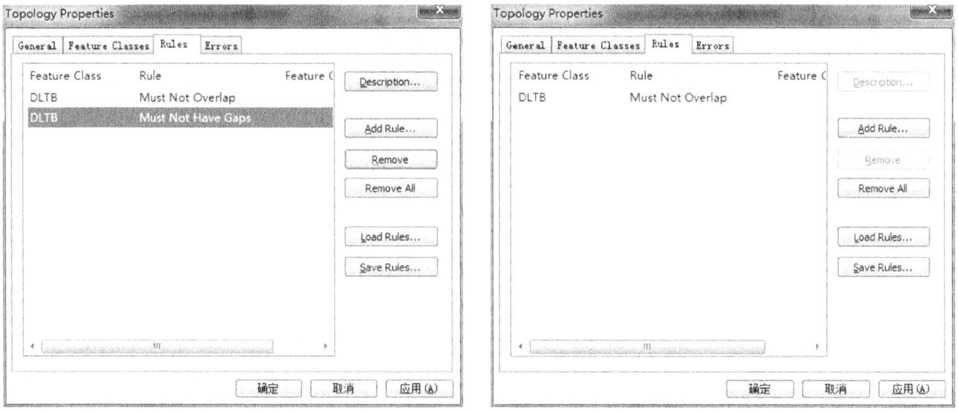

图 10.51　利用 ArcCatalog 删除拓扑规则

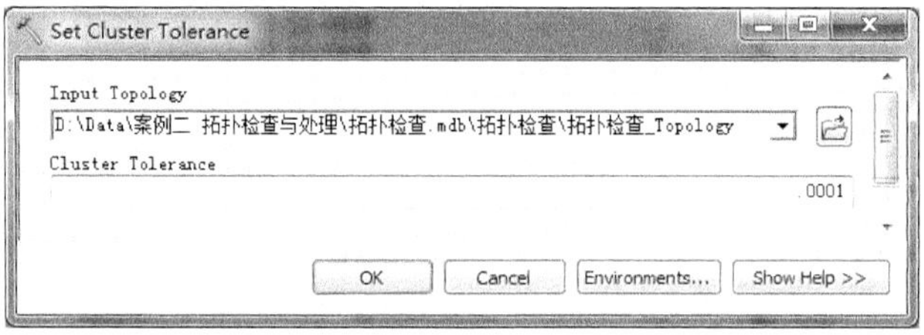

图 10.52　利用工具修改拓扑容差

第二种方法：在 ArcCatalog 中修改拓扑容差。

右键点击“拓扑检查 Topology”，单击“Properties…”，或者直接双击“拓扑检查 Topology”，进入 Topology Properties 对话框；选择对话框下的“General”标签；在“Cluster Tolerance”处输入新的拓扑容差值，数值为 0.0001，点击“确定”按钮，容差修改完毕（图 10.53）。

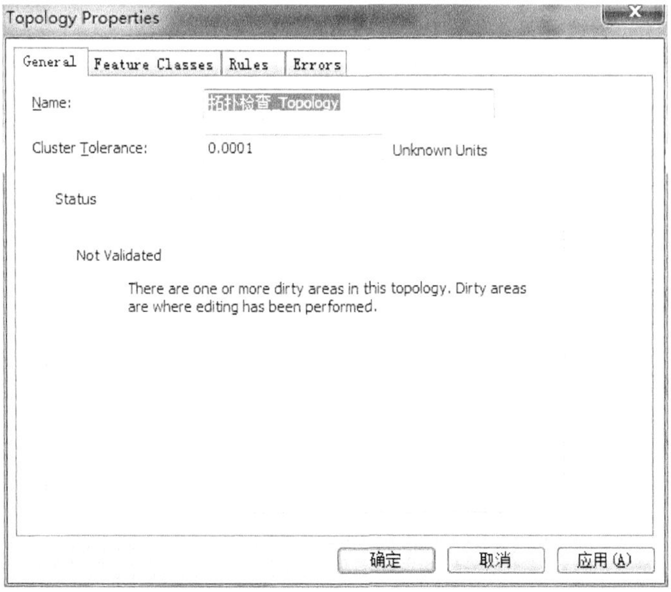

图 10.53　利用 ArcCatalog 修改拓扑容差

第四节 小 结

拓扑关系在语义层次上是非常重要的空间关系，其具体是指一种不随空间旋转、平移、放大和缩小等变换而发生改变的定性空间信息。拓扑关系也是土地信息系统空间推理、查询和分析的基础，极大地影响着土地信息系统的推广与应用。然而由于最初技术原因，原有的图件本身内部可能出现较多的拓扑问题，而土地的空间信息也会随着时间不断变化，这些变化不仅仅是空间目标的几何形状、位置和大小的变化，也可能是目标之间拓扑关系的变化。因此，无论是从完善以往图件资料的角度还是从今后建立精确的更新调查角度出发，使用拓扑保证数据质量、更好地表达土地信息都是目前的重要需求。

本案例基于 ArcGIS 10.2 软件平台，对拓扑规则的建立和处理的操作步骤进行了较为详尽的说明。受限于篇幅，本案例中只展示了拓扑规则中最为重要的两种规则，即面不能有重叠和面不能有缝隙，而关于其他拓扑规则，有兴趣的读者可自行参照表 10.1 中的介绍进行操作。

参考文献

邓敏, 刘文宝, 黄杏元, 等. 2006. 空间目标的拓扑关系及其 GIS 应用分析. 中国图像图形学报, 11(12): 1743-1749.

刘家彬, 张金亭, 胡石元. 2002. 土地信息系统理论与方法. 北京: 测绘出版社.

刘南, 刘仁义. 2002. 地理信息系统. 北京: 高等教育出版社.

马才学. 2008. 土地信息系统. 北京: 北京师范大学出版社.

汤国安, 刘学军, 闾国年, 等. 2007. 地理信息系统教程. 北京: 高等教育出版社.

邬伦, 刘瑜, 张晶, 等. 2001. 地理信息系统——原理、方法和应用. 北京: 科学出版社.

Kang-tsung Chang. 2009. 地理信息系统导论. 3 版. 陈建飞等 译. 北京: 清华大学出版社.

第十一章　土地适宜性评价案例

第一节　引　　言

土地适宜性评价是根据土地的自然属性和社会经济属性，研究土地对指定用途是否适宜及其适宜程度和限制状况，是进行土地利用决策、确定土地用途、优化区域土地利用结构和布局、土地利用规划分区的基本依据。按评价对象的不同，可以将其分为农用土地的适宜性评价和建设用地的适宜性评价。农用土地的适宜性评价是把对农用土地利用的需要与土地资源的特性加以比较和对照，得出农用土地对一定农业用途的适宜性和限制性，包括一般性的土地适宜性评价（即土地潜力评价）和针对性的土地适宜性评价（狭义的土地适宜性评价）两种。本案例主要聚焦于对针对性的土地适宜性评价的介绍。

目前，国际上影响最大、使用最广泛、最典型的土地适宜性评价方案是联合国粮食及农业组织于 1976 年颁布的《土地评价纲要》，该纲要主要是作为各类土地适宜性评价的提纲式指南，其中规定的土地评价分类系统由纲（order）、级（class）、亚级（subclass）和单元（unit）共四级组成，如表 11.1 所示。土地适宜性纲是最高分类等级，根据土地质量对特定利用方式的满足情况分为适宜（S）纲、有条件适宜（SC）纲和不适宜（N）纲。土地适宜性级反映土地对所考虑用途的适宜程度，根据适宜纲范围内对某一土地利用的限制性因素强弱来划分，用阿拉伯数字下标表示。土地适宜性亚级在适宜性级范围内根据限制性因素的种类（如水分限制、通气限制、养分限制、侵蚀限制等）来划分，用具有一定意义的小写字母下标表示。土地适宜性单元是亚级的续分，表示亚级范围内限制性因素的空间变异性（如在生产特点、经营条件和管理要求等方面的差异），在亚级符号后加一连字符和阿拉伯数字下标表示。

表 11.1　FAO《土地评价纲要》的土地适宜性分类系统（吴宇哲等，2013；刘卫东等，2010）

适宜性纲（order）	适宜性级（class）	适宜性亚级（subclass）	适宜性单元（unit）
适宜（S）	高度适宜（S_1）		
	中等适宜（S_2）	水分限制（S_{2m}）	……
		通气限制（S_{2o}）	……
		养分限制（S_{2n}）	……
		侵蚀限制（S_{2e}）	侵蚀 1（S_{2e-1}）
			侵蚀 2（S_{2e-2}）
		……	……
	勉强适宜（S_3）		
有条件适宜（SC）			
不适宜（N）	暂时不适宜（N_1）	N_1 水分限制（N_{1m}）	……
		N_1 侵蚀限制（N_{1e}）	……
		……	……
	永久不适宜（N_2）		

中国的土地适宜性评价以《中国 1∶100 万土地资源图》的评价系统为主要代表，该评价系统由中国科学院自然资源综合考察委员会于 1978～1985 年拟订，属于综合性土地适宜性评价。它大体上可以划分为土地潜力区、土地资源单位、土地适宜类、土地质量等和土地限制型五个等级。土地潜力区是以气候为依据的宏观地理划分，土地资源单位实质上对应土地资源类型，因此"适宜类-质量等-限制型"为我国适宜性评价的核心内容。土地适宜类是在土地潜力区内依据土地对于农、林、牧业生产的适宜性进行划分的，将全国农业土地共划分为八个适宜类：宜农土地类、宜农宜林宜牧土地类、宜农宜林土地类、宜农宜牧土地类、宜林宜牧土地类、宜林土地类、宜牧土地类和不宜农林牧土地类。土地质量等是在土地适宜类范围内反映土地适宜的程度和生产潜力的高低，是土地资源评价的核心，按农、林、牧方面各分为三个等级。土地限制型是在土地质量等范围内，按限制因素的种类及其强度划分；同一土地限制型内的土地具有相同的主要限制因素，需采取相同的主要改造措施。

在具体评价中，究竟划分到哪一等级，取决于研究区的范围大小与研究目的和深度。如果范围较小，目的比较狭窄，那么需要划分到较小的等级；否则划分到较大的等级即可。本案例针对"土地质量等"这一适宜性评价内容开展杭州市茶叶用地的适宜性评价。这一评价属于单项性土地适宜性评价，仅考虑一种土地利用，即是否适宜种植茶叶。进行单项性土地适宜性评价时应注意：①要深入研究和准确把握特定土地利用对土地性状的需求，应充分考虑不同品种的特殊生态要求；②必须抓住对特定土地利用有决定性影响的主导因素或因子，同时兼顾次要因素或因子，并要顾及这些主、次因素或因子之间的相互依存、不可替代的特点，以确保评价的科学性和合理性。

第二节 技 术 路 线

土地适宜性评价的一般思路包括评价对象的选择、资料收集、评价范围与评价单元的确定、评价指标的选择、评价指标的分级、评价指标权重的确定、土地适宜性等级的评定、土地适宜性评价成果的编制。确定评价指标权重的常用方法包括：德尔菲法、层次分析法（analytic hierarchy process, AHP）、成对因素比较法、主成分分析法及其他智能化方法。对于土地适宜性评价，不管采取哪种方法或模型，评价指标的选择、评价指标的分级和评价指标权重的确定都是影响评价结果的关键步骤。因此，应结合当地实际情况选择最佳的土地适宜性评价方法。

本案例所涉及的杭州市茶叶用地的适宜性评价参照土地适宜性评价的一般思路，并依据研究区特点及资料收集情况选择最佳的土地适宜性评价方法。评价范围为剔除部分建设用地和不可种植用地后的杭州市所有土地，评价单元为 50m×50m 的规则网格单元，依据茶树生长需要的环境条件确定了 9 个评价指标，依据前人对茶叶生长条件的研究确定评价指标的分级标准，采用层次分析法确定评价指标的权重，借助 ArcGIS 软件的"Model Builder"建模工具按各评价指标的量化分级标准处理指标数据，最后综合评定茶叶用地的适宜性等级，编制杭州市茶叶用地的适宜性评价图。具体框架与技术路线如图 11.1 所示。

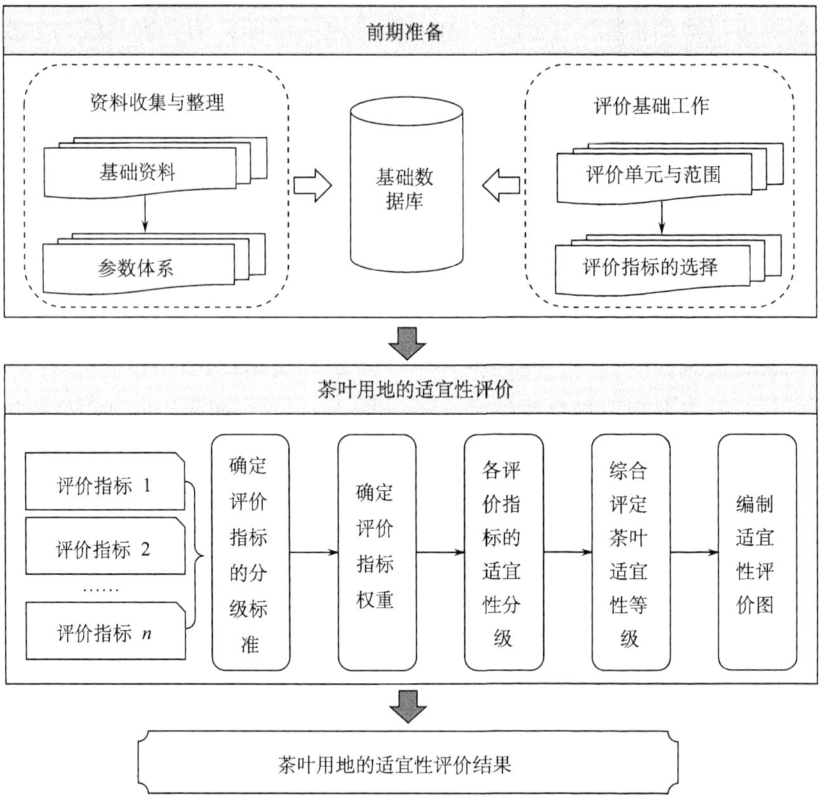

图 11.1　茶叶用地的适宜性评价技术路线图

需注意的是，上述茶叶用地的适宜性评价技术路线是根据本案例实际需要而设计的，具体实践过程中的技术路线或工作流程图会有所差别，但不影响对适宜性评价核心过程的理解与掌握。

第三节　工作流程与操作步骤

一、资料收集

本案例涉及的基础数据主要有：①杭州市内及其周边共 34 个气象观测站 1971～2008 年的逐日气候要素资料；②气象观测站的经度、纬度和海拔高度等地理属性；③杭州市土壤类型和土壤质地图；④杭州市边界图；⑤杭州市土地利用现状图。

在收集以上基础资料的同时，要进行严格的资料数据核实，检查数据来源的可靠性及计量单位是否统一，对资料进行分类整理，重点是图件和数据资料整理，对不能满足要求的资料应做好记录，应通过外业补充调查及时完善基础资料。

二、评价范围与评价单元

茶叶种植会带来一定的生态和经济效益，但并非所有土地都可以用来种植茶叶，如城镇居民点、农村居民点、独立工矿用地、交通水利用地、河流湖泊和裸土地等均不适合用于种植茶叶。基于此，利用杭州市土地利用现状图，在剔除部分建设用地和不可种植用地后，形成茶叶适宜性评价的范围。杭州市全域土地总面积为 1.69 万 km^2，参与评价的土地面积为 15361.14km^2，占全市面积的 91.01%，而被剔除的地块主要是居民点用地、独立工矿用地、交通水利用地、河流湖泊和裸土地等，共涉及土地面积 1517.74 km^2，占全市面积的 8.99%。为了方便起见，剔除这一步操作在综合评定茶叶适宜性等级之后再进行。

评价单元是开展土地适宜性评价的最小空间单位。对于评价单元的理解，目前存在四种观点：①按土地类型单位进行划分；②按土壤分类单位进行划分；③按土地利用现状图斑进行划分；④按规则网格单元进行划分。由于评价过程涉及不同指标的空间插值与处理，而空间插值与栅格单元密切相关，为保障数据之间的有效统一、便利评价的计算过程，故按规则网格单元进行划分，具体采用 50m×50m 规则单元作为茶叶用地适宜性评价的基本评价单元。

三、建立评价指标体系

土地适宜性评价主要体现在评价指标及其权重确定两个方面。为客观科学地反映耕地质量的实际差异水平，采用多因素综合评价分析的思路，建立相应的评价指标及权重体系是目前行之有效且广泛运用的可行途径之一。

茶树生长需要的环境条件主要包括日照、热量、水分、空气、地形地势（排水条件）、土壤等方面。茶树通常是在亚热带的环境条件下生长的，杭州属于亚热带季风性气候，茶树春梢萌动的起始温度，多数品种为日平均气温稳定在 10℃左右，大部分茶树生长的最适合温度为 20~30℃；茶区温度低于 10℃或者高于 35℃时，新梢生长比较慢。茶树生长期空气湿度会影响茶叶的品质。依据南方地区的经验，相对湿度在 80%～90%时比较适宜茶树生长，若小于 50%，新梢生长会受到抑制，而低于 40%时茶叶品质明显下降。

海拔的不同对茶树的生长会有一定的影响。随着海拔的升高，山地上的月平均气温、年平均气温及活动积温有明显的变化。一般而言，海拔每上升 100m，温度降低 0.6℃，山越高，气温越低，积温越少。坡度和坡向的不同，导致坡地上日照时间和太阳辐射强度都有很大差别，于是形成了不同坡向间的小气候差异。在我国主要产茶区，偏南坡（阳坡）获得的太阳辐射多，所以热量多，温度高；而北坡正好相反，东坡和西坡介于两者之间。

土壤条件的好坏决定茶叶的产量和质量，土壤是茶树生长的基础，土壤质地有粗细之分，它影响着茶园土壤肥力的高低和茶园生产潜力的大小。土壤类型也很重要，如土壤 pH，茶树适宜酸性土壤，宜茶的土壤 pH 一般在 6.5 以下，如果超过 6.5，茶树生长就会受到不良影响。

根据上述条件，确定目标层为茶叶综合土地适宜性评价（A），准则层选取了气候（B1）、地形（B2）和土壤（B3），方案层除了选取年平均气温、≥10℃的活动积温、年极端最低气温≤-13℃出现的频率和 4～10 月平均相对湿度等四个气候指标外，还选取了海拔、坡度、坡向、土壤类型和土壤质地等五个指标，依次将它们定义为 C1～C9。依据前人对茶叶生长条件的研究，将每个指标对于茶叶种植的适宜程度分为三个等级，并确定各指标等级量化的标准（表 11.2）。

表 11.2　评价指标体系及等级量化表

目标层	准则层	方案层	等级及分值		
			最适宜（3）	适宜（2）	不适宜（1）
茶叶综合土地适宜性A	气候 B1	年平均气温 C1/℃	≥15	12～15	<12
		≥10℃的活动积温 C2/℃	≥4500	3500～4500	<3500
		年极端最低气温≤-13℃出现的频率 C3	<20	20～50	≥50
		4～10 月平均相对湿度 C4/%	75～90	60～75	<60
	地形 B2	海拔 C5/m	600～900	0～600 和 900～1200	≥1200
		坡度 C6/（°）	0～15	15～25	≥25
		坡向 C7	南坡、东南和西南坡	东坡、西坡、东北和西北坡	北坡
	土壤 B3	土壤类型 C8	红壤、黄壤	潮土、水稻土、粗骨土、棕壤	石灰岩土、钙质黑色土、钙质紫砂土
		土壤质地 C9	砾质土、砂质壤土、壤质砂土	壤土、黏壤土	黏土、壤质黏土

四、评价指标权重确定

采用层次分析法确定指标权重。确定评价因子的层次结构模型，把评价因子相互比较并进行分类，按其对适宜性的影响程度，建立茶叶种植综合指标判断矩阵，构造层次单排序和层次总排序，并同时进行一致性检验（表 11.3 和表 11.4）。

表 11.3　层次单排序判断矩阵

A-B

A-B	B1	B2	B3	*W*	λmax =3.0033
B1	1.00	0.67	1.00	0.29	CI=0.00165，RI=0.52
B2	1.50	1.00	1.50	0.42	CR=0.00317<0.1
B3	1.00	0.67	1.00	0.29	一致性检验满意

B1-C

B1-C	C1	C2	C3	C4	*W*	λmax=4.043
C1	1.00	0.33	0.50	0.50	0.12	CI=0.0143，RI=0.89
C2	3.00	1.00	2.00	1.00	0.36	CR=0.0161<0.1
C3	2.00	0.50	1.00	0.50	0.21	一致性检验满意
C4	2.00	1.00	2.00	1.00	0.31	

B2-C

B2-C	C5	C6	C7	*W*	λmax =3.0055
C5	1.00	2.00	3.00	0.53	CI=0.00275，RI=0.52
C6	0.50	1.00	2.00	0.31	CR=0.00528<0.1
C7	0.33	0.50	1.00	0.16	一致性检验满意

续表

B3-C				
B3-C	C8	C9	*W*	λmax =2
C8	1.00	2.00	0.67	CI=0，　CR=0<0.1
C9	0.50	1.00	0.33	一致性检验满意

注：1. A、B、C 与表 11.2 中目标层、准则层及方案层分别相对应；

2. *W*：权重；λmax：最大特征值；CI：一致性指标；RI：随机一致性指标；CR：一致性比率。

表 11.4　综合指标判断矩阵和各因子权重

A		C1	C2	C3	C4	C5	C6	C7	C8	C9
B1	0.29	0.12	0.36	0.21	0.31	—	—	—	—	—
B2	0.42	—	—	—	—	0.53	0.31	0.16	—	—
B3	0.29	—	—	—	—	—	—	—	0.67	0.33
W		0.04	0.11	0.06	0.09	0.22	0.13	0.07	0.19	0.10

注：1. A、B、C 与表 11.2 中目标层、准则层及方案层分别相对应；

2. *W* 代表权重；

3. CR=0.0085<0.1 通过了一致性检验。

五、各评价指标的适宜性分级

（一）气候指标的空间量化

由于难以直接获得各气候指标的空间分布图，本案例利用 1971～2008 年杭州市内及其周边共 34 个气象观测站的逐日气候要素资料及其气象观测站的地理属性，借助 SPSS 数理统计软件，建立茶叶各气候指标值与经度、纬度和海拔之间的多元回归模型，通过多元回归分析，得到多元回归方程（表 11.5），回归方程各项参数均通过了信度为 0.01 的显著性检验。借助已有的经度、纬度和海拔这三个因子的空间分布图，以及 ArcGIS 10.2 软件的“Model Builder”建模工具和所得的多元回归方程，即可得到各气候指标的空间量化图。

表 11.5　茶叶气候指标的多元回归模型

类型	多元回归模型	相关系数	*F* 值
热量条件	$C1 = 29.705–0.881\varphi+0.113\lambda–0.00136h–0.00000248h2$	0.99**	245.86
	$C2 = 8691.025–278.293\varphi+41.427\lambda–0.519h–0.000862h2$	0.99**	232.06
其他条件	$C3 = –265.289+4.388\varphi+1.119\lambda+0.0676 h$	0.98**	207.39
	$C4 = 95.617+2.678\varphi–0.813\lambda+0.00321h$	0.72**	9.03

**通过 0.01 水平的显著性检验。

注：φ：纬度；λ：经度；h：海拔。

ArcGIS 10.2 软件建模步骤如下。

（1）打开 ArcGIS 10.2 软件，打开 ArcToolbox，并在 ArcToolbox 上右击，选择“Add

Toolbox”，打开“Add Toolbox”对话框，点击 ，新建一个“Toolbox”，并命名为“Mytoolbox”，点击 “Open” 按钮将 “Mytoolbox.tbx” 加载到 ArcToolbox 的列表中，如图 11.2 所示。右击 “Mytoolbox.tbx”，选择 “New” → “Model”，创建一个新的模型，随即弹出 “Model” 界面。

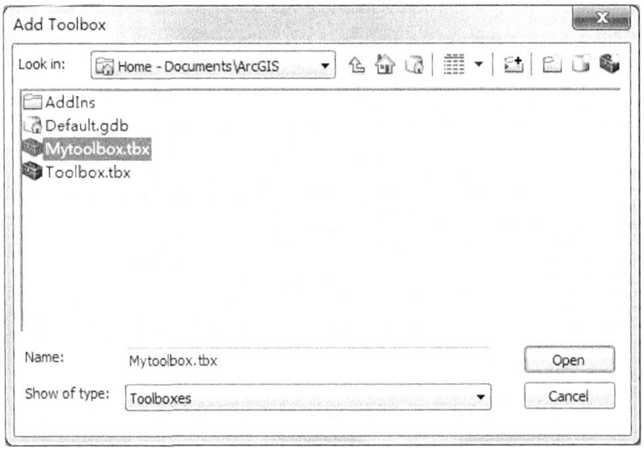

图 11.2　创建一个新的“Toolbox”

（2）右击工具箱中的 “Model”，选择 “Properties”。在 “Model Properties” 对话框中，选中 “Environments” 标签，勾选 “Raster Analysis” 目录下的 “Cell Size”“Mask”（图 11.3）。点击 “Values” 进入 “Environment Settings” 界面。设置 “Cell Size” 为 “Same as variable hzdem50.img”，“Mask” 选择 “hzdem50.img”（图 11.4）。

图 11.3　设置“Model Properties”

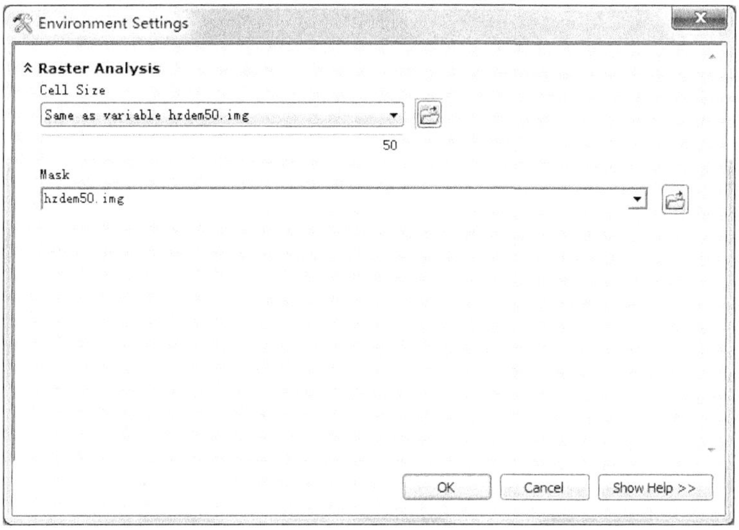

图 11.4　设置“Environment Settings”

（3）右击工具箱中的“Model”，选择“Edit”，打开“Model”界面。点击按钮，将杭州市的经度、纬度和海拔数据导入“Model”中，再将“Spatial Analyst Tools”→“Overlay”→“Weighted Sum”工具和“Spatial Analyst Tools”→“Math”→“Plus（Square）”导入，用连接工具将这些数据和工具按照多元回归模型连接起来，并进行相关参数设置，例如，双击“Weighted Sum”工具，在“Weighted Sum”对话框中按多元回归模型设置各变量的权重，双击“Plus”设置多元回归模型的常量，如图 11.5 和图 11.6 所示。重复以上步骤，对 4 个气候指标分别进行建模，模型流程图如图 11.7 所示。参数设置完毕后，点击“保存”，点击“运行按钮” 运行模型。模型运行后得到 4 个气候指标的空间分布图。

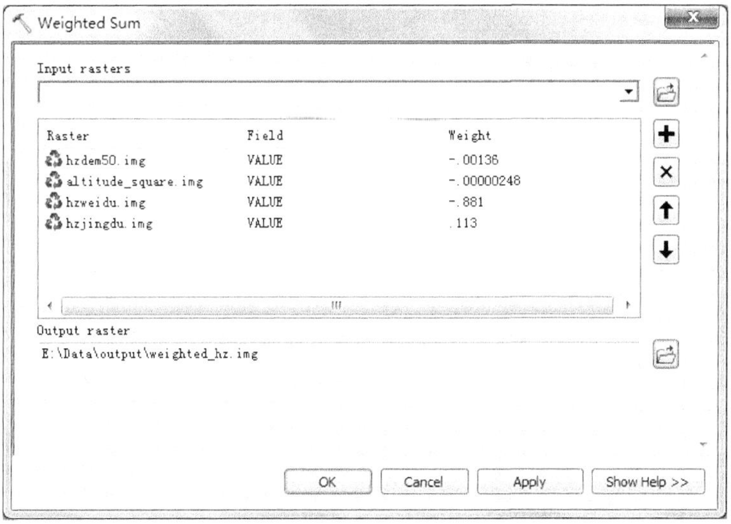

图 11.5　多元回归模型中各变量的权重设置

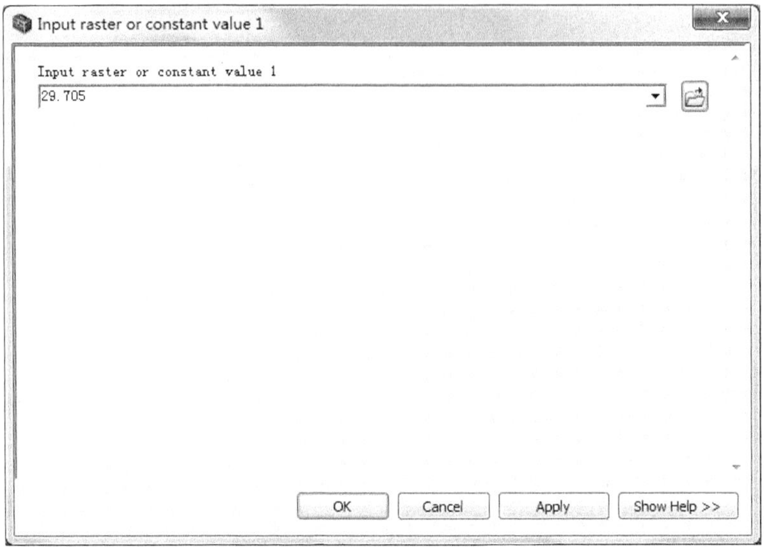

图 11.6　多元回归模型的常量设置

（二）适宜性分级

根据各指标的分级量化标准，运用“ArcToolbox”→“3D analyst tools”→“Raster Reclass”中的“Reclassify”工具将各指标的空间分布图划分为最适宜、适宜和不适宜三个等级。新建一个“Model”，将“Reclassify”工具和相关数据导入，双击“Reclassify”工具，打开“Reclassify”对话框，点击“Classify”按钮，打开“Classification”对话框，“Classes”选择“3”，在“Break

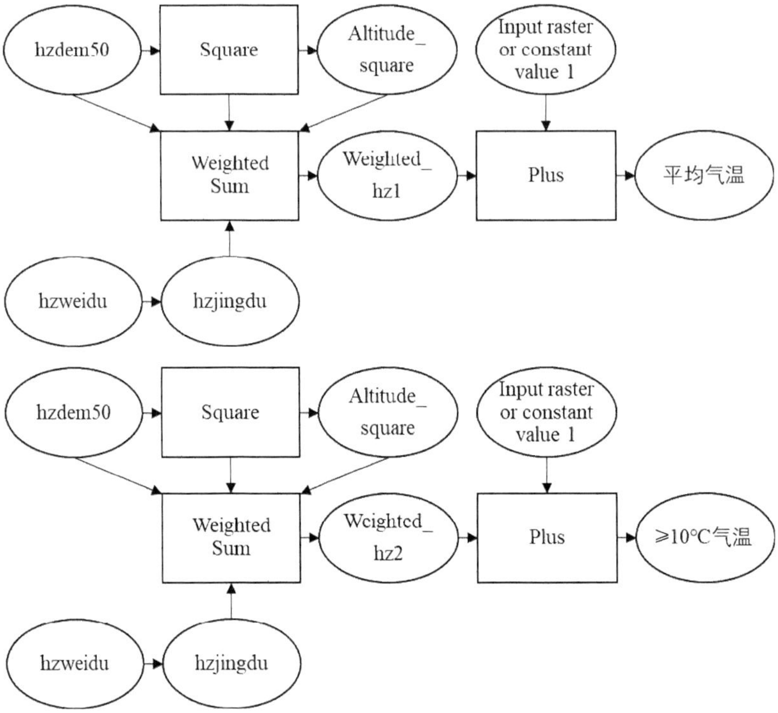

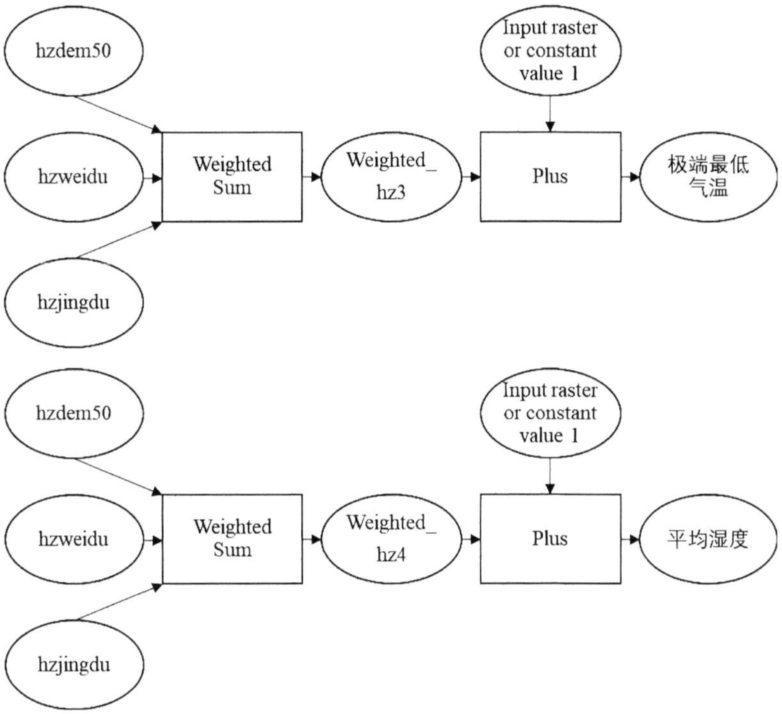

图 11.7　4 个气候指标的模型流程图

Values”中设置断点值，例如，将年平均气温分为三个等级的参数设置如图 11.8 和图 11.9 所示。C8、C9 这两个评价指标已划分好等级，因此只需对 C1～C7 的评价指标进行等级划分，它们的模型流程图如图 11.10 所示。参数设置完毕后，点击“保存”，点击“运行按钮” ▶ 运行模型。需要注意的是，研究区的坡度和坡向数据均从高程数据中获得，利用“ArcToolbox”→“3D analyst tools”→“Raster Surface”中的“Slope”和“Aspect”工具分别获得坡度和坡向数据。

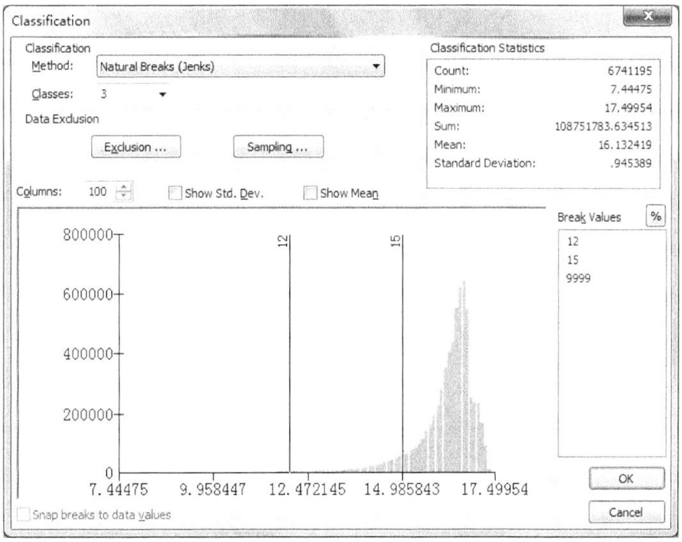

图 11.8　分级参数设置窗口

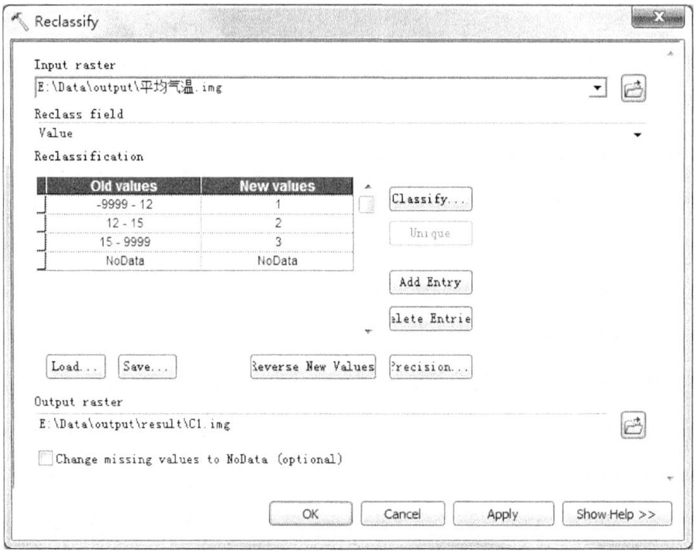

图 11.9　重分类工具窗口

图 11.10　C1～C7 评价指标等级划分的模型流程图

六、茶叶适宜性等级的综合评定

在测算得到评价范围内各项评价指标空间分值的基础上，结合确定的指标权重体系，采用综合加权的计算思路，得到每个评价单元的适宜性综合分值，具体公式如下

$$Y=\sum_{i=1}^{n}f(w_i,x_i)=\sum_{i=1}^{n}w_ix_i \tag{11-1}$$

式中：Y为评价综合指数；w_i为第i个指标的权重；x_i为第i个指标适宜性等级图；n为指标的数目。具体可借助“Model Builder”建模工具或栅格计算器（Raster Calculator）工具，实现快速适宜性综合分值的测算，本案例仍然选择“Model Builder”建模工具。在得到综合分值分布图后，再依据一定分级标准和“Reclassify”工具，将茶叶适宜性等级分为最适宜、适宜和不适宜三类。具体步骤如下：新建一个“Model”，将“Weighted Sum”工具、“Reclassify”工具和9个已分为三级的评价指标数据导入，分别双击这两个工具，进行如图11.11和图11.12所示的参数设置，设置完毕后，点击“保存”，点击“运行按钮” 运行模型。茶叶适宜性等级综合评定的模型流程图如图11.13所示。

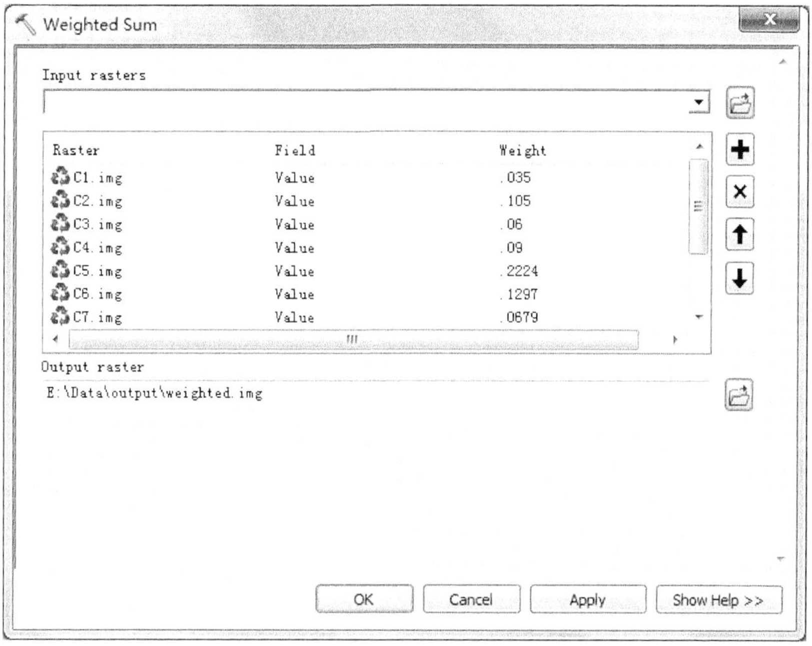

图11.11　各评价指标权重参数设置

新建一个“Model”，将需要屏蔽的区域数据（城镇用地和水域图层）和杭州边界图层通过“Analysis Tools”→“Overlay”中的“Erase”工具、“Spatial Analyst Tools”→“Extraction”中的“Extract by Mask”工具导入，在杭州边界图层的基础上将城镇用地和水域部分依次擦除掉（注：此处允许的误差范围是5m），并利用“Extract by Mask”工具获得评价范围内的适宜性评价结果，工具参数设置如图11.14～图11.16所示，模型流程图如图11.17所示。

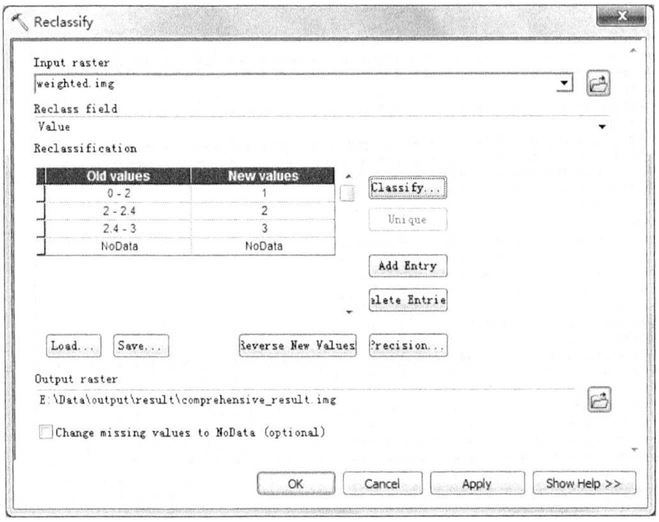

图 11.12　综合分级参数设置

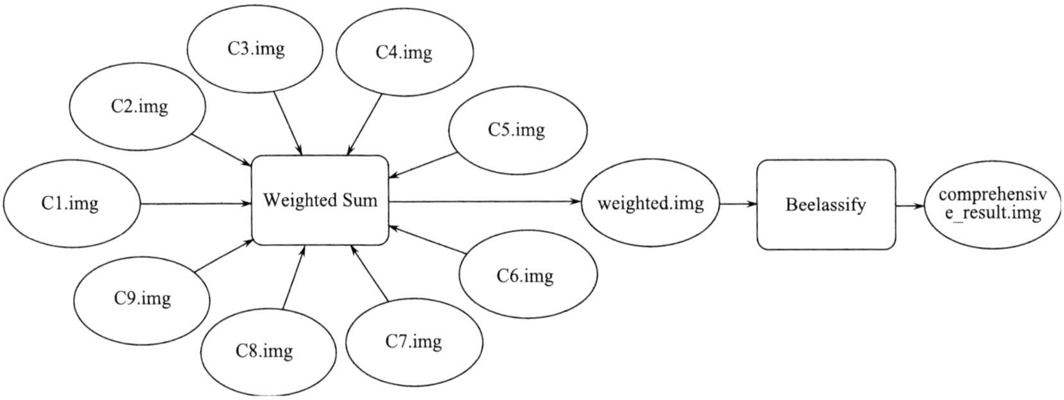

图 11.13　茶叶适宜性等级综合评定的模型流程图

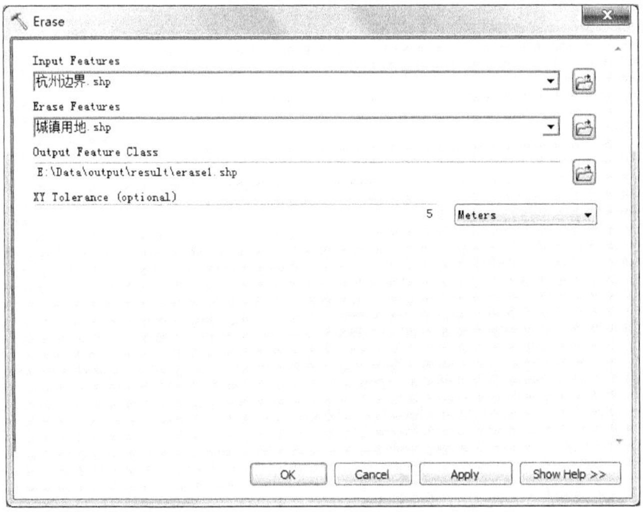

图 11.14　“Erase”工具的参数设置（1）

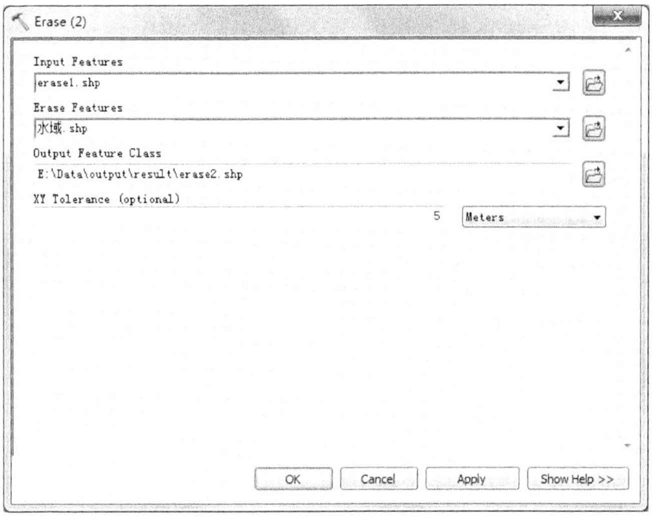

图 11.15　“Erase”工具的参数设置（2）

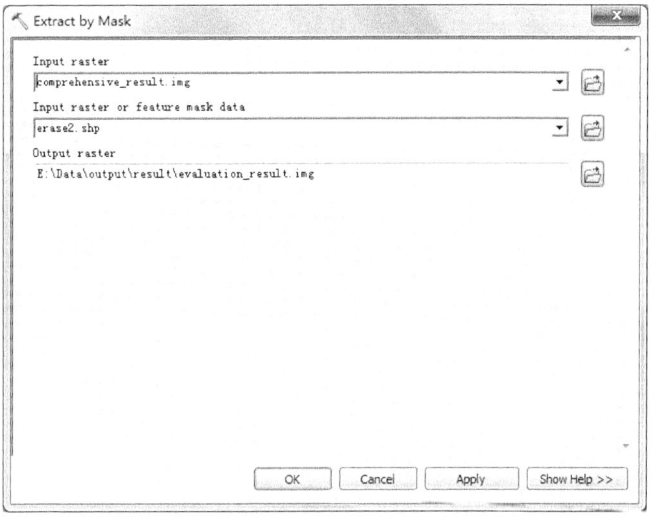

图 11.16　“Extract by Mask”工具的参数设置

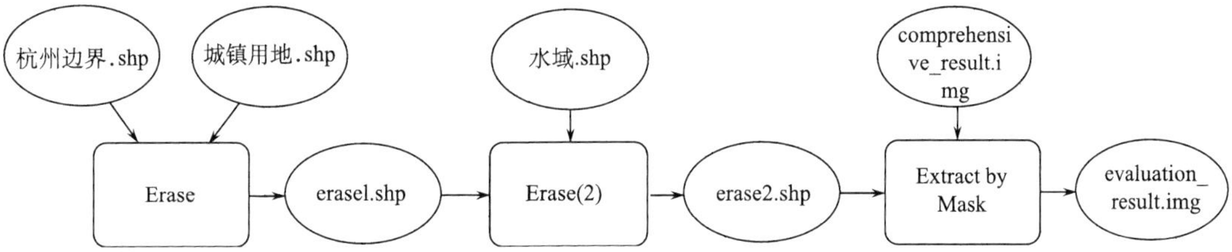

图 11.17　综合评价结果去除需要屏蔽区域的模型流程图

七、杭州市茶叶用地的适宜性评价结果

杭州市茶叶用地的适宜性评价结果如表 11.6 和图 11.18 所示。杭州市最适宜茶叶种植的

面积有 5811.74 km^2，约占评价区域面积的 37.83%，主要集中在余杭、萧山东部、富阳市东部，桐庐县东南部、建德市西南部和淳安县东南部地区的中低山区。这些地区主要是海拔 600～900 m 的中低山区，坡度小，湿度适宜，在茶叶生长旺季 4～6 月的湿度都稳定在 75%～90%，热量充足，年平均气温均大于 15℃，大于 10℃的年积温也是处在 4500℃以上，冬季极端最低温度≤-13℃的频率都小于 20%，土壤为砂壤质红壤和黄壤，在正常情况下茶叶能获得优质高产。适宜区栽培面积有 6970.04km^2，占参评土地面积的 45.37%，主要分布在临安市东北部、桐庐县东部、建德市西北部、淳安县北部和西部等海拔为 900～1200 m 和 0～600m 的丘陵地带，主要适合栽种晚熟茶叶，土壤主要是水稻土、红壤和黄壤，冬季极端最低温度≤-13℃的频率大于 20%，茶叶产量不稳定，这些地区可作为浙江茶叶的生态效益而发展。不适宜栽培区有 2579.36 km^2，占评价区域面积的 16.79%，主要在临安市西北部，桐庐县的东北部和淳安县的中部和西北部地区，其海拔在 1200m 以上，冬季极端最低温度≤-13℃的频率大于 50%，此区域茶叶容易受到冻害，因此，这些地区不宜盲目发展茶叶生产。

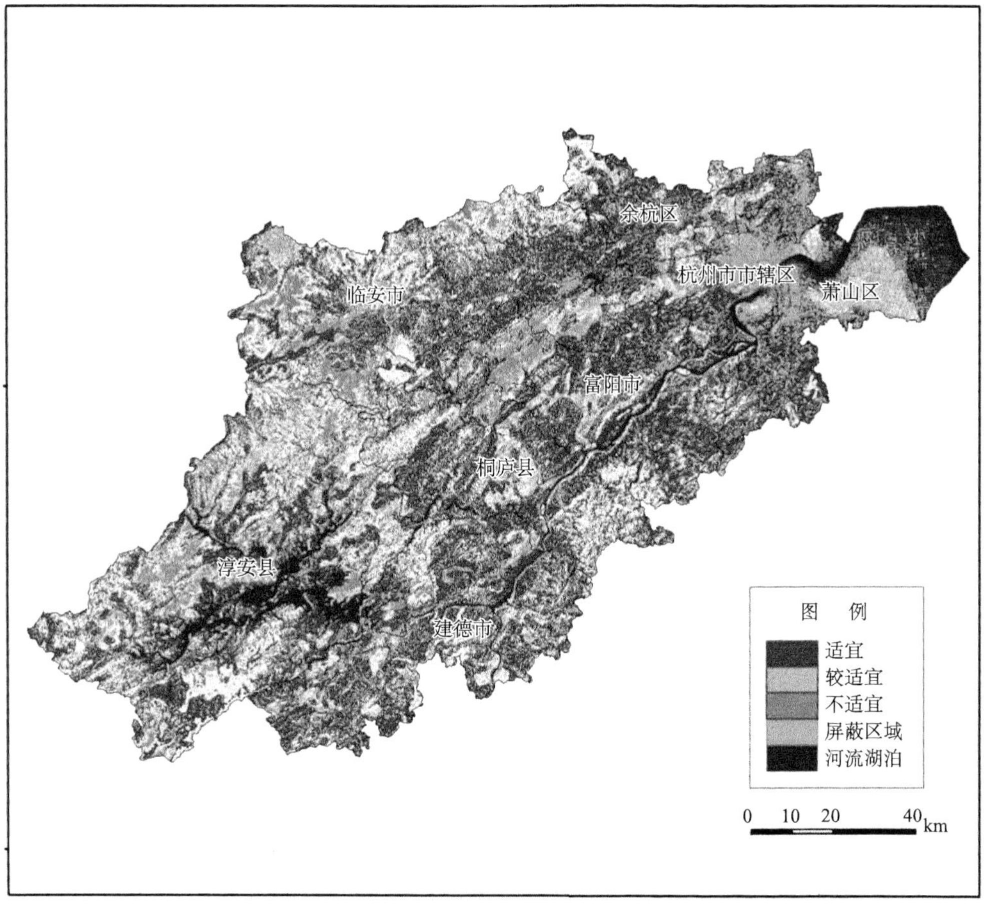

图 11.18　杭州市茶叶用地适宜性评价图

表 11.6　杭州市茶叶用地的适宜性评价结果表

质量等级	指数范围	面积/km^2	比例/%
最适宜	≥2.4	5811.74	37.83
适宜	2.0～2.4	6970.04	45.37
不适宜	<2.0	2579.36	16.79

第四节　小　结

土地适宜性评价一般是针对某种特定土地利用类型的适宜性及适宜程度的评价，因此其评价结果的针对性较强，且成果的实用性也较大，例如，本案例针对杭州市茶叶用地的适宜性评价结果则可以对杭州市的茶叶种植及其产业发展提供一定的指导和建议，从而因地制宜地发展该产业，而不是盲目地发展茶叶生产。

尽管适宜性评价的目的可能多种多样，但评价系统的结构和方法步骤则是大同小异的，不需再像土地潜力评价那样对土地利用方式设定先后次序，而是强调任何一块土地均可针对不同利用方式从不同角度进行适宜性评价，即进行所谓的多宜性评价，直观地告诉人们某一块土地对不同土地利用方式的适宜性等级的高低，以及最适宜于某一种利用方式的土地究竟在哪里，其结果可为土地利用规划决策者在选择合理的土地利用方式上提供一个重要的参照。因此，这种评价方法对国土整治、区域规划和城市规划中的用地选择，以及农村产业结构调整和作物的合理布局等均具有很大的现实意义。

然而，土地适宜性评价并不等同于土地利用规划，因为它只是提供某一块土地对于某种利用方式的适宜性和适宜程度，至于究竟如何利用这块土地，必须做进一步的社会经济条件分析，并在考虑生态环境效益和其他多种因素的前提下做出决策。

参 考 文 献

陈健飞, 刘卫民. 1994. Fuzzy 综合评判在土地适宜性评价中的应用. 资源科学, (4): 74-77.
陈俊华, 慕长龙, 陈秀明, 等. 2006. 基于物元分析的小流域土地利用结构调整及景观格局变化. 生态学报, (7): 2093-2100.
程晋南, 赵庚星, 张子雪, 等. 2009. 基于 GIS 的小尺度耕地质量综合评价研究——以山东省丁庄镇为例. 自然资源学报, 24(3): 536-544.
付清, 赵小敏, 乐丽红, 等. 2009. 基于 GIS 和生态位适宜度模型的耕地多适宜性评价. 农业工程学报, (2): 208-213.
关小克, 张凤荣, 郭力娜, 等. 2010. 北京市耕地多目标适宜性评价及空间布局研究. 资源科学, (3): 580-587.
胡国瑞, 乐丽红, 赵小敏, 等. 2008. 基于 GIS 技术的多目标土壤资源适宜性评价. 农业工程学报, (9): 49-52.
胡伟, 李满春, 符海月, 等. 2009. 土地利用适宜性评价物元模型研究. 测绘科学, (5): 126-129.
刘富刚. 2011. 土地资源评价理论与实践. 北京: 国防工业出版社.
刘卫东, 谭永忠, 彭俊. 2010. 土地资源学. 上海: 复旦大学出版社.
刘耀林, 何建华. 2007. 土地信息学. 北京: 科学出版社.
马才学. 2008. 土地信息系统. 北京: 北京师范大学出版社.
蒙吉军. 2011. 土地评价与管理. 2 版. 北京: 科学出版社.
秦天天, 齐伟, 李云强, 等. 2012. 基于生态位的山地农村居民点适宜度评价. 生态学报, (16): 5175-5183.

邱炳文, 周勇, 李学垣. 2002. 地理信息系统支持下的区域土壤资源适宜性动态评价. 土壤学报, (3): 301-307.
曲卫东, 韩琼. 2009. 土地信息系统. 北京: 中国人民大学出版社.
曲衍波, 张凤荣, 杜素芹, 等. 2010. 平谷区城镇建设用地生态经济适宜性评价方法. 中国土地科学, (12): 21-27.
史同广, 郑国强, 王智勇, 等. 2007. 中国土地适宜性评价研究进展. 地理科学进展, (2): 106-115.
王建国, 杨林章, 单艳红. 2001. 模糊数学在土壤质量评价中的应用研究. 土壤学报, (2): 176-183.
吴宇哲等. 2013. 土地评价与规划实验. 杭州: 浙江人民出版社.
于婧, 聂艳, 周勇, 等. 2006. 生态位适宜度方法在基于 GIS 的耕地多宜性评价中的应用. 土壤学报, 43(2): 190-196.

第十二章　耕地质量评价案例

第一节　引　　言

耕地保护和建设用地管控是我国早期及当前土地管理领域的重要指向，也是未来土地管理应当持续跟进的主要方向。耕地是农业生产最重要的资源，积极开展耕地保护工作，对保障粮食安全、生态安全及可持续发展具有重要作用。为切实落实耕地保护的任务及要求，必须对耕地现状进行全面调查分析与客观评价，只有掌握了耕地质量的基本信息，实时把握耕地质量变化的态势，才能制定出行之有效的耕地保护策略或政策。

古今中外无不高度重视耕地评价工作。早期耕地质量评价多出于制定税赋和收取地租的需要。2000 多年前，《禹贡》记载我国将九州内耕地划分为三等九级，并根据土地质量等级制定赋税；1877 年，俄国道库恰耶夫为查明土地税和土地质量的关系而开展了土地评价的研究；1961 年，美国农业部颁布了世界上第一个全面的土地生产能力评价系统。在此之后，耕地资源质量评价已从查田定产、土地理化性质和基础地力等单纯对耕地自然属性的研究，发展到综合考虑自然条件、经济状况和社会发展水平等“人地一体化”的资源价值管理评价，并演化出耕地地力监测、土地生产潜力分级、土地承载力评价和全国分区评价等内容。尤其是近年来 GIS 及 RS 技术快速发展与应用，耕地质量评价已转向多尺度、高精度、智能化评定模式发展。

当前土地管理围绕耕地保护，开展了多方面的实践工作，其中《农用地质量分等规程》的颁布及实施，对指导耕地质量评价研究起到了重要的指导性和规范性作用。《农用地质量分等规程》制定了以 GIS 技术及多因素综合评价法为主线的定量评价思路，将耕地质量评价结果用耕地自然质量等指数（等别）、耕地利用等指数（等别）及耕地综合等指数（等别）加以定量描述，其中，自然质量等指数（等别）是耕地自然属性的综合反映，利用等指数（等别）与综合等指数（等别）均在自然质量等指数的基础上，通过土地利用系数和土地经济系数来进行逐级修正，并由此制定出一整套较为完善和具有大尺度可比性的技术操作流程及参数体系。

基于此，本案例以耕地质量评价为切入点，以《农用地质量分等规程》为参照，重点探讨在土地信息系统视角下耕地质量评价的实现步骤及操作流程。

第二节　技 术 路 线

本案例所涉及的耕地质量评价主要参照农用地分等定级的思路进行，大体分为前期准备及耕地质量测算两部分，前者是耕地质量测算的基础，后者是进行耕地质量评价的核心。其中，前期准备步骤涉及基础资料收集与整理、评价指标体系构建及基础数据库建立三个部分；耕地质量测算采用逐层递进的思路进行，依次测算指定作物下耕地自然质量分、耕地自然质量等指数、耕地利用等指数及耕地综合等指数，并据此划分相应耕地质量等别，由此完成对耕地质量的定量评价。具体框架与技术路线如图 12.1 所示。

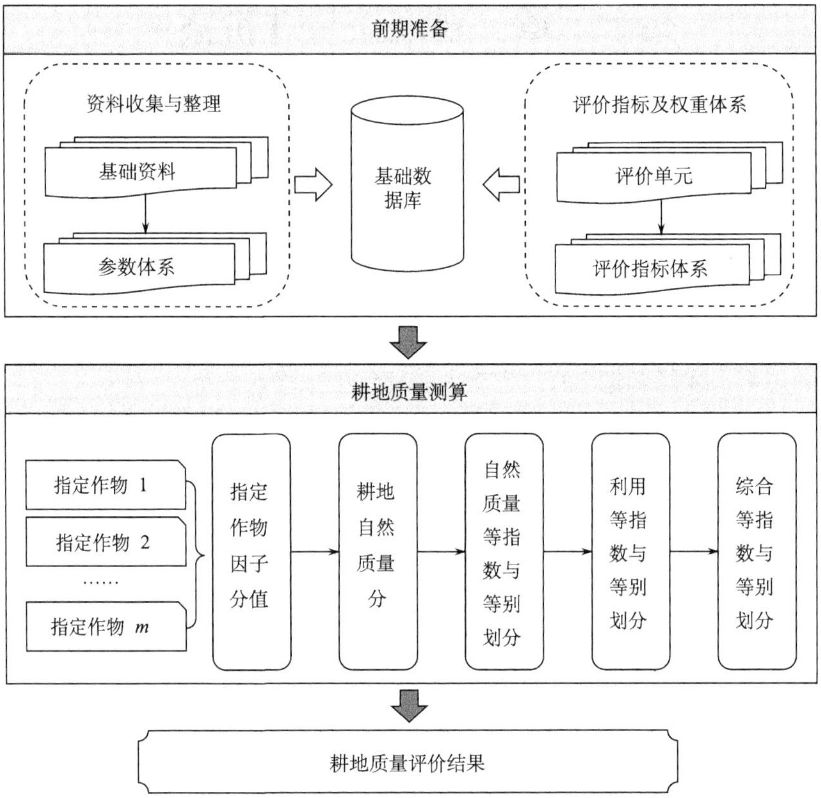

图 12.1　耕地质量评价技术路线图

需注意的是，上述耕地质量评价技术路线图是根据本案例实际需要而设计的，会与具体实践过程中的技术路线或工作流程图有所差别，但这不影响对耕地质量评价核心过程的理解与掌握。

第三节　工作流程与操作步骤

一、前期准备

（一）资料收集

以海南省 L 县为例，开展耕地质量评价工作，所涉及的基础数据主要涵盖以下几个方面：①自然条件资料，主要包括土地利用现状调查、土壤普查、农业区划和地形图等资料，获取气候、水文、土壤、地形地貌与农田建设情况等；②土地经济条件资料，主要包括亩均资金投入、亩均纯收益，以及标准耕作制度中指定作物的面积、单产和总产的统计数据等农业统计资料；③图件资料（矢量图），主要包括土地利用现状变更图、土地利用规划图、农用地分等成果图件、土壤图、土壤有机质含量图、土壤 pH 分布图和地形图等；④数据库资料，数字国土成果资料和规划数据库等资料。

在收集以上基础资料的同时，要进行严格的资料数据核实，检查数据来源的可靠性及计量单位是否统一，对资料进行分类整理，重点是图件和数据资料的整理，对不能满足要求的资料应做好记录，通过外业补充调查及时完善基础资料。

（二）基础参数体系

1. 指定作物及光温（气候）生产潜力

根据《农用地质量分等规程》的要求，开展耕地质量评价需提前收集L县的耕作制度、指定作物、生产潜力指数、指定作物最大产量及产量比系数等耕地分等参数体系。结合前期资料收集，整理上述所需信息及数据，如表 12.1 所示。

表 12.1 耕地质量评价参数体系 A

项目	指定作物			
	早稻	晚稻	春甘薯	秋甘薯
光温生产潜力	1609	1797	3146	3077
气候生产潜力	1591	1797	2204	2937
产量比系数	0.996	1.000	0.590	0.589

光温生产潜力是指在农业生产条件得到充分保证，水分和二氧化碳供应充足，其他环境条件适宜的情况下，理想农作物群体在当地光与热资源条件下所能达到的最高产量。气候生产潜力是指在农业生产条件得到充分保证，其他环境因素（如土壤、养分、二氧化碳等）处于最适宜状况时，在当地光、热、水、气候资源条件下，农作物群体所能达到的最高产量，即在光温生产潜力的基础上，进一步考虑降水的限制作用后，农作物的理论产量。本案例直接引用《农用地质量分等规程》中全国各省作物生产潜力指数速查表，确定光温（气候）生产潜力参数。产量比系数是指以国家指定的标准粮食作物为基础，按当地各种作物单位面积最高理论产量之比计算的各种作物产品与标准粮单位折算的比率。产量比系数的计算公式为

$$\beta_{指定作物}=\gamma_{基准作物} / \gamma_{指定作物} \tag{12-1}$$

式中：$\beta_{指定作物}$为指定作物的产量比系数；$\gamma_{基准作物}$为基准作物实际最高单产；$\gamma_{指定作物}$为指定作物实际最高单产。

L县基准作物为晚稻，基准作物及指定作物实际最高单产来源于农业部门所提供的数据。

2. 土地利用系数与土地经济系数

在开展耕地质量评价和计算耕地利用等指数及综合等指数过程中，还涉及土地利用系数与土地经济系数等参数。结合上一轮耕地质量评价及历年《农业统计年报》等报表资料，确定并完善 L 县土地利用系数等值区和土地经济系数等值区。以 A 镇为例，其具体参数如表 12.2 所示。

表 12.2 耕地质量评价参数体系 B

项目	早稻		晚稻		春甘薯		秋甘薯	
	最大值	最小值	最大值	最小值	最大值	最小值	最大值	最小值
土地利用系数	0.438	0.305	0.430	0.309	0.312	0.179	0.299	0.176
土地经济系数	0.948	0.401	0.993	0.993	0.551	0.242	0.520	0.228

土地利用系数用来修正土地的自然质量，是达到接近土地的实际产出水平的系数，反映当地耕地利用水平和管理水平等对耕地质量的综合影响；土地经济系数是用来表达实际资金投入效率与当地最大投入效率的接近程度，反映当地实际经济状况与投入产出水平对耕地质量的综合影响。

（三）评价单元划分

评价单元是开展耕地质量评价的最小空间单位，在确定评价单元时需综合单元之间的土地特征差异、避免跨越行政边界或权属界线、以自然地貌或地势走向为分界线等原则来确定。本案例以第二次土地调查成果数据的耕地图斑作为新的评价单元，并结合收集到的基础资料，赋予新的评价单元相关属性值，以此作为海南省 L 县评价单元图。

（四）数据预处理

数据预处理主要是结合收集的基础资料对具体数据或信息进行离群值处理。离群值是指区域化变量观测值中存在的过大或过小的值，该类数值通常个数稀少，且与其他数据相差较大。离群值的产生可由诸多因素造成，以 pH、有机质含量和有效土层厚度等数据为例，该类因子在采样、含量测定与化验等过程中，难免会出现操作失误或受外界因素影响所导致的因子取值有误，从而形成少量离群值。离群值会通过空间效应（空间依赖性与空间异质性）直接影响空间的结构特征，并影响耕地质量评价的结果，因此在评价前需先进行离群值处理。

本案例对离群值的处理主要采用地统计插值方法进行，即利用邻近已知采样点（非离群值）的相似性来进行数据的平滑处理，以此达到消除极大值或极小值的目的。首先，通过探索数据分析法（exploratory data analysis，EDA）定位离群值所在的评价单元；其次，在剔除离群值的基础上，采用合适的空间插值模型（如克里金插值、协同克里金插值等）对因子层（不含离群值）进行空间插值，得到因子取值的连续性表面；最后，根据空间插值所得连续性表面反向提取原离群值所在评价单元的空间取值，由此完成对离群值的处理。

就具体操作而言，在 ArcGIS 平台调用“Geostatistical Analyst”模块，如图 12.2 所示，可选择“Explore Data”方法集下的“Histogram”“Normal QQPlot”“Voronoi Map”“Trend Analysis”等方法对离群值进行观测并定位。

第一步：以研究区域地形坡度因子为例，采用“Normal QQPlot”方法观测并定位离群值。在“Normal QQPlot”图中，通过鼠标单击或者框选其中的样点，即可与耕地图斑保持联动，从而实现离群值定位的目的。如图 12.3 中浅灰色部分所示，图左侧为通过“Normal QQPlot”所观测并选中的离群值，右侧是与之相关联的耕地图斑所在的空间位置。

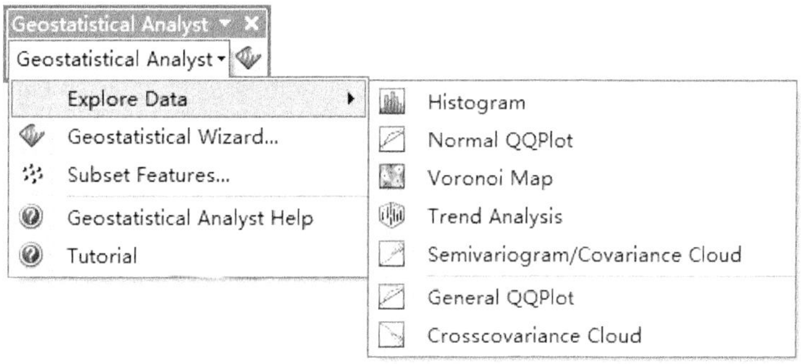

图 12.2 “Geostatistical Analyst”模块

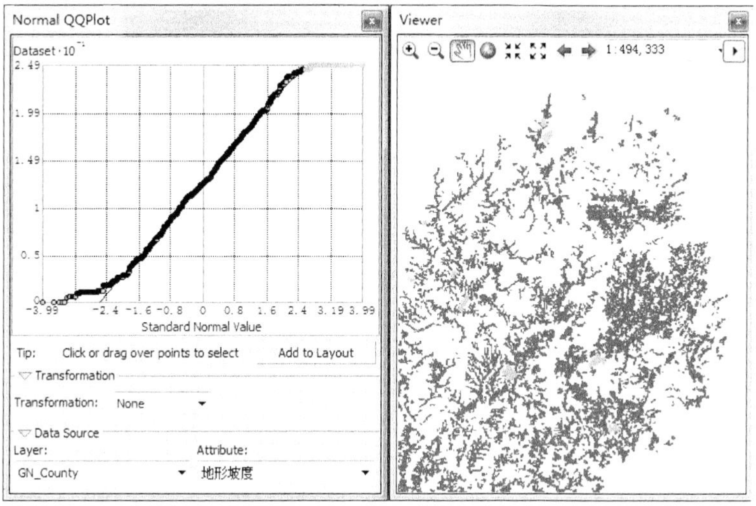

图 12.3 地形坡度离群值的观测及定位

第二步：剔除选定的地形坡度离群值所在的耕地图斑，利用其余耕地图斑进行地统计插值。理论上应当综合对比各类探索性数据分析的结果，以此来确认最为适宜的地统计插值模型，这里为简单起见，采用反距离权重插值方法（inverse distance weighted，IDW）对地形坡度值进行空间插值，具体可直接调用 ArcGIS 平台“Spatial Analyst”模块中“Interpolation”工具箱下的“IDW”工具进行，工具运行界面及插值结果如图 12.4 所示，注意插值结果应保存在地理数据库中。图左侧为“IDW”插值工具，右侧为基于地形坡度值（不含离群值）插值得到的地形坡度连续性表面。

第三步：将得到的地形坡度连续性表面与离群值耕地图斑进行空间叠加分析，可借助 ArcGIS 平台“Spatial Analyst”模块下“Extraction”工具箱，直接提取同一空间位置插值后的地形坡度值覆盖原地形坡度值（图 12.5），同时合并经处理后的离群值耕地图斑与原非离群值耕地图斑，即可完成对离群值的平滑处理。

根据各类指标因子层实际情况，如此反复，逐一对各项评价指标的离群值进行剔除及平滑处理。

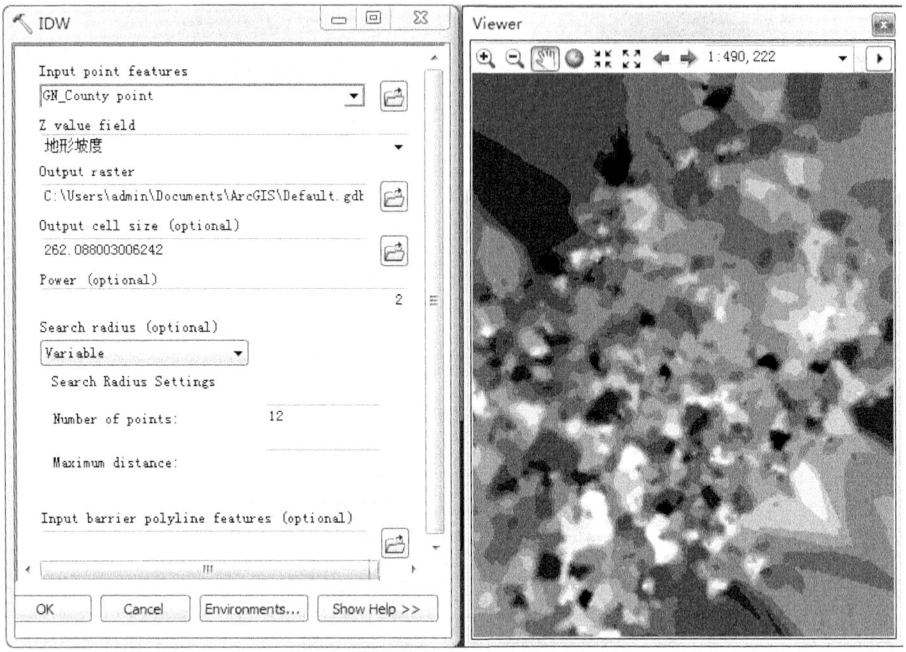

图 12.4　地形坡度空间插值

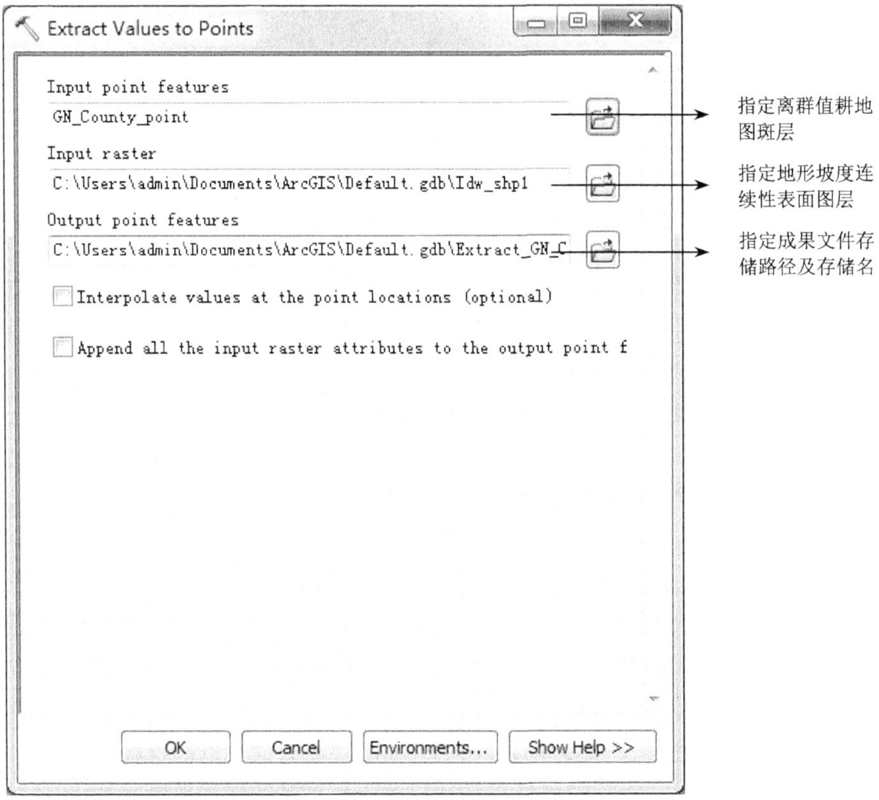

图 12.5　地形坡度值空间提取

（五）评价指标及权重体系

为客观科学地反映耕地质量的实际差异水平，采用多因素综合评价分析的思路，建立相应的耕地质量评价指标及权重体系，是目前行之有效且广泛运用的可行途径之一。为保障评价结果的准确性与可靠性，在选取耕地质量评价指标时，需综合考虑以下原则：①综合性原则，参评的指标需全面完整地反映耕地质量各属性层面情况；②易获取性原则，为便于科学定量评价出耕地的质量，要以指标具体取值易获取性为基础；③显著差异性原则，耕地质量在空间上的差异性主要源于基础指标值在空间分布上的非均质性，故应选择对耕地质量造成显著差异的指标；④生产相关性原则，耕地质量是耕地利用的客观反映，为真实反映耕地现实生产水平，需选取与当前生产活动密切相关的指标。基于上述原则所确定的研究区域耕地质量指标体系如表 12.3 所示，该指标体系从自然环境条件、土壤理化性质和基础设施状况三个方面来表征耕地质量水平，共选择了 11 项对耕地质量具有显著影响的指标进行定量刻画。

不同的指定作物对土地的要求不一致，因此所选择的耕地质量评价指标对不同作物的影响也不一致。在构建研究区域耕地质量指标体系的基础上，进一步采用德尔菲法及层次分析法（AHP）确定各项准则层及指标层的权重值。以水稻为例，邀请当地农业、国土耕保管理人员和业界专家等人员参与权重确定。①按照 AHP 流程构建判断矩阵，根据判断矩阵制作权重评分表格，并提供相关耕地质量评价背景资料；②收集参评人员首轮评分结果，采用 Kendall W 系数对首轮评分分值进行相关分析，检验评价结果一致性；③若未通过一致性检验，需将首轮评分结果与相关分析结果反馈给参评人员，在初始评分的基础上进行第二轮修正，直至通过相关分析的一致性检验，若通过，则取各参评人员评分分值的均值作为最终权重评分结果；④将最终权重评分结果录入 yaahp（yet another AHP）软件平台，求取层次单排序和层次总排序，并进行一致性检验，计算得到各判断矩阵的随机一致性比率均小于 0.1，且层次总排序检验结果为 CI=0，CR=0，具有满意的一致性；⑤采用和积法计算指标层对目标层的组合权重。同理可以得到指定作物为甘薯时，不同指标的权重值，最终得到表 12.3。

表 12.3　耕地质量评价指标及权重体系

目标层	准则层	指标层	权重值（水稻）	权重值（甘薯）
耕地质量	自然环境条件	地形坡度	0.10	0.05
		障碍层距地表深度	0.09	0.04
		岩石露头度	0.03	0.03
	土壤理化性质	剖面构型	0.08	0.10
		土壤质地	0.09	0.13
		有机质含量	0.10	0.15
		有效土层厚度	0.10	0.05
		土壤 pH	0.08	0.04
	基础设施状况	排水条件	0.10	0.16
		灌溉水源	0.13	0.08
		灌溉保证率	0.10	0.17

（六）建立基础数据库

将收集的各类基础资料，包括耕地质量评价指标层、土地利用系数等值区层、土地经济系数等值区层与耕地质量评价单元层进行叠加，获得各个评价单元的评价指标属性值、土地利用系数和土地经济系数等参数；同时，将耕作制度、指定作物、光温生产潜力、气候生产潜力及产量比系数等基本参数导入（录入）评价单元，由此形成耕地质量评价的基础数据库。

二、耕地质量评价与等别划分

（一）指定作物因子分值

参照《农用地质量分等规程》中“指定作物-分等因素-自然质量分”计分规则表，邀请农业、国土及环保等部门管理人员和业界专家，对评价指标属性进行分级评分，具体采用德尔菲法进行。由此确定不同评价指标在指定作物下的评分规则，具体如表 12.4 所示。

表 12.4　耕地质量评价指标分作物评分体系

评价指标	指标属性	因子分值		评价指标	指标属性	因子分值	
		水稻	甘薯			水稻	甘薯
灌溉水源	1 级：用地表水灌溉	99	100	剖面构型	通体壤、壤/砂/壤	100	100
	2 级：用浅层地下水灌溉	81	90		壤/黏/壤	89	90
	3 级：用深层地下水灌溉	71	75		砂/黏/黏、壤/黏/黏	79	79
表层土壤质地	壤土	99	100		黏/砂/黏、通体黏	70	70
	黏土	80	80		砂/黏/砂、壤/砂/砂	60	61
	沙土	64	73		黏/砂/砂	49	50
	砾质土	50	51		通体砂、通体砾	40	40
有效土层厚度	≥100cm	100	100	坡度	＜2°	100	100
	60～100cm	84	90		2°～5°	90	90
	30～60cm	60	62		5°～8°	79	77
	≤30cm	31	31		8°～15°	60	60
土壤 pH	6.0～7.9	100	100		15°～25°	30	30
	5.5～6.0，7.9～8.5	90	90		＞25°	9	8
	5.0～5.5，8.5～9.0	70	80	岩石露头度	1 级，＜2%	100	99
	4.5～5.0	50	59		2 级，2%～10%	86	87
	≤4.5，9.0～9.5	31	30		3 级，10%～25%	66	70
有机质含量/%	≥4.0	100	100		4 级，≥25%	49	50
	3.0～4.0	90	90	灌溉保证率	充分满足	100	100
	2.0～3.0	80	80		基本满足	89	90
	1.0～2.0	70	70		一般满足	76	80
	1.0～0.6	60	60		无灌溉设施	51	59
	≤0.6	44	42	排水条件	1 级	100	100
障碍层深度	1 级，60～90cm	99	99		2 级	90	90
	2 级，30～60cm	76	81		3 级	79	79
	3 级，＜30cm	56	56		4 级	59	

根据表 12.4 所确定的评价指标评分体系，在 ArcGIS 平台调用“Field Calculator”工具并结合 Python 语言，可实现指定作物下指标属性向因子分值的转换。以指定作物为水稻时土壤 pH 转换为因子分值为例，其实现过程如图 12.6 所示。图左侧为“Field Calculator”工具，右侧为 Python 语言下实现指标属性向因子分值转换的代码，其依据为表 12.4。

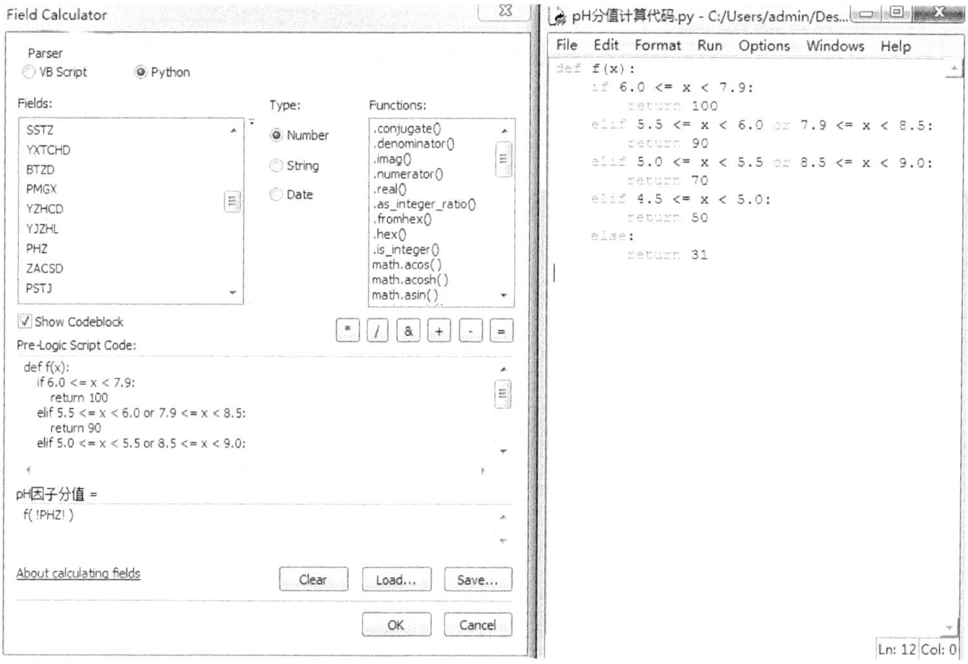

图 12.6　土壤 pH 分值计算（水稻）

（二）耕地自然质量分

耕地自然质量分求取的具体公式如下

$$C_{Lij} = \frac{\sum_{k}^{m} w_k \cdot f_{ijk}}{100} \tag{12-2}$$

式中：C_{Lij} 为耕地质量评价单元指定作物的耕地自然质量分；i 为耕地质量评价单元编号；j 为指定作物编号；k 为评价指标编号；m 为评价指标总数；w_k 为评价指标权重；f_{ijk} 为第 i 个评价单元内第 j 种指定作物第 k 个评价指标的因子分值。

同样可直接调用 ArcGIS 平台“Field Calculator”工具计算耕地质量评价单元的自然质量分。以指定作物为水稻时耕地自然质量分计算为例（图 12.7）。图 12.7 中计算代码参照式（11-2）设定。

（三）自然质量等指数

耕地自然质量等指数在求得耕地自然质量分的基础上进行，主要根据 L 县实际农作物熟制情况，按如下公式求取

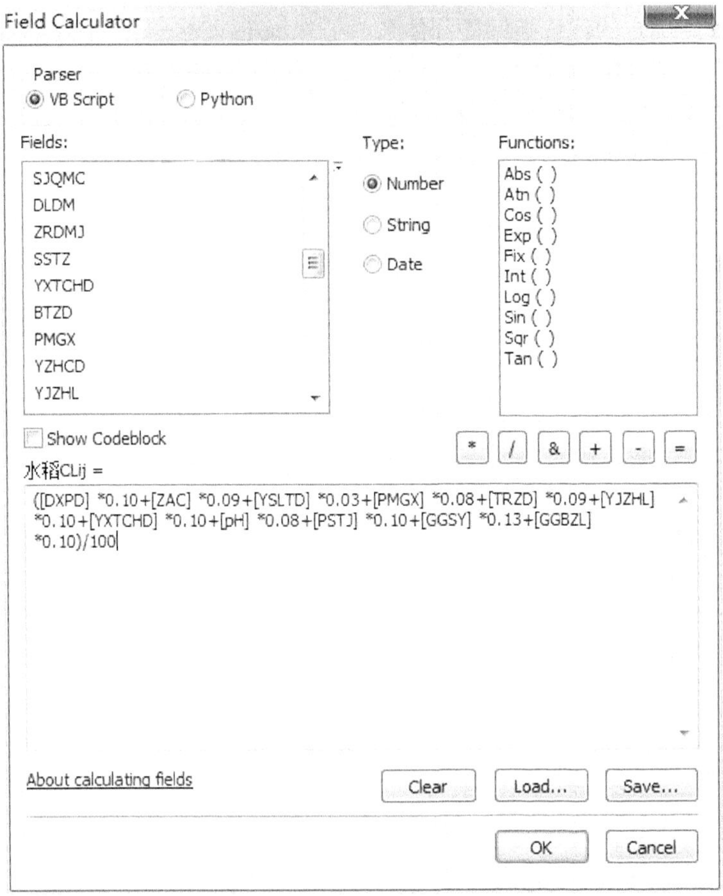

图 12.7　耕地自然质量分计算（水稻）

$$R_i=\begin{cases}\sum R_{ij} & \text{(一年一熟、两熟、三熟时)}\\ (\sum R_{ij})/2 & \text{(两年三熟时)}\end{cases} \tag{12-3}$$

其中

$$R_{ij}=\alpha_j \cdot C_{Lij} \cdot \beta_j \tag{12-4}$$

式中：R_i 为第 i 个耕地质量评价单元的耕地自然质量等指数；R_{ij} 为第 i 个耕地质量评价单元在指定作物 j 下的自然质量等指数；α_j 为第 j 种指定作物的光温（气候）生产潜力指数；β_j 为第 j 种指定作物的产量比系数。

耕地自然质量等指数同样可调用 ArcGIS 平台“Field Calculator”工具计算得到，与耕地自然质量分求取过程相似，计算代码依据式（12-3）及式（12-4）而定，在此不再赘述。

（四）利用等指数

在耕地自然等指数求取的基础上，引入土地利用系数反映耕地图斑所处大环境的土地利用水平，进而得到耕地利用等指数，具体计算公式如下

$$Y_i = R_i \cdot K_L \tag{12-5}$$

式中：Y_i为第 i 个耕地质量评价单元的耕地利用等指数；R_i为第 i 个耕地质量评价单元的耕地自然质量等指数；K_L为耕地质量评价单元所在等值区的综合土地利用系数。

耕地利用等指数同样可调用 ArcGIS 平台“Field Calculator”工具计算得到，具体计算需根据式（12-5）而定，在此不再赘述。

（五）综合等指数

在耕地利用等指数求取的基础上，进一步引入土地经济系数以反映耕地图斑所处大环境的经济发展状况，进而得到耕地综合等指数，具体计算公式如下

$$G_i = Y_i \cdot K_C \tag{12-6}$$

式中：G_i为第 i 个耕地质量评价单元的耕地综合等指数；Y_i为第 i 个耕地质量评价单元的耕地利用等指数；K_C为耕地质量评价单元所在等值区的综合土地经济系数。

耕地综合等指数同样可调用 ArcGIS 平台“Field Calculator”工具计算得到，具体计算需根据式（12-6）而定，在此不再赘述。

（六）耕地质量等别划分

为更直观地反映耕地质量的实际情况及差异水平，对耕地自然质量等指数、耕地利用等指数及耕地综合等指数进行等别划分，划分方法可直接参照《农用地质量分等规程》中所确定的等间距法，同时结合海南省实际情况，耕地自然质量等指数以等间距为 200 进行自然质量等别划分；耕地利用等指数及耕地综合等指数均以等间距为 100 进行利用等别划分和综合等别划分。

按照上述划分标准，同样可调用 ArcGIS 平台“Field Calculator”工具并结合 Python 语言实现耕地质量等别的快速划分（图 12.6）。进一步，根据耕地质量等别划分结果，以 L 县耕地自然质量等为例，可借助 ArcGIS 平台“Analysis”模块下“Statistic”工具箱进行耕地自然质量等数据汇总，得到最终结果如图 12.8 所示。

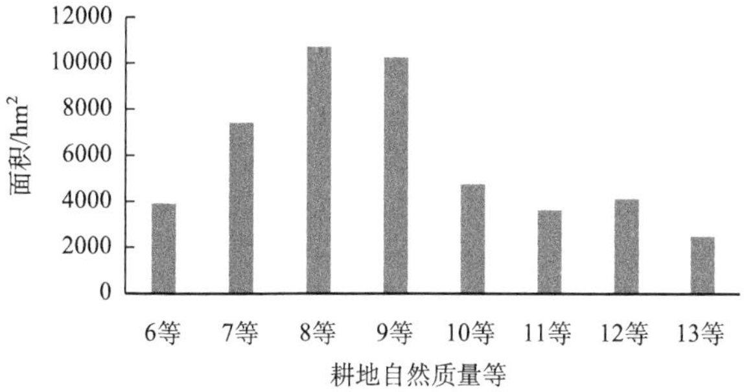

图 12.8　耕地自然质量等数据汇总

第四节　小　　结

从内容上来看，耕地质量评价是土地适宜性评价在耕地保护领域的细化与深入，是耕地质量、数量和生态“三位一体”保护的重要认知途径之一，为确保我国耕地资源实现动态占

补平衡提供了重要支撑。本案例参照《农用地质量分等规程》的农用地质量评价要求，在基础数据充分的基础上，借助 GIS 手段高效、快速实现了海南省 L 县耕地质量的综合评价，主要包含耕地资源在自然条件层面、利用水平层面及社会经济状况层面的三个层次的质量高低信息，从本质上来看，耕地质量水平的高低反映了耕地所处自然、社会和经济等不同因素综合的结果。因此，在实际操作过程中，重点在于对操作流程的整体把握及相关评价指标的选取与处理，尤其是耕地质量评价指标的选取，需要在参照现行规程的总体指标框架下，结合具体地区案例的实际情形，选取能客观反映研究区本底信息、利用状况及社会经济条件的指标因素，再结合具体指标的处理规范与要求，灵活地选择对应的 GIS 处理工具对其进行数据分析与整合，才能有效驾驭对耕地质量进行的半自动化评价。

参考文献

付国珍, 摆万奇. 2015. 耕地质量评价研究进展及发展趋势. 资源科学, (02): 226-236.

高明秀, 李占军, 赵庚星. 2008. 面向土地整理的项目尺度耕地质量评价. 农业工程学报, (S1): 128-132.

韩会庆, 蔡广鹏, 张凤太, 等. 2011. 基于 GIS 的喀斯特地区耕地质量评价——以贵州省绥阳县为例. 水土保持研究, (06): 129-131.

侯现慧, 王占岐, 杨俊. 2015. 富硒区耕地质量评价及利用分区研究——以福建省三元区为例. 资源科学, (07): 1367-1375.

胡科, 石培基. 2008. 甘肃省耕地质量评价研究. 中国土地科学, (11): 38-43.

黄敬峰, 陈拉, 王晶, 等. 2013. 水稻种植面积遥感估算的不确定性研究. 农业工程学报, (29): 166-176.

金志凤, 黄敬峰, 李波, 等. 2011. 基于 GIS 及气候-土壤-地形因子的浙江省茶树栽培适宜性评价. 农业工程学报, (27): 231-236.

孔祥斌, 刘灵伟, 秦静. 2008. 基于农户土地利用行为的北京大兴区耕地质量评价. 地理学报, (08): 856-868.

潘洪义, 韩玲, 蒋贵国, 等. 2014. 基于农用地分等与土地二次调查成果的西充县耕地质量评价更新关键技术. 中国土地科学, (05): 65-72.

钱凤魁, 王秋兵, 边振兴, 等. 2011. 凌源市耕地质量评价与立地条件分析. 农业工程学报, (11): 325-329.

秦元伟, 赵庚星, 董超, 等. 2010. 乡镇级耕地质量综合评价及其时空演变分析. 自然资源学报, (03): 454-464.

曲衍波, 张凤荣, 郭力娜, 等. 2012. 农村居民点整理后耕地质量评价与应用. 农业工程学报, (02): 226-233.

宋戈, 李丹, 梁海鸥, 等. 2012. 松嫩高平原黑土区耕地质量特征及其空间分异——以黑龙江省巴彦县为例. 经济地理, (07): 129-134.

伍育鹏, 郧文聚, 邹如. 2008. 基于耕地质量评价的耕地产能核算方法及分布. 农业工程学报, (S1): 85-89.

杨建锋, 马军成, 王令超. 2012. 基于多光谱遥感的耕地等别识别评价因素研究. 农业工程学报, (17): 230-236.

袁天凤, 张孝成, 邱道持, 等. 2007. 基于 GIS 的重庆市丘陵山地耕地质量评价与比较. 农业工程学报, (11): 101-107.

袁秀杰, 赵庚星, 朱雪欣. 2008. 平原和丘陵区耕地地力评价及其指标体系衔接研究. 农业工程学报, (07): 65-71.

张广星, 于东升, 张忠启, 等. 2011. BIO-NORM 与 EO 耕地质量评价方法对比研究. 地理科学, (08): 1012-1018.

第十三章　城镇土地定级评估案例

第一节　引　　言

城镇土地定级是在特定目的下对土地的经济社会属性和自然属性进行综合评价，并将评价结果等级化，划分出“三六九等”的过程。在土地管理工作中，城镇土地分等定级是土地利用管理的一个重要组成部分，是推动建设用地市场化配置、提高土地利用效益的重要支撑体系之一。

其中，城镇土地定级是根据城镇土地的经济、自然属性及其在社会经济活动中的地位和作用，对土地使用价值进行综合评估，以此揭示城镇内部不同区位上的土地质量差异，其本质是反映城镇内部土地质量或土地使用价值的区位性差异。城镇土地定级有综合定级和分类定级之分，综合定级是指根据影响城镇土地质量、土地区位和土地利用效益的各种经济、社会、自然因素及其贡献程度的大小，对所有城镇土地采用同一套标准进行综合分析与评价，并按评价结果差异划分土地级；分类定级是在考虑不同土地用途差异的基础上，对影响不同用途城镇土地的各种经济、社会和自然因素进行分析与评价，并划分不同用途的土地级，具体包括商业用地定级、住宅用地定级和工业用地定级等。由于反映城镇土地质量或土地使用价值差异的因素较多，因此通常采用多因素综合评价法开展城镇土地定级。

城镇土地定级的对象通常为土地利用总体规划所确定的可作为城镇建设用地使用的土地，从内涵上理解，包括现状及规划城镇建设用地范围内的所有土地，城镇以外的独立工矿区、旅游区和开发区等用地也可纳入土地定级评价范围。在此需强调的是，目前在城镇土地定级实践过程中，往往过度依赖城乡总体规划所划定的城镇建设用地范围，而忽略土地利用总体规划对城镇存量建设用地及新增建设用地管理的约束，这在“两规”衔接（土地利用总体规划与城市总体规划相衔接）尚处于探索实施阶段、土地利用总体规划与城乡总体规划划定范围仍然存在一定出入的背景下，值得商榷。

本案例选择浙江省 Y 市中心城区作为研究区域，以开展城镇土地综合定级作为案例操作演示的承载点，主要参照《城镇土地分等定级规程》中有关城镇土地定级的相关规定与要求，探讨依托土地信息系统或 GIS 平台实现城镇土地定级的操作流程与步骤。

第二节　技术路线

本案例将城镇土地定级评估划分为资料收集与数据整理、城镇土地定级测算与划分两块。资料收集与数据整理包括资料收集与调查、多要素图层整理、土地定级因素体系建立及基础数据库构建等内容。其中，定级单元划分是在多要素图层整理的基础上，采用叠置法与网格法综合确定；定级因素权重是在建立定级因素体系的基础上，综合德尔菲（Delphi）法及层次分析法（AHP）得到。城镇土地定级测算与划分也可细分为定级因素量化、定级单元分值测算和土地级别划定三部分，依次分别采用因素指标评分、多因素综合评价及总分频率曲线法实现。具体框架及技术路线如图 13.1 所示。

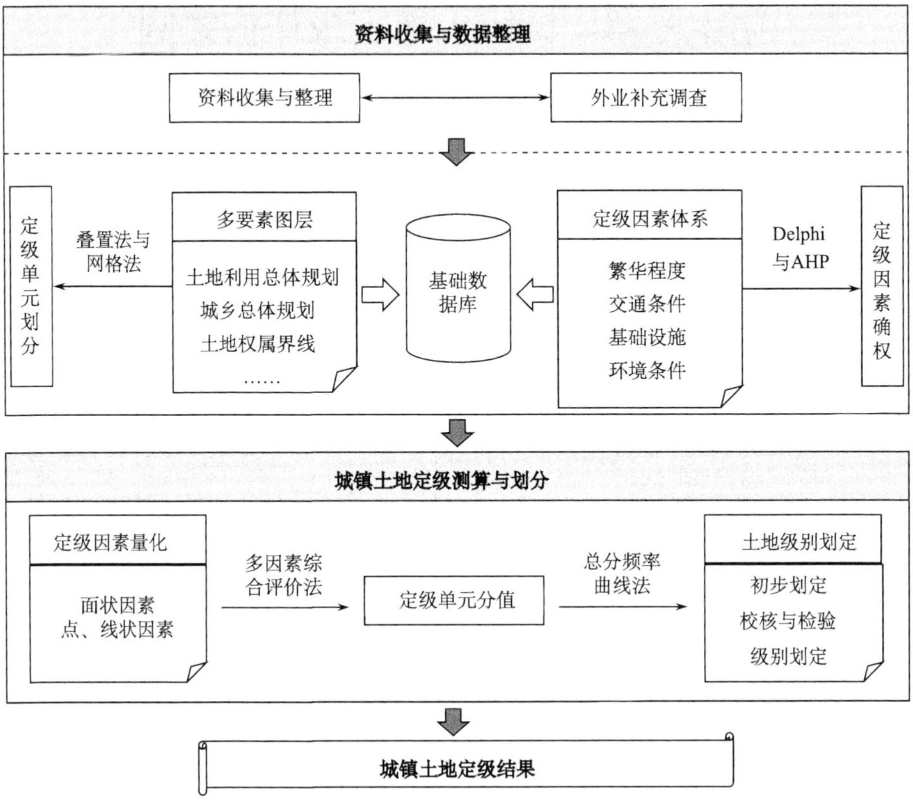

图 13.1　城镇土地定级评估技术路线图

第三节　工作流程与操作步骤

一、资料收集与数据整理

（一）资料收集

本案例开展城镇土地综合定级所需资料，按用途可将其划分为定级因素资料与定级验证资料两部分。定级因素资料主要用于城镇土地单元综合分值测算及土地级别划分；定级验证资料是对土地级别划分的进一步验证与调整。其中，就城镇土地综合定级而言，定级因素资料涵盖繁华程度、交通条件、基本设施和环境条件等多个方面，主要包括商服中心、道路、公交、对外交通、基础设施、公用设施、环境质量、绿地和自然条件等方面的资料数据；定级验证资料主要包括历年土地市场交易案例样点资料，包括土地交易价格、面积、区位等自然与社会经济属性，以及土地利用效益类资料，包括工商业等企业经济效益数据、用地数据和企业性质等属性。

上述收集的资料需涵盖空间数据与非空间数据两个层面，空间数据包括商服中心空间分布图层、道路网络图和公交站点地图等，同时还需辅助收集1∶5000城镇地籍图、地形图、土地利用现状图及规划图（含土地利用总体规划与城市总体规划图）等；非空间数据是对相关空间数据的说明，如某一商服中心的经济效益数据和用地数据等，同时还需辅助收集研究区域经济、社会及人口等统计数据。

由于资料收集涉及面广、内容繁杂、要求较高，且实践过程中还需结合现实情况予以灵活机动处理。因此，本案例不对资料收集部分进行详细阐述，具体细节规范可参照《城镇土地分等定级规划》中相关工作要求和指导意见。

（二）土地定级单元划分

土地定级单元是反映城镇土地自身经济、社会、区位和自然属性的基本空间单位，是获取数据、定级取样及评定城镇土地级的基本地块单元。土地定级单元的内部特性和土地构成因素应基本一致。

结合区域实际情况，本案例采用叠置法及计算机系统辅助网格法相结合的方式确定土地定级单元。首先，以最新土地利用总体规划所确定的城镇建设用地范围为基础，叠加城乡总体规划，结合对城镇未来发展方向的预判，形成城镇土地定级评估的初始边界图层；其次，将行政辖区图、土地权属界线图、地形图、河流水系图和交通网络图等叠加至初始边界图层，由此形成被重复切割的土地单元图层；再次，叠加遥感影像至土地单元图层并进行判读，剔除其中过小的土地单元，选择适宜的土地单元最小面积作为网格法中基本单元面积的参考依据；最后，根据第三步所获取的基本单元面积数据对初始边界图层进行网格化处理，由此形成若干面积相同、规则的土地定级单元。

借助于土地信息系统的支持，在获取各类矢量图层的基础上，通过逐一反复的空间叠加分析和网格化处理，即可得到土地定级单元图。

第一步，获取初始边界图层。利用ArcGIS平台“Analysis”工具箱下“Overlay”工具集中的“Union”工具，融合利用土地利用现状图层中城镇建设用地、土地利用总体规划划定的城镇建设用地范围及城市总体规划所确定的城市扩展边界，得到最原始的初始边界图层；在此基础上，进一步对融合后所形成的破碎图斑进行合并、删除、边界修饰与调整等处理，得到最终的初始边界图层。其中，“Union”工具操作界面如图13.2所示。

第二步，获取待生成规则单元的面积参数。同样利用ArcGIS平台“Analysis”工具箱下“Overlay”工具集中的“Union”工具，对初始边界图层、行政辖区图、土地权属界线图和河流水系图等进行空间叠加分析，并统计生成图斑的面积数据。根据空间叠加分析结果，案例研究区以100m×100m作为基本单元格。

第三步，生成土地定级单元图层。利用上两步所形成的初始边界图层与基本单元格参数，采用“Data Management”工具箱下“Feature Class”工具集下的“Create Fishnet”工具生成规则基本单元；将生成的规则单元图层与初始边界图层进行进一步叠加分析，选出在初始边界范围内或与初始边界范围相交的规则单元，从而形成最终的土地定级单元图层。其中，“Create Fishnet”工具操作界面如图 13.3 所示。

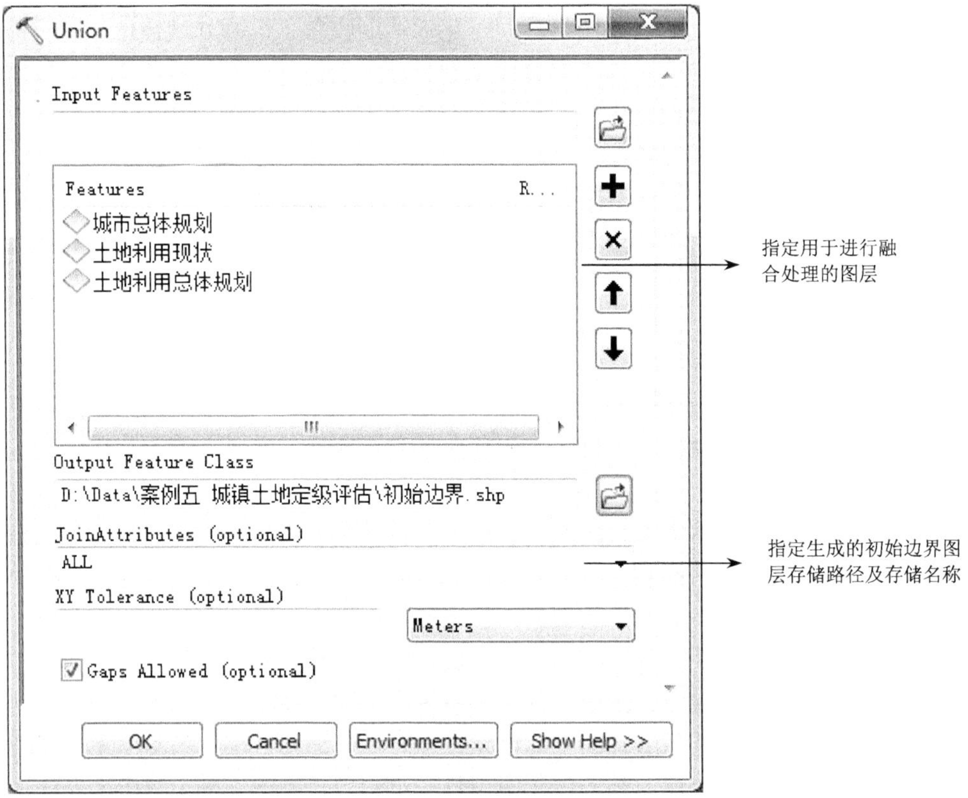

图 13.2　获取初始边界图层[①]

（三）土地定级因素及权重体系

本案例仅对城镇土地综合定级进行具体操作演示，因此在确定定级因素时，重点考虑对土地综合级别具有重大影响，并能体现土地区位差异的经济、社会和自然条件，不再专门讨论对商服、住宅或工业土地级别产生影响的因素。主要从繁华程度、交通条件、基础设施和环境条件四个层面进行因素的选择，包括商服繁华影响度、道路通达度、公交便捷度、对外交通便利度、基础设施完善度、公用设施完备度、环境质量优劣度、绿地覆盖度、自然条件优劣度及景观条件优劣度等。具体如表 13.1 所示。

土地定级评估是一项专业性较强的技术工作，需要有大量专业知识和长期工作经验的积累，因此借助业内专家的经验辨识能力辅助确定定级因素权重，是目前较为普遍认可的操作模式。同时，在专家评估各项定级因素对单位土地影响重要程度的基础上，进一步引入层次分析法的思路，加以定量和综合分析，能有效避免个人主观因素的过度影响。因此，本案例采用德尔菲法与层次分析法来确定城镇土地定级因素的权重。具体确权操作步骤及计算过程，不再一一表述。最终权重体系如表 13.1 所示。

① 因部分信息涉密，故未在案例素材中提供相关图层数据，该操作步骤仅供演示。

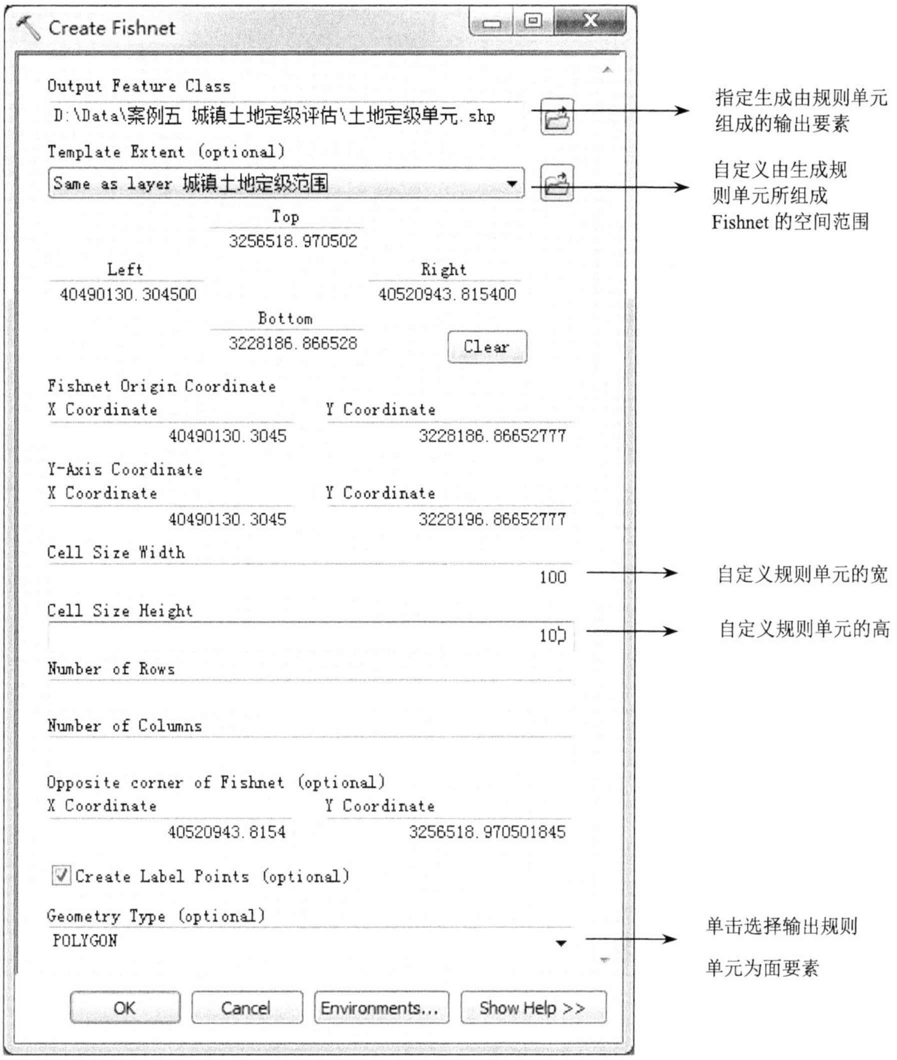

图 13.3　生成土地定级单元图层

表 13.1　城镇土地综合定级因素及权重体系

目标层	准则层	因素层	权重	因素类型
城镇土地质量	繁华程度	商服繁华影响度	0.19	点、线状
	交通条件	道路通达度	0.13	点、线状
		公交便捷度	0.12	点、线状
		对外交通便利度	0.06	点、线状
	基础设施	基础设施完善度	0.12	面状
		公用设施完备度	0.08	点、线状
	环境条件	环境质量优劣度	0.09	面状
		绿地覆盖率	0.09	面状
		自然条件优劣度	0.06	面状
		景观条件优劣度	0.06	面状

（四）建立基础数据库

本案例的基础数据库构建是指在前期开展资料收集、整理及建立城镇土地定级因素体系的基础上，进一步对数据、信息进行深加工，形成统一规范的、以要素图层为基础的空间及非空间数据库，以期为后续城镇土地定级测算与划分提供标准化的基础数据源。例如，根据收集到的空间地理数据，区分出土地定级单元图层、河流水系图层、道路交通图层、商业中心图层、公交站点图层及绿地分布图层等，并存入基础数据库，同时也将城镇土地定级因素体系所确定的因素权重视为字段属性，规范化后录入土地定级单元图层。

规范化或标准化过程主要涵盖数据格式、数据源空间参考及数据属性结构三个方面的统一。根据土地定级评估的需要，基础数据格式应当以矢量格式的 GIS 数据为准，更进一步而言，应当以 ArcGIS 平台下 SHP 格式为主，以保障后续空间分析的可行性；不同数据源应当保持空间参考的一致性，包括具有相同的地理投影和坐标系统等，以确保不同空间要素之间的位置相对一致；数据属性也应当按一定的规则或规范进行组织，包括字段类型和字段长度等。

为实现上述规范化或标准化操作，可直接借助 ArcGIS 平台实现。其中，数据格式统一可参照第九章的详细介绍；数据属性结构统一可参照第十四章关于新建要素类的详细说明；数据源空间参考统一涉及投影变换、几何校正和镶嵌配准等操作，具体可调用“Projections and Transformations”工具箱、“Spatial Adjustment”模块或“Geo-referencing”模块实现。

二、城镇土地级别测算与划分

（一）土地定级因素量化

在选定的城镇土地综合定级因素体系中，根据定级因素在城镇中的空间分布形态及其影响土地质量的方式，可将其划分为面状因素和点、线状因素两类，并采取不同的因素量化方法。

1. 面状因素

面状因素是指对城镇土地质量或土地使用价值的影响仅与其指标值有关的因素，其仅对自身客体所在位置的土地产生影响，对周围地块基本无外部性影响①。具体包括基础设施完善度、环境质量优劣度、绿地覆盖率、自然条件优劣度及景观条件优劣度。面状因素量化，即面状因素对城镇土地质量影响的作用分值，通常采用式（13-1）进行

$$e_i = f(X_i) \tag{13-1}$$

式中：X_i 为面状因素 i 指标值；e_i 为面状因素 i 对城镇土地单元的作用分，是关于面状因素 i 指标值的函数。

以量化绿地覆盖率因素为例。绿地覆盖率用于反映地块上绿地覆盖情况对土地定级单元使用价值的影响，通常以绿地面积与土地总面积之比进行定量刻画，其计算按式（13-2）进行

$$e_i^G = 100 \times (X_i^G - X_{\min}^G) / (X_{\max}^G - X_{\min}^G) \tag{13-2}$$

① 从严格意义上讲，面状因素所依附的客体，对周边土地均会产生一定的外部性或外溢效益，但其影响范围较小，作用程度不大，并未给周边地块带来根本性的变化，其主要作用空间仍集中于面状因素所在范围内，因此，通常默认作为面状因素处理。

其中：

$$X_i^G = s_i^G / s_i \tag{13-3}$$

式中：e_i^G 为地块单元 i 的绿地覆盖率作用分；X_i^G 为地块单元 i 的绿地覆盖率指标值；$X_{\max}^G$ 为绿地覆盖率指标值的最大值；$X_{\min}^G$ 为绿地覆盖率指标值的最小值；s_i^G 为地块单元 i 的绿地面积；s_i 为地块单元 i 的土地面积。

借助 ArcGIS 平台，以城镇土地定级评估区域内行政单元作为统一的量化单元，计算得到每个地块单元的绿地覆盖率作用分，再通过与土地定级单元图层进行空间叠加分析，得到每个土地定级单元的绿地覆盖率作用分。

第一步，计算地块单元的绿地覆盖率指标值及作用分。针对以行政单元为量化单元的地块单元图层，结合收集的绿地面积数据及土地面积数据，直接利用“Field Calculator”工具，结合式（13-2）和式（13-3），即可测算得到地块单元的绿地覆盖率指标值及作用分。“Field Calculator”工具具体运行界面及相关参数设置如图 13.4 所示，图中左侧为绿地覆盖率指标值计算过程；图中右侧为绿地覆盖率作用分值计算过程。

图 13.4　绿地覆盖率因素量化过程

第二步，对土地定级单元绿地覆盖率作用分进行空间赋值。针对土地定级单元图层，将其与地块单元图层进行空间叠加分析，借助“Analysis Tools”工具箱下“Overlay”工具集中的“Spatial Join”工具，将地块单元图层中每一地块单元的绿地覆盖率作用分通过空间位置传递给土地定级单元，从而得到每个土地定级单元的绿地覆盖率作用分。“Spatial Join”工具运行界面及参数设置如图 13.5 所示。

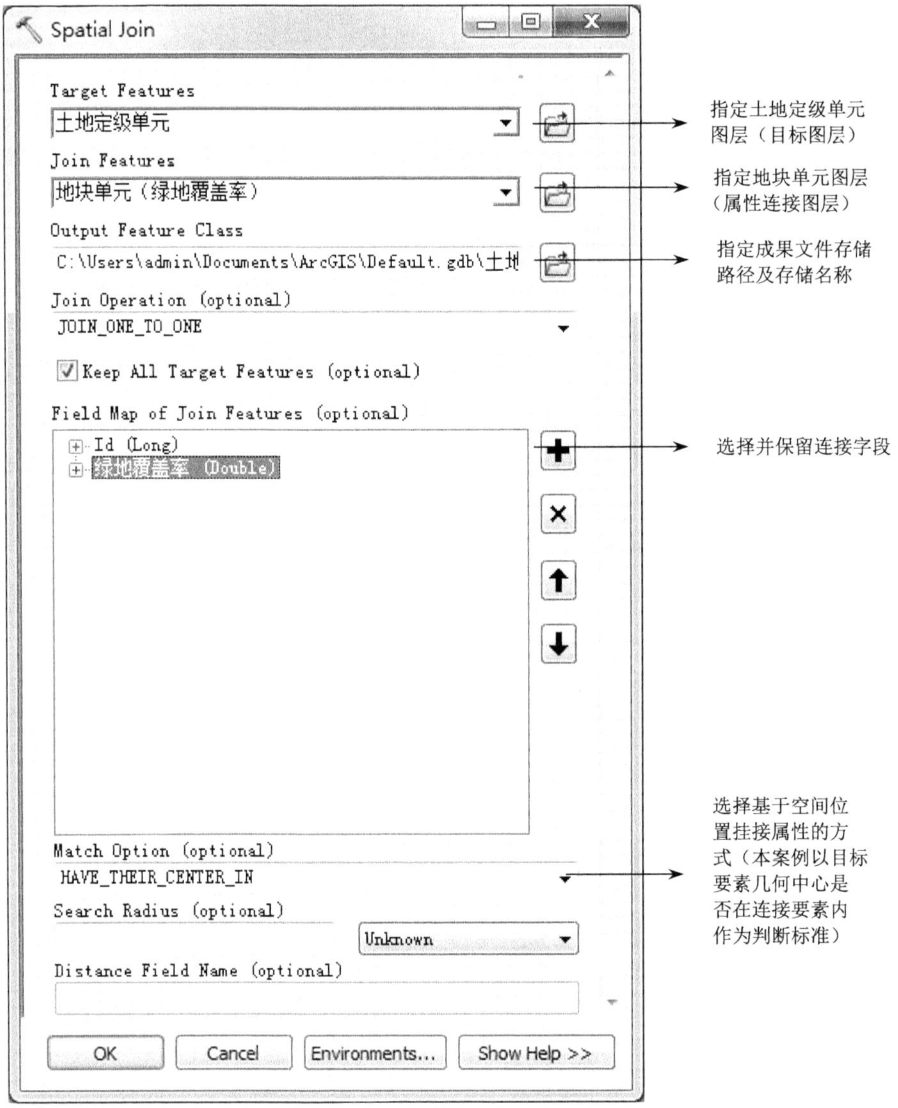

图 13.5　绿地覆盖率空间赋值

2. 点、线状因素

点、线状因素是指对城镇土地质量或土地使用价值的影响既与因素涉及的设施规模有关，又与距离设施的相对距离有关的因素，其不仅对自身客体所在位置的土地产生影响，且通过空间溢出效应对周边地块产生作用或影响。具体包括商服繁华影响度、道路通达度、公交便捷度、对外交通便利度及公用设施完备度。点、线状因素对城镇土地质量或土地使用价值影响的作用分按式（13-4）计算

$$e_i = f(X_i, r) \tag{13-4}$$

其中：

$$r = d / D \tag{13-5}$$

式中：X_i 为面状因素 i 指标值；r 为城镇土地单元同某点、线设施之间的相对距离；d 为某点、线设施距城镇土地单元的实际距离；D 为某点、线设施的作用影响半径；e_i 为点、线状因素 i 在相对距离上对城镇土地单元的作用分，是关于面状因素 i 指标值与相对距离 r 的函数。

以量化商服繁华影响度为例。商服繁华影响度以商服中心对土地定级单元的综合影响为衡量标准，一方面，商服中心对周边地块的影响有其边界范围，该边界反映了商服中心的作用影响半径 D，是计算土地定级单元与商服中心之间相对距离 r 的基础；另一方面，商服中心按级别可划分为市级、区级、小区级和街区级等不同类型，商服中心的功能包含与中心自身级别相应的商服功能和低于其级别的各级功能，如市级商服中心既可提供市级层面的商服功能，又可提供区级、小区级及街区级层面的商服功能，因此，土地定级单元受不同商服中心在不同层级上所提供商服功能的综合影响。

商服中心对土地定级单元的功能分与商服中心自身规模指数有关，且不同层级（市级、区级、小区级、街区级等）下商服中心对土地定级单元的功能大小不一。商服中心规模指数按式（13-6）测算

$$I_k^M = 100 \times X_k^M / X_{\max}^M \tag{13-6}$$

式中：I_k^M 为商服中心 k 的规模指数；X_k^M 为商服中心 k 的经济指标实际值；$X_{\max}^M$ 为最高级商服中心的经济指标。

不同层级下商服中心的功能分按式（13-7）计算

$$\begin{cases} f_i^M = I_i^M - I_l^M \\ f_{\min}^M = I_{\min}^M \end{cases} \tag{13-7}$$

式中：f_i^M 为某商服中心 i 级功能的功能分；I_i^M 为 i 级商服中心的规模指数（该商服中心本身为 i 级时，取其自身的规模指数）；I_l^M 为次一级商服中心规模指数 $f_{\min}^M$ 为最低级功能的功能分；$I_{\min}^M$ 为最低级商服中心规模指数。

参照《城镇土地分等定级规程》，进行综合定级或商服用地定级时，各级商服功能对土地定级单元的作用分按式（13-8）衰减

$$e_{ij}^M = (f_i^M)^{1-r} \tag{13-8}$$

式中：e_{ij}^M 为土地定级单元 j 受 i 级商服功能的作用分；f_i^M 为某商服中心 i 级功能的功能分；r 为城镇土地单元同某点、线设施之间的相对距离。

在计算每个土地定级单元受不同层级商服中心的作用分的基础上，规定：同时受多个同级功能影响时，取其中最高的商服功能作用分；同时存在多级功能影响时，对各层级商服功能影响作用分仅取值一次，并进行加和，即根据式（13-9）测算土地定级单元最终的商服繁华影响度作用分

$$e_j^M = \sum_{i=1}^{n} e_{ij}^M \tag{13-9}$$

式中：e_j^M 为土地定级单元 j 的商服繁华度作用分，即商服中心各级功能对土地定级单元 j 的作用之和；e_{ij}^M 为土地定级单元 j 受 i 级商服功能的作用分。

借助 ArcGIS 平台，以规则化的土地定级单元为量化单元，计算每个土地定级单元的商服繁华影响度作用分。

第一步，测算商服中心规模指数及功能分。针对商服中心图层，以及各商服中心实际经济指标数据，借助“Field Calculator”工具，结合式（13-6）计算出每个商服中心的规模指数；进一步结合式（13-7），采用“Field Calculator”工具，测算各个商服中心在不同层级上的功能分。“Field Calculator”工具操作与上述绿地覆盖率指标值测算过程一致，不再表述。

第二步，测算土地定级单元至商服中心的实际距离与相对距离。首先，采用“Data Management”工具箱下“Feature to Point”工具，将土地定级单元图层（面要素）根据几何中心转变为点要素（图 13.6），以满足后续测算过程对要素类型的需要。

图 13.6　土地定级单元面转点

其次，采用“Analysis Tools”工具箱下“Point Distance”工具，测算每个商服中心与土地定级单元的实际距离 d（图 13.7）。图左侧为“Point Distance”工具操作界面及参数设置，图右侧为实际距离测算结果表，表中字段 INPUT_FID、NEAR_FID 分别与图左侧指定的 Input Features 要素和 Near Features 要素相对应，字段 DISTANCE 为每个商服中心与土地定级单元之间的欧氏距离。

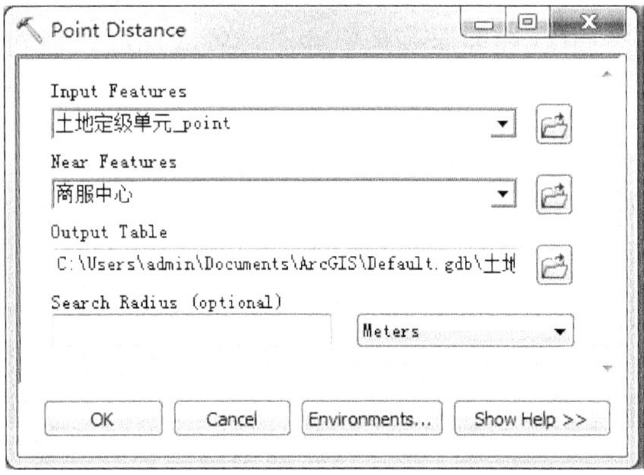

OID	INPUT_FID	NEAR_FID	DISTANCE
0	0	3	8109.447819
1	0	0	7506.938565
2	0	5	9541.76816
3	0	1	14365.169709
4	0	4	13585.805847
5	0	2	12941.334409
6	1	3	8124.831312
7	1	0	7500.07752
8	1	5	9528.097078
9	1	1	14349.486067
10	1	4	13577.252039
11	1	2	12941.328006
12	2	3	8140.234872
13	2	0	7493.263574
14	2	5	9514.448394
15	2	1	14333.813169
16	2	4	13568.722318

图 13.7　测算土地定级单元与商服中心实际距离

再次，借助 Excel 平台的数据透视表功能，对上一步得到的土地定级单元与商服中心实际距离成果表格进行加工，并利用“Data Management”工具箱下“Joins”工具集中的“Join Field”工具，将距离数据挂接回土地定级单元图层（面要素），具体工具操作及参数设置如图 13.8 所示。

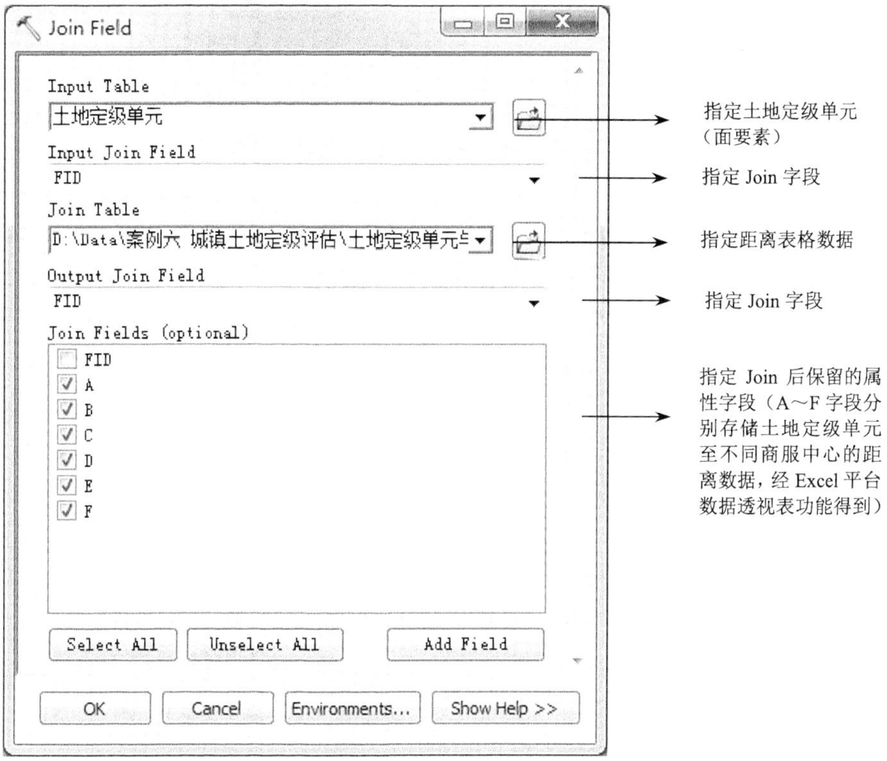

图 13.8 将实际距离数据挂接至土地定级单元图层

最后，根据实地调查所获取的每个商服中心的作用影响半径数据 D，采用“Field Calculator”工具，按照式（13-5），对土地定级单元图层（面要素）进行计算，可得到土地定级单元与商服中心的相对距离 r 。

第三步，测算土地定级单元受商服中心影响的作用分及商服繁华度作用分。针对土地定级单元图层，根据第一步与第二步得到的功能分数据及距离数据，同样利用“Field Calculator”工具，按照式（13-8）和式（13-9），依次计算土地定级单元受每个商服中心在不同层级下的作用分及综合后的商服繁华度作用分。由此完成土地定级单元商服繁华度作用分的量化。

（二）土地定级单元分值

土地定级单元分值反映各类自然、社会和区位因素对城镇土地质量或土地使用价值的综合性影响，其测算过程适合采用多因素综合评价法，具体如下

$$S_j = \sum_{i=1}^{n} F_{ij} \times W_i \tag{13-10}$$

式中：S_j 为定级单元 j 的土地总分值；F_{ij} 为定级单元 j 下定级因素 i 的分值，$i=1，2，\cdots，n$；W_i 为定级因素 i 的权重；n 为定级因素的总数。

同样借助 ArcGIS 平台“Field Calculator”工具，按照式（13-10），可快速一次性测算每个土地定级单元的综合分值。具体测算过程与上述一致，不再表述。

（三）土地级别初步划定

常用于确定城镇土地级的方法包括总分数轴法、总分频率曲线法及总分剖面图法。由于本案例以规则化地块作为土地定级单元，单元数量较多，分值划分更为细致，因此适合采用总分频率曲线法确定城镇土地级。

在前期通过 ArcGIS 平台计算出每个土地定级单元综合分值的基础上，进一步统计整个城镇土地定级评估区域综合分值的频率分布情况。在 ArcMap 平台加载土地定级单元图层，打开图层属性（Layer Properties）对话框并进入符号化（Symbology）标签页，在标签页左上角选择“Quantities”下“Graduated colors”分类方法，在“Value”栏指定好分类字段，单击“Classify”工具进入“Classification”对话框，该对话框显示了整个研究区域土地定级单元综合分值的频率图，可自定义分类数目，并选择多种分类方法，具体包括自定义分级（Manual）、等间距分级（Equal Interval）、自然裂点法分级（Natural Breaks）和标准差分级（Standard Deviation）等。本案例选择 Manual 划分方法，即人工手动调整城镇土地级的划分标准，选择频率曲线突变处，或频率分布空白区，或频率分布的低值区，但避免选择频率分布的最高点或相对最高点，以此初步划定土地级别。具体如图 13.9 所示，最终将其划分为五级。

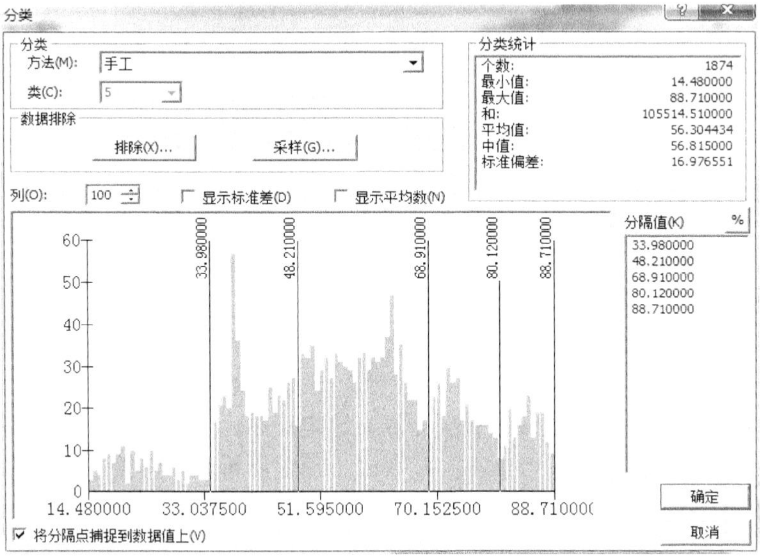

图 13.9　土地定级单元分值频率分布

（四）土地级别检验与确定

应用多因素综合评价法评定城镇土地级是根据各单元的综合分值确定城镇土地质量或土地使用价值的相对差异，尚不能直接反映土地的收益或地价，即城镇土地的经济使用价值或经济效益，无法与土地有偿使用相衔接。因此，需要利用辅助土地市场资料对初步划定的城镇土地级进行进一步校核与验证。

进行城镇土地综合定级时，可采用市场交易法或土地级差收益法对初步划定的土地级别成果进行验证并调整。由于浙江省 Y 市土地市场发达，土地交易案例较多，因此本案例采用市场交易法，利用土地市场交易样点地价数据对初步划分的土地级别进行验证。首先，按照土地条件相似和样本地价相近的原则，划分各类用地的均质地域；其次，将前期收集的市场交易样点数据与均质地块进行叠加分析，对样点地价进行统计、分析、比较、计算及检验，得到各均质地块的平均地价；再次，对各均质地块的平均价格进行数理统计分析，确定各土地级相对应的平均地价区间；最后，将统一地价区间的相邻均质地块进行合并处理，即可得到最终的土地级。

（五）土地综合定级结果

最终确定的城镇土地级别如图 13.10 所示，颜色越深，城镇土地级越高，颜色越浅，城镇土地级越低。浙江省 Y 市城镇土地的综合级别成果呈现出逐层递减的圈层式分布特征，与阿朗索的竞租曲线相一致，其中，最中心区位为研究区域的中央商务区所在地，城镇土地级别最高，地价也相应更高。

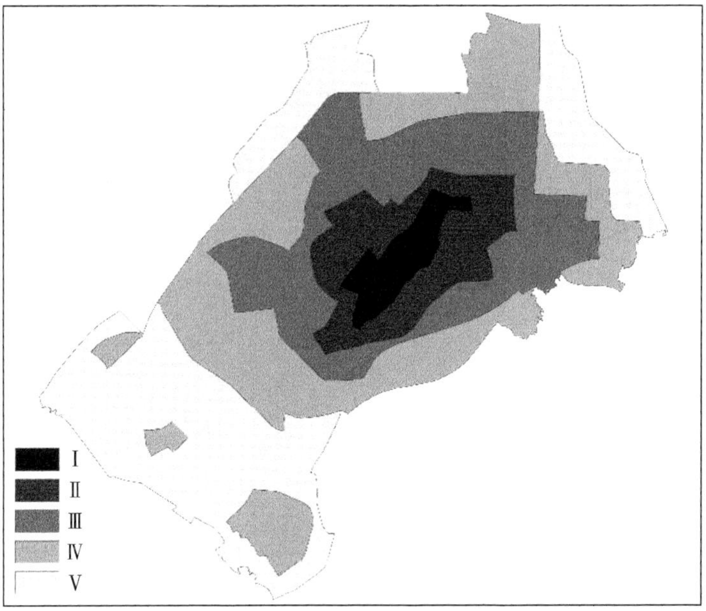

图 13.10　城镇土地定级结果

第四节　小　　结

上述参照《城镇土地分等定级》规程中的相关要求，在土地信息系统或 GIS 平台的支持下，对浙江省 Y 市城镇土地进行了综合定级评价。但需要注意的是，土地定级因素涉及多项不同类型指标的量化过程，每一项指标的具体量化方法及步骤略有差异，囿于篇幅所限，本案例针对面状因素及点、线状因素，仅选取绿地覆盖率与商服繁华影响度两项指标进行了具体的量化操作步骤演示，未对其他因素的量化进行具体的演示，读者可参照《城镇土地分等定级规程》中对每项因素量化所设定的方法与步骤，结合 ArcGIS 平台所提供的丰富工具或编辑功能，自主探索实现。

城镇土地定级是在土地信息系统支持下土地管理的重要内容之一，依托土地信息系统的技术支撑，可以快速、高效实现城镇土地的定级评估过程，不仅大大提高了城镇土地定级的工作效率，同时也为实现土地信息系统管理下不同土地管理内容的整合与统一创造了可能。例如，通过与第十二章中有关耕地质量评价的内容进行交叉分析，可研究城镇土地定级与定价同耕地质量之间的关系，一方面探讨未来城镇土地扩张中涉及耕地占用时，耕地质量高低对城镇土地级别的影响；另一方面可分析耕地的质量与其周边城镇土地级别之间的相互关系，更进一步探索城镇土地以外的农用地定级与定价体系建立，并与耕地质量相挂钩。

参考文献

陈韦, 熊向宁, 王芳, 等. 2015. 兼顾城市规划因素的城镇土地定级技术路线探讨——以武汉市商业用地定级为例. 中国土地科学, (01): 79-85.

国土资源部土地利用管理司, 北京大学城市与环境学院, 中国土地勘测规划院. 2014. 城镇土地分等定级规程(GB/T 18507—2014).

韩元利, 王海军, 夏文芳. 2009. 基于 k 阶数据场的城镇土地定级模型. 武汉大学学报(信息科学版), (03): 370-373.

李玉华, 高明, 许汀汀, 等. 2015. 基于 ArcEngine 的城镇土地定级估价信息系统设计与实现. 中国土地科学, (01): 92-97.

王博, 符海月. 2013. 基于 Voronoi 图的贵阳市城镇土地定级. 中国土地科学, (04): 85-90.

王海军, 张德礼. 2006. 基于空间聚类的城镇土地定级方法研究. 武汉大学学报(信息科学版), (07): 628-631.

张文婷, 王海军, 陈莹莹, 等. 2013. 顾及障碍物的朴素贝叶斯分类法在城镇土地定级中的应用. 资源科学, (09): 1871-1876.

第十四章　土地利用总体规划数据库建设案例

第一节　引　　言

土地利用总体规划数据库是土地利用总体规划工作的核心成果之一，是实现土地用途与建设用地分区管制的重要保障，更是国家和地方实现土地资源合理利用与管理的主要背景数据资料。在大数据兴起的背景下，它对有效进行土地数据科学管理，实现不同部门、不同来源基础数据的共享起到积极支撑作用。

土地利用总体规划数据库建设（简称“建库”）是一项复杂而精细的系统性工程，需要强有力的技术支持和缜密的建库思维。围绕其主要内容，可将整个建库流程分为数据准备、新建空库及数据入库三大部分，每一部分包含不同的操作内容，不同操作内容之间要严格按照一定的内部逻辑关系进行有效组织，从而在尽可能避免纰漏和重复性操作的同时，形成一个有机的操作流程体系，具体如下：

新建地理数据库→新建要素数据集→新建要素类→导入空间要素→形成标准数据库

为指导建库流程与规范操作步骤，下面的内容参照《浙江省乡（镇）土地利用总体规划数据库标准（修订版）》[①]（简称“数据库标准”）中的相关数据库建设要求来统一。所有操作流程与步骤均在 ArcGIS 10.2 软件平台上进行，具体涉及 ArcMap、ArcCatalog 及 ArcToolbox 的使用：ArcMap 平台在本文档中的使用范围主要为拓扑编辑处理和数据编辑等；ArcCatalog 平台是进行数据库建设的基础和管理平台，绝大部分操作处理均在 ArcCatalog 上实现；ArcToolbox 工具箱集成了建库过程中所需的所有分析工具[②]。

第二节　基 本 概 念

理解 ArcGIS 中数据库及相关名词的定义，是进行土地利用总体规划建库的基础。在 ArcGIS 中，数据库被称为地理数据库，地理数据库是各种类型地理数据的集合，地理数据库下可以组织管理各类数据，包括要素数据集、栅格数据集、要素类、栅格类、表、关系类、拓扑关系、网络分析和几何分析等。若将 ArcGIS 所有数据视为一个有机整体（如一颗大树），地理数据库则是这颗 GIS 数据管理大树的主干，要素数据集和栅格数据集分别是与主干相连接的分支，要素类、栅格类、表则是与分支相连的树叶，同时，主干上可直接生长出叶子，即数据库可直接越过要素数据集和栅格数据集来管理要素类、栅格类、表等（图 14.1）。

---

① 《浙江省乡（镇）土地利用总体规划数据库标准（修订版）》是由浙江省国土资源厅于最新一轮土地利用总体规划修改工作前期下发的，用于指导规划修改及其数据库建设的标准性文件。

② 因相关数据属涉密文件，在下文操作过程中会进行相应处理，案例素材中仅提供经处理后的 XZQ.shp 文件。

图 14.1　ArcGIS 数据管理组织树

新建空库的目的犹如栽种一棵盆景，使树木按照人为设定好的方向来生长，而数据库规程就是需参考的“设定样式”。土地利用总体规划数据库一般涉及地理数据库、要素数据集、要素类及表等数据形式，根据需要可扩展添加栅格数据集和栅格类。下面将按照地理数据库管理要素数据集、要素数据集管理要素类的组织形式进行流程化说明。

第三节　操 作 步 骤

一、新建地理数据库

新建地理数据库的操作流程如下。

打开 ArcGIS 10.2 软件平台 ArcCatalog 界面，选择用于存储进行拓扑检查数据库的文件夹（例如，D: \Data\案例六 土地利用总体规划数据库建设），右击弹出快捷菜单；单击“New”命令，延伸出二级菜单，单击“Personal Geodatabase”命令（图 14.2），即可在制定目录下生成空的地理数据库，根据需要对其进行重命名（例如，以“空间数据库”命名）。

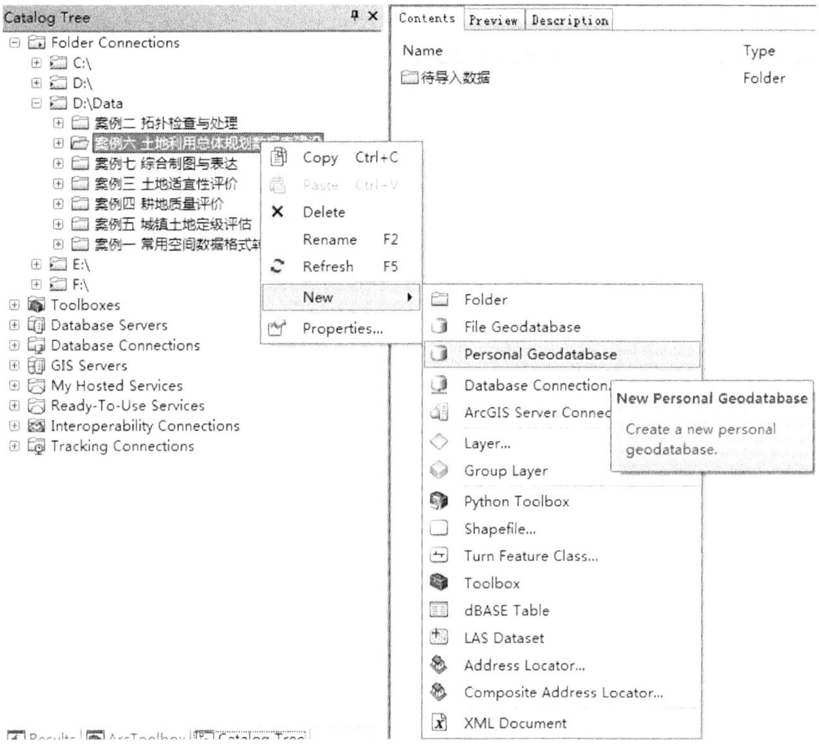

图 14.2　新建地理数据库

二、新建要素数据集

（1）右击“空间数据库.mdb”文件，弹出右键快捷菜单，点击“New”命令，延伸出二级菜单，单击“Feature Dataset”命令（图 14.3），弹出“New Feature Dataset”向导对话框。

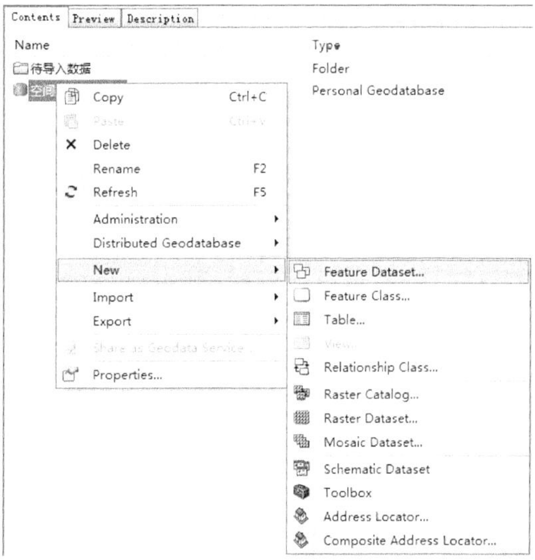

图 14.3　在空间数据库中新建要素数据集

（2）给新建的要素数据集命名（例如，以“规划期信息”命名），单击“下一步（N）”按钮（图 14.4）。

图 14.4　新建要素数据集命名

（3）在投影及坐标系标签页中，单击下拉箭头，点击“Import...”按钮，弹出选择投影系统要素对话框。

（4）选择含“Xian_1980_3_Degree_GK_Zone_40”的要素作为源，也可直接找到“Xian_1980_3_Degree_GK_Zone_40”的存储路径，并选择。

（5）单击“下一步（N）”按钮，进入定义高程坐标系标签页（图 14.5）。

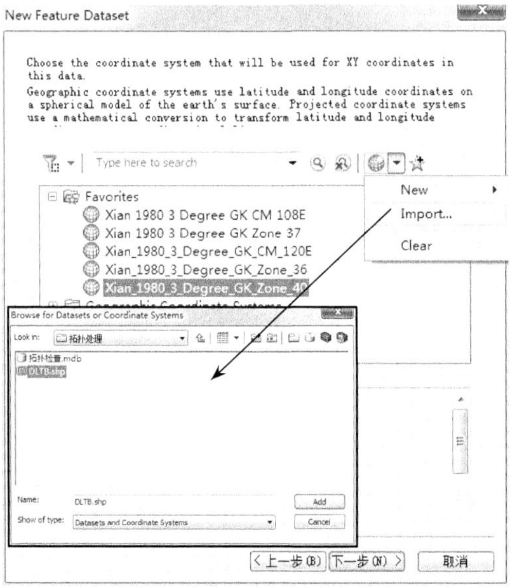

图 14.5　定义投影坐标系

（6）新建要素数据集（也包括要素类）不涉及高程数据，可单击“下一步（N）”按钮直接跳过，进入容差设置标签页（图 14.6）。

（7）要素数据集容差值一般采用自动生成的默认值，单击“Finish”按钮完成要素数据集新建（图 14.7）。

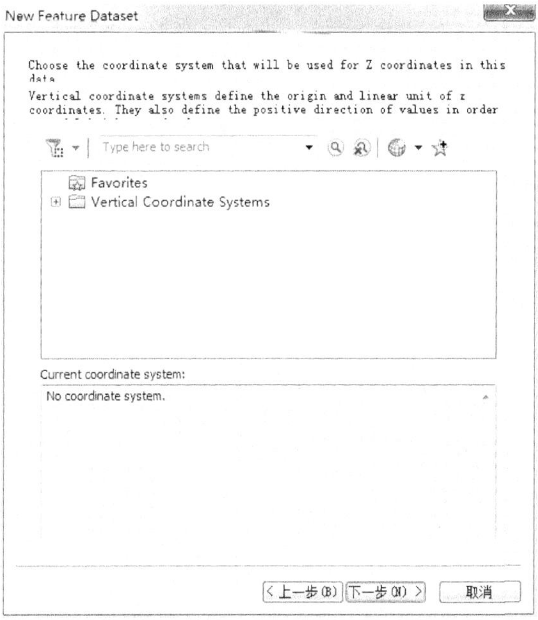

图 14.6　定义高程坐标系（默认）

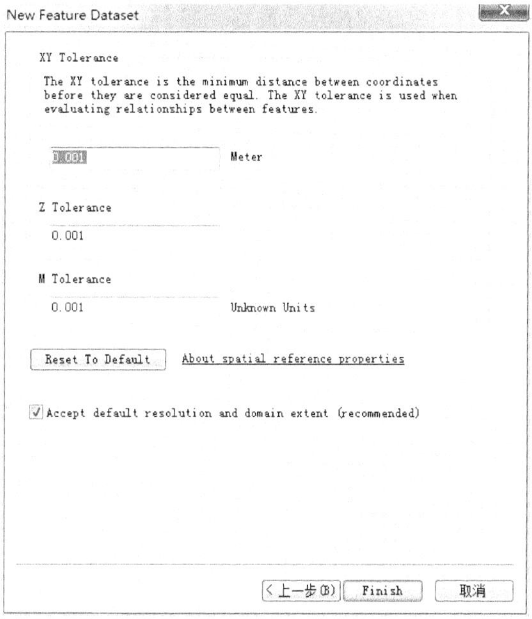

图 14.7　设置容差限数（默认）

新建后的空间数据库及“规划期信息”要素数据集的组织如图 14.8 所示。

图 14.8　空间数据库及要素数据集组织形式

重复上述（1）～（7）步骤，并参照“数据库标准”，新建土地利用总体规划数据库，其组织形式如图 14.9 所示。

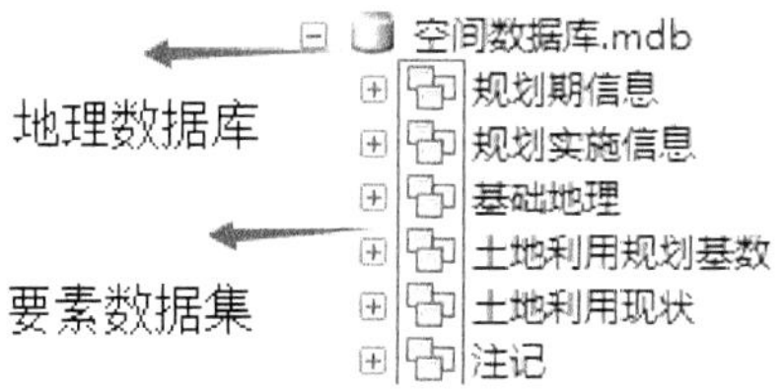

图 14.9　土地利用总体规划数据库组织形式

三、新建要素类

（1）找到要存放新建要素类的要素数据集，右击弹出右键快捷菜单（以新建“土地规划地类”要素为例，该要素类存放在“规划期信息”要素数据集下）。

（2）单击“New”命令，延伸出二级菜单，点击“Feature Class”命令，弹出“New Feature Class”对话框。

（3）在“New Feature Class”对话框中，对新建要素类进行命名（含别名）。

（4）确定新增要素的类型，选择点、多点、线、面、多面等中的一种（例如，土地规划地类要素属于面要素，在这里选择“Polygon Features”要素类型）。

（5）单击“下一步（N）”按钮，进入字段定义对话框（图 14.10）。

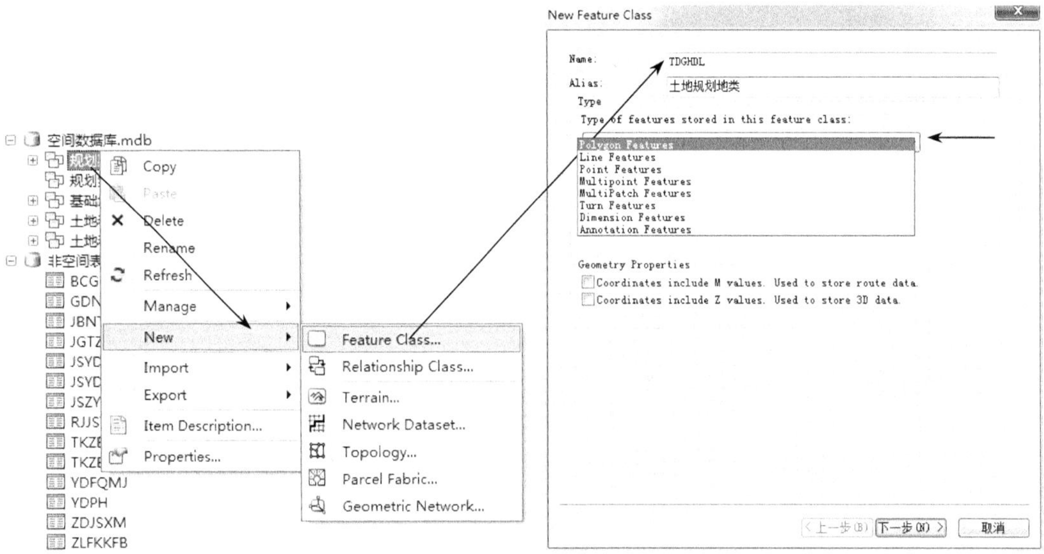

图 14.10　新建要素类

（6）字段定义对话框上半部分列表框分为“Field Name”与“Data Type”两列，前两行“OBJECTID”与“SHAPE”字段及其字段类型为系统默认生成的字段（必备字段），单击“Field Name”列中空白单元格，可直接键入字段名称（例如，新建“BSM”字段，代表唯一标识码）。

（7）单击“Data Type”中与“BSM”相对应的空白格，弹出字段类型选择下拉框，选择相应类型。

（8）根据数据库标准中对字段类型的设置要求，在“Field Properties”中定义与“BSM”字段及其类型相对应的长度和小数位数等信息。

（9）重复（6）~（9）步骤，按照数据库标准中对各要素类的字段类型规定，定义好所有相应字段，最后，单击“Finish”完成要素新建及字段定义（图 14.11）。

补充说明，要素类的字段名称、代码、字段类型、长度和小数位数等参数设置需严格按照数据库标准来进行，表 14.1 列举了“土地规划地类”要素类的字段详细信息及其设置标准。

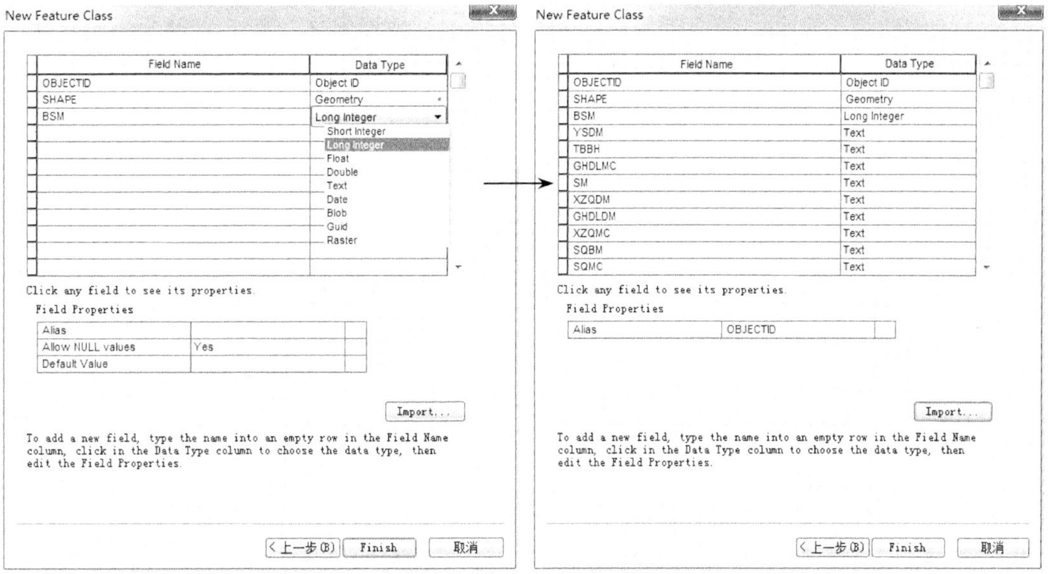

图 14.11 新建并定义字段

表 14.1 土地规划地类要素属性结构表（属性表名：TDGHDL）①

序号	字段名称	字段代码	字段类型	字段长度	小数位数	说明
1	标识码	BSM	Int	10		
2	要素代码	YSDM	Char	10		
3	图斑编号	TBBH	Char	8		
4	规划地类名称	GHDLMC	Char	30		见《浙江省乡级土地利用总体规划调整完善技术指南》
5	规划地类面积	GHDLMJ	Float	16		
6	说明	SM	Char	200		
7	行政区代码	XZQDM	Char	12		
8	规划地类代码	GHDLDM	Char	3		见《浙江省乡级土地利用总体规划调整完善技术指南》
9	行政区名称	XZQMC	Char	30		
10	权属单位代码	QSBM	Char	12		
11	权属单位名称	QSMC	Char	30		
12	权属性质	QSXZ	Char	2		见《土地利用数据库标准》（TD/T 1016—2007）
13	规划期限	HQRQ	Date			

四、数据库组织形式

按照数据库标准，重复本节第三小节——新建要素类中所有操作步骤，逐一完成所有要

① 表 14.1 来源于《浙江省乡（镇）土地利用总体规划数据库标准（修订版）》中表 16。

素类及字段的新建与定义，最终得到土地利用总体规划数据库（空库，未包含任何要素，可理解为标准化的空间矢量数据组织框架），如图 14.12 所示。

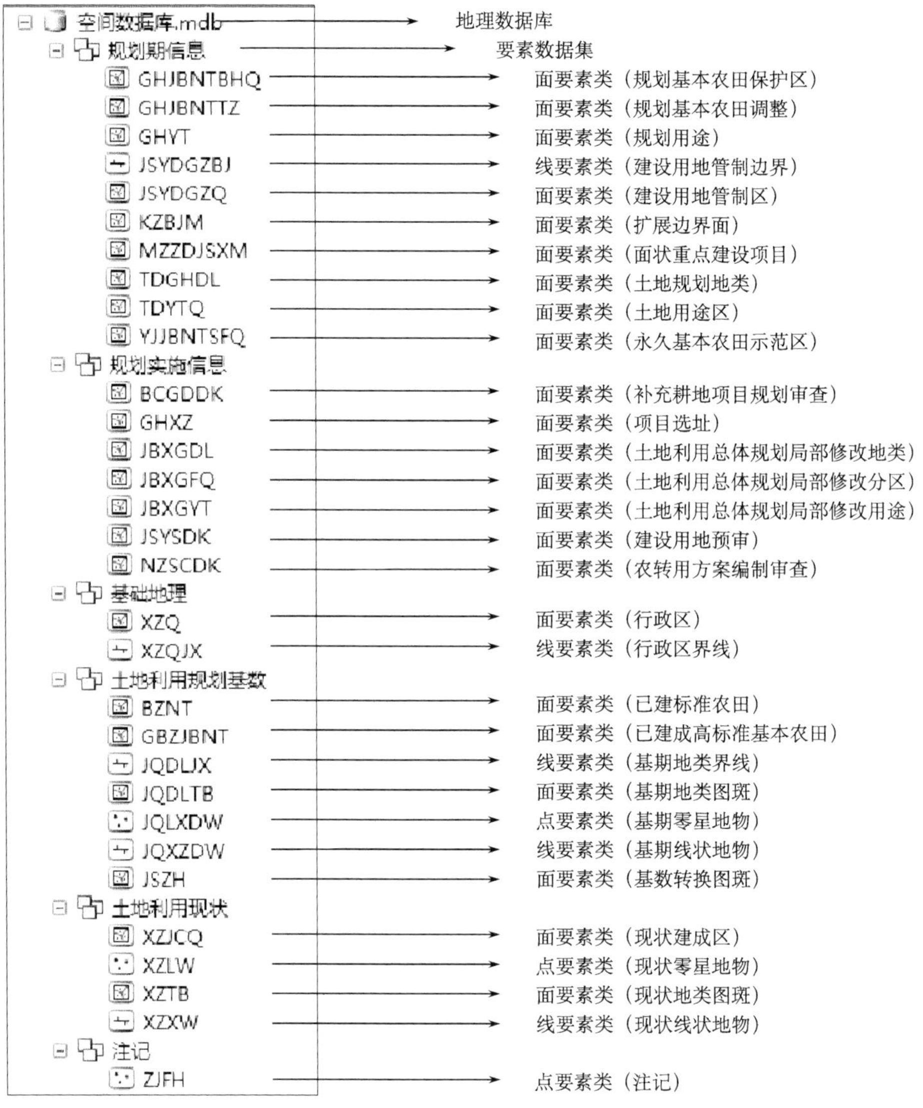

图 14.12　规划数据库组织结构及其对应要素类名称

五、空间要素导入

在完成空间数据库、要素数据集及各要素类的新建与定义后，现在需要将规划数据，也就是土地利用总体规划编制或修改阶段所处理、分析的空间矢量数据①，导入标准的空间数

① 进行空间要素导入的前提是规划数据不存在空间拓扑、属性缺失和数据不完整等问题，同时，规划地类等要素类图层已进行相应的净面积计算和碎面图斑处理等过程。

据库中，从而实现对土地利用规划数据的规范化与标准化管理，最终也就实现了建库的目的。数据入库操作均在 ArcCatalog 界面上进行。

空间要素的导入采取逐一“数据加载”（load data）的方式进行。下面以数据准备阶段的“行政区”要素图层导入规划数据库为例。

（1）执行“数据加载”命令。在规划数据库空库中找到要加载数据的空间要素类（以“XZQ”为例），右击弹出右键快捷菜单，单击“Load”命令，延伸出二级菜单，单击“Load Data”命令，弹出“Simple Data Loader”向导框（图 14.13）。

图 14.13 空间要素数据加载一（以加载“XZQ.shp”为例）

（2）打开“数据加载”向导。单击按钮，在“Open GeoDatabase”对话框中找到源数据。

（3）单击“Open”按钮，指定好待加载源数据，并返回“Simple Data Loader”向导框（图 14.14）。

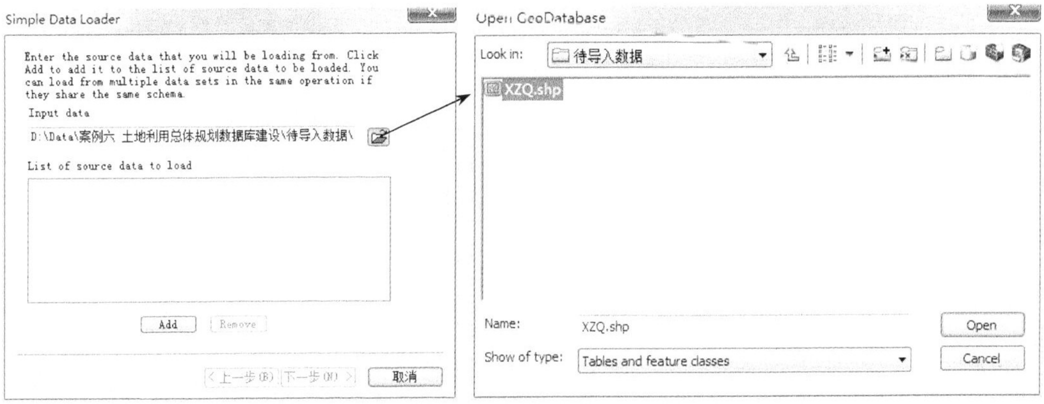

图 14.14 空间要素数据加载二（以加载“XZQ.shp”为例）

（4）单击“Add”按钮，将待加载源数据添加至数据加载清单（List of source data to load）；并单击“下一步（N）”按钮（图 14.15）。

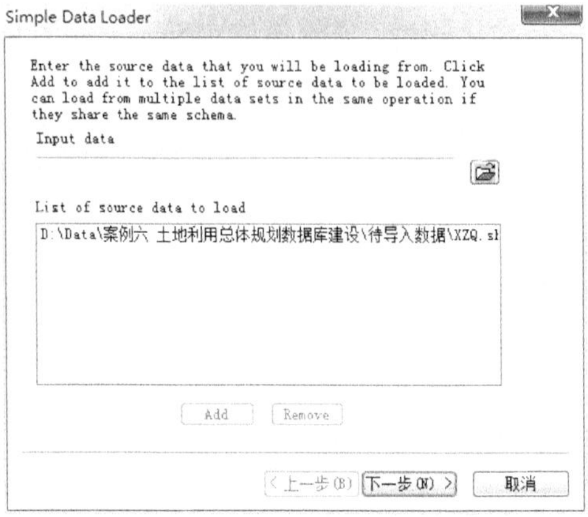

图 14.15　空间要素数据加载三（以加载“XZQ.shp”为例）

图 14.16　目标要素类确认

（5）进一步确认目标要素，直接单击“下一步（N）”按钮（图 14.16）。

（6）进入字段匹配对话框。由于在实际操作过程中，经过数据整理阶段的要素类（源要素）的字段（源字段）命名与新建空库阶段中要素类（目标要素）的字段（目标字段）命名往往会存在不一致的情况，因此需要人工匹配字段，将源要素中源字段下的属性值“Load”至目标要素的目标字段下。

字段匹配对话框中，左列为“目标要素字段”，右列为“源数据字段”，需要将“源数据字段”匹配至“目标要素字段”上，该对话框会自动匹配左右两列字段名一致的字段，而不一致的字段需要手动匹配，同时，也可以将自动匹配的字段进行手动匹配处理。单击右列单元格，显示出下拉箭头，单击下拉箭头可手动选择与左列目标字段相匹配的字段。

（7）匹配好所有字段后，单击“下一步（N）”按钮（图 14.17）。

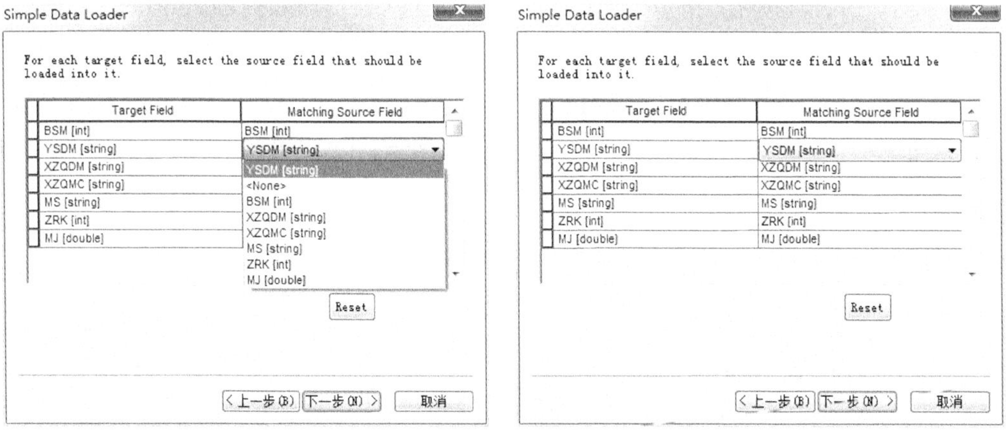

图 14.17　字段匹配

（8）单选“Load all of the source data”（加载所有源数据），单击“下一步（N）”按钮。

（9）单击“完成”按钮完成数据加载（图 14.18）。

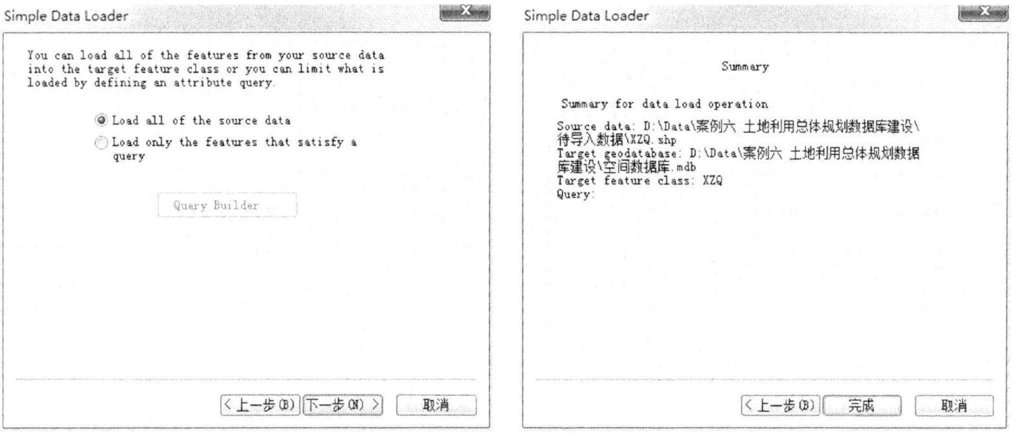

图 14.18　确认加载所有源数据及完成数据加载

重复本节（1）～（9）步骤，根据数据库标准要求，将所有必备要素导入标准数据库中，即可完成土地利用总体规划数据库建设（图 14.19）。

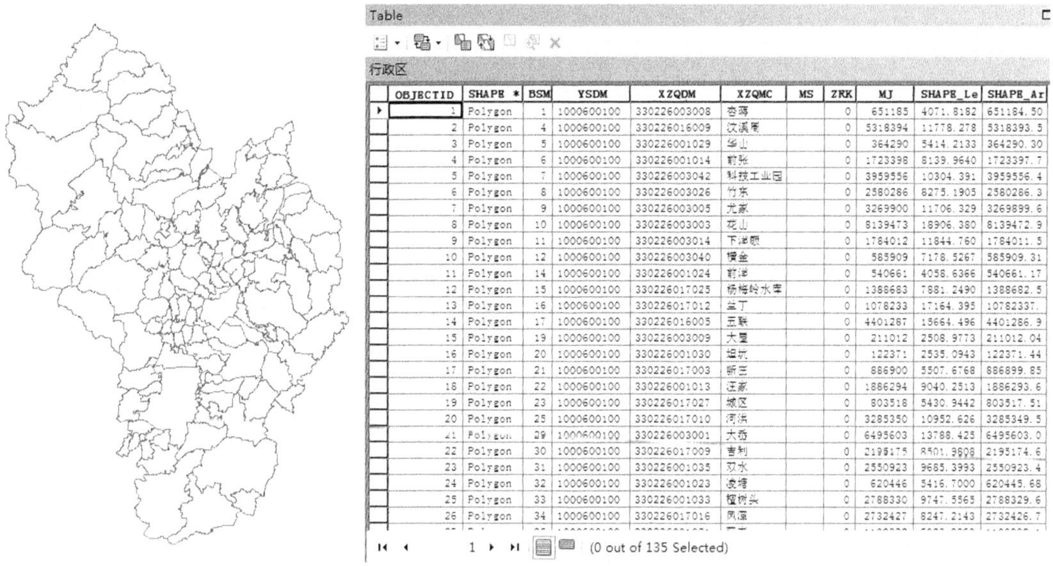

OBJECTID	SHAPE *	BSM	YSDM	XZQDM	XZQMC	MS	ZRK	MJ	SHAPE_Le	SHAPE_Ar
1	Polygon	1	1000600100	330226003008	杏蒋		0	651185	4071.8182	651184.50
2	Polygon	4	1000600100	330226016009	汶溪周		0	5318394	11778.278	5318393.5
3	Polygon	5	1000600100	330226001029	华山		0	364290	5414.2133	364290.30
4	Polygon	6	1000600100	330226001014	前张		0	1723398	8139.9640	1723397.7
5	Polygon	7	1000600100	330226003042	科技工业园		0	3959556	10304.391	3959556.4
6	Polygon	8	1000600100	330226003026	竹东		0	2580286	8275.1905	2580286.3
7	Polygon	9	1000600100	330226003005	尤家		0	3269900	11706.329	3269899.6
8	Polygon	10	1000600100	330226003003	花山		0	8139473	18906.380	8139472.9
9	Polygon	11	1000600100	330226003014	下洋顾		0	1784012	11844.760	1784011.5
10	Polygon	12	1000600100	330226003040	横金		0	585909	7178.5267	585909.31
11	Polygon	14	1000600100	330226001024	前洋		0	540661	4058.6366	540661.17
12	Polygon	15	1000600100	330226017025	杨梅岭水库		0	1388683	7881.2490	1388682.5
13	Polygon	16	1000600100	330226017012	兰丁		0	1078233	17164.395	10782337.
14	Polygon	17	1000600100	330226016005	五联		0	4401287	15664.496	4401286.9
15	Polygon	19	1000600100	330226003009	大星		0	211012	2508.9773	211012.04
16	Polygon	20	1000600100	330226001030	坦坑		0	122371	2535.0943	122371.44
17	Polygon	21	1000600100	330226017003	新庄		0	886900	5507.6768	886899.85
18	Polygon	22	1000600100	330226001013	汪家		0	1886294	9040.2513	1886293.6
19	Polygon	23	1000600100	330226017027	城区		0	803518	5430.9442	803517.51
20	Polygon	25	1000600100	330226017010	河洪		0	3285350	10952.626	3285349.5
21	Polygon	29	1000600100	330226003001	大岙		0	6495603	13788.425	6495603.0
22	Polygon	30	1000600100	330226017009	吉利		0	2195175	8501.9808	2195174.6
23	Polygon	31	1000600100	330226001035	双水		0	2550923	9685.3993	2550923.4
24	Polygon	32	1000600100	330226001023	凌塘		0	620446	5416.7000	620445.68
25	Polygon	33	1000600100	330226001033	榴树头		0	2788330	9747.5565	2788329.6
26	Polygon	34	1000600100	330226017016	凤源		0	2732427	8247.2143	2732426.7

图 14.19　数据加载成功后的要素类图形及属性表

第四节　小　　结

本案例仅从新建空库及数据导入两大内容出发介绍了整个操作流程，但在实际操作过程中，还涉及数据准备、数据编辑和分析、净面积计算和图斑合并等内容，此类内容将涉及更精细的数据处理与更高层次的 GIS 技术操作，考虑本案例旨在介绍规划建库的初步流程，因此这些内容不再展开说明。

参 考 文 献

何明轩, 罗红霞, 刘光鹏, 等. 2012. 土地利用总体规划数据库误差平衡方法——以重庆市奉节县为例. 中国土地科学, (12): 76-80.

李建松, 唐雪华. 2015. 地理信息系统原理. 2 版. 武汉: 武汉大学出版社.

梁宇哲, 罗宏明, 沈明. 2009. 广东省土地利用规划数据库标准建设与应用. 广东土地科学, (03): 9-13.

刘光鹏, 莫燕, 魏世强, 等. 2014. 基于 ArcGIS 的回溯式单图层土地利用规划数据库建设及其变量更新技术研究——以重庆市酉阳县为例. 中国土地科学, (12): 71-78.

马才学. 2008. 土地信息系统. 北京: 北京师范大学出版社.

汤国安, 杨昕. 2012. ArcGIS 地理信息系统空间分析实验教程. 2 版. 北京: 科学出版社.

姚国强. 2010. 土地规划数据库管理系统设计与应用研究. 中国管理信息化, (20): 57-59.

第十五章　综合制图与表达案例

第一节　基 本 概 念

一、数据视图与版面视图

ArcMap 界面有“数据视图”（data view）与“版面视图”（layout view）两种视图。通常在进行空间矢量数据或非空间表格数据的编辑或处理时，采用“数据视图”，“版面视图”主要用于图件的制作与表达。打开 ArcGIS 10.2 软件平台下 ArcMap 界面，默认进入“数据视图”界面，“数据视图”与“版面视图”的切换主要通过单击 ArcMap 主窗口左下角的与按钮实现（图 15.1）。

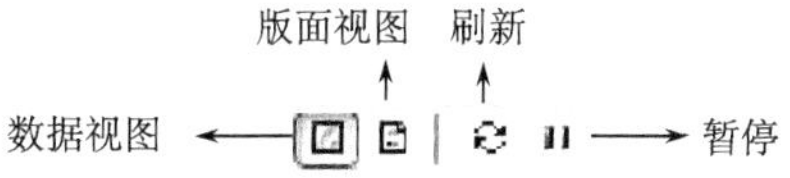

图 15.1　数据视图与版面视图切换按钮

单击主窗口左下角按钮进入“版面视图”界面，“版面视图”界面与“数据视图”界面有所区别。当界面切换为“版面视图”时，ArcMap 界面的工具栏会自动激活“Layout”工具条。通过“Layout”工具条，可很方便地在制图过程中进行放大和缩小等处理（图 15.2）。

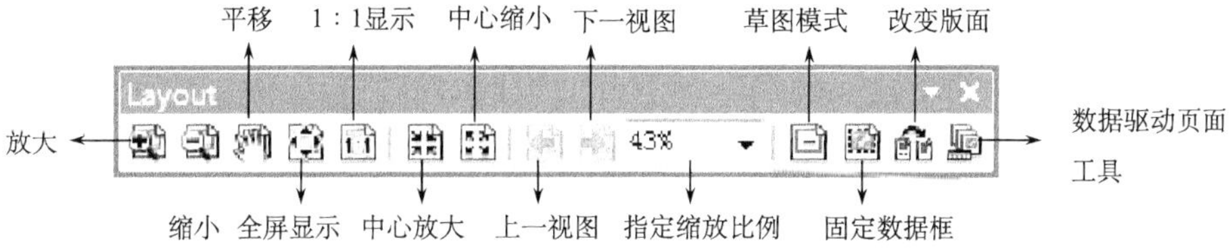

图 15.2　“Layout”工具条

二、“Insert”菜单栏

通过 ArcMap 界面主菜单栏中“Insert”菜单命令，可实现大部分图件必备要素的生成，单击“Insert”命令弹出下拉菜单，各工具命令内容如图 15.3 所示。

三、页 面 设 置

图件的制作最终是为了打印成册或制作成电子图件，无论是纸质图件还是电子图件，都需要预先设定好待制作图件的打印纸张大小。打印纸张大小可理解为采用多大范围（长×宽）

图 15.3 “Insert”菜单栏

的纸张来承载图件所要表达的要素或幅面。通常有两种方式来确定打印纸张大小：一是固定纸张介质的方式，例如，规定无论制作何种图件，最终都需要打印到 A3（或 A4）纸上，此时需通过固定纸张介质大小的方式来确定打印纸张大小；二是固定比例尺的方式，例如，制作一张 1∶10000 的土地利用现状图时，需根据制图区域实际情况，自行调整打印纸张大小。采取以上两种方式确定打印纸张大小的操作步骤有所不同。

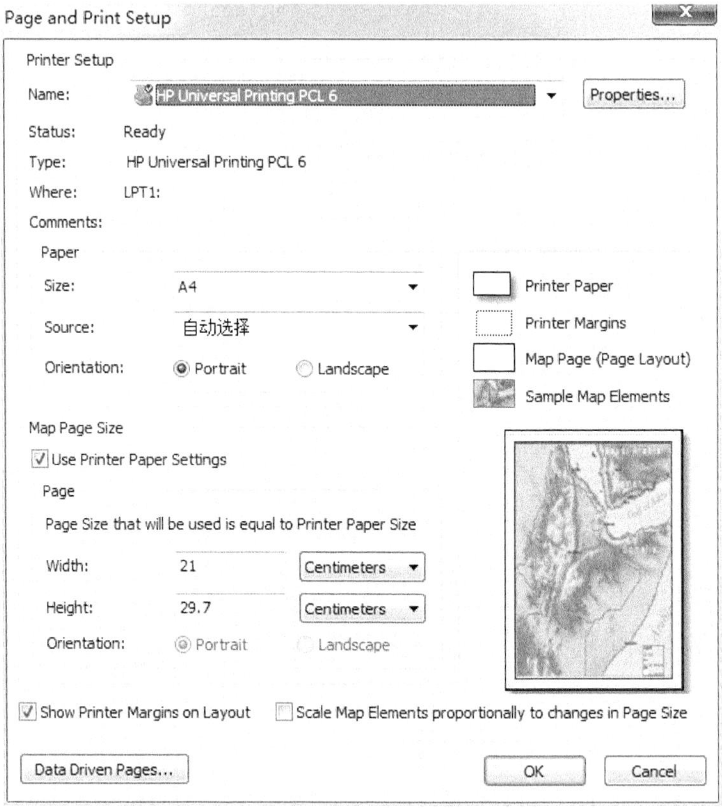

图 15.4 “Page and Print Setup”对话框

在“版面视图”界面，单击制图窗口空白处，弹出右键快捷菜单，单击“Page and Print Setup”命令，弹出“Page and Print Setup”对话框，准备设置打印纸张大小，该对话框主要分为“Printer Setup”和“Map Page Size”两部分。其中，上部分“Printer Setup”主要对应于固定纸张介质的方式；下面的“Map Page Size”对应于固定比例尺的方式。当“Map Page Size”下面的“Use Printer Paper Settings”勾选框处于勾选状态时，表示采取固定纸张介质的方式来确定图件大小；反之，表示采取固定比例尺的方式来确定图件大小。同时，可结合实际情况，通过“Orientation”单选框来设置打印纸张的方向，其中单选“Portrait”为纵向，单选“Landscape”则为横向（图 15.4）。

第二节　综合制图与表达

本案例以制作一幅土地利用现状图为例，详细介绍了整个制图的操作流程与步骤。

一、添 加 数 据

（1）启动 ArcGIS 10.2 平台 ArcMap 界面，默认新建一个工程文件，先保存该工程文件，命名为“A 镇土地利用现状图.mxd”。

（2）在“Table Of Content”窗口，单击默认数据框（名称为“Layers”），选中后再次单击，可对该数据框进行重命名，重命名为“A 镇土地利用现状”。右击 A 镇土地利用现状数据框，弹出右键快捷菜单，单击“Add Data…”命令，弹出“Add Data”对话框，加载“DLTB.shp”、“XZJX.shp”及“ZD.shp”三个文件（图 15.5）。

（3）点击按钮，切换至“版面视图”界面，准备进入下一阶段。

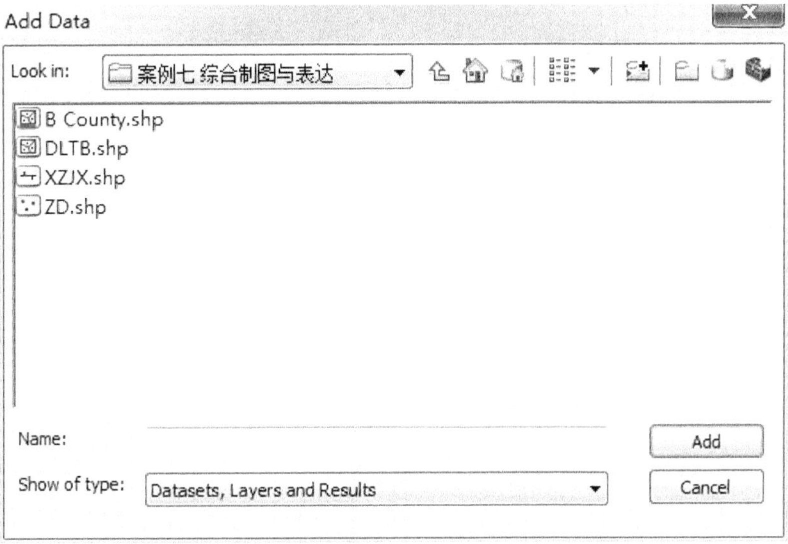

图 15.5　“Add Data”对话框

二、设置打印纸张大小

本案例采用固定比例尺方式设置打印纸张大小。首先，需预先设定好固定比例尺；其次，再进行打印纸张设置。具体步骤如下。

（1）在 ArcMap 版面视图界面，右击“Table Of Contents”下 A 镇土地利用现状数据框，弹出右键快捷菜单，单击“Properties”命令，弹出“Data Frame Properties”对话框，切换至“Data Frame”选项卡。单击“Extent”栏下拉框，选择“Fixed Scale”，进一步单击激活后的“Scale”下拉框，选择“1∶10000”，也可手动输入固定比例尺，单击“确定”按钮，完成固定比例尺设置（图 15.6）。

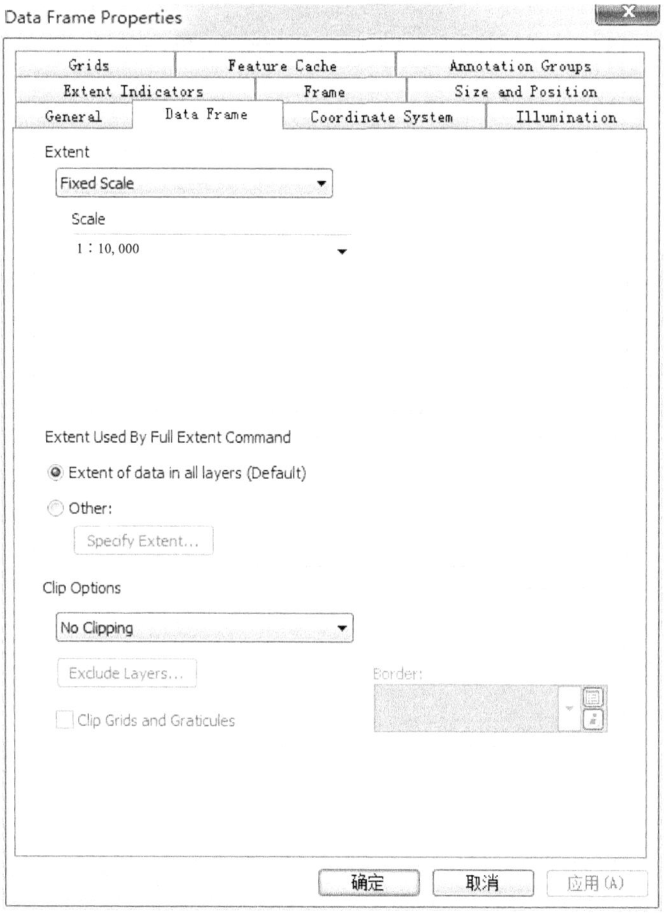

图 15.6 “Data Frame Properties”对话框

（2）返回至“版面视图”界面，右击制图窗口空白处，弹出右键快捷菜单；单击“Page and Print Setup”命令，进入 Page and Print Setup 对话框，去掉“Use Printer Paper Settings”勾选框，此时“Width”与“Height”栏被激活，手动设定 Width=150、Height=120，并单选“Portrait”，设置打印纸张为横向。单击“OK”按钮，返回至“版面视图”界面（图 15.7）。

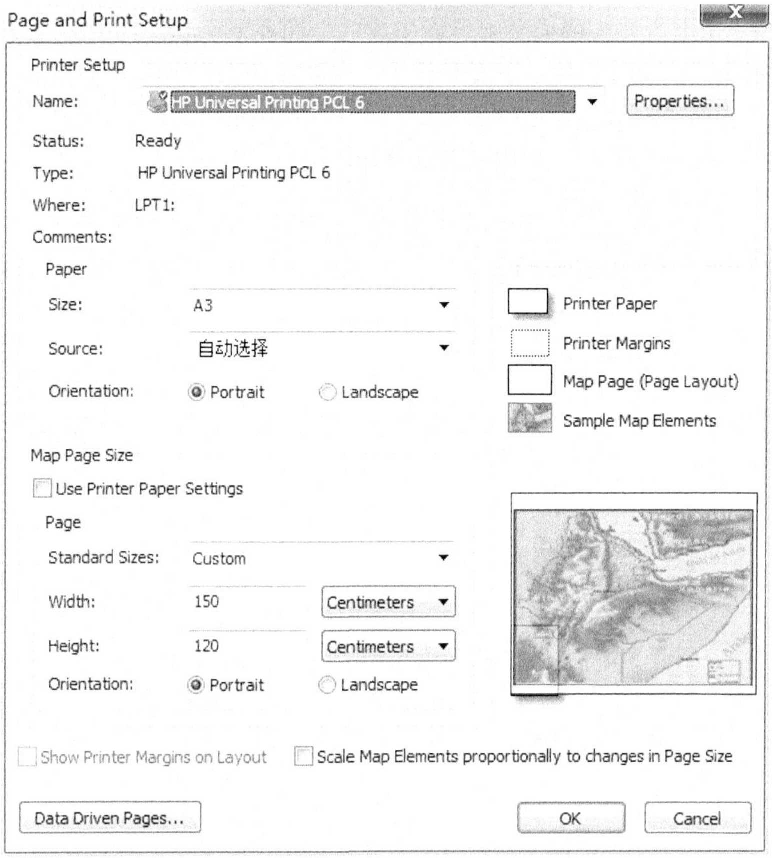

图 15.7 1∶10000 比例尺下 A 镇打印纸张设置结果

（3）根据设置的打印纸张大小，在制图区域单击选中 A 镇土地利用现状数据框，激活数据框锚点，可按住鼠标左键拖动数据框至合适区域，并通过锚点调整数据框大小。

三、添 加 标 题

（1）在 ArcMap 界面，单击菜单栏“Insert”→“Title”命令，弹出“Insert Title”对话框，可在输入框直接输入制作图件的标题，本案例输入内容为“A 镇土地利用现状图”。单击“OK”按钮，返回至“版面视图”界面（图 15.8）。

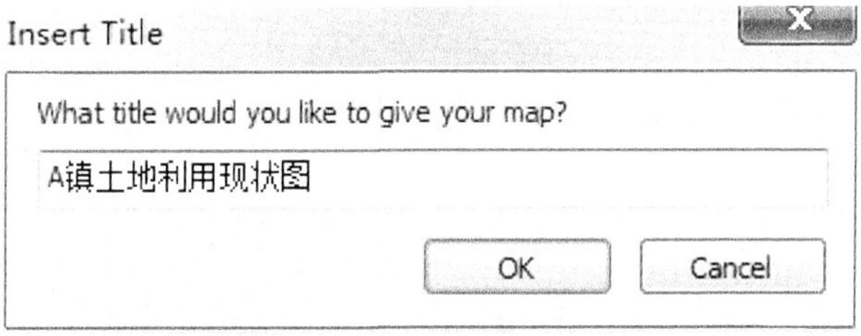

图 15.8 “Insert Title”对话框

（2）此时，“版面视图”界面会显示新生成的标题要素，单击选中标题要素，可按住鼠标左键拖动标题要素至合适区域。若需对标题要素进行修改，可单击选中标题要素右击，在右键快捷菜单中点击“Properties”命令，也可直接双击标题要素，弹出“Properties”对话框，然后通过该对话框对标题要素进行相应参数设置与修改（图 15.9）。

图 15.9　标注“Properties”对话框

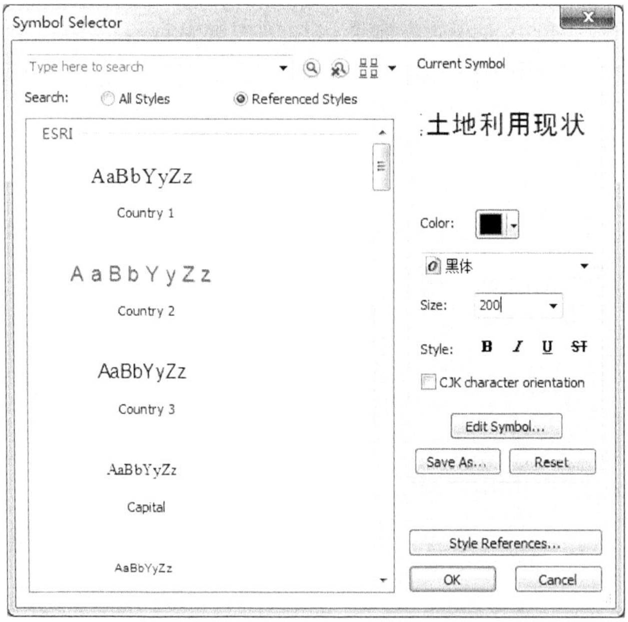

图 15.10　“Symbol Selector”对话框

（3）在“Properties”对话框下“Text”选项卡中，可根据需要对标题的内容、字体、大小、颜色、对齐方式、字符间距和角度等进行修改或调整。本案例需调整标题的字体和大小，直接单击“Change Symbol...”按钮，弹出“Symbol Selector”对话框，在字体下拉框中选择“黑体”，在“Size”栏设置字体大小为“200”。可单击“OK”按钮，返回“Properties”对话框（图 15.10）。

（4）若需要进一步修改标题的属性，如给标题添加底色、设置偏移量、添加掩膜等，则需在“Symbol Selector”对话框中，单击“Edit Symbol...”按钮，进入“Editor”对话框，通过该对话框下各选项卡设置相关参数。本案例不作设置。单击“OK”按钮，返回“Symbol Selector”对话框（图 15.11）。

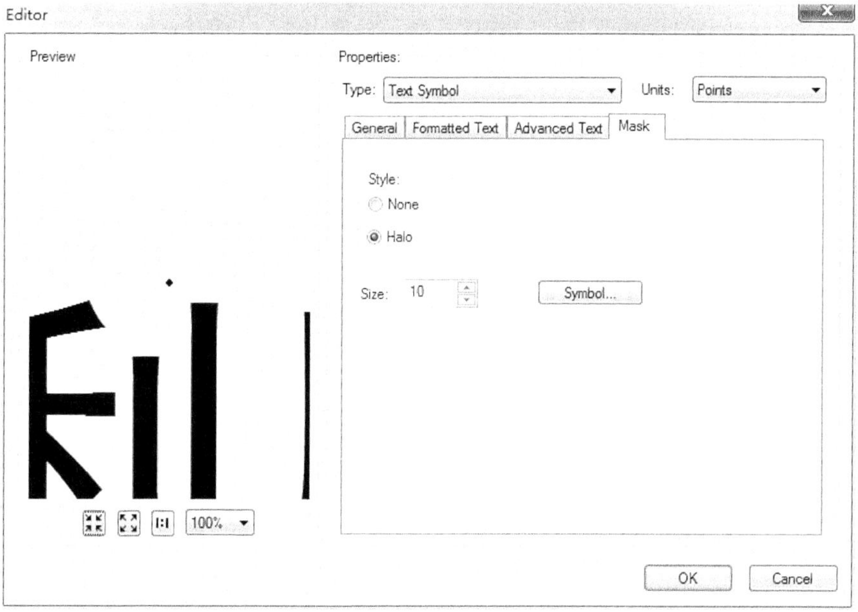

图 15.11 “Editor”对话框

（5）通过（2）～（4）步完成对标题相应要求的设定后，最终完成添加标题的过程。

四、添 加 脚 注

制作一幅标准的土地利用现状图，需要注明相关数学基础和制图信息，这可以通过添加脚注的形式来表现。具体操作步骤如下。

（1）在 ArcMap 界面，单击菜单栏“Insert”→“Text”命令，在版面视图中央会显示添加的文本要素（图 15.12）。注意可能存在文本要素过小、不易被发现的情况，这时可采取“框选”的方式来找到新添加的文本要素，即按住鼠标左键并拖拽，形成一个矩形选择框。

图 15.12 文本要素

（2）单击选中文本要素，右击弹出右键快捷菜单，单击“Properties”命令，也可直接双击文本要素，弹出“Properties”对话框。通过该对话框可对文本要素进行修改，包括修改文本要素的内容、对齐方式、字体及大小等。其修改过程与标题一致，具体可参照添加标题的操作步骤，不再赘述。

五、添加比例尺

比例尺分为数字比例尺与图示比例尺，数字比例尺清晰明了，但不随介质纸张大小变化而变化；图示比例尺相对直观，且随介质纸张大小变化而变化。本案例选择图示比例尺，添加图示比例尺的具体操作步骤如下。

（1）在 ArcMap 界面，单击菜单栏“Insert”→“Scale Bar…”命令，弹出“Scale Bar Selector”对话框（图 15.13）。

图 15.13　“Scale Bar Selector”对话框

（2）在“Scale Bar Selector”左侧窗口选择预设的比例尺样式，单击“OK”按钮，返回版面视图界面。

（3）单击选中比例尺要素，并激活锚点，可按住鼠标左键拖动比例尺要素至合适区域，也可拉动锚点对其大小进行调整。

（4）右击比例尺要素，弹出右键快捷菜单，点击“Properties”命令，也可直接双击比例尺要素，还可以在第（2）步选择比例尺样式的“Scale Bar Selector”对话框中直接点击“Properties”按钮，弹出“Alternating Scale Bar Properties”对话框。通过该对话框可对比例尺进行更为详细的设置，包括比例尺单位、刻度、标记和边框等。其中，“Scale and Units”选项卡可设置比例尺单位和刻度等；“Numbers and Marks”选项卡可设置数字和标记；“Format”选项卡可设置比例尺显示风格，包括颜色、字体及大小等；“Frame”选项卡中可为比例尺要素添加边框、背景和阴影等；“Size and Position”选项卡可设置比例尺要素的大小和位置。根据实际要求设置好相应参数，单击“确定”按钮，完成比例尺要素的修改（图 15.14）。

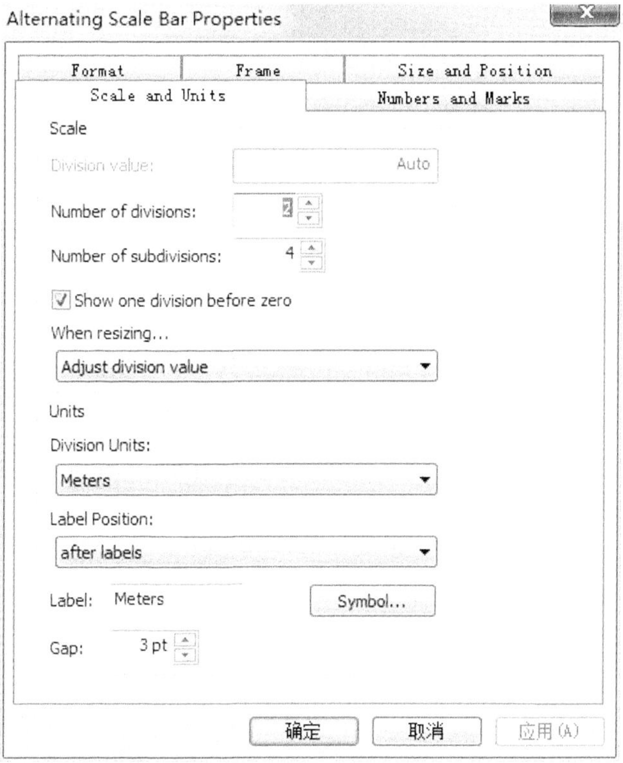

图 15.14　“Alternating Scale Bar Properties”对话框

六、添加指北针

添加指北针用以表示地图的方位，具体操作步骤如下。

（1）在 ArcMap 界面，单击菜单栏“Insert”→“North Arrow...”命令，弹出“North Arrow Selector”对话框（图 15.15）。

（2）在“North Arrow Selector”对话框左侧窗口选择预设的指北针样式，单击“OK”按钮完成添加，并返回“版面视图”界面，此时，会发现版面视图中会出现所选样式的指北针要素。

（3）单击选中指北针要素，并激活锚点，可按住鼠标左键拖动指北针要素至合适区域，也可直接拉动锚点调整其大小。

（4）右击选中指北针要素，弹出右键快捷菜单，点击“Properties”命令，也可直接双击指北针要素，或者在第（2）步选择指北针样式的“North Arrow Selector”对话框中直接点击“Properties”按钮，弹出“North Arrow Properties”对话框。通过该对话框可对指北针进行更为详细的设置，包括指北针样式、大小、颜色和旋转角度等。其中，“North Arrow”选项卡可设置指北针要素的大小、颜色和旋转角度等；“Frame”选项卡可为指北针要素添加边框、背景和阴影等；“Size and Position”选项卡可设置指北针要素的大小和位置。根据实际要求设置好相应参数，单击“确定”按钮，完成指北针要素的修改（图 15.16）。

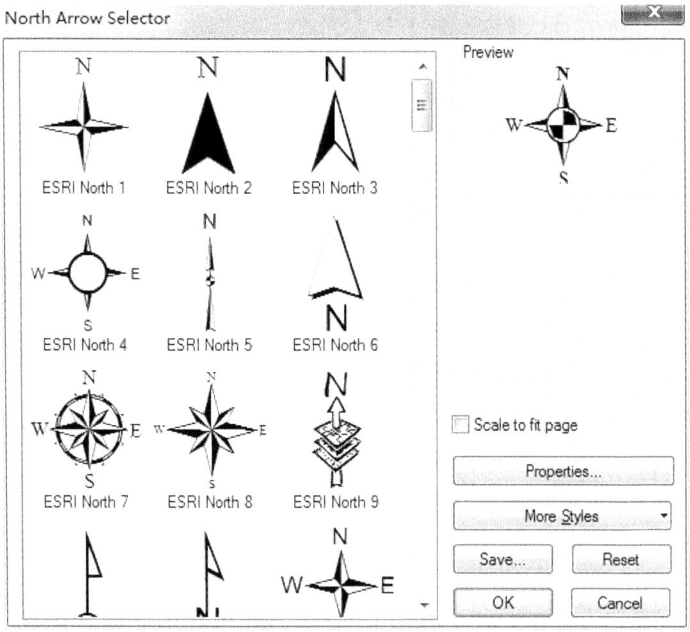

图 15.15　“North Arrow Selector”对话框

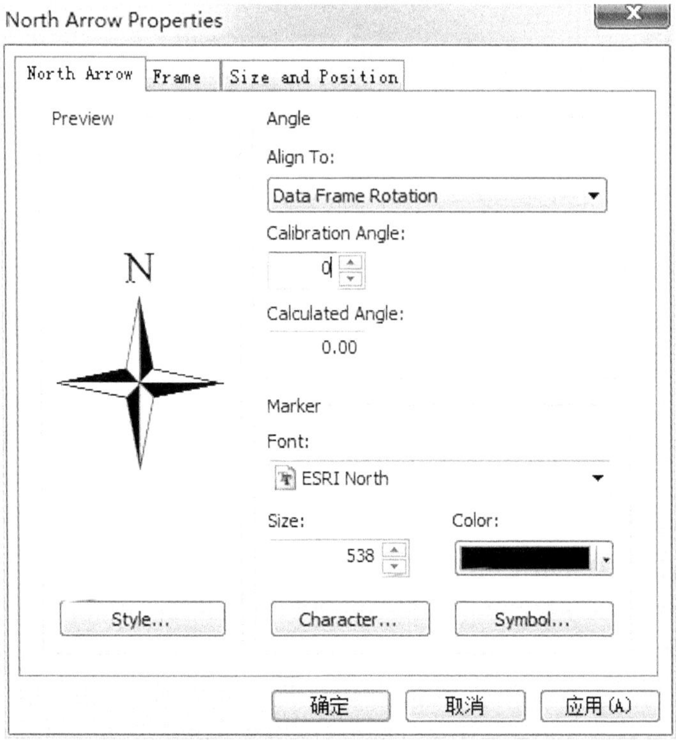

图 15.16　“North Arrow Properties”对话框

七、添加经纬格网

经纬格网是一幅图件的基本构成要素，添加经纬格网的具体操作步骤如下。

（1）在 ArcMap 界面下“Table of Contents”中，右击 A 镇土地利用现状数据框，弹出右键快捷菜单，点击“Properties”命令，弹出“Data Frame Properties”对话框，单击进入“Grids”选项卡。该选项卡分为左右两部分，左边窗口用以显示生成的经纬格网要素名称；右侧各按钮用于对经纬格网要素进行操作。其中，“New Grid…”按钮用于生成经纬格网要素，“Remove Grid”按钮用于删除经纬格网要素，“Style…”按钮用于修改经纬格网样式，“Convert To Graphics”按钮用于将经纬格网要素转换为图形（图 15.17）。

图 15.17 “Data Frame Properties”对话框“Grids”选项卡

（2）单击“Grids”选项卡下“New Grid...”按钮，弹出“Grids and Graticules Wizard”向导框。该界面列明了“Graticule”、“Measured Grid”及“Reference Grid”三类格网，分别代表经纬格网、测量格网和参考格网三类。本案例选择“Graticule”。在“Grid”输入栏，可对将要生成的经纬格网要素进行命名，输入经纬格网名称为“A 镇经纬网”。单击“下一步(N)”按钮（图 15.18）。

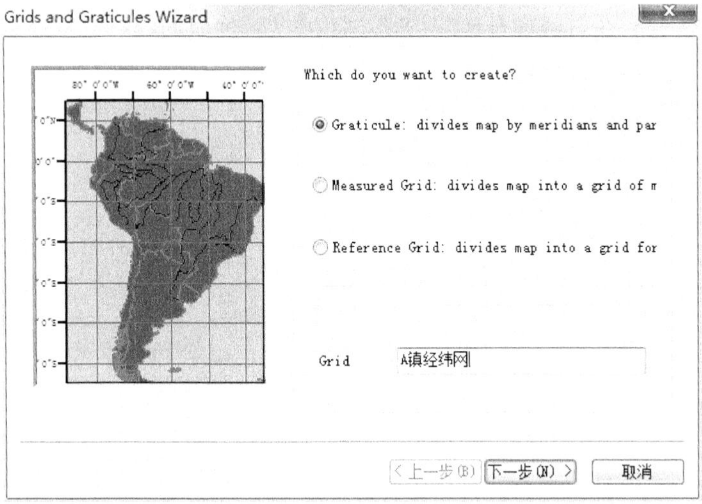

图 15.18　“Grids and Graticules Wizard”向导框第 1 步

（3）进入“Create a graticule”标签页，在“Appearance”选项区域，可指定经纬网的样式，具体分为“Label only”“Tick marks and labels”“Graticule and labels”三类，分别代表只显示标注、刻度标记和标注、经纬格网和标注，本案例选择“Tick marks and labels”，单击“Style”下拉按钮可对标记进行样式修改；在“Intervals”选项区域可直接手动输入经纬线间隔，本案例设置经纬线间隔均为“30″”。单击“下一步（N）”按钮（图 15.19）。

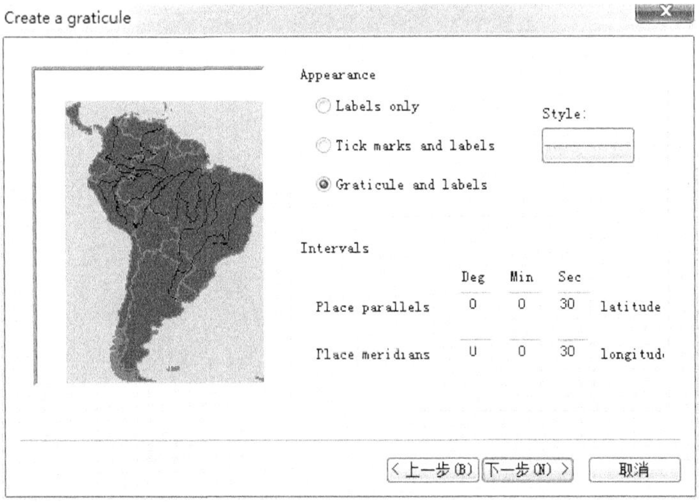

图 15.19　“Grids and Graticules Wizard”向导框第 2 步

（4）进入“Axes and labels”标签页，可生成主刻度线、次刻度线及其样式，也可在“Number of ticks per major”栏直接输入将主刻度线细分为次刻度线的数目。通过单击“Labeling”选项区域文本样式按钮，对标注进行详细设置，具体与标题、脚注设置的操作相一致。本案例采用默认设置。单击“下一步（N）”按钮（图 15.20）。

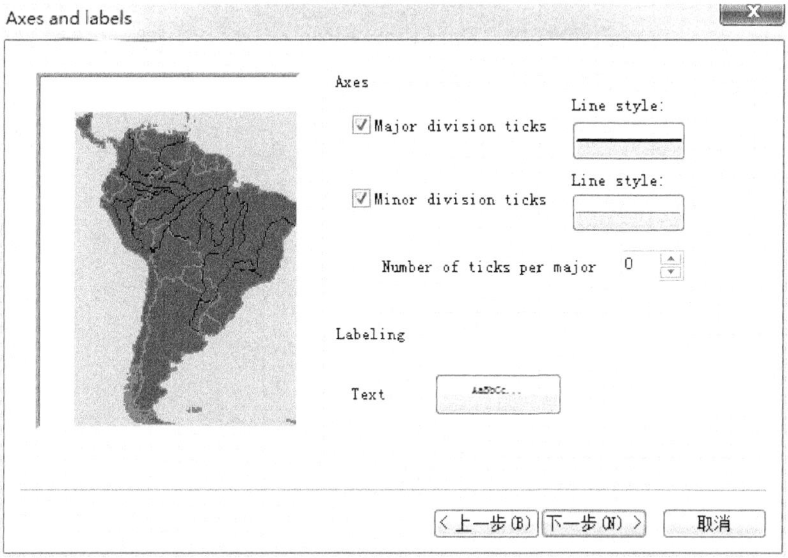

图 15.20　“Grids and Graticules Wizard”向导框第 3 步

（5）进入“Grids and Graticules Wizard”向导框的最后一步，确定经纬格网的边界、图廓线及经纬网属性等。本案例采用默认设置。单击“Finish”按钮，完成经纬格网的生成，并返回至“Data Frame Properties”对话框（图 15.21）。

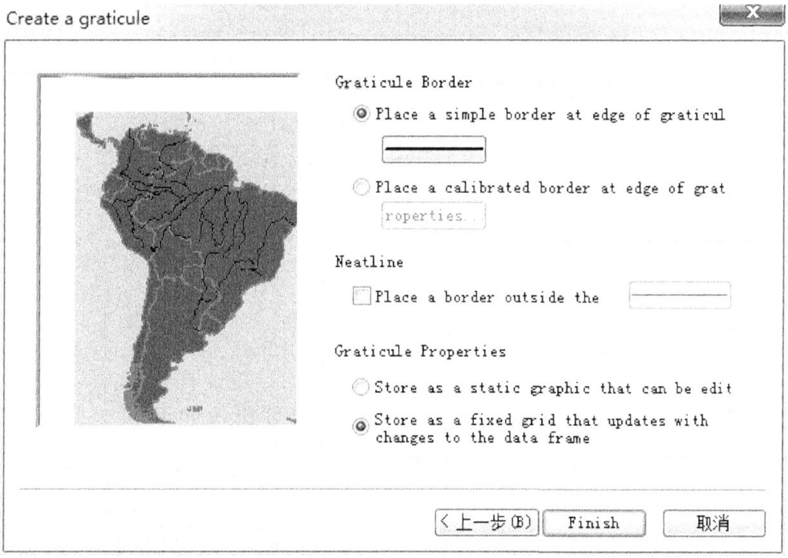

图 15.21　“Grids and Graticules Wizard”向导框第 4 步

（6）在“Data Frame Properties”对话框，单击“确定”按钮，生成的经纬格网被加载到制图区域。若需对生成的经纬格网要素进行调整或修改，可再次进入“Data Frame Properties”对话框“Grids”选项卡，在经纬格网窗口单击选中制定的经纬格网，并单击“Properties”按钮，弹出“Reference System Properties”对话框。通过该对话框下不同选项卡的功能，可对经纬格网要素设置更为详细的参数。指定好各设置参数后，单击“确定”按钮，返回至“Data Frame Properties”对话框，再次单击“Data Frame Properties”对话框下“确定”按钮，即可完成对指定经纬格网要素的修改（图 15.22）。

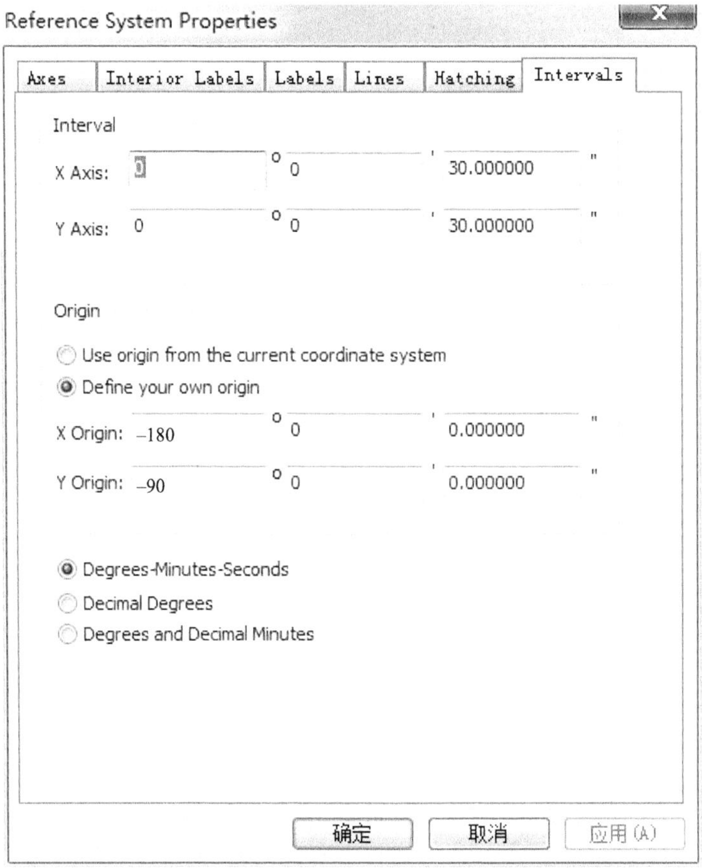

图 15.22　“Reference System Properties”对话框

八、添 加 图 例

图例有助于读图者更好地认识地图。添加图例的具体操作如下。

（1）在 ArcMap 界面，单击菜单栏“Insert”→“Legend…”命令，弹出“Legend Wizard”向导框。

（2）进入“Legend Wizard”向导框第 1 步，在该界面“Map Layers”列表框，单击选中要加入图例中的数据层，并通过右箭头按钮添加至“Legend Items”列表框；单击选中“Legend Items”列表框中已加入的数据层，通过左箭头按钮进行移除，或可通过上、下箭头调整数据层之间的叠放顺序。在“Set the number of columns in your”可指定图例的列数。将所有数据层添加至“Legend Items”列表框，并调整好顺序，本案例设置图例的列数为“3”列。单击“下一步（N）”按钮（图 15.23）。

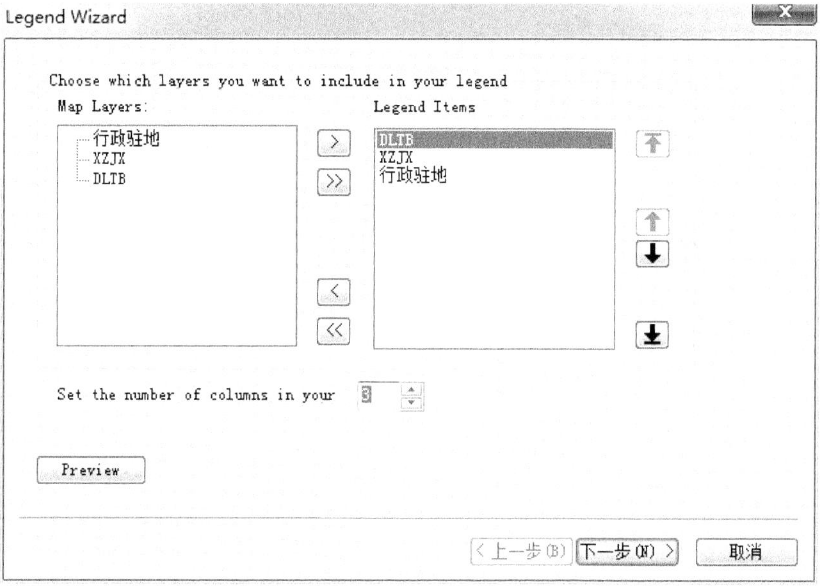

图 15.23　“Legend Wizard”向导框第 1 步

（3）进入“Legend Wizard”向导框第 2 步，可设置图例名称、样式、字体及大小、对齐方式等。手动输入图例名称为“图　例”，对齐方式为居中对齐，其他采用默认设置。单击“下一步（N）”按钮（图 15.24）。

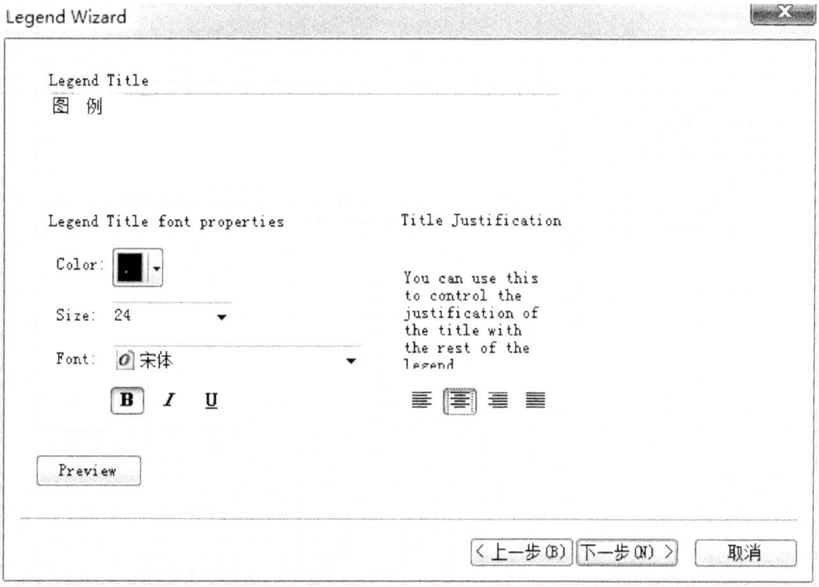

图 15.24　“Legend Wizard”向导框第 2 步

（4）进入“Legend Wizard”向导框第 3 步，可设置图例边框、背景及阴影等。在“Border”栏下拉框选择“1.5 Point”的预设样式，其他采用默认设置。此外，可直接点击下拉箭头右侧的和两个按钮，分别对图例边框的样式和属性进行选择和修改。单击“下一步（N）”按钮（图 15.25）。

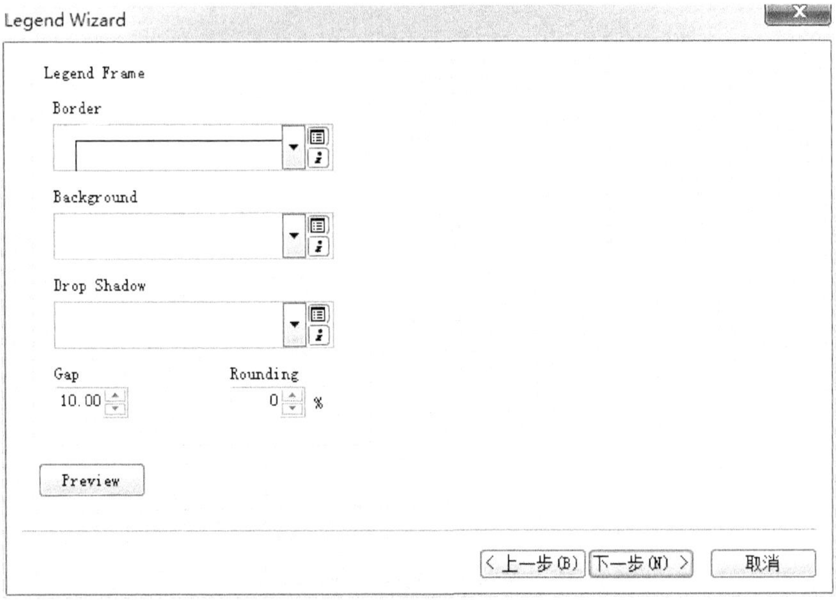

图 15.25　“Legend Wizard”向导框第 3 步

（5）进入“Legend Wizard”向导框第 4 步，可设置图例的宽度、高度、线条和方框符号等，采用默认设置。单击“下一步（N）”按钮（图 15.26）。

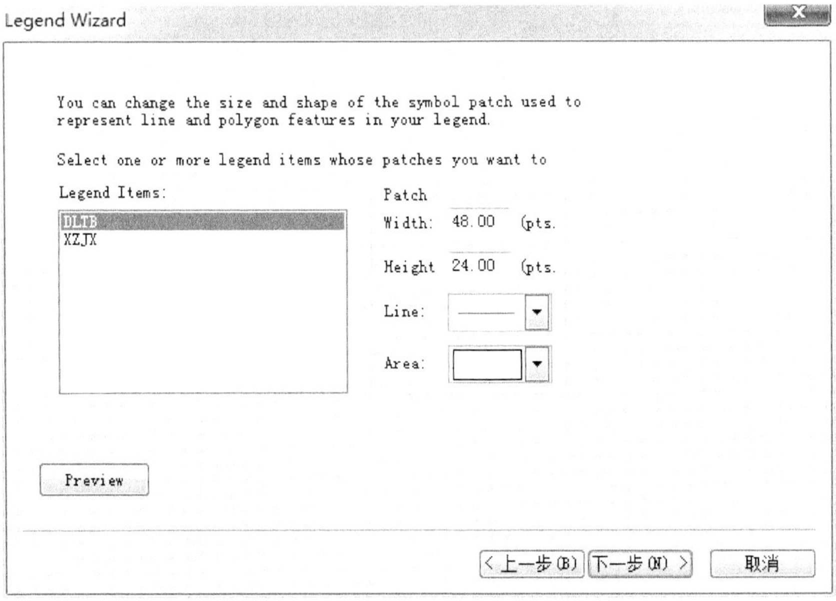

图 15.26　“Legend Wizard”向导框第 4 步

（6）进入“Legend Wizard”向导框第 5 步，可设置图例各要素间的距离，采用默认设置。单击“完成”按钮（图 15.27）。

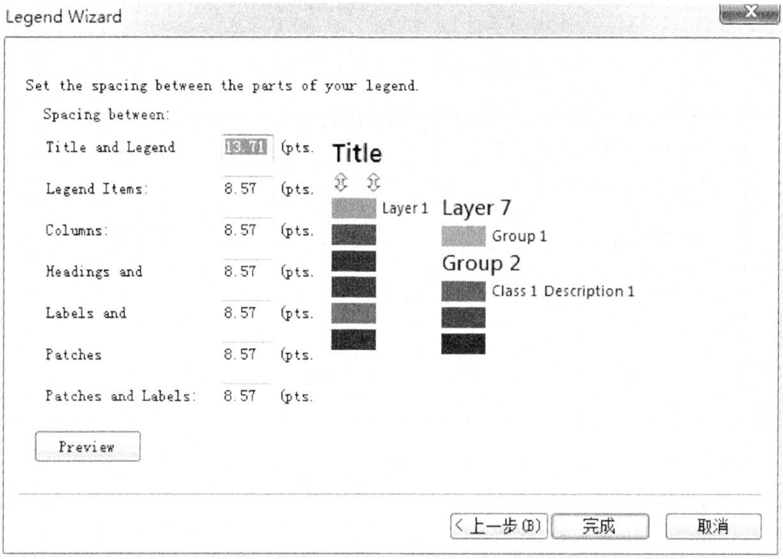

图 15.27 “Legend Wizard”向导框第 5 步

（7）返回至“版面视图”界面，图例要素自动生成并添加至制图区域，单击选中图例要素，激活锚点，可按住鼠标左键拖动图例要素至合适位置，也可直接拉动锚点对图例要素进行缩放。若需对图例要素进行进一步的修改，可单击选中图例要素后右击，弹出右键快捷菜单，点击“Properties”命令，也可直接双击图例要素，弹出“Legend Properties”对话框。通过该对话框下不同选项卡，可对图例要素进行修改（图 15.28）。

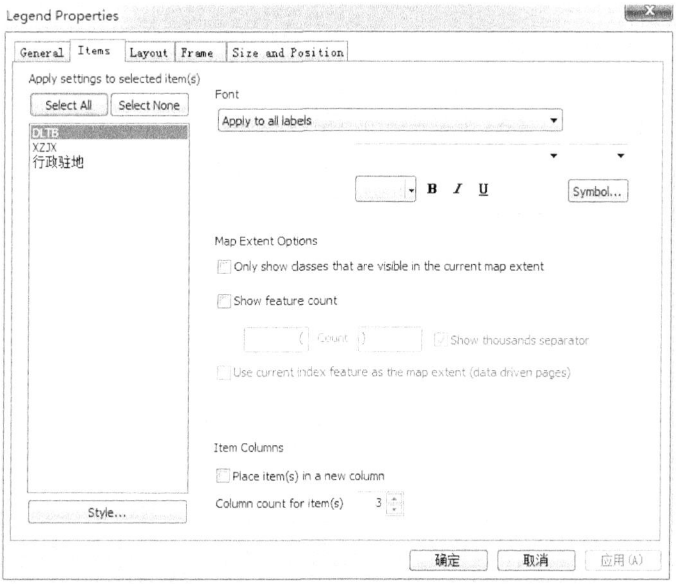

图 15.28 “Legend Properties”对话框

（8）设置完毕后，单击“确定”按钮，完成对图例要素的调整。

九、添加地理位置示意图

制作土地利用现状图，通常需要指明绘图区域所在更大行政区域上的地理位置示意图。利用 ArcGIS 制作地理位置示意图的具体操作如下。

（1）在 ArcMap 界面，单击菜单栏“Insert”→“Data Frame”命令，“版面视图”界面与“Table Of Content”窗口会新添加一个数据框，数据库默认命名为“New Data Frame”，将其重命名为“地理位置示意图”。在制图区域，单击地理位置示意图数据框，该数据框要素被选中，并激活锚点，可按住鼠标左键拖动数据框要素至合适区域，也可通过拉动锚点对其进行缩放调整（图 15.29）。

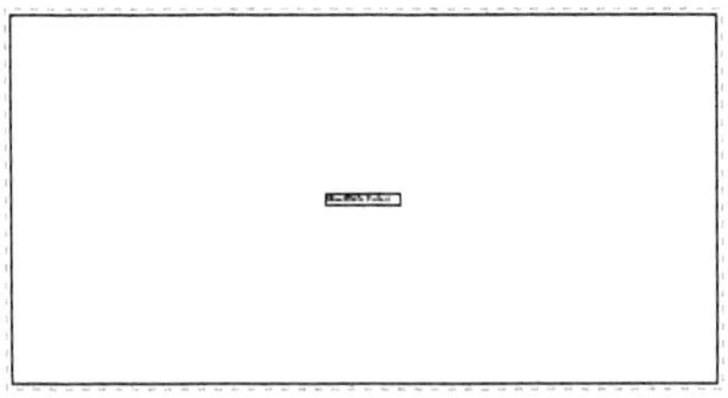

图 15.29　新添加数据框（Data Frame）

（2）向地理位置示意图数据框添加“B County.shp”文件。

（3）B 县为 A 镇所在县级区域，为显示 A 镇在 B 县行政区划中的具体位置，可对该图层进行一定的符号化处理。在“Table Of Content”窗口，单击“B 县行政区划”图层，右击弹出右键快捷菜单，点击“Properties”命令，弹出“Layer Properties”对话框，跳转至“Symbology”选项卡（图 15.30）。

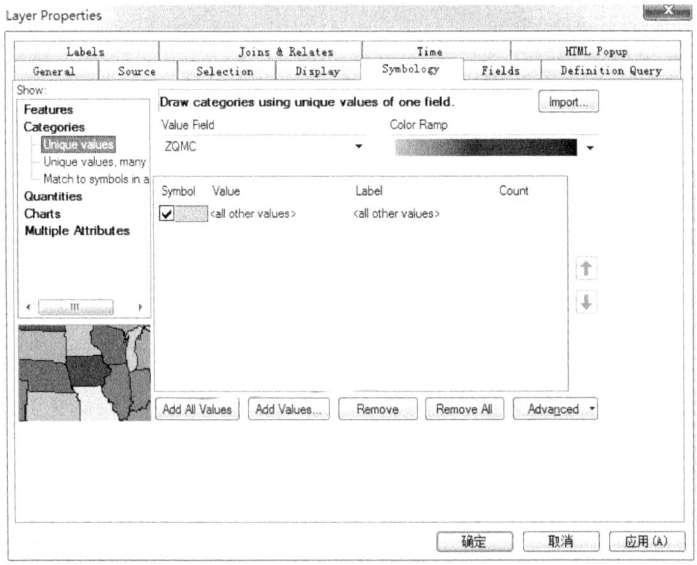

图 15.30　“Layer Properties”对话框

（4）在“Symbology”选项卡的“Show”列表框中，单击选中“Categories”→“Unique values”，在右侧“Value Field”栏单击下拉箭头并选择用于区别各乡镇的关键字段“ZQMC”，单击“Add Values...”按钮，弹出“Add Values”对话框；在“Select the value（s）to add:”列表框单击选中“A 镇”，激活“OK”按钮并单击，返回至“Symbology”选项卡界面（图 15.31）。

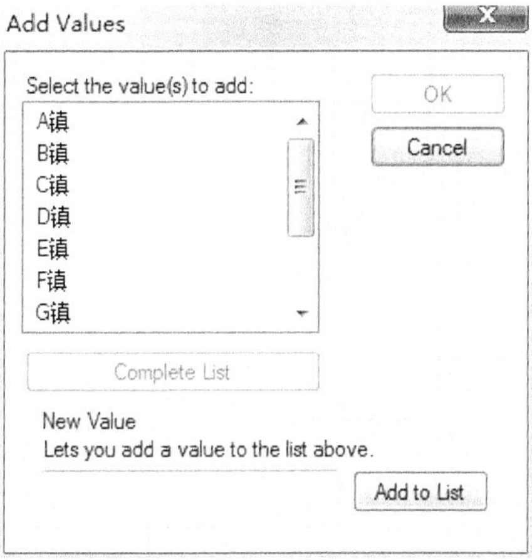

图 15.31　“Add Values”对话框

（5）通过“Add Values”添加 A 镇后的“Symbology”选项卡界面如下图所示（图 15.32）。

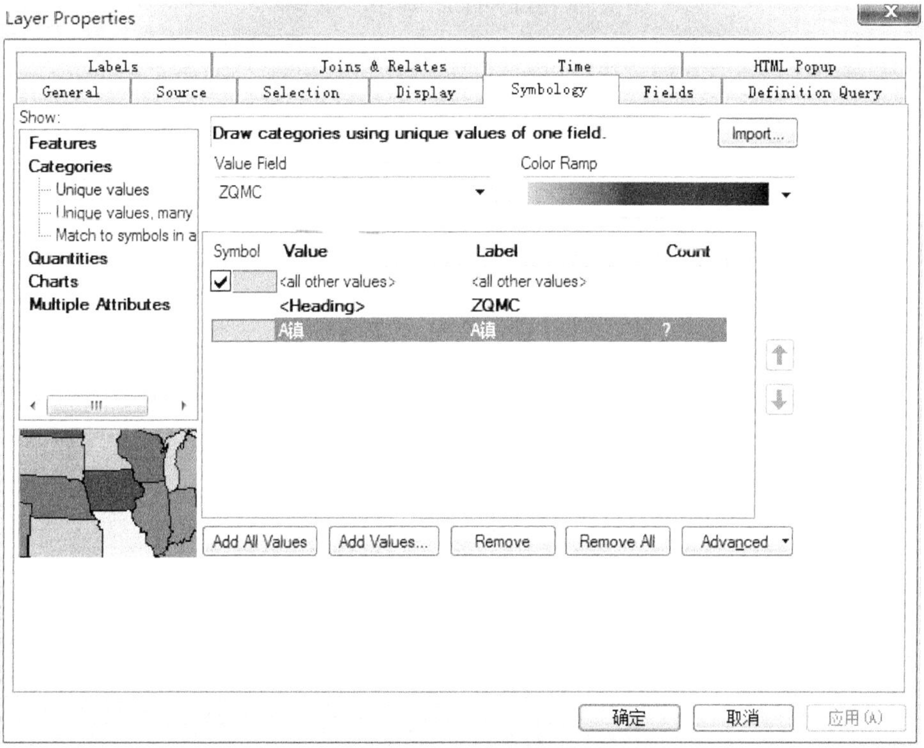

图 15.32　“Symbology”选项卡

（6）若对系统自动赋予的符号化方案不满意，可直接双击“Symbology”选项卡下“Symbol”一列所在矩形符号框，弹出“Symbol Selector”对话框，通过该对话框对符号化方案进行进一步修改，包括选择系统预设样式、填充颜色、边框颜色与宽度等（图 15.33）。

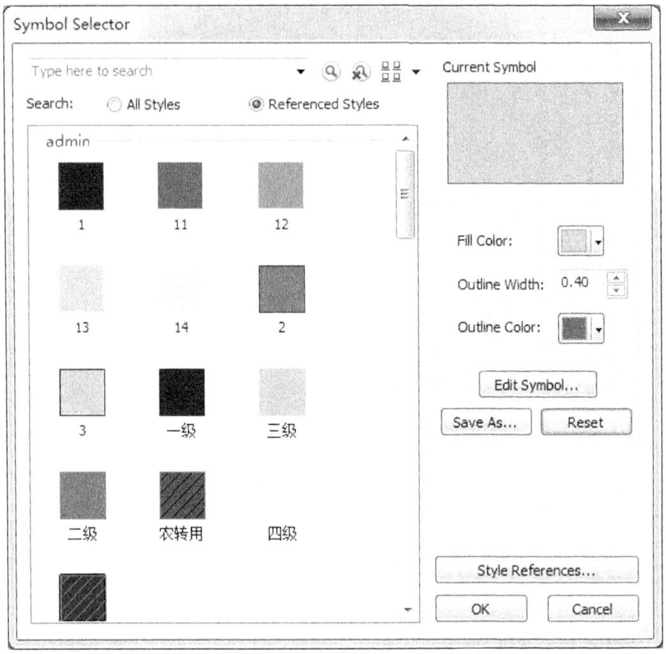

图 15.33　“Symbol Selector”对话框

（7）若需对所选符号化样式进行更深层次的修改，可单击“Symbol Selector”对话框下“Edit Symbol...”按钮，进入“Symbol Property Editor”对话框（图 15.34）。

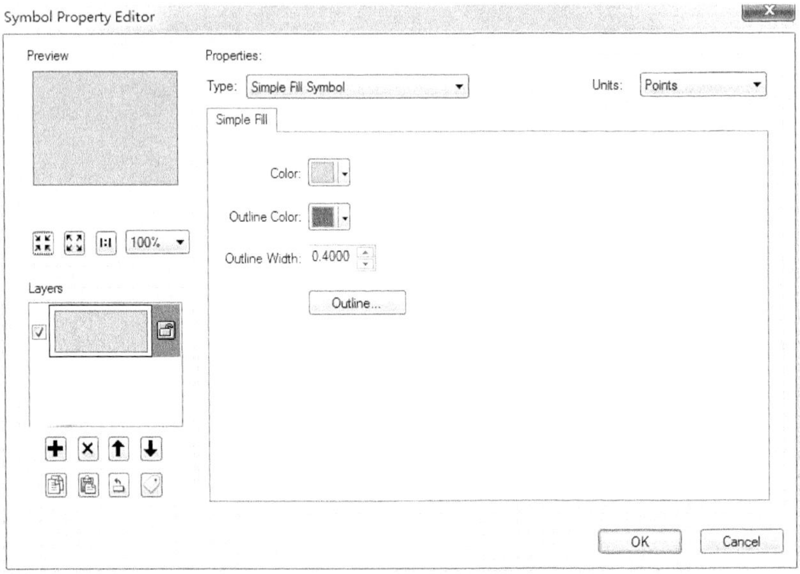

图 15.34　“Symbol Property Editor”对话框

（8）完成设置后，单击“OK”按钮，返回至“Symbol Selector”对话框；单击该对话框下“OK”按钮，返回至“Symbology”选项卡；确认无误后，单击“Symbology”选项卡下“确定”按钮，返回至版面视图界面，完成对地理位置示意图的制作（图 15.35）。

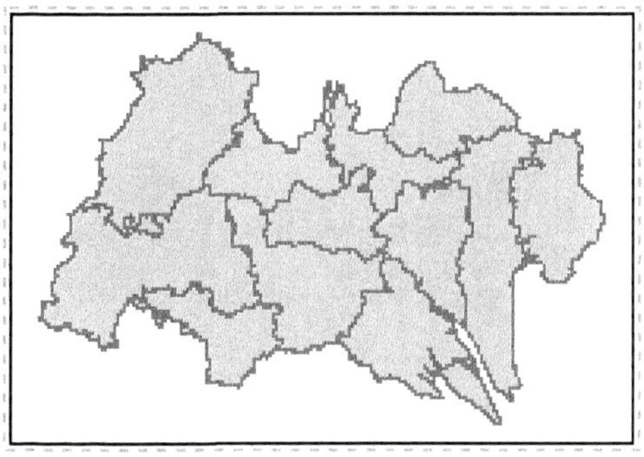

图 15.35　符号化后地理位置示意图

十、图件整合、美化并出图

对图件排版布局进行整合、美化，确定无误后，单击菜单栏“File”，并点击“Export Map”命令，进行图像输出，在“Export Map”窗口选择输出的图件存放位置、图片格式及像素值。输出窗口界面如下图所示（图 15.36 和图 15.37）。

图 15.36　成果图片输出

2015年A镇土地利用现状图(B县)

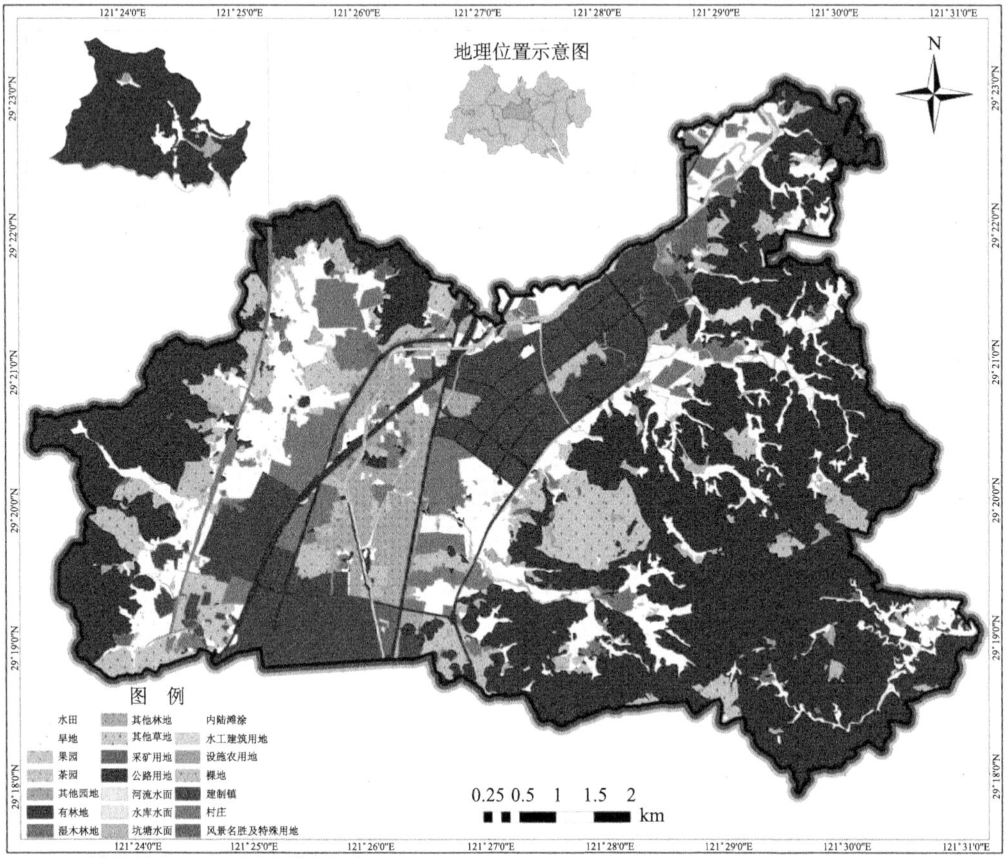

1980西安坐标系，1985国家高程坐标系

图 15.37　成果图片展示

第三节　小　　结

总的来说，综合制图是一项系统性工作，涉及的操作步骤较多，耗时较长，但只要熟悉 GIS 制图的基本原理，并能够从 GIS 的角度来理解图件的基本构成要素及空间布局关系，随着操作的逐渐深入，制图的熟练度也会不断提升。

参 考 文 献

姜小三. 2014. 地理信息系统实验. 北京：国防工业出版社.

汤国安，杨昕. 2012. ArcGIS 地理信息系统空间分析实验教程. 2 版. 北京：科学出版社.

吴宇哲等. 2013. 土地评价与规划实验. 杭州：浙江人民出版社.

杨永崇，郭凤. 2009. 实用土地信息系统. 北京：测绘出版社.

第十六章　城市用地扩张模拟案例

第一节　引　　言

近十多年来，地理信息系统及土地信息系统的迅速发展大大推动了元胞自动机（cellular automata，CA）技术在城市扩张模拟中的应用。具体而言，土地信息系统为 CA 的规则制定提供了重要的信息来源，是开展 CA 模拟所需基础数据的主要提供者；同时，在土地信息系统技术的支持下，CA 的空间不再是固定不变的，借助土地信息系统或 GIS 技术，可以将空间的异质性引入 CA 模型中，从而丰富了 CA 模型的内涵，增强了其可扩展性。反过来，现有的土地信息系统或 GIS 技术在空间分析模型方面有很大的局限性，而与 CA 结合可以很好地增强土地信息系统空间模型运算及分析的能力。正因如此，已有大量土地信息系统技术支持下的地理栅格数据，通过开发面向不同研究或应用目的的 CA 模型，对城市扩张模拟进行了大量实证研究。

本案例计划采用 Python 语言开发 CA 模型，并用于城市扩张模拟。Python 是面向对象的（object-oriented）、直译式的（metaphrastic）的计算机程序设计语言，由 Guido van Rossum 于 1989 年开发，其主要特点在于语言通俗、开发简单、可扩展性高。Python 处理的数据一般以序列和映射结构为主，其中列表（list）、元组（tuple）和字典（dictionary）的使用频率最高；而地理栅格数据本身就是以序列的形式进行组织的，因此，利用 Python 处理栅格数据具有很强的可行性。Python 语句的继承、高运算速度对于模拟复杂的城市扩张系统具有优势，且其可移植性满足了模型在不同平台间的转移，提高了其可操作性。目前，经过 30 年的发展，Python 已经成为最受欢迎的程序设计语言之一，并被广泛应用于系统编程、图形处理、数学处理、文本处理和数据库编程等多个方面。

第二节　理论、方法与技术路线

一、CA 模型与空间效应

要开展城市扩张模拟，需了解 CA 工作的原理及本案例所要考虑的空间异质性特征。传统 CA 模型主要根据邻域范围与状态作为判断中心元胞转换与否的主要准则，其表达式如下

$$S^{t+1} = f(S^t, N) \tag{16-1}$$

式中：S^t 、S^{t+1} 分别为 t 、$t+1$ 时刻的状态；N 为邻域范围及状态；f 为转换函数。

式（16-1）描述了事物在 $t+1$ 时刻的状态受其在 t 时刻状态及其周边邻域状态共同影响的基本原理，各类 CA 扩展模型在城市地理研究中的应用均以此为主线。对局部邻域及其状态的考虑，其本质是城市扩张过程中城镇建设用地单元与非城镇建设用地单元所表现出的空间依赖性（spatial dependence），即不同空间用地单元之间的交互作用或影响，城镇建设用地单

元越多，则局部区域内城镇用地性质越强烈，非城镇建设用地单元转换为城镇建设用地的概率越高；反之亦然。

空间异质性（spatial heterogeneity）是空间效应的另一种形式，表现为空间结构上的非均衡性。城市作为动态、非线性的复杂系统，同样具有空间异质性的特点。城市的形成与演化，是人口、土地、资金和技术等基本构成要素耦合的结果，不同构成要素在空间分布上的非均质性，形成了城镇建设用地空间异质性的基础；更进一步，城镇用地的空间异质性，在邻域内元胞的影响程度上也会表现出一定的差异性，即不同“质量”水平的城镇建设用地单元对邻域中心单元的作用强度是有差异的，这一差异最终会体现在邻域不同城镇建设用地单元对中心单元的非均质性邻接关系上，而这正是本研究的逻辑起点。

二、基于非均质性邻接关系的 CA 模型

以城镇建设用地单元之间的“质量”差异作为非均质性邻接关系的衡量标准，并考虑城市实际扩张中受规划等约束条件的影响，构建非均质性邻接关系的 CA 模型（heterogeneous adjacency CA，HA-CA）

$$S^{t+1} = f(S^t, {}^*N, \text{Cons}) \tag{16-2}$$

式中：S^t 、S^{t+1}、f 与式（16-1）一致；Cons 为约束性条件，是关于非城镇建设用地单元可建设性质 $S^t_{\text{constrain}}$ 的函数；${}^*N$ 为综合城镇建设用地单元之间空间依赖性与空间异质性所定义的邻域密度，以中心元胞 (i,j)（非城镇建设用地单元）在 t 时刻的邻域密度计算为例

$${}^*N^t_{ij} = \frac{\sum_{m\times m-1} \text{con}(S_{i'j'} = \text{urban}) \times \text{HC}_{i'j'}}{(m\times m-1)\times \max(\text{HC}_{i'j'})} \tag{16-3}$$

$$\text{HC}_{i'j'} = f(UQ_{i'j'}) \tag{16-4}$$

式中：$m\times m$ 为以 (i,j) 为中心的摩尔邻域；$\text{con}(S_{i'j'} = \text{urban})$ 用于判断元胞是否为城镇建设用地，是为 1，否为 0；$\text{HC}_{i'j'}$ 用于描述（i', j'）对（i, j）的非均质性邻接关系值，是关于城镇元胞“质量”水平 $UQ_{i'j'}$ 的函数，可通过评估用地单元（i', j'）的区位、社会、经济和自然环境等状况得到；$\max(\text{HC}_{i'j'})$ 为全域范围内的最大值。为突出非均质性邻接关系的作用，凸显与传统 CA 的可比性，本案例仅采用邻域状态及约束性条件作为计算转换概率的基础，不考虑随机因素的影响，因此中心元胞（i,j）的城市发展概率为

$$p^t_{ij} = {}^*N^t_{ij} \times \text{Cons}_{ij} \tag{16-5}$$

在得到全局城市发展概率的基础上，按照总量控制，择优进行的原则确定转换规则

$$\text{TotalNum} = \sum^{T} \text{stepNum} \tag{16-6}$$

$$\text{if } p^t_k \text{ in } \bigcup^{\text{stepNum}} \text{DescendingSorted}(p^t)$$

$$S^{t+1}_k = 1 \tag{16-7}$$

$$\text{then update } {}^*N^{t+1}$$

式中：TotalNum 为城镇建设用地单元转换总量；T 为模拟期内设定的循环次数；stepNum 为

每次循环的转换数量；$\bigcup^{\text{stepNum}} \text{DescendingSorted}(p^t)$ 为将全局城市发展概率 p^t 进行降序排列后取前 stepNum 个元胞的集合。

同时，为对比不同 CA 模型的差异，设定传统 CA 与 HA-CA 的区别仅限于对邻域状态的差别化定义，其他均保持一致，其中，传统 CA 的邻域状态表示为

$$N = \frac{\sum_{m\times m-1} \text{con}(S_{i'j'} = \text{urban})}{m \times m - 1} \tag{16-8}$$

三、模拟基本流程

本案例城市扩张模拟的流程如图 16.1 所示。第一，进行数据初始化，确定 TotalNum 、T 及 stepNum 等参数，设置相应系数；第二，计算邻域指数和全局城市发展概率；第三，按照择优转换的原则，识别全局城市发展概率最大的 stepNum 个元胞进行转换，从而完成一次模拟过程；第四，返回至第二步重复进行 T 次循环模拟，最终完成模拟过程，生成模拟结果。研究将采用 Python 脚本语言构建传统 CA 与 HA-CA 的模拟算法。

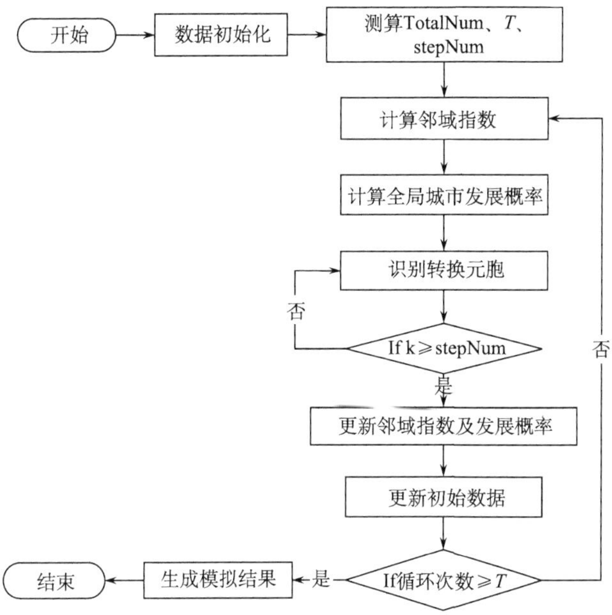

图 16.1　CA 模拟流程图

第三节　工作流程与操作步骤

一、资 料 收 集

以浙江省 Y 市为例进行实例分析，所涉及的基础数据主要涵盖以下几个方面：①土地利

用数据。包括 2009～2014 年 Y 市土地利用变更数据（矢量格式），将其分别作为城市扩张模拟的起始和终止数据。②农用地转用数据。包括 2009～2014 年 Y 市农用地转用数据，该数据构成了实际新增城镇建设用地的主体[①]，利用该数据进行 CA 模拟结果与实际扩张的不同建设用地类型对比分析。③约束层数据。主要为土地利用总体规划数据，即 Y 市 2006～2020 年土地利用总体规划所确定的允许、有条件、限制及禁止等四类建设区的范围，分别设定约束值为 1、0.75、0.25 与 0，并将水体视同禁止建设区处理，以此作为 CA 模型模拟约束层。④空间异质性参数。具体指 2011 年 Y 市城市基准地价成果数据，以城市基准地价作为城镇建设用地单元"质量"水平及差异的衡量标准。城市基准地价通常以土地分级或地价的形式来反映城市内部不同土地单元之间的差异，其综合考虑了土地单元自然禀赋、繁华程度、交通条件、基础设施、环境条件、人口状况及规划限制等因素的影响。将研究区域划分为一至六级[②]，采用线性比例法，依据基准地价级别高低设定不同城镇建设用地单元"质量"分值，并以此作为非均质性邻接关系计算的基础。

二、城市扩张模拟

（一）矢量与栅格数据的转换

进行 CA 模拟城市扩张前，应对基础资料数据进行数据转换处理，将各类矢量或栅格数据转换为 Python 代码能读取或识别的格式文件。这里主要包含两步。

首先，利用 ArcGIS 10.2 平台的"Feature to Raster"工具，对收集的各类矢量数据进行栅格化处理。以 2009 年土地利用变更数据为例，将其转换成 50m×50m 土地利用现状栅格数据，并根据土地利用现状分类，将其划分为城镇建设用地、水体及非城镇建设用地三大类（图 16.2）。

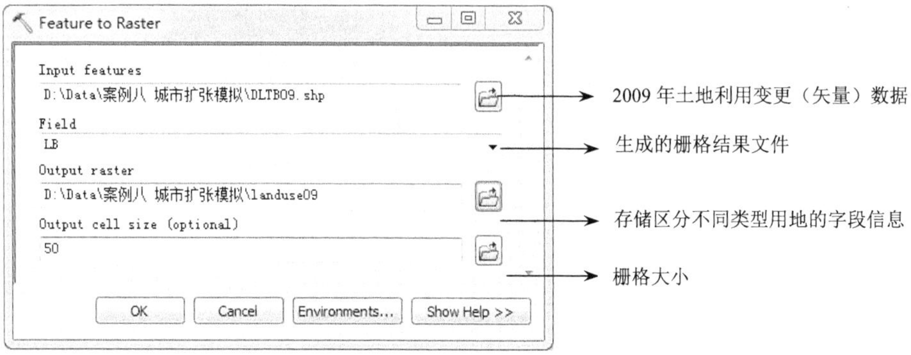

图 16.2　矢量转栅格

① 农用地转用是指按照土地利用总体规划和国家规定的批准权限获得批准后，将农用地转变为建设用地的行为。农用地转用数据是批准农用地转用时所涉及的用地矢量数据及相关用地信息，包括用地类型和批准面积等。因农用地转用数据为矢量数据，同经转换而来的土地利用栅格数据会产生一定偏差，但可忽略不计。

② 2011 年 Y 市城市基准地价成果的评估时点为 2011 年 3 月，与 2009 年土地利用数据（时间节点为 2009 年 12 月 31 日）最为接近，相对而言更具参考性。本案例所指城市基准地价与城市综合基准地价同义，即综合了住宅、商业及工业等用地类型的综合性基准地价。

其次，利用“Raster to ASCII”工具，再将转换得到的栅格文件转换为 Python 可识别的 ASCII 文件（图 16.3）。

图 16.3 栅格转 ASCII

重复前面的两个步骤，分别对其余的矢量数据进行同样的操作处理，完成整个前期数据转换工作。

对转换得到的栅格或 ASCII 数据进行统计，结果显示 2009～2014 年 Y 市新增建设用地元胞数量（即 TotalNum）为 7780 个。此外，根据国土部门新增建设用地管理经验，研究以年度为单位设置全局循环次数，即设置 T 为 5，单次循环转换元胞数量（即 stepNum）为 1556 个，单次循环后更新全局元胞状态。

（二）CA 模型代码编写

在 Python 语言平台，CA 模型代码编写的主要流程可以分为初始化、模拟迭代与结果输出三个部分。

1. 初始化

在基于 Python 语言平台的 CA 模型中，每个栅格单元视为一个元胞。首先，通过类 Cell() 定义生成元胞，并进一步借助初始化函数__init__()对元胞进行属性赋予，具体如下。

```
class Cell:
    def __init__(self,position):
        self.position = position
        self.urban_qual = None  ## 代表城市元胞综合质量水平属性
        self.condition = None
        self.urban_nei_num = 0
        self.nei_index = None  ## 代表邻域密度属性
        self.sum_urban_qual = 0
        self.ca_probability = None
```

```
    def init_land_use(self,q1):
        self.land_use = q1

    def init_urban_qual(self,q1):   ## 城市综合质量评价
        self.urban_qual = q1    ## 以城市基准地价来表示

    def init_condition(self,c1):
        self.condition = c1
        judge = self.land_use
        judge += self.condition
        if judge < 0 or self.land_use == 2: ##水体不能作为建设用地
            self.condition = 0
        else:
            if self.condition == 1: # 允许建设区
                self.condition = 1
            elif self.condition == 2: # 有条件建设区
                self.condition = 0.75
            elif self.condition == 3: # 限制建设区
                self.condition = 0.25
            else:  # 禁止建设区及其他
                self.condition = 0
```

其次，在定义元胞及其属性的基础上，进一步通过读取 ASCII 文件，将具体属性值赋予每个元胞，这时需要先定义读取 ASCII 文件的函数，再利用该函数对 ASCII 文件中的属性值进行读取，并传入每个元胞，从而完成初始化。

读取 ASCII 文件的函数

```
def read_ascii_intfile(path):
    fob = open(path,"r")
    body = fob.readlines()[6:]
    fob.close()
    init_matrix = []
    for line in body:
        row = map(int,line.strip().split())
        init_matrix.append(row)
    matrix = numpy.array(init_matrix)
    return matrix

def read_ascii_floatfile(path):
```

```
    fob = open(path,"r")
    body = fob.readlines()[6:]
    fob.close()
    init_matrix = []
    for line in body:
        row = map(float,line.strip().split())
        init_matrix.append(row)
    matrix = numpy.array(init_matrix)
    return matrix
```

读取ASCII文件以导入属性值

```
ascii_file_set = [r"D:\Simulation\ASCII\jzdj.txt",
                  r"D:\Simulation\ASCII\condition.txt",
                  r"D:\Simulation\ASCII\landuse09_w.txt",
                  r"D:\Simulation\ASCII\landuse14.txt"]
jzdj_f          = read_ascii_intfile(ascii_file_set[0])
condition_f     = read_ascii_intfile(ascii_file_set[1])
landuse_09f     = read_ascii_intfile(ascii_file_set[2])
landuse_14f     = read_ascii_intfile(ascii_file_set[3])

for i in range(row):
     for j in range(col):
          land_matrix[i][j].init_land_use(landuse_09f[i][j])
          land_matrix[i][j].init_urban_qual(jzdj_f[i][j])
          land_matrix[i][j].init_condition(condition_f[i][j])
```

2. 模拟迭代

模拟迭代的主要原理在于：基于CA模型公式，计算各个非城镇元胞转换为城镇元胞的概率，根据概率大小进行转换，直至转换数量达到stepNum，并及时更新每个元胞的状态，如元胞为城镇元胞或非城镇元胞，以及每个元胞的邻域密度等信息，完成第一轮迭代；此时，再进入下一轮非城镇元胞转换为城镇元胞的概率计算，如此循环往复，直至非城镇元胞转换为城镇元胞的累积数量达到TotalNum。其中，迭代计算的代码具体如下。

```
period = 1
while period <= 5:

    choosing_list = {}
    neighbor_cell(land_matrix)
    sum_urban_qual_function(land_matrix)
```

```
    for i in range(row):
        for j in range(col):
            if land_matrix[i][j].land_use == 0 and land_matrix[i][j].condition > 0:
                land_matrix[i][j].cal_nei_index()
                land_matrix[i][j].cal_ca_probability()
                choosing_list[(i,j)] = land_matrix[i][j].ca_probability
    print len(choosing_list)
    sorted_choosing_list=sorted([(v,k)for k,v in choosing_list.items()],reverse= True)

    change_count = 0
    while change_count < total_translation_cell/5:
        x,y = sorted_choosing_list[0][1]
        land_matrix[x][y].land_use = 1
        change_count += 1
        sorted_choosing_list.remove(sorted_choosing_list[0])
    print 'period',period,'selecting',change_count
    period += 1landuse_14f    = read_ascii_intfile(ascii_file_set[3])
```

在上述迭代计算的核心代码中，还引用了一些特定的函数，如统计邻域中城镇元胞个数的 sum_urban_qual_function 函数、计算非城镇元胞转换为城镇元胞概率的 cal_ca_probability 函数等。

统计邻域中城镇元胞个数的函数

```
def sum_urban_qual_function(land_matrix):
    for i in range(land_matrix.shape[0]):
        for j in range(land_matrix.shape[1]):
            if land_matrix[i][j].land_use == 0 and land_matrix[i][j].condition > 0:
                for neigh in land_matrix[i][j].neighbor:
                    if land_matrix[neigh[0]][neigh[1]].land_use == 1:
                        land_matrix[i][j].urban_nei_num += 1
                        land_matrix[i][j].sum_urban_qual  += land_matrix[neigh[0]]
                                                            [neigh[1]].urban_qual
```

计算非城镇元胞转换为城镇元胞概率的函数

```
def cal_ca_probability(self):
        self.ca_probability = round(self.condition * self.nei_index,3)
```

3. 结果输出

结果输出即将迭代计算完毕后所有元胞的状态（城镇元胞或非城镇元胞）导出并存储为

ASCII 文件，主要通过读取属性并存入 ASCII 文件的函数完成，其具体代码如下。

读取元胞状态属性并存储为 ASCII 文件的函数

```
def read_landuse_array_to_file(matrix,file_path,header):
    row,col = matrix.shape
    file_list = header
    for i in range(row):
        state_list = []
        for j in range(col):
            state_list.append(str(matrix[i][j].land_use))
        file_line = " ".join(state_list)
        file_line += "\n"
        file_list.append(file_line)
    fob = open(file_path,"w")
    fob.writelines(file_list)
    fob.close()
    return
```

生成 ASCII 文件

```
file_path = r'D:\Simulation\Results\simulate_landuse.asc'
read_landuse_array_to_file(land_matrix,file_path,header)
```

（三）模拟结果转为栅格文件

将模拟生成的 ASCII 文件转换为栅格文件，以便于进行后续的制图分析、数据分析和空间分析等，以图示结果展示城市扩张模拟的结果。具体需要利用 ArcGIS 10.2 软件平台的“ASCII to Raster”工具，具体如图 16.4 所示。

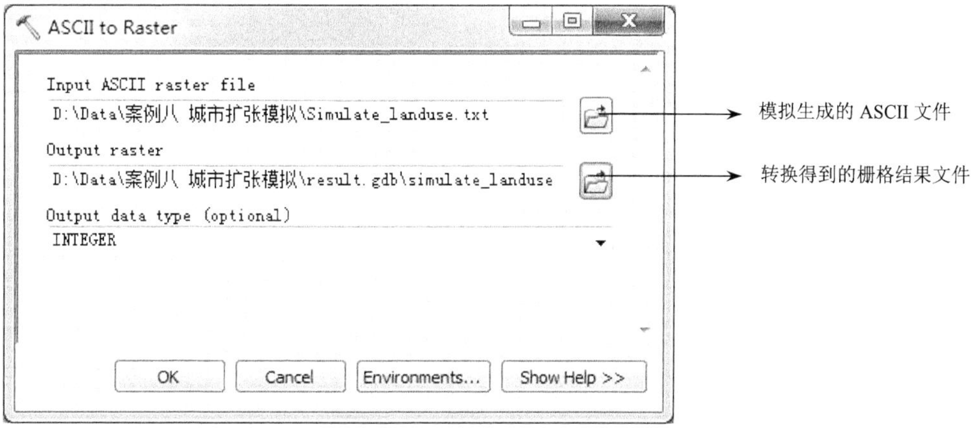

图 16.4　ASCII 转栅格

（四）城市扩张模拟结果分析

将模拟得到的 Y 市 2014 年城市扩张图与 2014 年实际城市扩张图进行对比，如图 16.5 所示。

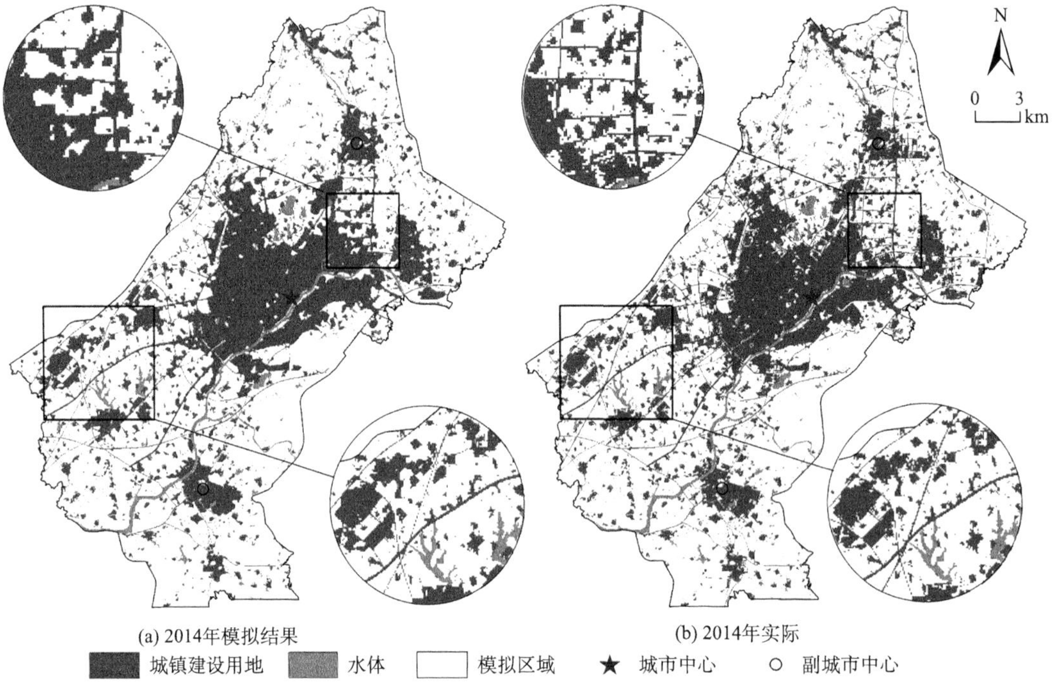

图 16.5　Y 市城市扩张模拟与实际对比

可以直观地看出，基于非均质邻接关系的 CA 模型模拟在城市扩张的整体布局上与城市实际扩张情况接近，表明模拟结果较好；进一步采用 Kappa 系数对模拟结果进行精度评价，得到表 16.1。从数据上来看，CA 模型模拟转换为城镇元胞及不转换为城镇元胞的准确率均在 90%以上，总精度近 95%，Kappa 系数也在 0.89 以上，模拟精度较高。

表 16.1　CA 模型改进前后模拟结果精度对比

转换元胞对比		2014 年模拟		正确率/%	总精度/%	Kappa 系数
		非城镇元胞/个	城镇元胞/个			
2014 年实际	非城镇元胞	348282	6965	98.04	94.99	0.8999
	城镇元胞	6968	79589	91.95		

第四节　小　　结

城市扩张是一个动态、复杂的过程，不仅牵涉不同空间单元之间的动态影响，还涉及行为主体及行为主体之间的活动对空间单元的影响，因此对其进行模拟与预测很难做到面面俱到。本案例以浙江省 Y 市为例，在仅考虑不同空间单元之间动态影响的情形下，通过城市基准地价来反映用地单元的空间差异性，并将其作为定义非均质邻域密度的基础，从而将空间依赖性与空间差异性较好地融入 CA 模型，以此构建了非均质性邻接关系的 CA 模型，并基于 Y 市 2009 年城市状态，动态模拟了至 2014 年的城市扩张情形，总的来看，通过实现对传统 CA 模型的改进，模拟结果与城市实际扩张有较高的一致性。

而在具体操作实践过程中，本案例主要借助了 Python 脚本语言在处理地理栅格数据上的优势，编写了基于非均质性邻接关系的 CA 模型代码，并以此通过反复迭代运算，动态模拟得到 Y 市的城市扩张情况；同时，辅助利用 GIS 技术在基础数据处理、初始化、结果呈现与分析等方面的优势。由此表明，结合 Python 编程技术与土地信息系统技术，能够从操作上实现对城市扩张这一复杂动态过程的模拟，并能取得一定成效，但受限于模型本身并未考虑行为主体的影响，以及对非城镇元胞转换为城镇元胞的影响因素的考虑也并不全面，本案例所构建的CA模型并不十分完整，对城市扩张的动态模拟还有待进一步深入和细化。此外，Python与土地信息系统技术的配合使用，也为未来面向城市土地管理的土地信息系统发展指引了方向。

参 考 文 献

陈逸敏, 李少英, 黎夏, 等. 2010. 基于 MCE-CA 的东莞市紧凑城市形态模拟. 中山大学学报(自然科学版), 49(6): 110-114.

董冠鹏, 张文忠, 武文杰, 等. 2011. 北京城市住宅土地市场空间异质性模拟与预测. 地理学报, 66(6): 750-760.

郭欢欢, 李波, 侯鹰, 等. 2011. 元胞自动机和多主体模型在土地利用变化模拟中的应用. 地理科学进展, 30(11): 1336-1344.

黎夏, 叶嘉安. 1999. 约束性单元自动演化 CA 模型及可持续城市发展形态的模拟. 地理学报, 54(4): 289-298.

刘妙龙, 陈鹏. 2006. 基于细胞自动机与多主体系统理论的城市模拟原型模型. 地理科学, 26(3): 292-298.

龙瀛, 韩昊英, 毛其智. 2009. 利用约束性 CA 制定城市增长边界. 地理学报, 64(8): 999-1008.

聂婷, 肖荣波, 王国恩, 等. 2010. 基于 Logistic 回归的 CA 模型改进方法——以广州市为例. 地理研究, 29(10): 1909-1919.

聂云峰, 陈红顺, 夏斌, 等. 2009. 基于多智能体与GIS城市土地利用变化仿真研究. 计算机应用研究, 26(07): 2613-2616.

全泉, 田光进, 沙默泉. 2011. 基于多智能体与元胞自动机的上海城市扩展动态模拟. 生态学报, 31(10): 2875-2887.

张俊峰, 张安录. 2015. 土地资源空间异质性与经济发展水平的关系研究——以武汉城市圈为例. 自然资源学报, 30(5): 725-735.

Anselin L. 1988. Spatial Econometrics: Methods and Models. Amsterdam: Kluwer Academic Publishers.

Batty M. 1997. Possible urban automata. Environment & Planning B: Planning & Design, 24(2): 175-192.

Clarke K C, hoppen S, Gaydos L J. 1997. A self-modifying cellular automaton model of historical urbanization in the San Francisco Bay area. Environment & Planning B: Urban Analytics and City Science, 24(2): 247-261.

Feng Y, Liu Y. 2013. A heuristic cellular automata approach for modelling urban land-use change based on simulated annealing. International Journal of Geographical Information Science, 27(3): 449-466.

Feng Y, Liu Y, Tong X, et al. 2011. Modeling dynamic urban growth using cellular automata and particle swarm optimization rules. Landscape and Urban Planning, 102(3): 188-196.

Kocabas V, Dragicevic S. 2006. Assessing cellular automata model behaviour using a sensitivity analysis approach. Computers, Environment and Urban Systems, 30(6): 921-953.

Mustafa A, Saadi I, Cools M, et al. 2014. Measuring the effect of stochastic perturbation component in cellular automata urban growth model. Procedia Environmental Sciences, 22: 156-168.

Verburg P H, Soepboer W, Veldkamp A, et al. 2002. Modeling the spatial dynamics of regional land use: the CLUE-S Model. Environmental Management, 30(3): 391-405.

Yeh A, Li X. 1998. Modelling sustainable urban forms using extended Cellular Automata and GIS in T. K. Poiker and N. Chrisman(eds.). // 8th International Symposium on Spatial Date Handling, International Geographical Union. 11-15 July 1998, Vancouver.

Yüzer M A. 2004. Growth estimations in settlement planning using a land use cellular automata model(LUCAM). European Planning Studies, 12(4): 551-561.

Zhang Y, Li X, Liu X, et al. 2011. The CA model based on data assimilation . Journal of Remote Sensing, 15(3): 475-482.